Model Graphix ARCHIVES

One-twelfth Racers
"Racer Motorcycles"

Model Graphixアーカイヴス

1/12 レーサーズ「レーサーバイク編」

モデルグラフィックス編

大日本絵画

Model Graphix ARCHIVES

One-twelfth Racers

"Racer Motorcycles"

Contents;

1/12モンスターマシン集結。

1/12プラモデルで愉しむバイクレース史を飾った名車たち

かつてはほぼタミヤー択だった1/12レーサーバイクモデルに'10年代に入ってハセガワ、フジミが参入したことにより、時ならぬレーサーバイクプラモデルのキットリリースラッシュが到来。当時はほしくてもキットを手にできなかった'80年代のレーサーが最新キットで作れる、バイクモデラーにとっては夢のような時代となりました。“ファスト” フレディ vs “キング” ケニーの激戦、“4強時代” 、バイクブーム絶頂期'80年代の鈴鹿8耐……いまこそ、モーターサイクルレース史に残る数々のモンスターマシンを1/12で振り返ってみましょう！

These kits were not include tabaco sponsor decals.
The decals used on this completed example were created by modeler.

いまなお語り次がれる激戦の'89シーズンを制したローソンのロスマンズNSR

'89年のＷＧＰ最高峰５００ccクラスは異様な熱気のなか開催された。日本におけるＷＧＰシーズン全戦テレビ放送が正式に開始されたこのシーズンは、数多くのワークスマシンの参戦、三つ巴の争いとなるフレディ・スペンサー、エディ・ローソン、ワイン・ガードナーの３人のチャンピオン、そしてそれに挑戦する若手ライダー、ケビン・シュワンツ、ウェイン・レイニーといった豪華なライダー勢が参戦。前年チャンピオン エディ・ローソンのホンダへの電撃移籍という衝撃的なニュースなどなど、ストーブリーグは沸きに沸いた。そしてシーズン開始後は、予想以上の熾烈なレースが積み重ねられたが、最終的にその激戦を制し2年連続チャンピオンに輝いたのは、エディ・ローソン駆るホンダＮＳＲ５００だった。このロスマンズブルーが美しいチャンピオンマシンは、ながらく１／12キットが存在せずバイクレースファン待望のアイテムだったわけだが、ついに'14年末にハセガワからリリースされることとなる。

Model Graphix
2015年4月号
掲載

Honda NSR500 "1989 WGP500 CHAMPION"

Honda NSR500

"1989 WGP500 CHAMPION"

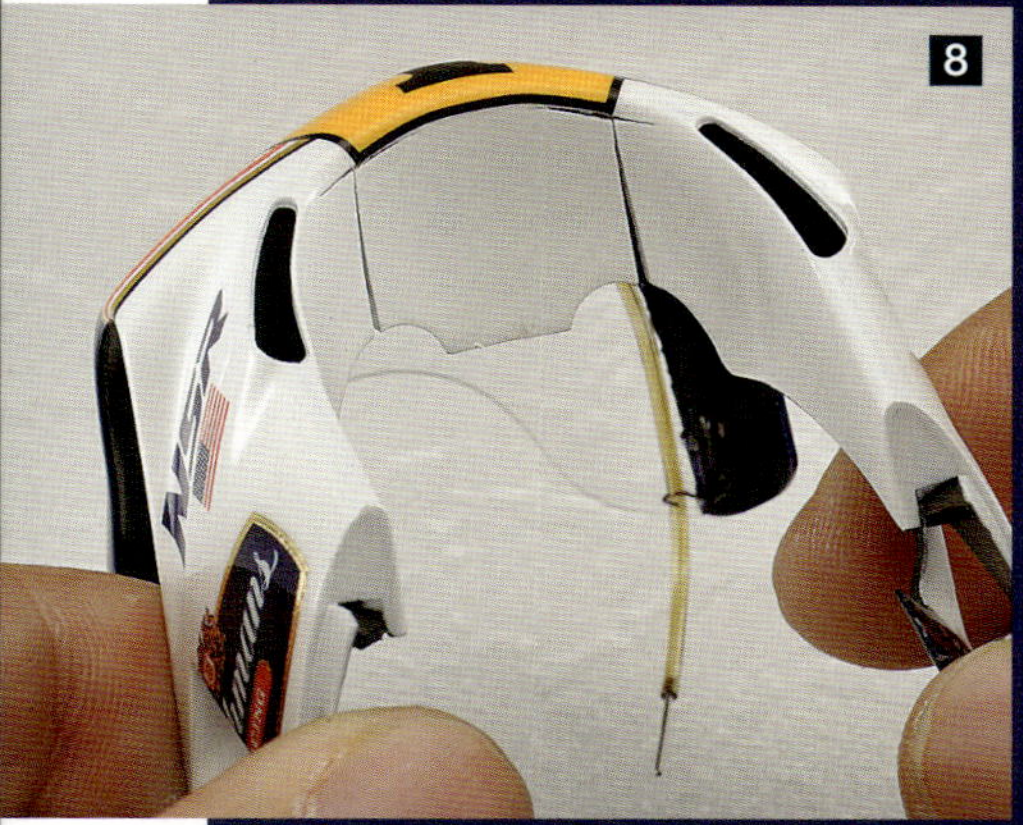

1 2 質感を重視したメーターマウントやシートのスポンジ部分の質感表現に注目。ゼッケン部分は研ぎ出しを行なったあとマスキングし数字部分のみをツヤ消しクリアーコートした

3 数種類の太さのケーブルを使い分けることで精密感を演出。そして今回は、ブレーキのフルードタンクに付けられている「リストバンド」の再現に挑戦してみた。また、タンク上のフューエルキャップ周囲の溶接痕も再現している

4 グリップのモールドは手持ちの資料をもとに作り替え。細く切った布テープを貼り込んで再現した

5 キット付属のホイールは17インチのものだが、'89年型NSR500のトピックとして“シリーズ中盤に投入された16インチホイール”があるのでその再現を試みた。タミヤの'84年型NSR500に16インチホイールのパーツがあるので、ニコイチで製作している。フェンダーはNACAダクトがないタイプとし、取りつけ位置も（実車は変わらないかもしれないが、模型的見映え優先で）少しタイトにしている

6 ブレーキディスクはカーボンのものをチョイス。ツヤ消し黒で下塗りし、カーボンの焼結の感じを出すためにメタリックグレーのまだら模様を付ける。細い筆の先に少量の塗料を付けて乾きかけたところでトントンと叩いて表現した

7 各部の盛り上がった溶接痕は、溶きパテを筆でちょんちょんと置くようにして再現している

8 GPマシンのカウルはぺらっぺらに薄く、実車では広げながら被せていくのだが、模型ではプラスチックの厚みの問題もあり同様にはいかない。慎重に慎重に広げながら被せていこうとしても部品の破損や塗膜の剥がれの危険が絶えずつきまとう……ということで、フロントカウルの下側にエッチングソーでT字型切り込みを入れ、カウルを広げやすくしてみた。I字型ではなくT字型にするのがミソ。I字型では広げるときに切り込みの先端の亀裂がどんどん広がってしまうが、T字型にすることで裂けにくくすることができる

ハセガワの繊細な1/12キットを美しく、力強く作り上げる。

YZR500に続くハセガワのWGP500ccマシンキット化第2弾となったNSR500 '89は、リアサスペンションスイングアームのガルアーム化、倒立フロントフォークの採用といった同マシンの特徴を巧みに再現。WGPファンが見てもどこが省略されているのかがわからないほどの超精密モデルとして1/12マニア納得の逸品となっている。しかも、実車を徹底的に再現するような構造にもかかわらず、組み立てやすさは前作からさらにブラッシュアップ。ブレーキディスクなどの選択パーツも豊富にセットされ、“こだわりの仕様”を作ることも可能となっている。ここでは、ハセガワ純正ディテールアップを使用し、キットを活かしつつさらに実車に近づけるべく各部に手を入れて製作。記憶に残る'89年シーズンを制したモンスターマシンを作り込んだ。

Honda NSR500 “1989 WGP500 チャンピオン”
ハセガワ　1/12　インジェクションプラスチックキット
2014年発売　税込4536円
製作・文／**小田俊也**

Honda NSR500 "1989 WGP500 CHAMPION"
HASEGAWA 1/12 Injection-plastic kit
Modeled and described by Toshiya ODA.

HASEGAWA's Honda NSR500 “1989 WGF500 CHAMPION" kit does not include tobacco sponsor decals.
The decals used on this completed example were created by the modeler.

Honda NSR500
"1989 WGP500 CHAMPION"

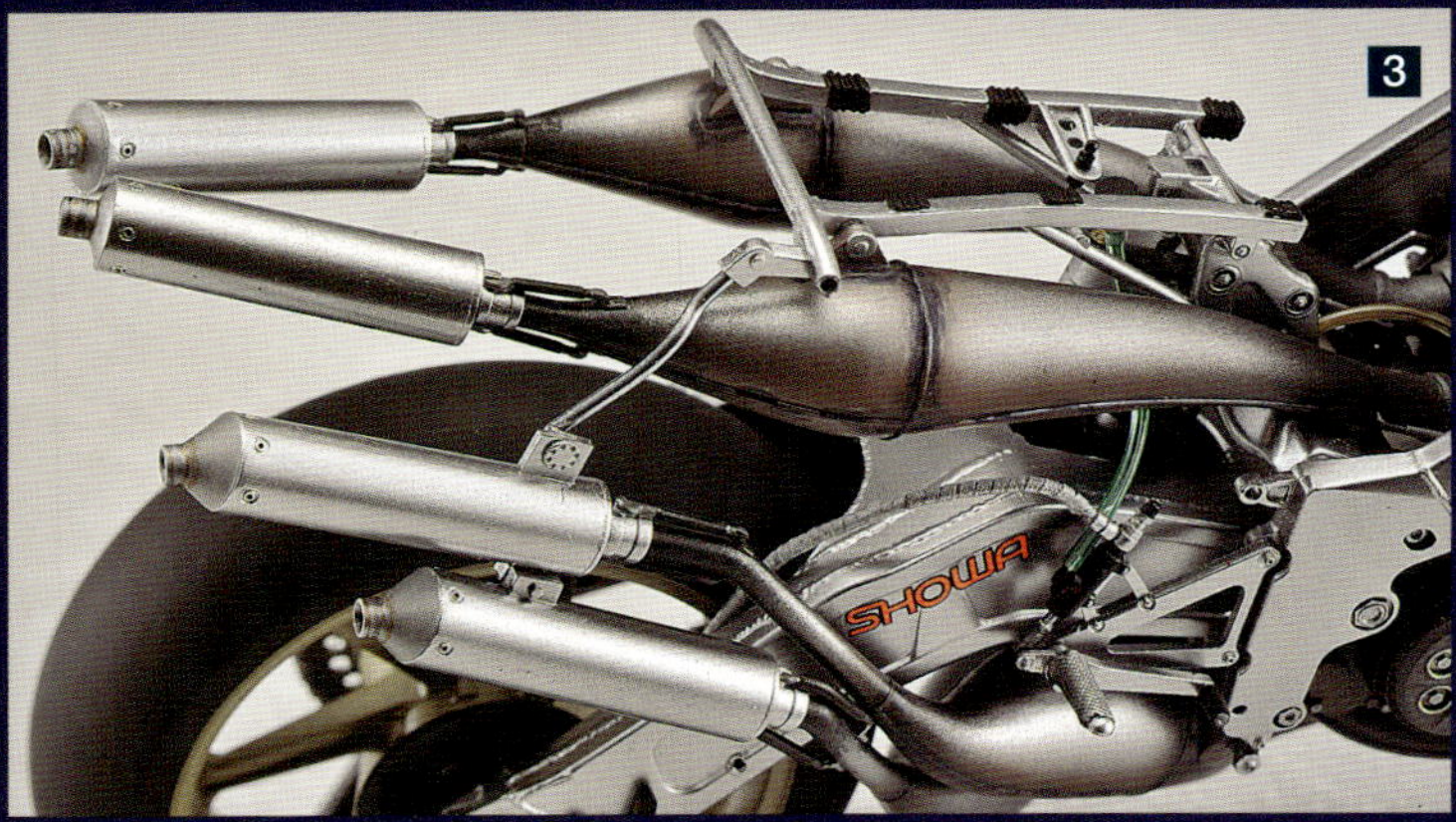

3

1

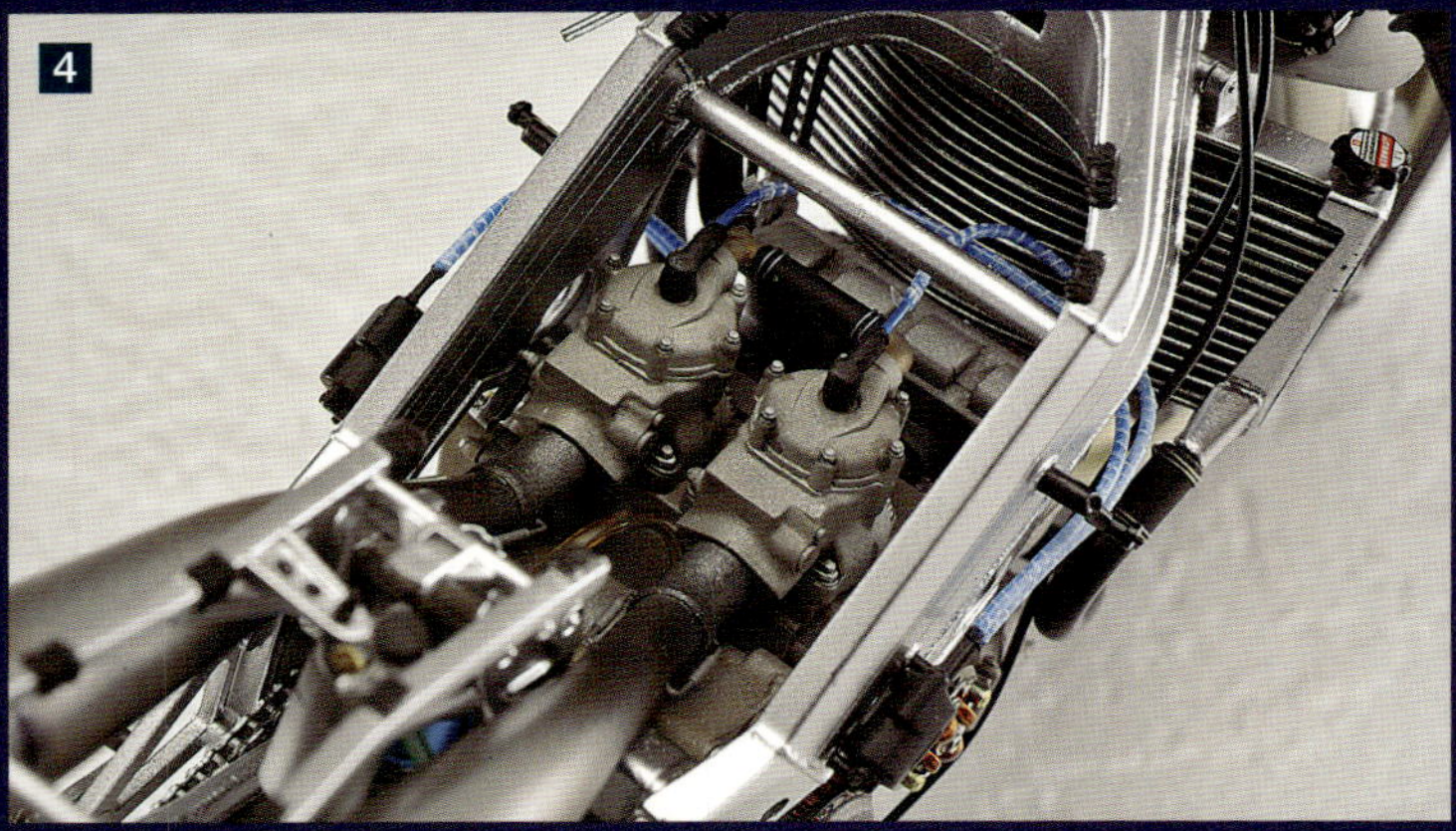
4

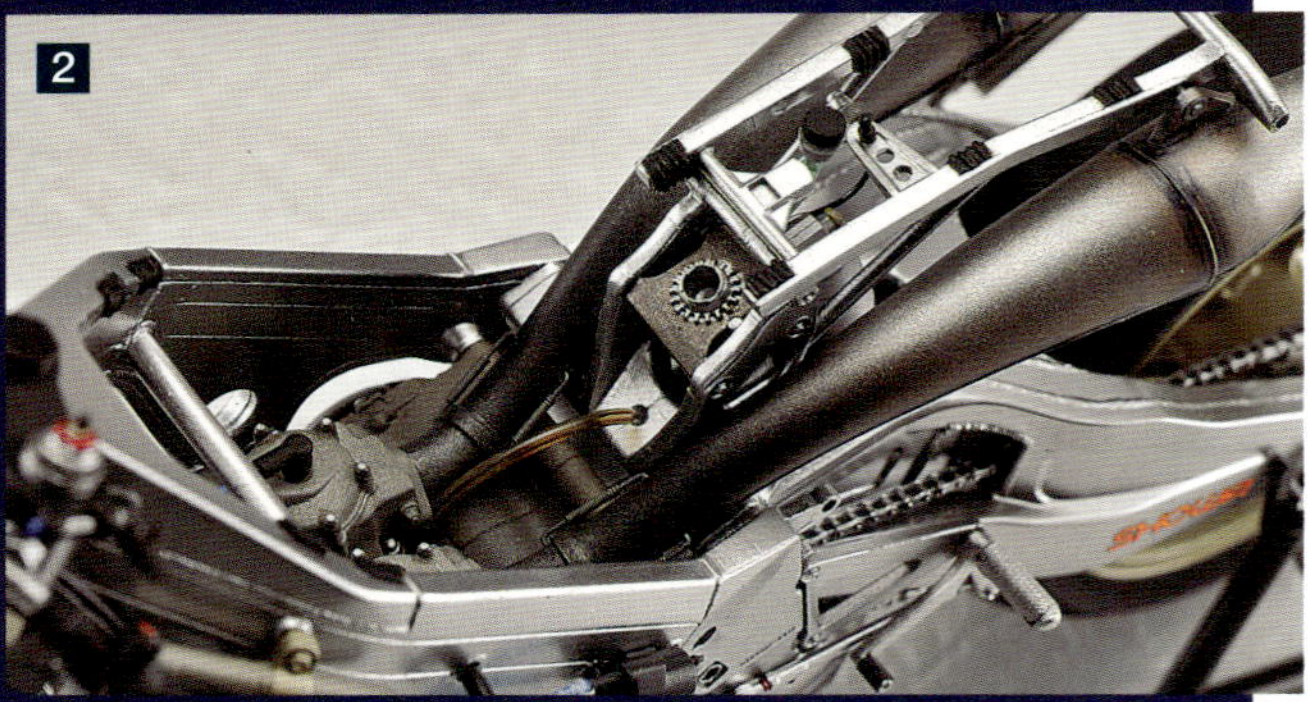
2

あの〝'89年の激闘〟を1/12スケールで並べよう

25年の時を経ていまなお語りつがれる激闘のシーズンだった'89年。チャンピオンマシンであるホンダNSR500だけではなく、三つ巴のライバルとなったヤマハとスズキのマシンの模型もぜひ作って並べてみたいところだ。

写真Aは NSR500と同じくハセガワから発売されている「ヤマハYZR500（OWA8）〝チーム ラッキーストライク ロバーツ 1989〟」（税込4536円）。ウェイン・レイニーのマシンだ。前年型からのバリエーションキットだが、ブレーキキャリパーのパーツが新規に追加されている。

写真Bはいまなお絶大な人気を誇るケビン・シュワンツのペプシカラーのΓ、スタジオ27のガレージキット、「スズキ〝RGV-Γ〟1989」（税込19440円）。タミヤのRGV-Γ（XR-89）を使うトランスキットだ。ガレージキットということで在庫限りなので、シュワンツマニアの方はご注意を。

写真Cはハセガワの新製品、「ヤマハYZR500（OWA8）〝マールボロヤマハ 1989〟」（税込4536円）一度は引退したフレディ・スペンサーがヤマハで復帰したときに乗ったマシンだ。リザルト的には見るべきところはないが、引退と復帰を繰り返した希代まれに見る天才ライダーのストーリーを語るには欠かせない1台だと言えよう。

B

C

A

▲ハブとスポークはキットのものを切り詰めて使用。金ノコの切りしろ約1㎜(外周部6箇所とスポークの根元）でちょうど1インチぶんぐらい小さくなった

▲まずは16インチホイールの製作。タミヤのNSR500（'84）のホイールを3枚におろす。リムの耳の部分を薄刃ののこぎりでちょっと厚めに切り取って使うのだ

▲タイヤのパーティングラインを削っていたら、削り屑がこびり付いてニチャニチャに。アルコール（ガソリン車用の水抜き剤を使用）でぬぐってキレイにした

▲手持ちの資料ではハンドルグリップのパターンが異なっていたので、傘の補修用に売られている目の詰んだ布テープを使用し変更した。この布テープはステップにも使った

▲当時のチャンバーはチタンではないので（鉄製）焼き色の具合も変わってくる。これは溶接で盛り上がっている部分の周辺に青紫色で溶接痕を入れているところ

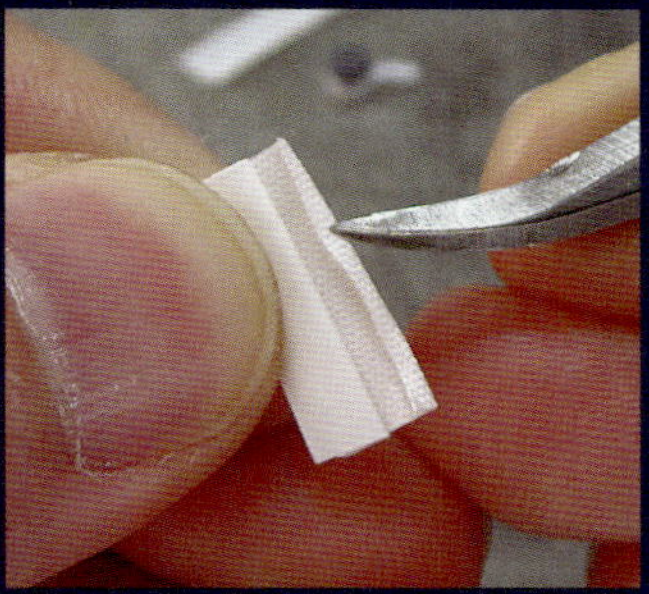

▲フルードタンクに巻いてある「リストバンド」は、手芸用の木綿の布シールで表現。今回は15㎜×8㎜ぐらいにカットして用意。三つ折りに丸めて厚みを出した

1キャブレターのファンネルメッシュは、ハセガワ純正のディテールアップパーツセット「Honda NSR500用 エッチングパーツ」に付属するものを使用した。基部はキットのクリアーパーツのメッシュ部分を切り取ったものを使っている

2シリンダーブロックのあいだからスイングアームにつながるホースは、ミッションオイルが噴き出てしまった場合にスイングアーム内をキャッチタンク的に使うためのホース（実際に吹き出してしまったことはないとのこと）

3サイレンサーのリベットは、いったんピンバイスで穴を開け、そこを起点にデバイダーをくるっとまわし、円を彫り込んで再現している

4プラグキャップは手持ちの資料にしたがって、黒いタイプのものへと変更した（形状も異なる）

5チャンバーの焼け色や、冷却水の配管の留め具(実際に金属線を使用）などに注目

6スパイラルチューブは今回はコードに細切りの透明なカッティングシートを巻き付けた。この方式だとスパイラルの幅が均等になるメリットがある

5

6

NSR500'89年型には、その後熟成されるNSRの基本型が見られます。スイングアームを湾曲させ排気チャンバーのスペースを確保したり、倒立フォークやカーボンブレーキの試用などがはじまりました。

ただこの年は模索の年であったようで、シーズン中に大胆にフレーム補強を行なったり、また戻してみたり、16インチホイールやNSコムスターまで持ち出して、さまざまな仕様でのトライが行なわれました。

今回ハセガワから発売された'89NSR500はスタンダードな基本形態のもの。フロントフォークは正立／倒立が選択式で、ブレーキも鋳鉄とカーボンが選べます。まずは自分の作りたい仕様を決めましょう。

◆外装

最初に全体的に大まかな仮組みをしてみます。CAD設計なので部品精度にはまったく問題がありませんが、アッパーカウルやシートカウルの取り付けが結構シビアで、下手をすると、せっかくきれいに仕上げてきた作品を最後の最後に壊してしまいそう。事前になんらかの加工をしたり、組み立て手順の工夫など考えておいたほうがよさそうです。本作では、ウソは承知でカウルに切れ目を入れたり、目立たない裏側部分を削ったりしています。

ロスマンズの青は混色する指示ですが、組み立て説明書どおりに混ぜるとどうも濁りが出てしまいます。そこで今回はGSIクレオスの「色ノ源」を使用。シアンとマゼンタを半々ぐらいに混ぜて、デカールの色味に近い澄んだ青色を調色しました。

デカールはカルトグラフの良質なもの。一部金色の箔押しの部分があり、これはクリアーコートができない旨の指示がありました。でも、やってできないことはなさそうです。自信のある方は自己責任でどうぞ。

◆車台

エンジン本体は、ガサガサのツヤ消しにすると鋳造部品っぽくなります。対してフレームやサスペンションはピカピカの銀色に仕上げてメリハリを付けました。

チャンバーに関してはいろいろな表現方法があると思いますが、本作では溶接部を強調しています。まず全体に銀色の下地色を塗り、溶接部付近に茶色を吹いてボカします。その上から青紫色の塗料で溶接痕を描き込みます。鉄のチャンバーはチタニウムとはまた違った風合いになるので、表現を工夫してみてください。

カーボンブレーキの塗装も少し凝ってみました。まずは紙ヤスリでパッドの擦り目をつけておいて、全体にツヤ消し黒を塗装。この上から細い筆の先でトントンとメタリックグレーのまだら模様を付けます。最後に擦り目の部分にクリアースモークで光沢をつければできあがり。

◆改造点

本作ではフロントホイールを16インチにしています。キットのパーツをバラバラに切り刻み、寸法を詰めて組み直し、リムの耳の部分だけタミヤの16インチホイールから移植しました。また、これに伴いフェンダーの被りも深くなるよう調整し（若干のごまかしもありますが……）、フェンダーのインテークもカーボンディスク採用に合わせて塞いでいます。なお、カーボンディスクのカバーのパーツも入っていますが今回はあえて外しています。

そのほか、ブレーキのリザーブタンクに「リストバンド」を巻いてみたり（布テープを加工）ハンドルやステップの表面形状を変えたりと、実車資料を参考に各部にいろいろとディテールを加えています。

パイピングはキットのものより細く繊細な市販のコードに替えました。ちなみに、キット同梱のパイプは他社のものとは異なり、適度に肉厚があって、大きく曲げても折れたり潰れたりしません。

◆最後に

なにしろこまかいキットです。繊細で気を遣う部分もありますが、とくに組みづらくはありません。腕試しに、またスキルアップに、ひとつ挑戦してみてはいかがでしょうか。きっと充実感ありますよ。■

ニッポンを駆け抜けた 味の素TERRAカラー Honda NSR500

味の素TERRA Honda NSR500
“1989年全日本選手権”
ハセガワ　1/12
インジェクションプラスチックキット
『Honda NSR500
“1989 WGP500 チャンピオン”』改造
2014年発売　税込4536円
製作・文／**高橋浩二**

▲ハセガワの1/12ホンダNSR500（'89）のカラーリングバリエーションとして、全日本選手権に出走していた味の素TERRAカラーの宮城選手のマシンを製作。製作にあたっては宮城光氏本人にお話をうかがい、細部にわたって当時の仕様を忠実に再現した

AJINOMOTO TERRA Honda NSR500“1989 ALL JAPAN CHAMPIONSHIP GP500"
HASEGAWA 1/12 Injection-plastic kit
[Honda NSR500“1989 WGP500 CHAMPION"]based.
Modeled and described by Koji TAKAHASHI.

'80年代後半～'90年代初頭のバブル華やかなりしころは、現在とは異なり全日本ロードレース選手権もWGPと同じ２スト500ccマシンで争われていた。そんな全日本のなかでもひときわ目を引いたのは、当時アイドル的人気を博していたHRCワークスライダー宮城光の乗る「味の素TERRA NSR500」だった。“全日本仕様のNV0H（'89年型Honda NSR500）”を作るとなれば、やっぱりこのカラーリングは外せないよね！

Model Graphix
2015年4月号
掲載

1ライダーのモチベーションを上げるための心遣いとして、タンク上には宮城選手の名前が描かれている
2'84年型では、チャンバーとの兼ね合いから開発された背の低いタイプのプラグ＆プラグキャップが使われている。ロスマンズカラーの作例とは異なり、こちらのプラグキャップはキットの指示どおり製作
3キャブレターのファンネルメッシュはハセガワ純正のエッチングパーツセットに付属のものを使用。キャブレターのボディはメタリックホワイトのような色調で、使い込まれると灰色がかってくる
4サイレンサーのリベットはアルミのパイプ0.6㎜径をスライスしたものを埋め込んで再現した
5キットのカウルパーツはかなり薄く（あるいは薄く見えるように）なっているが、シートカウル上部の廃熱口やNACAダクトのフチなどはさらに薄く削り込んでペラペラな感じを演出した

AJINOMOTO TERRA
Honda NSR500

HRCワークスライダー 宮城光の駆る、NVOH

AJINOMOTO TERRA Honda NSR500"1989 ALL JAPAN CHAMPIONSHIP GP500"
HASEGAWA 1/12 Injection-plastic kit
[Honda NSR500"1989 WGP500 CHAMPION"]based.
Modeled and described by Koji TAKAHASHI.

1 宮城選手が全日本選手権で使っていたのは、端面に放熱口の空いているベンチレーテッドディスクで、しかもディスク面は穴が貫通していないディンプル構造という複雑なもの。流用できそうなパーツも見つからなかったため、0.3㎜厚プラ板から切り出して製作した
2 アウタープレートやピンまでていねい塗り分けられたチェーンが精密感を倍増させる。さらには、プラグコードが途中で2本束ねられているのに注目。こういった「人の手」を感じさせる演出がモデルを魅力的に見せる
3 黒やシルバー、数種の色ツヤのものを使い分けることで素材の違いを表現している
4 スパイラルチューブは透明なチューブに金属線を刺した状態でカッターをななめに当て、くるくると回し切り込みを入れている。クラッチケーブルが途中でエンジン（ジェネレーターの前の部分）に固定されているのはカウルのなかでケーブルが暴れないための措置で、宮城車の特徴だったそうだ

3

1

4

2

▲自作したカウルに貼られるロゴとブレーキディスクの図面を、MDプリンタで印刷。MDプリンタは白や金色といった特殊な色も刷れるので、まだまだ手放せません

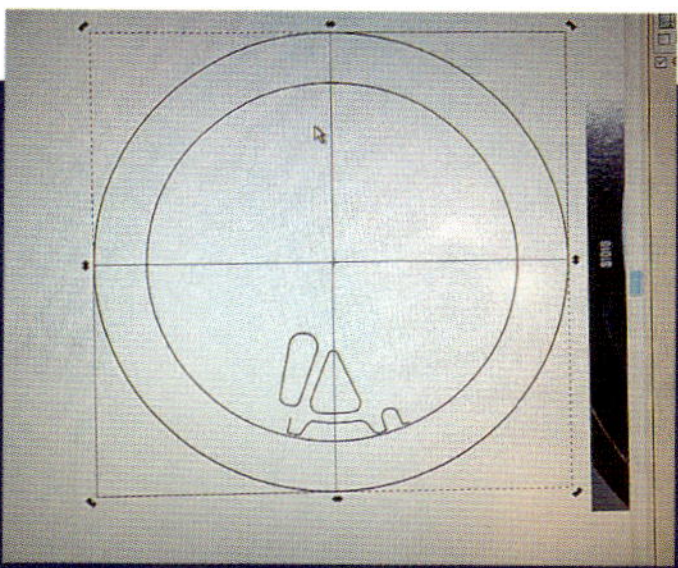

▲流用できそうなブレーキディスクのパーツを探したものの見つからず、結局自作せざるを得ませんでした。まずは撮影してきた写真を元にPCで図面を引きます

▲宮城さんのマシンに使われていたというブレーキディスクと同じものをHonda Collection Hallで発見！（RVF750に付いてました） ここぞとばかりに写真を撮りまくり

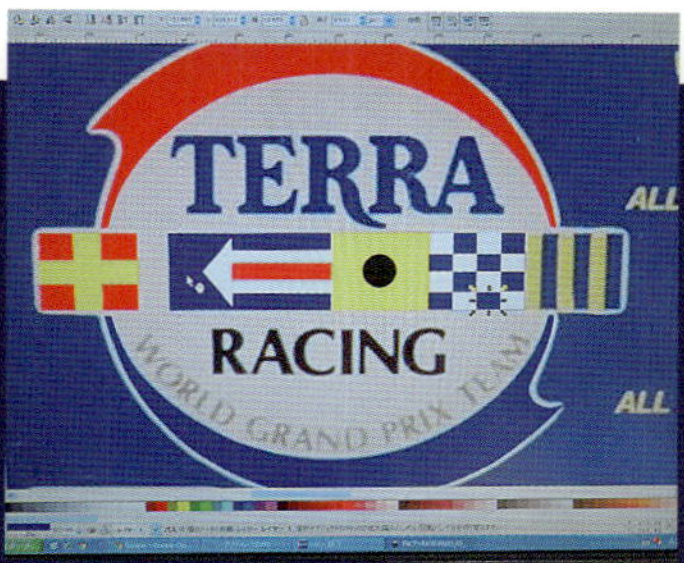

▲流用できるデカールがないものは資料を元にPCで自作。下部の「WORLD～」の文字が全日本では「ALL JAPAN～」になるのを気付いたのはけっこう製作が進んだあとで……

▲0.3㎜プラ板3枚重ねで作ったブレーキディスクをホイールに合わせてみました。端面にベンチレーションの穴が空いているのが見えますでしょうか？

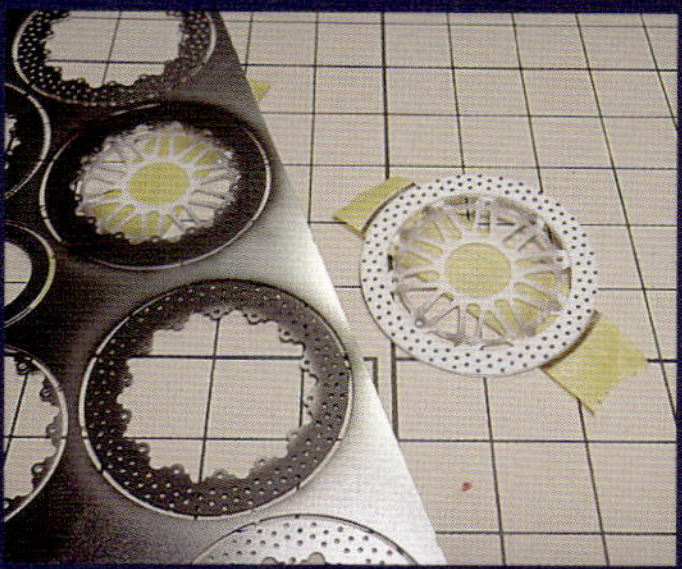

▲ハセガワのエッチングパーツを自作したディスクパーツに仮り留めし、さっとスプレーを吹きます。すると、穴を開ける位置に色が付きますので、そこをドリルでへこませていきます

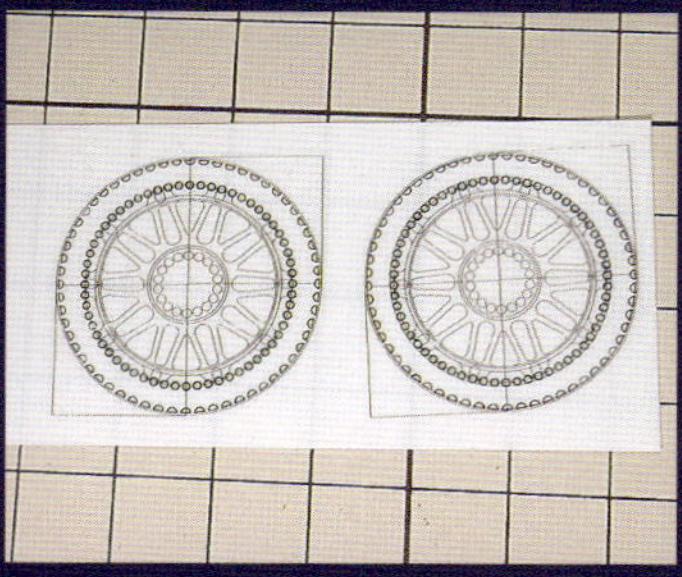

▲ベンチレーテッドの部分は、ディスクの外側と内側を半円状態に切り欠いてそれらしく見えるように工夫（ハセガワの純正エッチングパーツと同じ方式ですが）

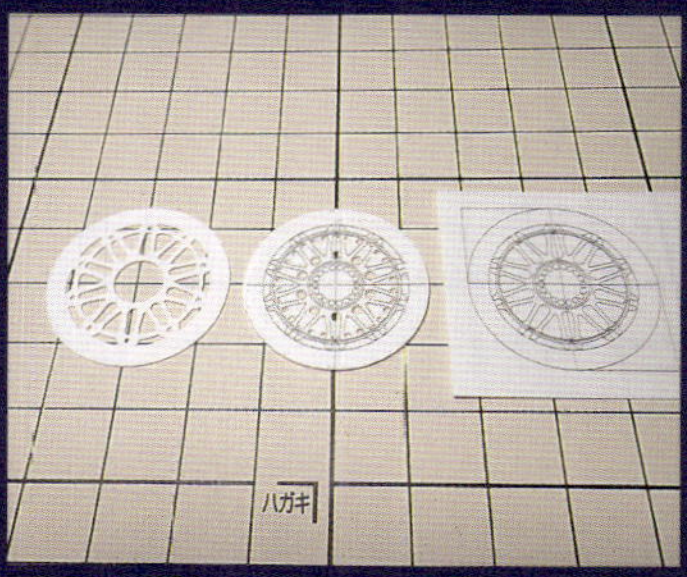

▲デカールに印刷したブレーキディスクの図面を0.3㎜プラ板に貼り、あとはちまちまと手作業で切り出していきます。正確性が命なパーツなだけに、かなり神経をすり減らします……

▲リアのブレーキディスクにもベンチレーテッドの穴……ではなくこちらはスリットを彫り込んだだけ。プラ板で簡易的な治具を作り、エッチングソーで彫り込みました

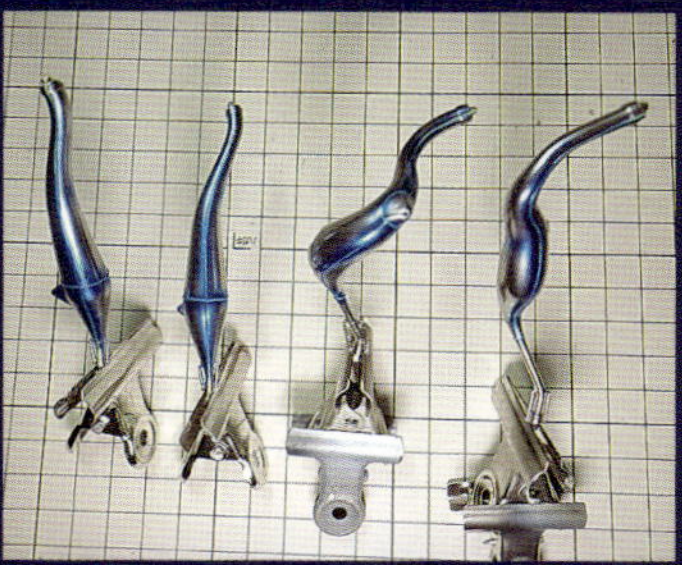

▲チャンバーはメッキシルバーNEXT、純色シアン、スモークグレーと塗り重ねて、焼け色を再現していきます。写真は焼ける箇所を意識しながら純色シアンを吹いたところ

▲自作した白いデカールは透けやすいので、2枚重ねにして対処しています。この写真では、ゼッケン以外の部分はすべてマスキングによる塗り分けになっています

▲いちばん大きなロゴを最初に貼ってしまい、位置を決めたらクリアーで保護、これを基準にカウルの塗り分けラインを出していきます。これが曲がるとカッコ悪いので慎重に！

◆宮城選手の好みの仕様に

今回私が担当するのは、'98年の全日本ロードレース選手権GP500で宮城光選手が乗った#3味の素TERRAカラーのNSR500。製作の計画を立てているうちに、あれよあれよという間に宮城光選手との打ち合わせ（という名の楽しい飲み会）が実現。そこでNSRのこまかい話、宮城選手のマシンの仕様、宮城選手の好みの仕様などをお聞きしてから製作を開始することになりました。これがどんな仕様だったかというと……倒立フロントフォーク（後半戦使用）、そしてフロントブレーキはベンチレーテッドディンプルホールディスク（ディスク面に貫通していない穴が施されている）を使用、というもの。倒立フロントフォークに関してはキットにパーツが入っているので問題ありませんが、ディスクブレーキは用意されていません……。

◆ブレーキディスクの製作

まずは「ベンチレーテッドディンプルホールディスク」がどんな形状かを調べます。宮城さんの話を手がかりにバイク雑誌をひっくり返して探してみましたが、ほとんど写っていない。そこで、もてぎのホンダコレクションホールの展示車両群をくまなく探索すると……見事ベンチレーテッドディンプルホールディスクを装着したマシンを発見！ 写真を撮ったりして素材を集め、製作に入ります。

まず真正面から撮った画像をベースにトレースする方法で作図。デカールに印刷して0・3㎜プラ板へ貼り、そのかたちどおりに切り出していきます。ベンチレーテッドの冷却孔はハセガワ純正エッチングパーツを参考に、外周と内周が歯車状になるよう切り出します。その歯車状のパーツを円盤状に切り出したプラ板でサンドイッチし、いかにも穴が開いているように見せています。ディンプルホールはディスク面に純正エッチングパーツの穴あきディスクをピッタリ当ててエアブラシで黒色をさっと吹いて当たりをつけ、貫通しないように注意しながらドリルで穴を彫り込んでいきました。

◆味の素TERRAカラー

続いてカラーリングの再現に着手。TERRAのマークをPCで作図、MDプリンタで印刷したものを全面ホワイトで塗装したカウリングへ貼り付け、クリアーで埋め込みます。続いてフレームへカウル類を仮り組みし、ブルーのストライプが各パーツできれいにつながるようにマスキングします。このとき、TERRAマークは白いフチ取りが残るようにマスキングします。

青色はGSIクレオス Mrカラーの5番のブルーを使用することにしました。この色は数年前にモデルチェンジし、塗り重ねるたびに色味が濃くなる先代と違い、ある程度塗り重ねると一定の色味に落ち着く使いやすい塗料になっています。

ブルーが塗り終わったら再びマスキングをしてゼッケンベース部を赤で塗装。ガイアノーツのブライトレッドを使いました。

スポンサーデカール類はキット付属のものや、タミヤNSR250の味の素関連マーク、それでも足りないモノは自作デカールで対応しました。

◆組み立てと仕上げ

チャンバーはメッキシルバーNEXTで全体を塗装し、溶接部に細切りマスキングテープを貼り付けて純色シアンをマスキングテープ部をなぞるようにぼかし塗装。マスキングを剥がしてからスモークグレーを濃淡がつくように吹きつけて焼けの表現を行なってます。

そんなカンジで作り進めて色を塗って進捗を宮城さんへ御報告すると……「リアブレーキディスクはカーボンじゃなくて鋳鉄製だよ」「クラッチケーブルはタイラップをシリンダーのクランプに巻きつけて、もう1本のタイラップでゆるく巻いて暴れないように……」等々、ためになるお話をいただきましたが、すでに完成していた部分もあったためどうやって作り直そうと頭を悩ませるハメに……。とはいえ完成後のお披露目で、作品を眺め終始ニコニコしていた宮城さんのお顔を拝見し、その苦労も報われた気がしました。■

【巻頭特集】198X モーターサイクルヒーロー列伝［番外編］

「GP500」熱狂時代、再来！

駆け抜けた「あの夏」の想い出が総天然色で蘇る2013年ロードレース世界選手権を彩った「最強モンスターマシン」たち

文／あさのまさひこ
（模型文化ライター／本特集コーディネーター／元WGPエヴァンジェリスト）
Text: Masahiko ASANO(STUDIO CUBICS)

Model Graphix ARCHIVES
2013年5月号 掲載
巻頭特集
＊本書掲載にあたり再編集しています

introduction;

……やはり、“2ストローク500cc”でないとダメなのだ。

設計図面は当然ながら存在するものの、厳密さを問えば1台1台その姿がごくごく微妙に異なるという究極のワンオフメイド感。

そうした環境を成立させた、いまとなっては完全に時代遅れと言うしかない、職人ワザが冴え渡ったフレームの溶接技術。

「市販車両への技術的フィードバック」といったお題を無視しひたすら速さだけを追求していった結果、ピーキーに暴れまくることをやめようとしないモンスターマシンを、力ずくで抑え込むグランプリライダーたちの卓越したライディングテクニック。

そしてそれをサーキットで実際に目にした際の、甲高くキレのよいエキゾーストノートと、観客スタンドにまで漂ってくる2ストオイルが焼け焦げた独特の甘い芳香——。

……そう、やはり、2スト500ccでないとダメなのだ！

●

「あさのさんは『WGP（ロードレース世界選手権）はトップカテゴリーがMoto GPクラスに変更されてからつまらなくなった』とよく言いますけど、それはある意味において単なる偏見と勉強不足なんですよ。いま現在におけるMoto GPの4スト1000ccレーサーを悪者扱いするのは勝手ですけれど、『4スト＝トルク偏重で挙動が鈍い』なんていうのはもうずいぶんと昔の話です。

そもそも、仮にWGPのトップカテゴリーが2スト500ccのまま続いていたとしても、現状のMoto GPレーサーと同じく、バイク本体の電子制御とタイヤの開発競争に関してはどうにも歯止めが利いていなかったはずなんです。だから近年の（4輪の）F1と同様に、'10年代的に近代化されたGP500レーサーにシュワンツやレイニーのようなタレントが乗ったとしても、以前のようなコース上でのバトルはそれほど繰り広げられていないと思いますね」

'00年代中盤から本格的にMoto GPにハマったという本誌編集長古屋（普段はビモータ乗り／Moto GPではケーシー・ストーナーのファン。バイクの根本的な知識においてはぼくよりも100倍は詳しい）はこう語る。もちろんそれが正論なのであろうが、そこに対するアンサーは常時ひとつだけなのである。

「……オマエが昨今のMoto GPクラスにおけるおもしろさとか凄さをいくら論理的に語ってくれたところで、量産型感が滲み出ている小ぎれいな4ストのMoto GPレーサーにはまったく燃えることも萌えることもできないんだよ！　オレは“GP500レーサー原理主義者”だから、溶接跡だらけの、ワンオフ感の漂う2スト500ccレーサー以外は生理的に受け付けないんだよ！」

●

WGPのトップカテゴリーが、GP500クラスからMoto GPクラスへと切り替わったのは'02年の話だ。レギュレーション上では'06年まで2スト500ccレーサーでの参加も認められていたのだが、4スト990ccと2スト500ccがいざ実際に混走してみると、4スト990ccのほうが圧倒的に有利であることがすぐさま判明。結果、2スト500ccレーサーでエントリーするチームとライダーは急速に減っていき、Moto GPクラスはスタート直後から事実上、「4ストレーサーの争いだけによるカテゴリー」と化した。

つまり、そうした2スト500ccと4スト990ccの混走期間をカウントしなければ、2スト500ccレーサーがトップカテゴリーにて猛威を振るっていた時代からすでに11年が経過したことになる。「10年ひと昔」という言葉を引用するまでもなくもう相当に以前の話になるわけだが、しかし、'12年のプラスチックモデルシーンではにわかには信じ難い事件が生じた。フジミ、ハセガワ、タミヤの3社が立て続けに1/12でGP500レーサーモデルの新規開発を発表。それも、揃いも揃って「ゼッケン部分の黄色地＋黒数字がレギュレーションで義務付けられていた時代」の'80年代のマシンを製品化するという異常とも受け取れる事態に、かつてのGP500を愛したモデラーたちはにわかに沸き立つこととなった。

というわけで今回の巻頭特集は『198X モーターサイクルヒーロー列伝』シリーズの番外編として、新たに発売になった'80年代のGP500レーサーモデルをフィーチャーすることに決定。マシンそのもの自体ももちろん魅力的ではあるのだが、かつてのGP500クラスと言えば個性的な天才ライダーたちによる劇的すぎるドラマティックなレースこそがメインディッシュであったわけで、元WGPメカニックである吉村誠也氏にご登場いただき、マシンとライダーの双方からGP500の真実へ迫る構成としてみた。

もちろん、本特集をいちばん美味しく食すことができるのは当時をリアルタイムで体験していた人たち（ということは、おそらくはいま現在どんなに若くても45歳以上）ということになるわけだが、GP500のことを一切何も知らない、「'80年代にはまだ生まれていませんでした」というような若者でも全然大丈夫！　本特集を通じ、フレディ・スペンサーvs“キング”ケニー・ロバーツと、ケビン・シュワンツvsウェイン・レイニーという熱く劇的なドラマを知れば、これまで全無視を決め込んでいたGP500レーサーモデルにもきっと興味が沸いてくるはずだ。

実際問題、『バリバリ伝説』のWGP編を通じて興味を抱き、'89年からテレビ中継を見はじめたぼくもそれ以前のWGPは「あと追い学習」であるわけだが、あと追い学習でもおもしろいものはおもしろいのだ！　あと追い学習の何が悪い!!　ムキーっ!!!

……というキレ芸はどうでもよいとして（だって、あと追い学習にコンプレックスや負い目などじつは1%も感じてないし。そんなことを言ったら二次大戦の航空機や戦車のマニアなんて、その全員があと追い学習なわけだし）、「資料的価値」というお決まりのフレーズを連発するうるさ型にもきちんと対応するべく、現存する実車の撮影取材も敢行。狂い咲きのようなタイミングにリリースされた3つの1/12 GP500レーサーモデルを、さまざまな調理法にて、ぜいたくなフルコース料理に仕立て上げた。

「2輪とかマジで全然興味ないんだよなぁ」という食わず嫌いを克服し、食前酒にはじまり最後のデザートまで、できればきちんとお付き合いいただければ……と願う次第なのだ。　■

FREDDIE
1
HONDA
Castrol
YAMAHA
NORDICA
YAMAHA
DELTABOX
17
MOTUL
Lockheed
LUCKY STRIKE
MOTUL
DUNLOP
SUZUKI
PEPSI
MICHELIN
FREDDIE
HONDA
HRC
1
HONDA
Castrol
MICHELIN
SHOWA

国産1/12「GP500レーサー」モデル史

「GP500レーサーモデル新時代」を迎えるにあたり、まずは'80～'00年代の歴史を復習しよう

文／あさのまさひこ
text by Masahiko ASANO (STUDIO CUBICS)

'80年代初頭のバイクブームを受けた“世界のふたつ星”タミヤは、日本においてはまだ「紀元前」的な状態にあったWGPのGP500レーサーモデルを'82年に模型店店頭に並べた。そこからはじまる国産1/12 GP500レーサーモデル史は、'87～'98年までの「冬の時代」を挟みつつ、いかに発展していったのか？　いまー度ここで俯瞰視してみたい。

▶タミヤ1/12バイクシリーズは、'80年にケニー・ロバーツが乗りチャンピオンマシンとなったYZR500（OW48）よりはじまった

「国産1/12 GP500レーサーモデル史」とはすなわち、タミヤの1/12オートバイシリーズの歴史である。

'81年8月、記念すべきシリーズナンバー1として、ヤマハYZR500グランプリレーサー（ケニー・ロバーツが3年連続チャンピオンを獲得した、インターカラー仕様の'80年型OW48❶）が颯爽と発売されたことからその歴史ははじまっていく……と言いたいところなのだが、じつは、シリーズナンバー3のスズキRGB500グランプリレーサーの発売が先行していた記録が残っている（'81年7月発売❷）。つまり感覚的には、この2台は「ほぼ同時に店頭に並んだ」という状況であったのだろう。

同社のバイクモデルと言えばそれまで、車体を構成するすべてのパーツをそっくりそのまま1/6サイズに縮小したかのような、〝1/6レプリカモデル〟とでも称すべき至高の1/6オートバイシリーズしか存在していなかった。しかし'80年代に入り我が国に爆発的なバイクブームが到来したことを受けて、1/6シリーズのジュニア版的な位置付けとして1/12シリーズが新たに設けられたという格好にあった。

そのシリーズ第1弾に、おそらくは多勢のモデラーが待ち望んでいた国産市販バイクではなく、GP500レーサーを持ってきたあたりがタミヤイズムといったところか。「バイク乗り、もしくはバイク好き＝WGPファン」という図式がまったく成立していなかったような時期尚早なタイミングに、欧州におけるモーターサイクルレース文化の頂点としてのWGPを「力ワザで日本にぶち込んできた」のだ。当時すでにWGPに注目していた先進的な人たちからすれば狂喜乱舞状態であったはずだが、逆に、市販バイク以外には興味がなかったような人たちからすれば、「……タミヤはいったい何を考えているんだ!?」といった気分であったのではなかろうか。

順調な滑り出しから「冬の時代」へ

こうしてスタートを切ったタミヤの1/12 GP500レーサーモデルだが、先述した2台は3D CAD/CAM（コンピュータ援用設計/製造）が存在しない時代のアナログ設計/製造にも関わらず、カウルを装着した状態とカウルを取り外したストリップ状態を当時としては驚異的なレベルで両立させていた。しかも、普通に組み上げるだけであれば初心者でも臆することなく対峙できた堅実なキットフォームには、「さすがはタミヤ」と言うしかない。

なお、併せて着目しておきたいのがそのボックスアートである。

件のパッケージには、「カウルが透けていてエンジンやフレームなどが目視できる状態」が描かれている。2輪4輪を問わず、レーシングマシンを描くテクニカルイラストレーションとしてはごく一般的な手法ではあるのだが、「カウル内に詰まった構造物の完全再現まで込み込みのレーサーモデル」という製品の特徴がパッケージを通じ声高に謳われているというわけだ。

そしてこれ以降、こうしたスケルトン仕立てイラストのボックスアートは、同社製レーサーモデルのスタンダードスタイルと化していく。結果、新規設計のGP500レーサーモデル3作目となったカワサキKR500グランプリレーサー（'83年10月発売❸）、4作目ホンダNS500グランプリレーサー（'84年4月発売❹）、5作目ヤマハYZR500 OW70（'84年12月発売❺）、6作目ホンダNSR500グランプリレーサー（'87年3月発売❻）にも同様のスタイルが用いられることになるのだが、6作目のホンダNSR500がシリーズにとってひとつの大きな分岐点と化すことになる。

同製品の発売以降、タミヤのGP500レーサーモデルは「冬の時代」とでも言うべき休止期間へ突入してしまうのだ。

おそらくは、その理由が多岐に及んだことは想像に難くない。

バイクブームの終焉と、その後にはじまったF1ブームに伴う、タミヤ社内における設計部門のキャパシティ不足。

年式が変わっても外観がそれほど大きく変化せず、さらに形式名も変わらないという、GPレーサー特有の問題。

■ここの写真キャプションは、できるだけ本文にある内容以外のことについて触れていくこととする
❶YZR500単体の製品のほかに、ハングオン時のライダーフィギュアが同梱された、“ケニー・ロバーツ・ヤマハYZR500”（1983年9月発売）も発売された
❹NS500はこのように押しがけスタート時のライダーフィギュアがセットになった“ホンダNS500とスターティングライダー”（1985年5月）も発売になった
❺カウル内に伏せるライダーのフィギュアがセットされた、“ヤマハYZR500（OW70）とストレートラン・ライダー”（1985年発売）も発売された。なお、ヤマハのGPマシンの開発記号「OW～」は以前はヤマハ社内でも「ゼロダブリュー」と「オーダブリュー」が混在しており、どちらが正しいとも言えないような状況だった。タミヤが「オーダブリュー」を採用していたこともあってモデラーはそちらの呼称で覚えている人も多いと思うが、最近は「ゼロダブリュー」で統一されつつあるようだ

「GP500」熱狂時代、再来！

そして、「GP500レーサーモデルファンがいまいちばん欲しているのは、まちがいなくケビン・シュワンツのスズキRGV-Γである」という状況が、不幸なことに、結果的に冬の時代をいたずらに長引かせていくことに繋がっていってしまう。

タミヤとしてはやはり、シュワンツがチャンピオンになった際のマシンを製品化したい——'89年シーズンにおける大活躍を見ていた限り、そのチャンピオン獲得は時間の問題だと思われたのだが、大方の予想に反し、シュワンツが待望の王者に輝くのは'93年という限りなく遅いタイミングになってしまう。そして、その際のスズキには、モデル化規制対象の象徴たるタバコメーカーのラッキーストライクがメインスポンサーを務めていたため、タミヤはそれが主要因でスズキRGV-Γの製品化を見送ることになってしまったのである。

「3D CAD／CAM」による恩恵

そうしたGP500レーサーモデル冬の時代に終止符が打たれたのは、'98年6月のことだった。1／12オートバイシリーズスタート当初からの通しでカウントすればナンバー71、新規設計のGP500レーサーモデルのみで考えれば7作目にあたる、レプソル ホンダNSR500 '98 7のリリースである。前作にあたるホンダNSR500から、じつに11年ぶり（！）の製品化だ。

もちろん、その途中にはGP250レーサーのホンダNSR250レプソル（'92年4月発売）やヤマハTZ250M（'94年7月発売）の製品化が挟まれていたため、GPレーサーモデルファンとしては11年分まるまる飢えに飢え続けていたわけではなかったのだが、それでもやはり「待望の製品化」であったことはまちがいない。

そして、11年という空白期間を経たことにより、タミヤのGP500レーサーモデルには明確な変化が生じていた。そう、3D CAD／CAMの導入である。

この時期のGP500レーサーは、見た目こそ10年前のGP500レーサーと大差ないものの、カウルの下に隠された内部構造には大きな変化が生じていた。2ストロークマシンが完成の域に近付いた結果、カウルの下にはラム圧用エアダクトのたぐいがみっちりと詰まり、カウルとその中身が「卵の殻とゆで卵の関係」のように限りなくタイトな状態と化していたのだ。

つまり、アナログ設計／製造でそれを再現するのは事実上不可能に近く（カウルの中身をふたまわりほどちいさめに設計すれば可能と言えば可能だろうが……）、デジタル設計／製造時代が到来したからこそ実現した製品化でもあったのだ。

実際のところ、同製品のカウルとその中身のタイトさは相当に強烈で、コード類などを付け足すディテールアップを下手に施そうものなら、カウルがきちんと被らなくなってしまうほどであった。

さて、こうしてついに発売になったレプソル ホンダNSR500 '98だが、同製品の発売以降は、それ以前の冬の時代がまるで冗談であったかのように続々と新製品がリリースされていくことになる。

新規設計によるモデルは8作目レッドブル ヤマハWCM YZR500 '99（'99年10月発売8）、9作目スズキRGV-Γ XR89（'00年7月発売9）、10作目テック3 ヤマハYZR500 '01（'01年9月発売11）の3点のみとも言えたが、場合によってはディテールまで変更されたバリエーションモデルが続々と製品化されていったのだ。

まずはモビスター ホンダNSR500 '98（'98年8月発売）にはじまり、レプソル ホンダNSR500 '99（'99年8月発売）、アンテナ3 ヤマハ ダンティーンYZR500 '99（'99年12月発売）、アストロナズーロ ホンダNSR500（'00年10月発売10）、テレフォニカ モビスター スズキRGV-Γ '00（'01年3月発売）、ホンダ ポンスNSR500 '01（'01年8月発売）、ファクトリー ヤマハYZR500 '01（'01年10月発売）、テレフォニカ モビスター スズキRGV-Γ '01（'02年3月発売）、アンテナ3 ヤマハ ダンティーンYZR500 '02（'02年8月発売12）……と、まさしく「怒濤の勢い」としか表現しようのないリリースラッシュぶりである。

もっとも、そうしたリリースラッシュは、アンテナ3 ヤマハ ダンティーンYZR500 '02を最後に終了となる。'02年より当のWGPが、そのトップカテゴリーをGP500クラスからMoto GPクラスへと変更したためだ。それゆえ以降はMoto GPレーサーが製品化対象と化し、必然的にGP500レーサーモデルはこれにて実質的に打ち止めとなったのである。

「GP500レーサーモデル新時代」へ

アンテナ3 ヤマハ ダンティーンYZR500 '02の発売からちょうど10年後の'12年——まさかの事態が生じたのは前ページのイントロダクション内に記したとおりだ。7月に、フジミがスズキRGV-Γ後期型（XR74）'88年チーム ペプシ スズキの製品化を突如アナウンス。そして、まるでタイミングを合わせたかのように直後の8月、ハセガワが同じ'88年型マシンであるヤマハYZR500（OW98）〝1988 WGP500チャンピオン〟の製品化を立て続けにアナウンスしたのである。

フジミは'10年より、ヨシムラ・スズキGSX-R750やヤマハFZR750 TECH21レーシングチームなどの、'80年代におけるバイクブームの屋台骨を支えた鈴鹿8耐レーサーを製品化した実績があり、時間の問題でWGPレーサーへ切り込んで来ることが予想されていたメーカーである。

ハセガワも同じく'10年よりホンダRS250RWをもってバイクシリーズをスタートさせ、Honda NSR250に次ぐシリーズ3作目が注目されていた。

これだけでもありえないレベルでの一大事件だというのに、さらに、かのタミヤが10月の全日本模型ホビーショーにてHonda NSR500 '84を発表。3メーカーが入り乱れての、GP500レーサーモデルの狂い咲き的な復活である。

現行最新型モデルと'70〜'80年代のヒストリックモデルの人気が完全に等価と化した1／20 F1モデルと同様に、かつてのGP500レーサーもまた、'10年代に入り再び製品化が許される状況と化したのだ。■

14

11

8

12

9

13

10

13は6のNSR500のバリエーションキットだが、赤字に白ヌキ数字のゼッケンでもわかるとおり、全日本選手兼の出場者、木下恵司選手のマシンである

■'13年3月現在、本ページ掲載のモデルはほとんどが生産休止中であり、通常商品として購入可能なものは9のスズキ RGV-Γ（XR89）と13のHonda NSR500 ファクトリーカラーのみとなっている

■各製品はときおり「スポット生産」として再版されることがあるが、その最にはカルトグラフ社製のシルクスクリーンデカールが付属することもある。また、14のアカイ ヤマハ YZR500（'06年発売）のように、新規にデカールを追加してバリエーションキットが発売されることもある（デカール替えだけでなく、ホイールなど新規のパーツがセットされていることも！）

■なお、本コーナー掲載の写真は初回生産品発売当初のものも含まれるため、マーキングなどその後の製品内容と異なる場合があるので注意されたし

“ファスト フレディ”vs“キング ケニー”
いまなお語り継がれる伝説の闘い

文／吉村誠也
イラスト／正蔵
text:Nobuya YOSHIMURA
illustration: MASAKURA

スペンサーのために造られたと言われる初代NSR500（'84年モデルNVOA）について語るとき、その前年、'83シーズンの話を抜きにはじめるわけにはいかない。WGP史上もっとも激しいタイトル争いとして、いまなお多くのファンに語り継がれるフレディ・スペンサー対ケニー・ロバーツ（ファスト フレディ対キング ケニー）の、熾烈を極めた一騎討ちは、全12戦を6勝ずつで分け合った。このふたり以外に優勝者がなかったばかりか、ポールポジションを獲得したのもこのふたりだけ。

シーズン最終戦サンマリノGPを迎えてもタイトルの行方はわからず、ランキングトップのスペンサーと2番手のロバーツのポイント差はわずか5。ロバーツが優勝し、スペンサーが3位以下だとポイントテーブルの順位は逆転し、ロバーツが3年ぶり4回目のワールドチャンピオンを獲得する。一方のスペンサーは、優勝または2位に入れば自身初なのはもちろん、ホンダのライダーとして17年ぶり、そして世界GP史上最年少のワールドチャンピオンとなる。

世紀の決戦と言うべきこのレースでトップに立ったロバーツは、予選より1・5秒も遅いペースで2番手スペンサーの頭を抑え、チームメイトのエディ・ローソンが順位を上げてくるのを待った。しかし、ローソンはスペンサーと同じNS500を駆るレイモン・ロッシュを抜くのに手間取り、3番手に浮上したときすでに、前のふたりに大差をつけられていた。

それでもなお、ロバーツはローソンを待ち続け、スペンサーは、その日の特別したたかな（何度か前に出たが、すぐに抜き返された）ロバーツを相手に無理してトップを狙うよりも、2位でフィニッシュしてワールドチャンピオンの座を射止めるべくロバーツに追従していた。

そして最終ラップ。ピットサインにより、ローソンが2位に入るのは無理と判断したロバーツは、この時点で3回目のタイトル獲得をあきらめ、あとは、このレース、つまり、引退を決意した自分にとって最後のWGPシーズンの最終戦を優勝で飾るべく、それまでの抑えたペースがウソのように飛ばしまくった。スペンサーのほうは、おそらくこのシーズンで初めて自分の意志でペースダウンし、ローソンとのあいだに安全な間隔を保ったままチェッカーを受けた。

キング ケニーからファスト フレディへと王位が移り、このレースをもって、近代GPは、'70年代から続いた黎明期を脱し、'90年代の円熟期へと繋がる成長期に入ったということができる。

話は5年さかのぼって、ロバーツがフル参戦を開始した'78年、彼がWGPのパドックに持ち込んだアメリカンスタイル（ダートトラックで鍛えたライディングスタイル、アメリカ風の豪華なモーターホーム、グッドイヤーのタイヤなど）は、古くからのコンチネンタルサーカス（ヨーロッパ大陸諸国を次々と転戦していくことから、そう呼ばれた）の面々にとって、脅威であり、注目の的でもあった。

当時の典型的な転戦スタイルは、1〜2トン程度のトラック（荷台部分がコンテナ状のもの、または窓のないマイクロバス）でキャンパー（2〜4人程度の居住が可能）を牽引して移動し、パドックではトラックとキャンパーの脇に張ったテントのなかでマシンの整備をするといったもの。

ワークスチームといえども、転戦スタイルはプライベーターと大差なく、ただ、テントのなかに置かれたマシンが、いわゆるファクトリーマシンなのと、スタッフの一員として、日本からやってきたメーカーのエンジニアやメカニックが（普段は1〜2名）加わるといった感じだった。

テントのなかでマシンを整備していたのは、ピットガレージを備えたサーキットがほとんどなかったからである。ピットロードの脇にあるのは、プラクティスのセッション中にマシンの調整をするためのわずかなスペース（ピットロードとの境界は明確ではなかった）だけといったサーキットが多く、設備のよいところでも、ピットロードと並行して渡り廊下風の屋根（壁のあるところはほとんどなかった）が設けられている程度だった。

さらに言うなら、トラックやキャンパーを停め、テントを張るパドックの敷地が舗装されていればよいほうで、草地や砂地のところも多く、雨が降ればぬかるみ、風が吹けば砂が舞い上がるといった環境でマシンの整備をしなければならないことも決してめずらしくなかった。

シャッター付きの立派なピットガレージを備えた近代的サーキットの〝はしり〟は、'84年に新装オープンしたドイツのニュルブルクリンク（従来の公道コースに代わって新しく建設されたクローズドサーキット）だったかもしれない。そう。つまり、'80年代中盤までのWGP＝コンチネンタルサーカスは、ロードレースの名にふさわしく、公道レースの面影をまだ色濃く残していたのである。

そういった時代に、ロードレースというよりモーターサイクルスポーツの最高峰としてのWGP500クラスに日本のメーカーが送り込んだファクトリーマシンは、まさに最新技術と威信の化身、そして多くのプライベートチームやファンにとってはあこがれの対象であった。

'80年代前半までの500ccファクトリーマシンは、現代のMoto GPマシンと比べると凝縮感や繊細感に欠け、見方によっては非常にクラシカルな印象を受ける。だが、それをもって、最高峰のモーターサイクルを造る技術が、現代と比べて劣っていたと考えるのは誤りだ。

500ccファクトリーマシンという〝機械〟を造る技術は、それ単独で成立するものではない。素材や加工技術、制御システムなどの進化が伴わなければ、エンジニアたちが思い描いたイメージを具現化することはできない。いや、材料や設備がなければ、それらを使った〝ものづくり〟は、イメージすることすら難しい。

'80年代前半といえば、携帯電話はもちろん、インターネットもない時代である。CFRP（カーボンファイバー強化樹脂）は登場したばかりで、軍需や航空機産業から下りてきた7N01や7075などの、いわゆる高強度アルミニウムがようやく使えるようになり、CNC工作機械（当時はコンピュータを使わない数値制御＝NC工作機が存在したため、コンピュータを使った工作機をとくにCNCと呼んで区別した）が急速に普及しつつあるさなかであった。

もっと卑近なところでは、二輪車用ラジアルタイヤはまだ開発段階で、燃料は、いわゆるレースガスではなく航空機用有鉛ガソリン＝アブガスが主流（プライベートチームでは、経費節減のためにアブガスとスタンド売りの有鉛ハイオクをブレンドしたりしていた）。オーリンズの前後ショックやマービックのホイールは導入前であり、'83年にロバーツが乗ったYZRに装着されたブレンボのブレーキが目新しかった。

こうした時代背景を頭の片隅に置き、再び'80年代前半のファクトリーマシンを眺めると、クラシカルななかにも、当時の最新鋭の素材と製造技術を駆使したマシン造りに気付くはずだ。

そして、素材や製造技術がそうであったように、レース用に限らず、モーターサイクル設計技術もまた、'80年代の前半から後半にかけて、一気に（おそらく、この世にモーターサイクルという乗りものが誕生してから現在までのあいだでもっとも急速に）進化したと言えるのではないだろうか。

できなかったことができるようになり、造れなかったものが造れるようになれば、空想、あるいは思い付きの産物を形にすることができる。そこに、'80年代後半から'90年代へと続くオートバイブームによる業界の活況が作用し、ふんだんな開発費用の計上が可能となったのが'80年代中盤だった。

スペンサーに託したNS500でロバーツとの一騎討ちを続ける一方で、ホンダは、次期500ccファクトリーマシンとして、まさに、上に書いた'80年代中盤ならではの〝ホンダドリーム〟を具現化したマシンを開発していた。その名はNSR500。それは、スズキ、ヤマハ、カワサキ（'82シーズン限りで撤退）の3メーカーよりも遅れてこのクラスに復帰したホンダが、敵の隙を突くのではなく、真っ向から前2社に勝負を挑むための旗艦となるはずだった。■

吉村誠也●よしむらのぶや／1958年生。'フリーライター。'80年代には福田照男選手のメカニックとしてWGPを転戦した経験も持つ。弊社刊『PIT WALK PHOTO COLLECTION』シリーズでGPマシンの解説記事を手がけ、月刊『バイカーズステーション』誌や『ロードライダー』誌等で執筆活動を行なっている

Arai
HONDA
SHOWA
1
NGK

ROBERTS
GOOD YEAR
GOODYEAR
YAMAHA

技術的チャレンジスピリットの結晶たる異形レイアウトの4気筒レーサー

3気筒エンジンの戦闘力に限界を感じたHondaが、NS500の軽快さを維持した4気筒マシンとして開発し'84年WGPに投入したのがこのNSR500（NV0A）だ。この異様とも言える、通常のバイクとは燃料タンクとチャンバーの位置関係を上下逆転させた車体レイアウトは、重い燃料タンクを車体下部に置くことにより、低重心化と燃料の減少による操縦性の変化を抑えることを狙ったもの。しかしながら、高温に熱せられた排気チャンバーが吸気を熱してしまうことや、燃料減少による運動性能の変化が大きかったこと、エンジンへアクセスしづらいことによるメンテナンス性の悪さなど数々の弊害に悩まされ、シリーズ半ばには前年に使っていたマシンまでもが引っ張り出される事態となってしまう。結局シリーズチャンピオンはヤマハに奪い去られることとなるわけだが、結果はともかくも、いかにもHondaらしい〝挑戦〟の象徴としていまなお語り継がれるレーサー、それがこの'84年仕様のNSRだ。

NVOA Honda NSR500 '84

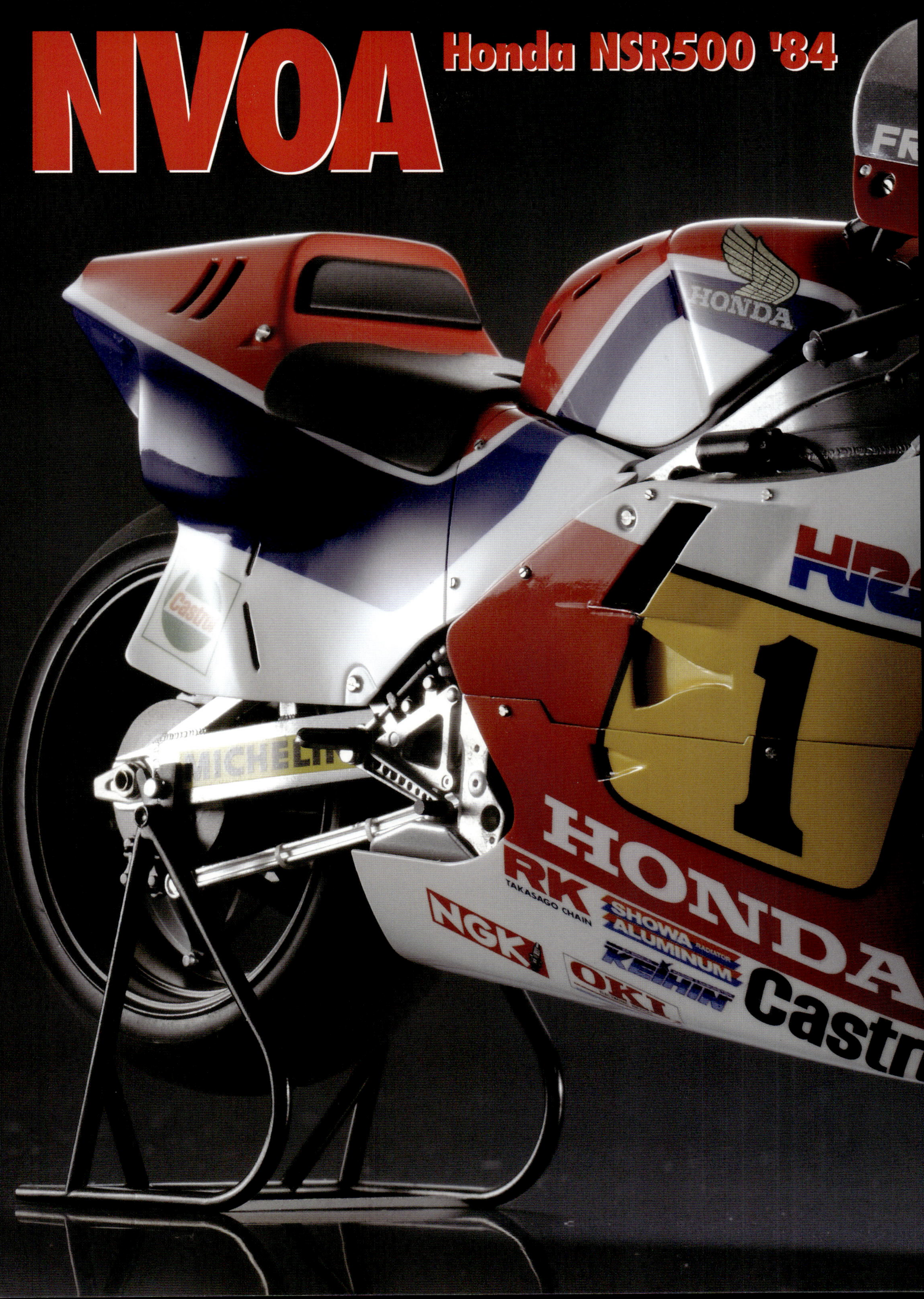

Honda NSR500 '84
NV0A
TAMIYA 1/12 Injection-plastic kit

【巻頭特集】198X モーターサイクルヒーロー列伝【番外編】

「GP500」熱狂時代、再来!

Honda NSR500 '84
タミヤ 1/12
インジェクションプラスチックキット
2012年発売 税込4320円
製作／高橋浩二

Honda NSR500 '84
TAMIYA 1/12 Injection-plastic kit
Modeled by Koji TAKAHASHI

'84年シーズンを通して見れば、フレディ・スペンサーとランディ・マモラによって4勝を記録し、PPも何度も取っているので決して失敗作とは言えないのだが、タミヤが現役から30年近くも経ったマシンを製品化する際に選ばれた、という観点からしてみても、このHonda NSR500'84（NV0A）はかなり異色な存在と言えよう。こんなマニアックなマシンをタミヤクオリティーで作ることができるというのは望外の幸せというほかはないが、作例を製作するにあたっては、さらに後半戦に使われたタイプのカウルに改造することにした。このタイプのカウルではスペンサーは勝っていない……どころかスペンサーは後半戦をケガで欠場したためにこのタイプのカウルを付けたNV0Aには乗ってすらいないのだが、もしケガをすることなく最後まで乗っていたら、というifモデリングを楽んでみてほしい。……ていうか、単純にこの後半戦仕様のカウルのほうがカッコイイじゃない？

タミヤ王道フォーマットで楽しむifモデリング

●あるべきものがあるべきところにないことが生む異様な迫力が伝わってくるストリップ状態。キャブレター真上にチャンバーがレイアウトされることになり、燃料のパーコレーション（熱害などで燃料のガソリンが沸騰する現象）に悩まされた。カウルやチャンバーカバーのモディファイの変遷を見ていくと、その苦労の跡が想像される。結局この年はマシンの熟成不足にスペンサーの怪我が重なり、チャンピオンを獲得することができなかった

1リアスイングアームの「MICHELIN」のロゴはキット付属のデカールに入っていないので、ハセガワのYZR500のデカールを流用した（YZR500のキットにはなぜか多めにこのデカールが入っている）。チェーンはタミヤの1/12 Honda RC166用の組み立て式のものを2セット使い再現。前後のスプロケはキット付属のものを使った

2そのままアンダーカウルとしても使えそうなほどきれいな外形を持った燃料タンク。ビスで固定される方式となっているため、完成後も脱着可能だ。アルミの柔らかく軽い質感を表現するため、ベースにホワイトを塗装し、表面にGSIクレオスMr.メタリックカラーGX213番GXホワイトシルバーを塗装した

3シールドスクリーンは透明度が高くゆがみもなく、薄く成型されている。ヒートプレス等で作り直す必要はなさそうだ（カウルにパチっとはめ込むだけで簡単に取り付け可能）。カウルに設けられたNACAダクトから繋がる、チャンバーを冷やすためのダクトもきれいに収まっている。メーターをマウントするスポンジ部分はツヤ消しのグレーで塗ってメリハリをつける

4シートカウル後端が先にいくに従って鋭角にすぼまっていく先鋭的なデザイン。このマシンが2ストローク4気筒である証、4本出しサイレンサー。アップサイドダウンレイアウトであるがゆえに、すべてのサイレンサーがここに集まっている。純正オプションパーツの削り出しテールエンドが効果的に輝いている

5このアングルから見ると、フロントアッパーカウル形状が同じこともあってNS500にとても似ている。ステップ下にチャンバーが見えないこと以外では、アップサイドダウンレイアウトを採用していることは見て取れない

せっかくなので純正パーツを使ってドレスアップしよう！

近年のタミヤ1/12バイクモデル同様、このキットでも純正ディテールアップパーツ“1/12 Honda NSR500 '84 フロントフォークセット”が同時発売となっている（税込1944円）。金属削り出しのフロントフォークは実車同様の黒色に染められており質感も充分。金属製のサイレンサーエンド、エンジンのエアファンネルメッシュもセットされている。

キットにはサービスパーツとしてドライブ／ドリブンスプロケットのパーツが単体で用意されているが、これはタミヤ1/12 Honda RC166が発売されたときに作られた組み立て式のチェーンに対応したものだ。NSR500 '84（NV0A）はさすがにＲＣ166よりもスイングアームが長いので２セット必要となるが、精密度が格段にアップするのでぜひ挑戦したい。たくさんのこまかいパーツを組み合わせて作っていくのだが、専用の治具が用意されているので、同様な他社製品に比べて格段に作りやすくなっている。

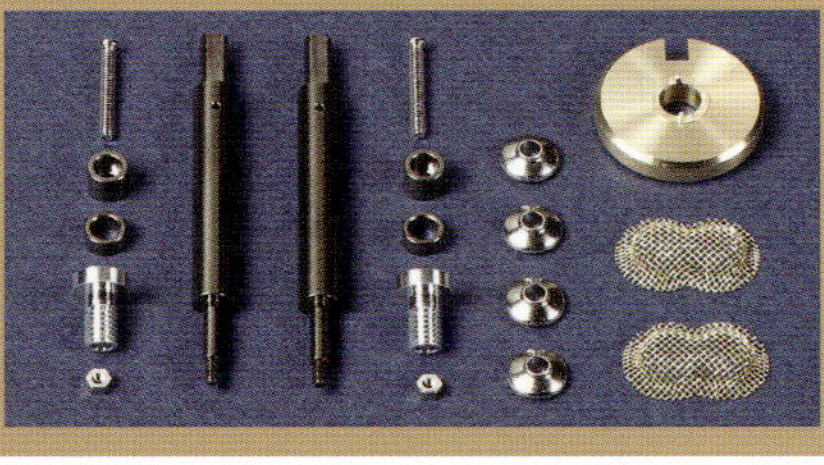

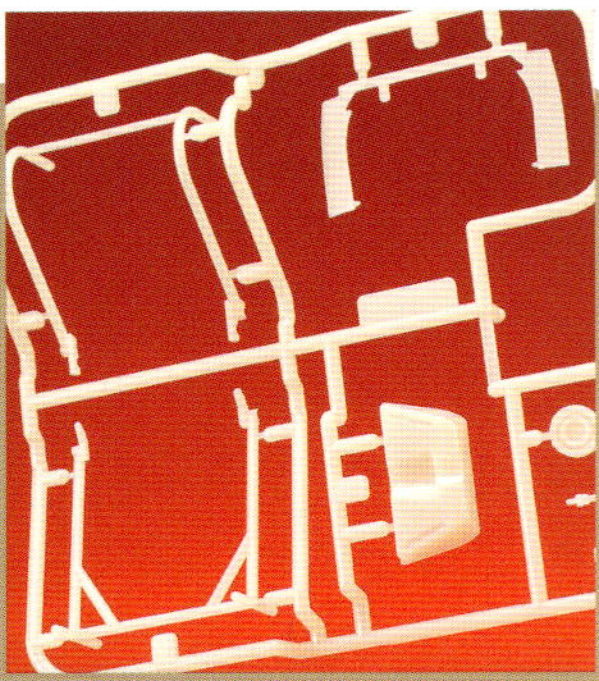

▲導風板などのパーツは半透明乳白色のパーツで再現されている。塗装せずにそのまま取り付けるだけでリアルな雰囲気となる

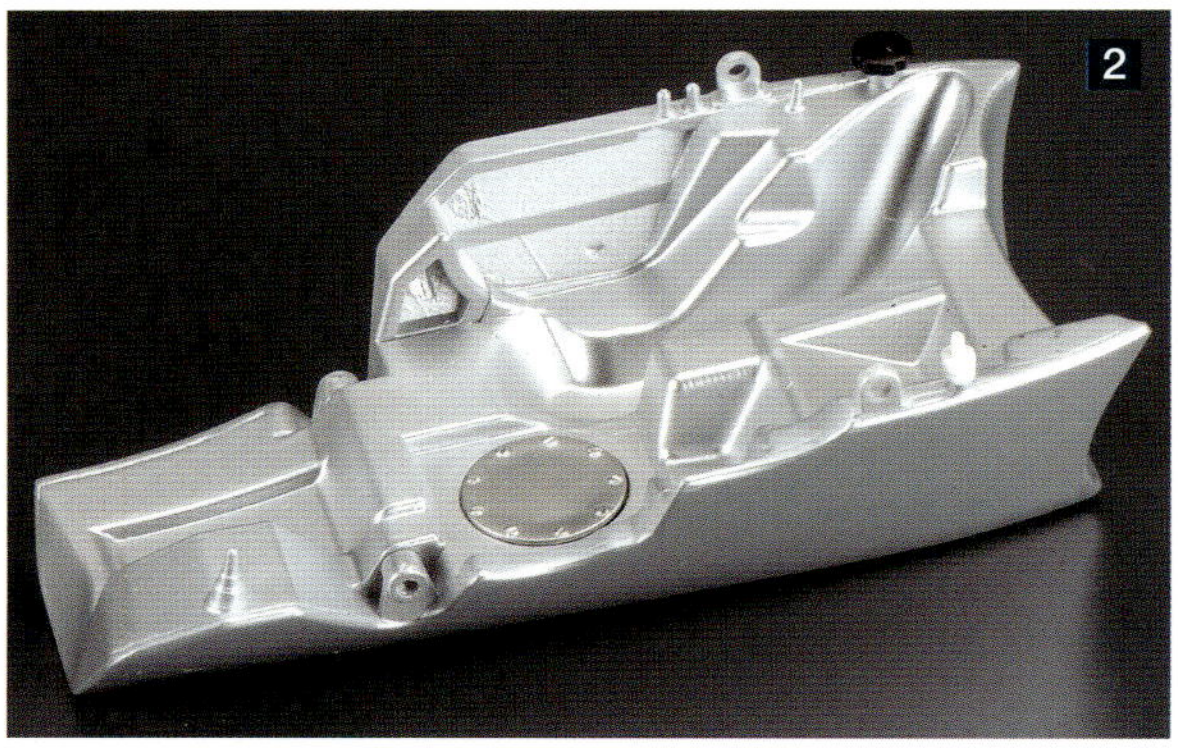

1前年のNS500と形状的に変わらないフロントの足周り。キットはボトムケースとボトムケースカバーが別パーツで、リアルになるとともに塗装が格段に楽になった

2外側のきれいなフォルムと対照的な燃料タンクの内側面。エンジンや冷却水配管を交わしつつ最大限の容量を確保するために苦労した跡がうかがえる。実車では黒いフィラーキャップから燃料を入れる。底部の丸いフタは燃料偏り防止スポンジを投入するサービスホール

3カウルサイドから導入したフレッシュエアをキャブレターに導くために装着される導風板。塗装せずにそのまま取り付けるだけで雰囲気バッチリ。キャブレターのファンネル部に取り付ける金網は純正オプションパーツを使用。ていねいに切り出してタミヤクラフトボンドで接着している

4燃料タンクを取り外すとエンジン下部が見えてくる。1軸クランクを採用しているため、非常にコンパクトにまとまったエンジンだ。ATAC（中低速域のトルク向上を図るホンダ独自の排気デバイスの名称）のコントロールロッドは省略されているので、再現してみるのもおもしろいだろう。作例は後期型へ改造しているため、点火コイルの取り付け位置を変えている

5トップブリッジのうしろにある黒い箱はこのマシン特有の装備品であるコレクタータンク。通常は燃料タンクが上部にレイアウトされているので重力によりキャブレターへ燃料を供給できるが、このNSR500（NV0A）は燃料タンクがキャブレターより下部にあり、フレーム左サイドに装備するダイヤフラムポンプで燃料を汲み上げ供給している。しかしフルスロットル等で急激に燃料が必要になった際の応答遅れによる瞬間的な燃料の不足によるキャブレターへの燃料供給遅れ（＝パワー不足や希薄燃焼によるデトネーション）の恐れがあるため、必要量の燃料を確保するためにこの装備を設けていると思われる。ハンドルまわりはほぼキットのまま。モールドもシャープでとくに手を入れる必要はないが、アクセルケーブルの取り出し向きが真上を向いて異なっていたため、修正するとともに、ケーシングを洋白線とアルミパイプで追加している

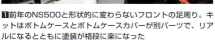

「GP500」熱狂時代、再来!

Honda NSR500 '84
TAMIYA 1/12 Injection-plastic kit
Modeled by Koji TAKAHASHI

Honda NSR500 '84 NVOA

TAMIYA 1/12 Injection-plastic kit

ホンダNSR500 '84(NV0A) クローズアップ＆ヒストリー

文／吉村誠也
写真／星野一宏（インタニヤ）（HO）、本誌編集部（MG）
Text by Nobuya YOSHIMURA
Photographed by Kazuhiro HOSHINO(ENTANIYA)(HO), MG EDITIONAL OFFICE(MG)

'12年12月にHonda Collection Hallで開催されたバイク模型コンテスト、“モデラーGP” 会場で、ストリップ状態のNSR500（NV0A）が展示され、手を伸ばせば触れるような距離で前後左右から眺めることができた。作例製作を担当した高橋氏とじっ……くり眺めつつ撮影したのがここに掲載する写真だ。

1977年1月、突然の「WGP復帰宣言」によって明らかになったホンダのGP500クラス用ファクトリーマシンの開発は、極秘のうちに、その宣言よりも前にスタートしていた。これがV型8気筒エンジンの隣接する2気筒を、いわゆる〝楕円ピストン〟で繋いだ、4ストロークV型4気筒エンジンを、モノコックシャシーに搭載したNR500だった。

'60年代の遺産とも言えるMVアグスタのGPマシンなきあと、WGPを走るマシンは（500㏄に限らず）2ストローク一辺倒であった時代に、あえて4ストロークを選んだのはホンダらしいチャレンジ精神の現われではあるが、無謀な試みとも評され、実際'79年のデビュー以後'81年までの3シーズンは苦悩の連続。完走はおろか、予選通過や年間のフルエントリーさえままならない状況が続いた。

NR500の開発はその後のホンダのレーサーや市販マシンにとって貴重な技術的フィードバックをもたらしたとはいえ、レーシングマシンとしては失敗作だった。そこで、'80年に入って、NR500とは何から何まで対極的な〝すぐに勝てる〟マシンの開発に着手した。NS500と名付けられたそのマシンは、ロードレーサーとしては、2ストロークエンジンを積んだホンダ初のファクトリーマシンとなった。

〝すぐに勝てる〟の意味するところは、ライバルであるヤマハのYZR500やスズキのRGシリーズに真っ向から勝負を挑むのではなく（それは後々の目標として）、出力よりも運動性、最高速よりも加速性能、ストレートよりもコーナーで勝負をし、敵の隙を突いて前に出る……というものだ。

ロードレーサーとして初の2ストロークエンジンを造るにあたって、ホンダは、NRとは打って変わって慎重に、すでに成功を収めていたモトクロッサーRCシリーズの技術を可能な限り生かし、開発期間の短縮と費用の圧縮を図った。そこには〝すぐに勝てる〟ファクトリーマシンであると共に、部分的な変更（主に高価な素材を使ったパーツのコストダウン）によって市販レ

4 HO

2 HO

1 HO

HO 5

HO 3

8

6 HO

HO

HO 9

7 HO

1 Honda Collection Hall収蔵車両は現在もきちんとメンテナンスされ走行可能状態のものが多い。そのために当時の仕様と異なるパーツ、材質に代えられている箇所もあるので、模型製作の参考とする際には注意が必要。もちろんタイヤもそのひとつで、'84年当時はほとんどの場面でミシュランのスリックタイヤ、フロントは16インチのバイアス、リアは17インチラジアルが使われていた

2 3 フロントフォークの下端は、前後方向にあるボルトが金型からの抜き方向の問題で再現されていない。市販のディテールアップパーツを使って六角ボルト再現するとよいだろう

4 ファンネルには異物混入防止用のメッシュがつく。2気筒ぶんがいっしょになった少々複雑な形状なので、タミヤ純正のフロントフォークセットのなかに入っているパーツを切り出して使おう

5 ステッププレートはアルミの削り出しパーツ。模型を製作する際には金型の抜きテーパーを消し、水平垂直をきっちりと出しエッジを立てていけばプラモデルっぽさをなくすことができる

6 '83年のNS500（NS2B）ではCFRP製とアルミ製のものがあったスイングアームは、NV0Aではアルミ製のものだけのようだ。NSのものと比べると、補強材の入り方が大きく異なっている

7 サイレンサーは断面形状が正円のものを使用。2本ずつまとめられ、シートカウルの左右に振り分けられて配置されている

8 タミヤのキットでは省略されがちなアッパーカウルの下側部分。フロントフォークを避けるようなかたちで、かなり奥まで延びているのがわかる。中央の穴はスタンドを差し込むためのもの

9 アンダーカウル内側とエンジン下部にぴったりと沿う複雑な形状の燃料タンクには、溶接の痕がそこかしこに走っている

ーサー（RS500R）への転用が可能な設計をする……という狙いもあった。

こうして、初代NS500はNR500と並行して開発され、'81年の夏にはV型3気筒エンジンが完成。秋には車体もできあがり、12月には完成車が公開された。

外側2気筒が上向き、中央の1気筒が下向きのV型3気筒エンジンは、上下気筒間にキャブレターをマウントできる最小のシリンダー挟み角112度のV型とされ、点火時期は120度ごとの等間隔。吸入方式は、モトクロッサーで実績のあるピストンリードバルブ方式が採用された。

2ストロークという同じ土俵に上がりながら、4気筒のライバルに対してNSは3気筒、ロータリーディスクバルブのライバルに対してNSはピストンリードバルブであるなど、斜に構えたところの多いNSではあったが、実験や冒険を極力排し〝すぐに勝てる〟と〝市販化が容易〟というテーマを追求したマシンであった。

最高出力では、130ps程度と言われたライバルに対し、NS500が目標にしたのは120psと低かったが、軽量・コンパクトな車体構成のおかげで加減速性能とコーナリング性能では負けておらず、狙いどおりのマシンに仕上がっていた。

NS500のデビューレースは、'82年シーズン開幕戦のアルゼンチンGP。このレースで、ホンダのエースライダーとしてフルエントリーを開始したばかりのフレディ・スペンサーの手によって、予選2番手を獲得したうえ、決勝ではケニー・ロバーツ&バリー・シーンというヤマハのふたりを相手に接戦を繰り広げ、デビューレースにして3位表彰台を獲得するという快挙を成し遂げたのである。

だが〝すぐに勝てる〟はずのNS500の初優勝＝ホンダにとって15年ぶりの世界GPでの優勝は、第7戦ベルギーGPまで待たなければならなかった。マイナートラブルのせいである。このあいだにホンダはトラブル対策を行なうとともに、デビューしたばかりのNS500に、フルモデルチェンジともいえるアルミフレーム化を断行

Honda NSR500'84(NVOA)

10 11 '12年12月にHonda Collection Hallで開催されたバイク模型コンテスト“モデラーGP”の会場では、来場者へのサービスとしてこのNSR500 '84が、カウルを外した状態で展示されたが、10のようにカウルが付けられた状態で展示されることもある（むしろそのほうが普通かも？）。モデラーGPは'15年にも12月にツインリンクもてぎ内、Honda Collection Hallで開催された

12 13 おそらくは正式な区別ではないだろうが、シーズン開始時の状態からカウルの各部に手が加えられたものをここでは便宜上「後期型」と呼称することとする。シートカウルの変更点は下部分が延長されたことで、NS500と同じような形状になった。変更理由は不明だ。後方下側部分が末広がりになっている複雑な形状で、面の把握が難しい。Castrolのロゴの前にあるふたつのスリットから空気が内側に入っていくようになっている

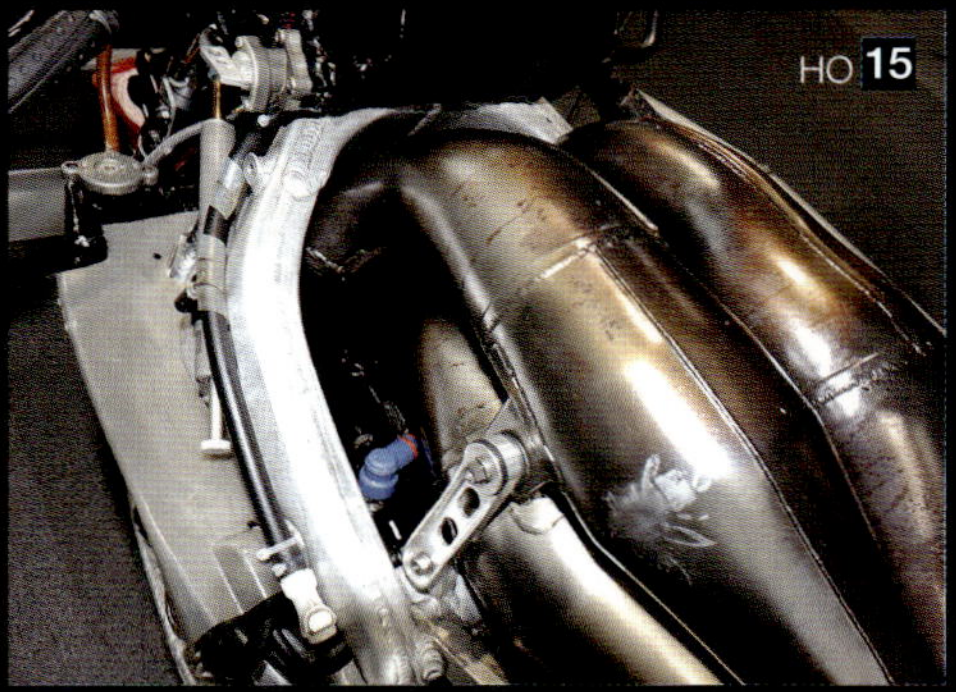

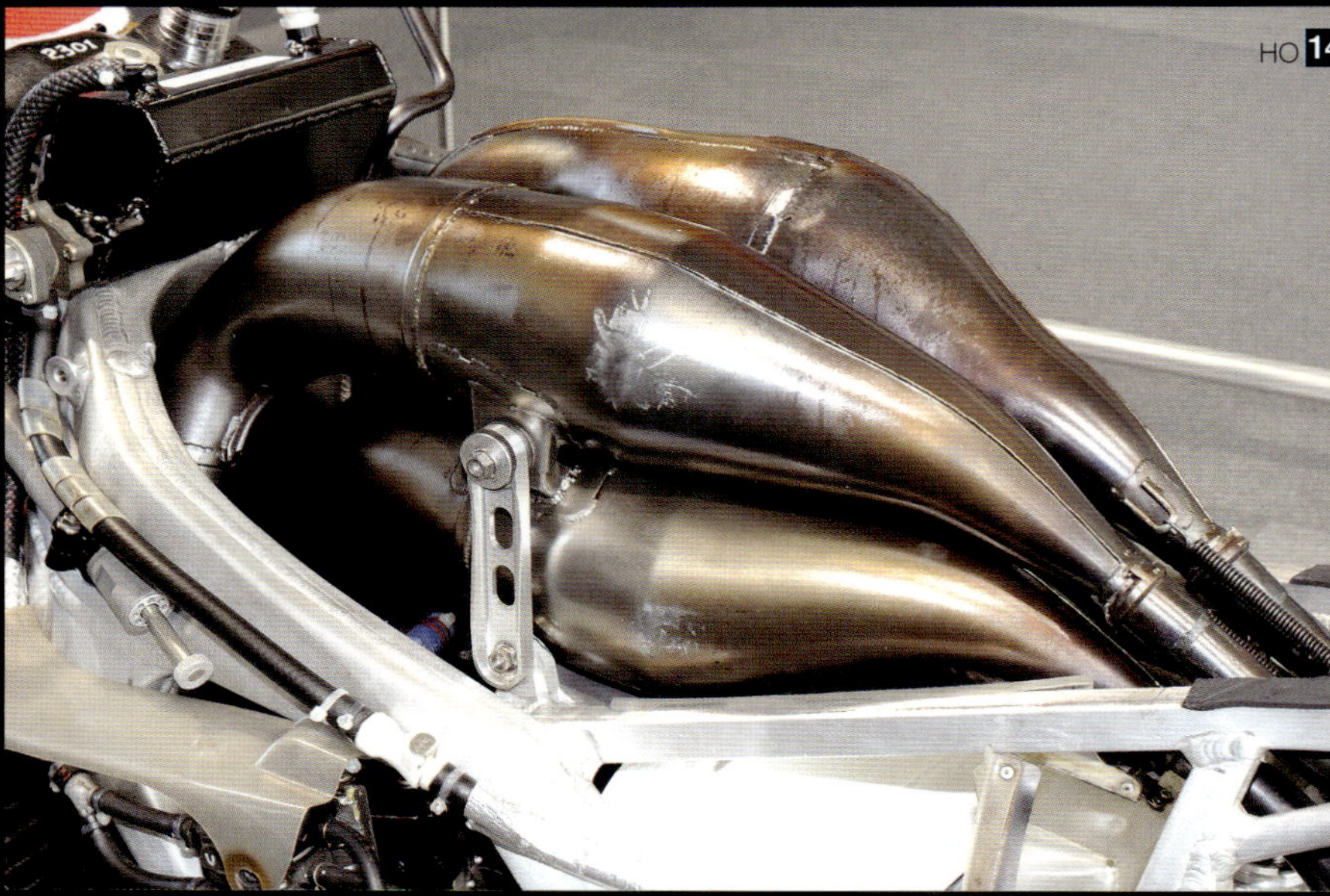

14 15 チャンバーは左右対称ではなくかなり複雑な形状なのだが、タミヤのキットはとてもに正確に再現している。遮熱カバーを着けるとはいえ、チンチンに熱せられたチャンバーを両腕で抱え込んで乗るのは大丈夫なのだろうかと心配になるが、実際にやけど等があったようだ。すこしでも冷やすためにカバーにスリットが開けられたのだろう。また、この熱はライダーだけでなくマシンにもよくなかったようで、キャブレターがチャンバーの真下にあるため、吸気が必要以上に熱せらることになったのだとか。チャンバーの断面の面積が最大になるところのエッジはチャンバーカウルの内側に当たって擦れるのか、やや傷が付いている。数年前（レストア直後？）にも一度この車両を見ているのだが、そのときにはこの部分に傷は付ついていなかった

するなど大幅な手を加え、さらなる戦闘力アップに取り組んでいた。翌'84年シーズンにスペンサー以外のライダーの手に渡ったＮＳ５００は、この'83年型モデルの改良・発展型だったと言うことができる。

ＮＳ５００をデビューさせ改良する一方で、ホンダではすでに次期ファクトリーマシンの開発がはじまっていた。それは、３気筒エンジンのＮＳでは、短期的に敵の隙を突いて勝つことはできても、長い目で見て勝ち続けるのは難しいとの判断による。

３気筒ＮＳでの実戦経験と、そこで同時に判明したライバルの実力。これらを合わせて、次期マシンは４気筒とすることが真っ先に決まり、'83シーズンがはじまるころには単室容積１２５ccのテスト用エンジンを設計、夏にはベンチ上でまわりはじめた。

単気筒のあとを追うように、その１２５cc気筒を４つ並べて90度Ｖ型４気筒にしたエンジンも設計され、そちらは約ひと月遅れでベンチテストがはじまり、９月には車体に乗せた実走テストにこぎ着けた。

実験や冒険を排して成功したＮＳ５００とは異なり、ＮＳＲ５００と名付けられたニューマシンは、異様さという点では、あのＮＲ５００にも負けないものだった。２ストロークの高性能エンジンに必須のチャンバー＝膨張室を持った排気系とガソリンタンクの配置を上下逆転させるという、かつてないレイアウトは、ただ1点、低重心化のために突き進んだ結果である。

１３０psと言われたライバルを超える最高出力を目標にしたエンジンを搭載し、当時としては超ワイドなラジアルタイヤをミシュランに特注するなど（'82年シーズンに、ヤマハがロバーツ用のＹＺＲ５００＝０Ｗ61に合わせた超ワイドタイヤをダンロップに特注したのと通じるところがある）、エンジン出力と、それを受け止めるタイヤのグリップ力の両方を高めると、必然的にウィリーしやすくなる。そうなると、せっかくのパワーを生かせない。低重心化はウィリー対策でもあったのである。

ともかく、初代ＮＳＲ５００は、その低重心化を金科玉条にして、エンジン下にガ

⑯乾式クラッチのカバー開口部から見えるプレッシャープレートは、やや茶色味がかった金属色。その右側のパルサーコイルはかなりカラフルなので、こまかく塗り分けてもおもしろいだろう（組み立て説明書では２色で塗り分ける指示のみ）
⑰ステアリングダンパーや燃料の配管など、さまざまな材質のものが入り組んで配置される左側のハンドル近辺
⑱ハンドルグリップのワイヤリングは比較的簡単ながら効果的なので、近年はやりのディテールアップポイントのひとつだ
⑲タミヤのモデルは完成後もアッパーカウルを簡単に外せるので、メーター裏側の配線にこだわって作ってもよいだろう
⑳フロントフォークのインナーチューブは、'84年の現役当時はCFRP製で黒かったが、このHonda Collection Hall収蔵車両では鉄製のものに変更されているので注意

Honda Collection Hallに現在収蔵されているNS500は、タミヤのキットにもなった'83年仕様のものではなく、'84年に使われた車両となっている（写真は、本誌編集者が'11年9月にインディジャパンを観戦したときに撮影したもの）。シートカウルの開口部から見えるサイレンサーが、楕円断面のものから真円断面のものに変更されている。

現在も走行可能な状態にきれいにメンテナンスされているこのNS500は、例によってタイヤは市販のラジアルタイヤを履いているほか、当時CFRP製だったはずのコムスターホイールやリアブレーキディスクなども異なる材質のものに置き換えられている。

プチ Honda NS500 '84 クローズアップ&ヒストリー

ソリンタンクをマウントするという冒険を試み、それによるさまざまな弊害に悩み、優れたエンジンのポテンシャルを充分に発揮できないままに終わった不幸なマシンだったとも言える。

しかし、４気筒分の排気チャンバーを抱くような格好で乗車することによる火傷も、狭い場所に押し込まれたキャブレターの整備性の悪さも、レース中のガソリンの消費による重心位置の変化も、減ったガソリンが前後に揺れることによる操安性への悪影響も、実際にそのマシンを造り、走らせてみなければわからない。

当時のホンダが、ヤマハ並みに慎重だったとしたら、おそらく初代ＮＳＲは、あのレイアウトにならなかったはずだ。だが、想像してダメそうだと感じるのと、やってみてダメだと判明する（そのあいだに、当然、対策のために試行錯誤もする）のでは、同じダメでも得るものの大きさが違う。

ともかく、こうして初代ＮＳＲ５００は完成し、ＷＧＰ開幕前のデイトナ２００マイルでデビュー。デイトナスペシャルの６９５ccに排気量を拡大したＹＺＲ－０Ｗ69を持ち込んだロバーツを抑え、ただひとり初代ＮＳＲ５００のライダーとなったスペンサーがポールポジションを獲得した。

しかし、決勝では、その後の'84年シーズン中に次々と露呈していくさまざまなトラブルのひとつである排気チャンバーのクラックに見舞われ、２位に入ったものの、決して幸先のよいスタートではなかった。

ＷＧＰでは、第１戦で２位、第２戦と第５～７戦で優勝と、前半戦の戦績だけを見れば悪くはないが、第９戦でＮＳを引っ張り出してきたことを見ても、優勝したレースのいくつかは、敵失に助けられたものだったことがわかる。

このマシンはその後、スペンサーが負傷により戦列を去ったため、ランディ・マモラの手で１勝をつけ足しているが、翌年にはコンベンショナルなレイアウトに車体まわりを一新、復調なったスペンサーの５００cc＆２５０ccダブルタイトル獲得という前人未到の快挙の原動力となるのである。■

タミヤ1/12「Honda NSR500 '84」製作講座

せっかくだから後期仕様の外装に改造してみよう!

製作・解説／高橋浩二

異形のマシンでありながら最新のタミヤクオリティー。普通に作るぶんにはサクサク組めますので、組み立て説明書に従ってていねいに作業を進めていけば、誰もがカッコイイNV0Aを作ることができます。ここでは放熱用スリットやNACAダクトが設けられた後半戦仕様のカウルの作り方にポイントを絞って、高橋氏に解説してもらうことにしましょう。

▲「Honda NSR500 '84」
タミヤ　1/12
インジェクションプラスチックキット
税込4320円

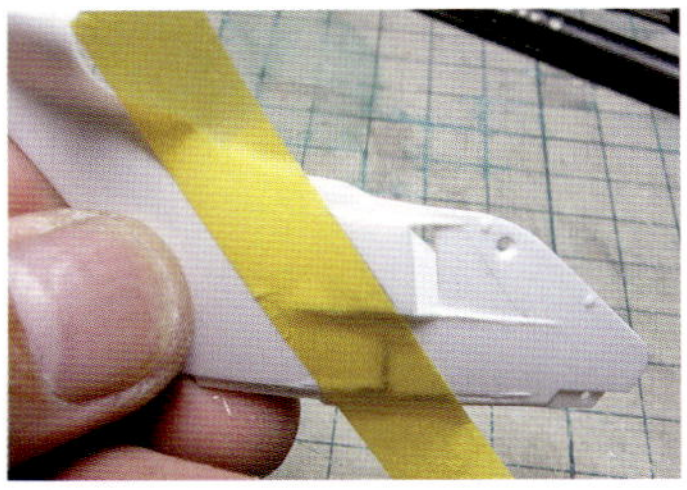

▲続いてアウトレットダクトの開口部を斜めの形状にしていきます。マスキングテープを貼っている面は膨らみがないので、インレットダクトと同様の工程で落とし込みます。うしろ側はけがきラインまで開口します

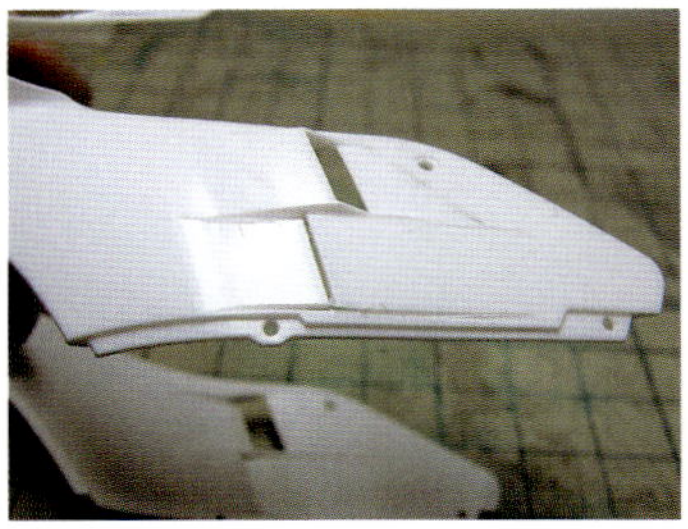

▲まずはインレットダクトをNACAダクト形状へ改造する前準備。ダクトの上下にエッチングソー等でスリットを入れて前側の凹面を持ち上げ、うしろ側の膨らみ面を落とし込みます

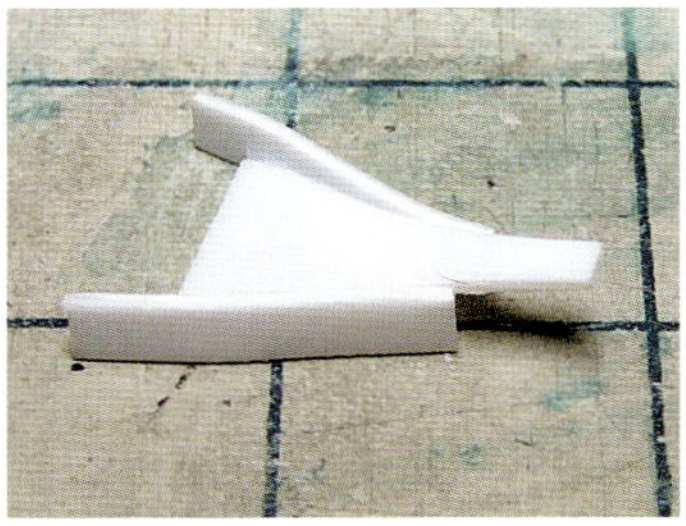

▲インレットダクトの形状が決まったら形状をマスキングテープ等で写し取って、落とし込む面を切り出します。上下の縦壁もプラ板で切り出しカウルの厚みを考慮し接着しておきます

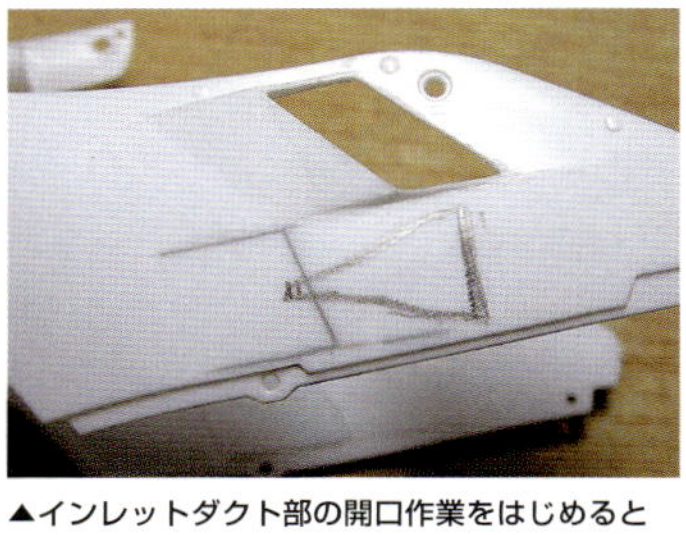

▲インレットダクト部の開口作業をはじめると強度が落ちるので、その前にアウトレットダクトの面を整えたりプラ板で足りない面を追加して形状を整えましょう。その後、インレットダクト加工のアタリをつけます

後期型外装に改造するときのポイントはココ!

希代の天才ライダー、フレディ・スペンサーのマシン、しかも優勝したGPでの仕様を再現するということなので、「前期型のカウル」というタミヤの判断は「正しい」としか言いようがないですね。スペンサーはケガにより世界GPの後半戦を欠場、後期仕様のカウルが装着されたNSR500には乗っていないのですから。とはいえ、各部に設けられた放熱スリットやアッパーカウルのサイド部分に設けられたNACAダクト、下部が延長されたシートカウルを見ると、ついついモデラー魂がうずいてしまうのです。

ということで、今回は「もし世界GPの後半戦にもスペンサーが出場していたら?」というif仕様を製作。注意点としては、アッパーカウルはNACAダクトだけでなくその上のアウトレットダクトの形状もけっこう変わっていること。開口部だけでなく、盛り上がるラインもななめに変わっているのです。

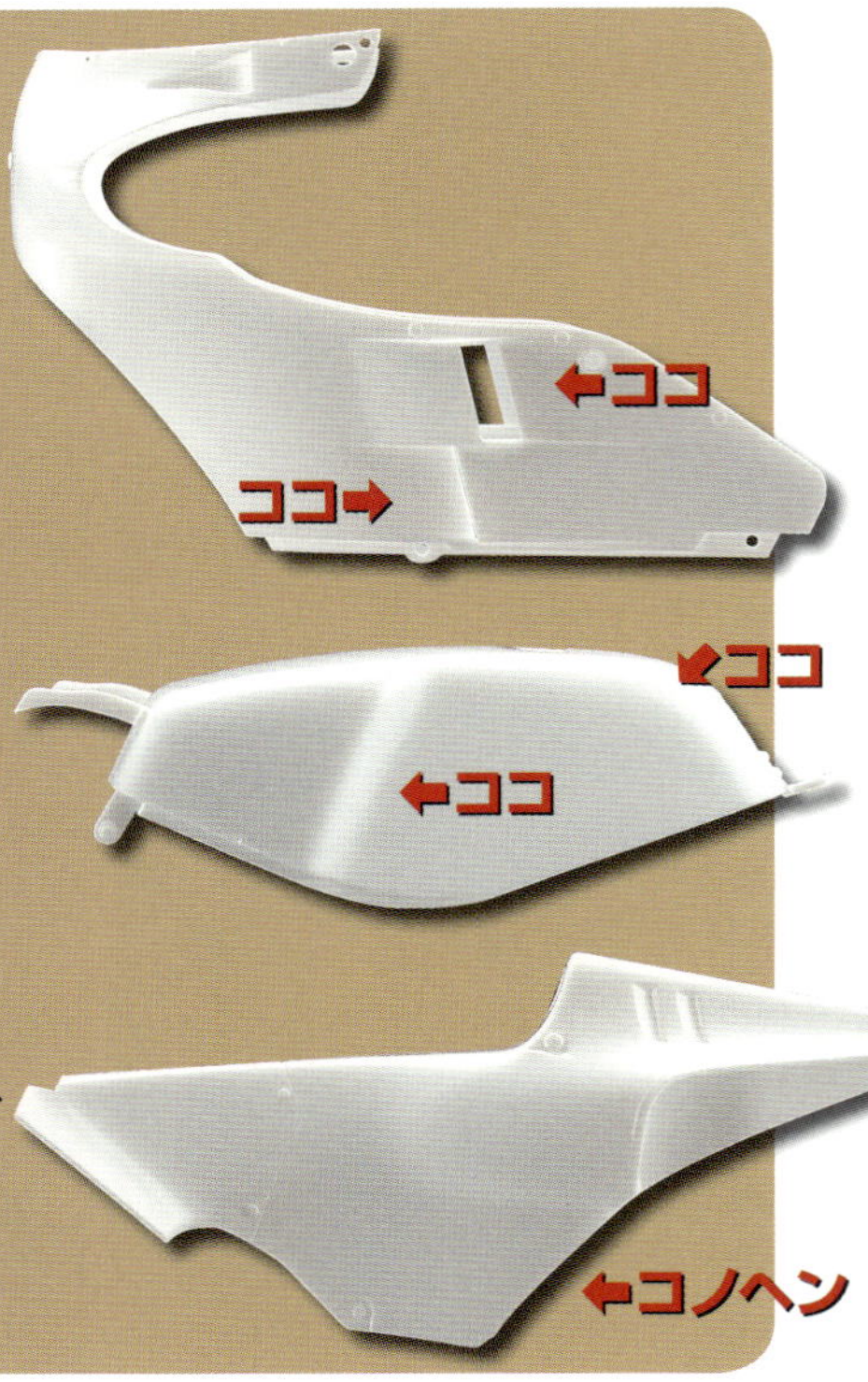

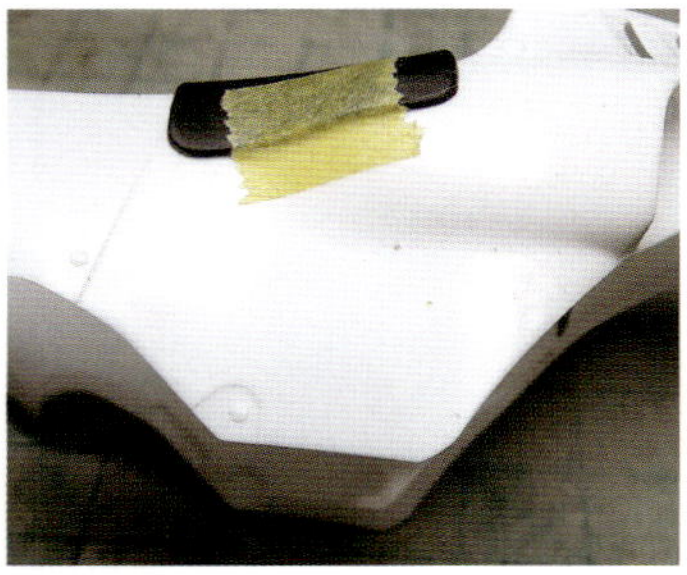

▲マスキングテープを剥がし、ニードルでつけた印が残っていることを確認します。これを目安に加工を施していきます

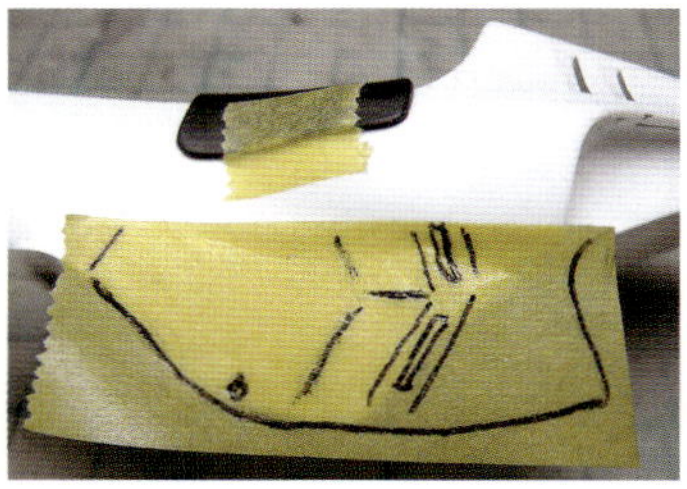

▲写真から輪郭を写し取ったマスキングテープをシートカウルに貼り付け、稜線の頂点や板端部にニードルの先端であたりを付けていきます。マスキングテープに書かれた線のひとつひとつが折れ曲がりのラインになります

▲続いて今回最高難易度のシートカウルのスパッツ部の加工です。まずはなるべくパースが少ない写真などから輪郭を写し取ります。写真はPCのモニターに縮尺を合わせた画像を映しマスキングテープに輪郭を書き込んでいるところ

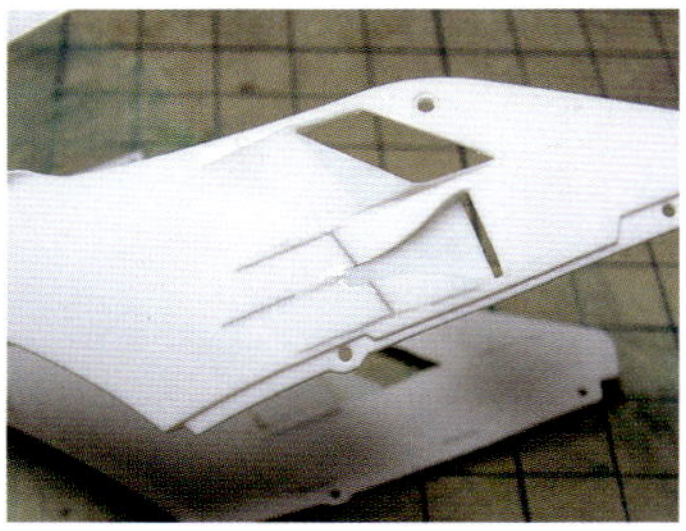

▲インレットダクトのアタリに沿って開口し、先程作ったインレットダクトパーツを接着します。ここまでの作業は極力スチロール系の素材を使い、強度を確保していくようにします

チャンバーを両腕のあいだに抱え、燃料タンクをエンジン下に配置したいわゆるアップサイドダウンレイアウト。'84年型NSR500は、その特異性やチャンピオンが獲れなかったこともあって失敗作だったと言われます。しかしこの年の成績を見ていくと、フレディ・スペンサーは完走さえすればほとんど優勝しているんですよね。だからこそAMA（ラグナセカ）での負傷がなければもしや、とつい考えてしまうのです。勝負に「if」を持ち込んだらいけないのは重々承知ではありますが、今回は負傷せず参戦し続けていればライディングしたであろう、後期型に改造して製作することにしました。

さて、'84年仕様NSR500の前期／後期の違いは以下の4点です。

・アッパーカウルのインレットダクトおよびアウトレットダクト形状変更
・チャンバーカバー（通常のマシーンであれば燃料タンク）に放熱スリット追加
・シートカウルスパッツおよびスリット追加
・点火コイル搭載位置右側へ移設

アッパーカウルの改造は、まずインレットダクトの面が平滑となるよう加工します。ダクトの前後方向にエッチングソーで切れ目を入れ、前側の膨らんだ面は落とし込み、後ろ側の凹んだ面は持ち上げツライチにしました。前後方向に隙間ができてしまうので、プラ板で埋めます。NACAダクトの加工はひとまず置いといて、アウトレットダクトを平行四辺形となるよう加工。後側を斜めに削り落とします。前側の膨らみも前期型と異なりますので、前後方向にスリットを入れ、膨らみの折れ曲がりラインを修正します。アウトレットの膨らみの後端はプラ板で追加しました。表面を整えたあと、インレットのNACAダクト形状を書き込み、デザインナイフで加工、プラ板で落ち込む面を追加しました。

チャンバーカバーの放熱スリットは、まずピンバイスで等間隔に穴を開け、その穴をデザインナイフで繋ぐようにして開口しています。

いちばん難易度が高いのがシートカウル

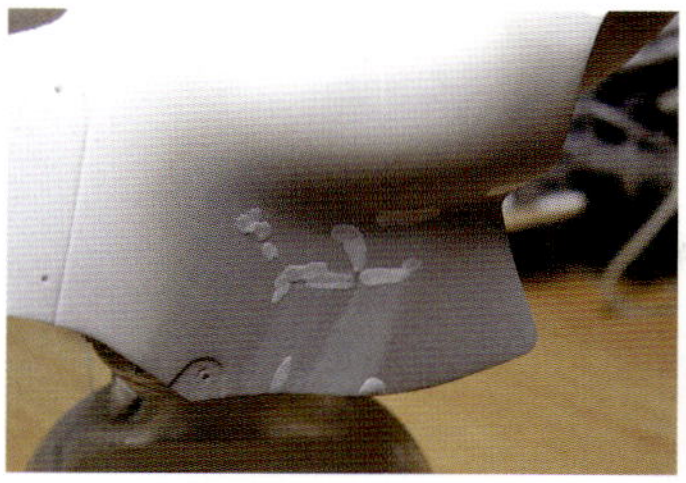

▲折り曲げ加工後の状態。スパッツ部の「くの字」の折れ曲がりは前側２本が谷折り、後側１本は山折りになっています。強引な作業で傷だらけになるので、サーフェイサーを吹いてチェックしながら傷を消していきましょう

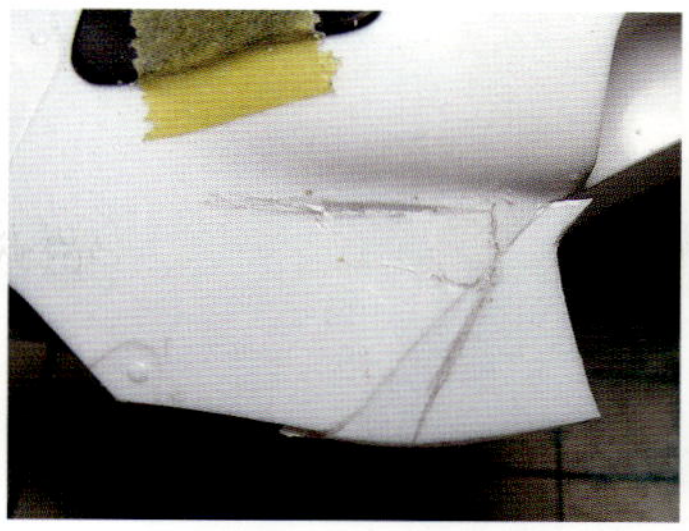

▲スパッツ部の面に折り曲げ加工を施していきます。折り曲げ加工を追加するところは、挟む面にギザギザのないプライヤーやヤットコで稜線に沿って折り曲げていきます

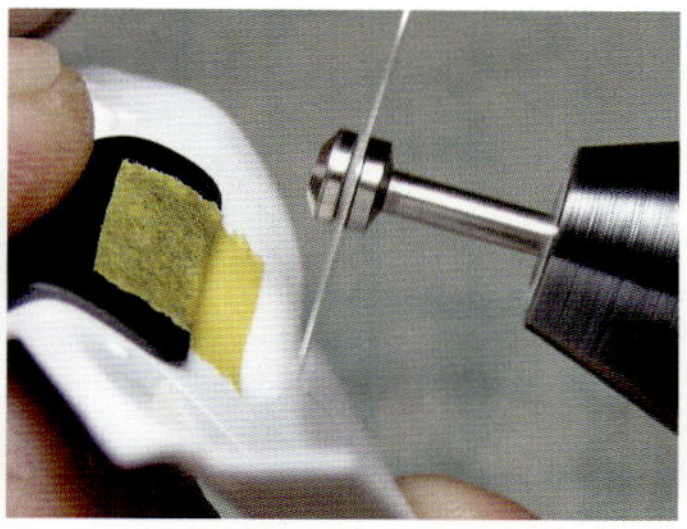

▲スパッツ部面の折り曲げ加工の影響がチャンバーの膨らみ部に影響しないよう、いったんチャンバー膨らみ部の下端に切れ込みの加工を行ないます。ここは形状が出たら再接着します

▲マスキングテープ貼り付け時に足りなかった部分は、プラ板を切り出して製作します。0.3㎜のプラ板を２枚重ねにして、裏面側はのり代のぶん延長しておきます

▲チャンバーカバーのスリット加工を施すため、実車画像をマスキングテープに写し取ってチャンバーカバーへ貼り付けてアタリをつけます。サイドえぐり部スリット上端と青ストライプとの位置見極めのためデカールの輪郭を写し取ったマスキングテープを貼り付けます

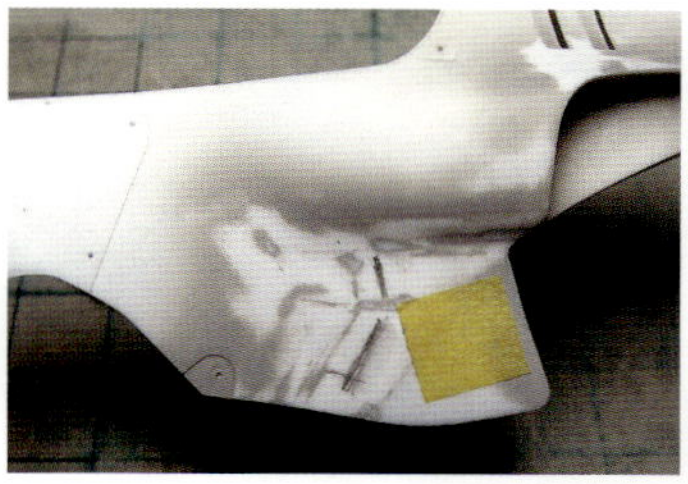

▲リヤカウルスパッツ部は面が出たところで、最後にスリットの加工を施します。四角いマスキングテープはここに貼るカストロールのデカールの輪郭サイズ。キチンと収まるかチェックするために貼り付けました

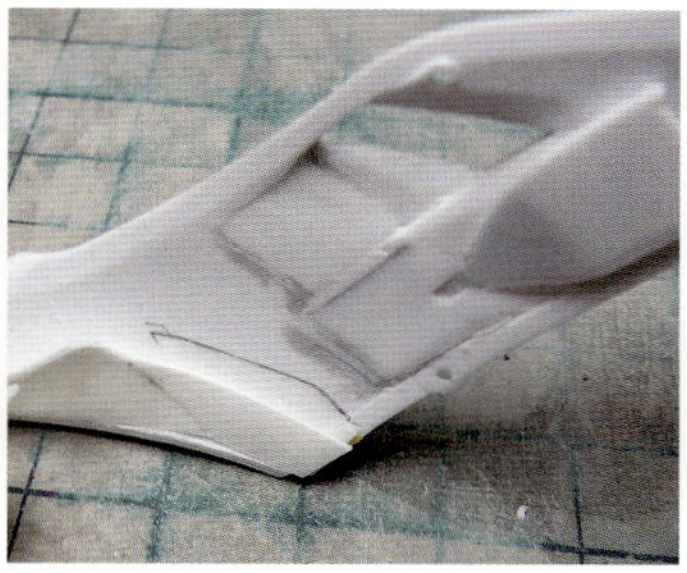

▲裏面から見たところ。NACAダクトはキャブレターにフレッシュエアを導入するため、カウル内も壁面が続いています

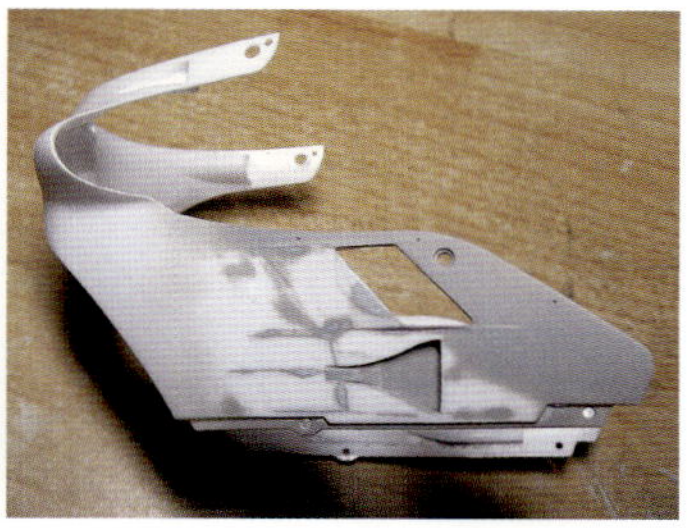

▲フロントアッパーカウル加工終了後の状態。上側のアウトレットダクトが平行四辺形に、下側のインレットダクトがNACAダクト形状になっていることがわかります

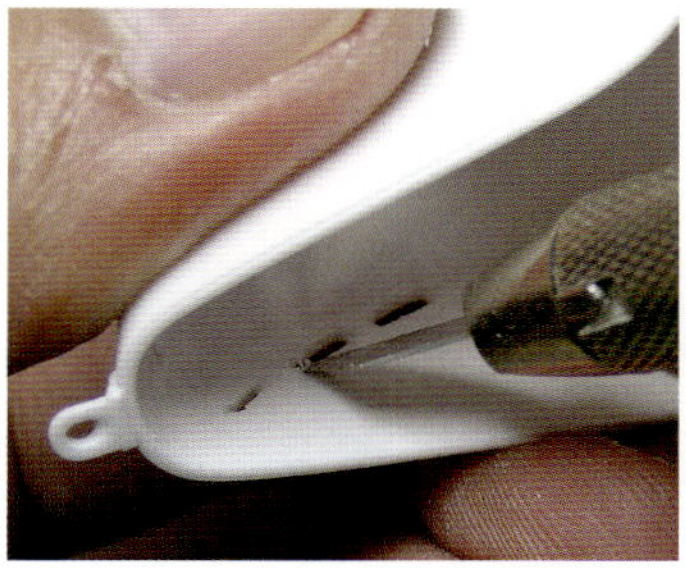

▲チャンバーカバーは実車は薄くできているので、裏面から斜めに薄く削いで厚みを感じさせないように加工します

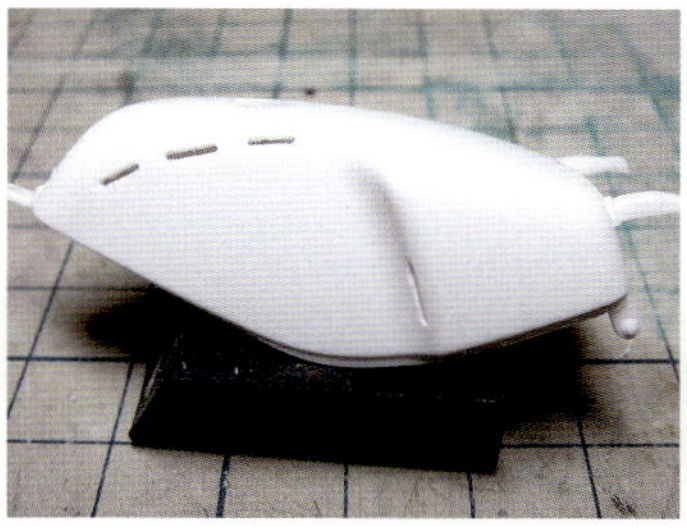

▲先ほど開口した穴を直線でつなぐようにデザインナイフ等で加工していきます。ラインがよれてしまうと見た目がシャキっとしなくなるので、全神経を集中して作業しました

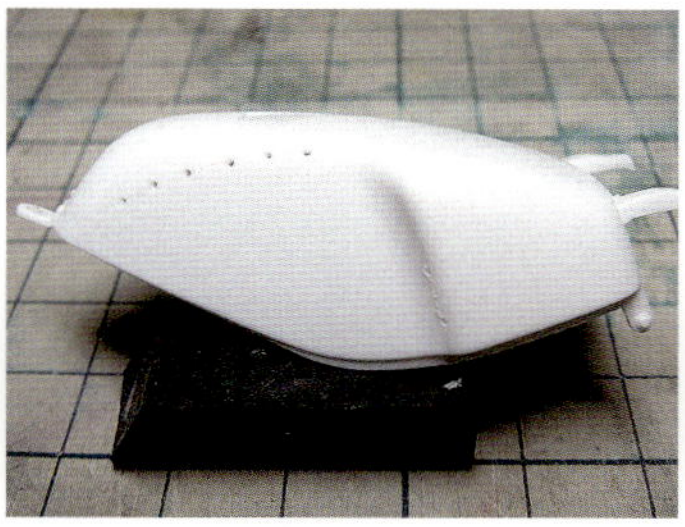

▲各スリットは直線的に開口されいるので、あたりをつける際はスリット端部にニードルで印をつけるとよいでしょう。印を付けた箇所にピンバイスで穴を開口します

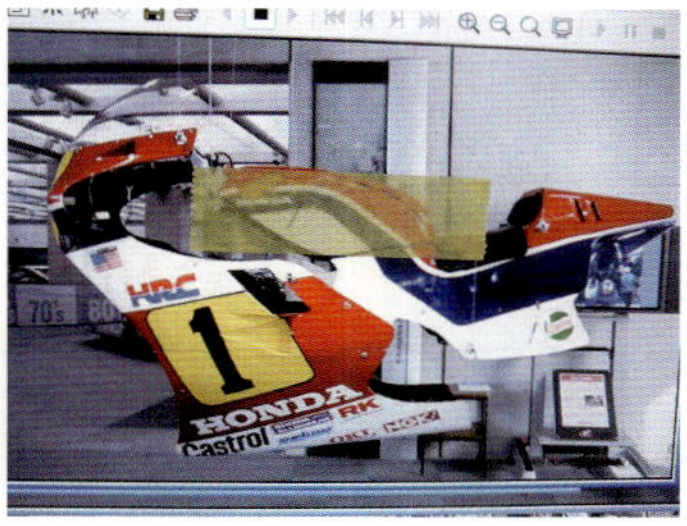

▲シートカウルスパッツ部と同様マスキングテープへの転写はPCの画面上で行ないました（パースがつかないように、写真を撮る際は極力離れて望遠で撮影するとよい）

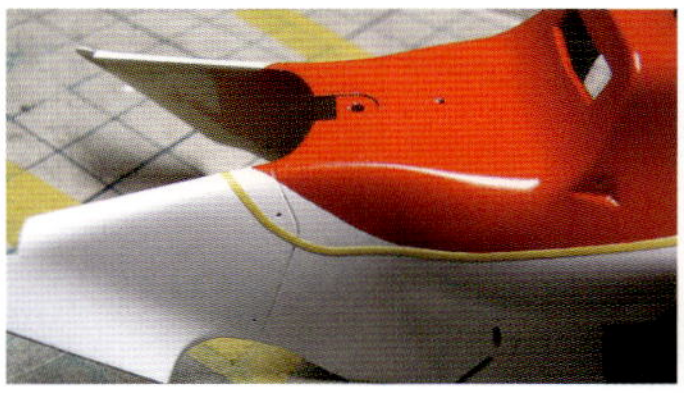

▲ただしリアカウルのストライプラインが前期型と異なるので注意！　じつはキットに付属するマスキングシートで赤色を塗装したあとに気がついて、再度マスキングして塗り重ねることに。当然ここの部分は白色ストライプがそのまま使えないので、塗装かストライプデカールをトリミングして対応しましょう

▲切り出したマスキングテープを貼り付けて、青色を塗装します。キットのデカールにはちゃんと赤色と青色の境界部の白色ストライプが入っているので、塗装仕上げを選んでも均一な幅の白色ストライプが再現できます

▲青ストライプをデカールを使わず塗装で仕上げるため、デカールのコピーをマスキングテープの上に貼り付けて輪郭を切り出します

▲すべての外装部品を仮組みし全体をチェック。調査のためモデラーGPに足を運んで実車を穴があくほど見て資料となる写真を撮りまくったおかげで問題なし。塗装工程へ進みます

のスパッツ部追加です。単純に面が大きくなっているわけではなく、ＮＳ５００のような「くの字」状のラインが前側から谷折りに２箇所、山折り１箇所連続に入っているのです。さらに、追加された後端部のスパッツ平面は下端が末広がりとなっており、写真だけで形状を把握するのはとても困難です。幸い'12年にホンダコレクションホールで開催された２輪模型のコンテスト、「モデラーＧＰ」の会場で実車を見る機会に恵まれて、なんとか形状を理解できました。

チャンバーの膨らみの境界線に切れ込みを入れ、「くの字」の折れ曲がりラインをプライヤーで強引に整形、スリット部を再接着。スパッツ部はプラ板２枚重ねでのり代部を設け接着強度を確保。強引な加工で表面が傷ついているのでキチンと面が出ているかチェックしながら溶きパテで表面を整えていきました。チャンバーカバー同様、スリットを加工したら作業終了です。

点火コイルは前期型では左右フレームのサイド面にありますが、後期型は下バンク用が右フレームのアッパーチューブのサイド面に、上バンク用は右フレームダウンチューブの上面に装着されています。

ちなみに、仕様変更だけでなく少々ディテールアップも行なっています。ブレーキホースに透明ビニール被覆加工が施されたワイヤー（外径０・６㎜）を使用し、ビニール被覆にカッターの刃を斜めに当ててコロコロ転がしてスパイラルチューブを再現。アクセルワイヤー、クラッチワイヤー、プラグコードには外径０・４㎜リード線に置き換えました。

前後アクスル、スイングアームピボットは真ちゅうパイプへ置き換えました。

塗装については前期型と一部異なります。リアカウルのラインが異なるので要注意！（真横から見たときに白ストライプの前後ズレがなくなっています。）

後期型への改造は気軽にできるだろうと製作をはじめましたが、シートカウルスパッツ部の複雑な造形を実車取材で目の当たりにして戦慄を覚えました。が、なんとか完成させられていまはホッとしてます。■

❶足周りをNSR500'84のパーツに換装し、スクリーンをヒートプレスしたものにするだけで、いまの目で見ても充分通用する仕上がりになる。それだけ元のキットの素性がよいということであろう。NSR500'84のホイールにNS500のブレーキディスクを装着する際も、一部の位置決めピンを切り落とすだけでなんら問題なく装着できた。今回の作例は'84年仕様であるが、リアタイヤ＆ホイールとうしろ側のバンクのサイレンサーをキットのままとすれば、記念すべきフレディ初WGPチャンピオンの'83年仕様にも応用可能だ

❷ハンドル、トップブリッジ周辺は、NSR500'84で解像度が劇的に向上している箇所だろう。塩ビ板をヒートプレスして製作したシールドスクリーンも効果的だ

❸スロットル機構はNSR500'84の強制開閉式と異なりキャブレターのリターン力で戻るプル式。そのキャブレター頭から生えるコントロールワイヤーが３本ともハンドルまで独立して配索されている。NSR500'84のパーツを流用した場合の要改修ポイントだ

❹サイレンサーは'83年仕様の楕円形状から、NSR500'84と同じく真円形状へ。直径が太くなった影響からかカウルの開口部からは飛び出していない。カウル側の楕円形は最後まで改修されず'85年までそのままだった。NSR500'84のサイレンサーはNS500に使うには長すぎるため、全長を３～４㎜短縮して使うとよい

Honda NS500 '84
NS2C
TAMIYA 1/12 Injection-plastic kit based

Honda NS500 '84
タミヤ 1/12 インジェクションプラスチックキット
「Honda NS500 グランプリレーサー」改造
製作・文／**高橋浩二**

Honda NS500 '84
TAMIYA 1/12 Injection-plastic kit
"Honda NS500 GRAND PRIX RACER" based.
Modeled by Koji TAKAHASHI.

【巻頭特集】198X モーターサイクルヒーロー列伝【番外編】

「GP500」熱狂時代、再来!

'84年型のNSR500は上下逆転のアップサイドダウンレイアウトを採用したことと、４気筒エンジンを投入したこと以外は非常にオーソドックスな作りだった。とくに、足周りなどは'83型のNS500と共通のパーツも多い……ということは、逆に最新キットである'84型のパーツを大量に流用すれば、あの30年前の傑作キット'83型をブラッシュアップしてNS500が作れるのでは!?　金属製のフロントフォークセットもRC166用の組み立て式チェーンも使えるじゃない……という試みを実際にやっちゃってみたのが本作例です。「オシャレは足もとから」とはよく言われますが、これがまた予想以上の大効果！せっかくなのでこのNS500もNSR500と並べられるように'84年仕様で作ってみることにしました。

30年前のモデルを最新パーツを使ってブラッシュアップ

【巻頭特集】198X モーターサイクルヒーロー列伝【番外編】

「GP500」熱狂時代、再来!

Honda NS500 '84
TAMIYA 1/12 Injection-plastic kit
"Honda NS500 GRAND PRIX RACER" based.
Modeled by Koji TAKAHASHI

Honda NS500 '84

NS2C

TAMIYA 1/12 Injection-plastic kit based

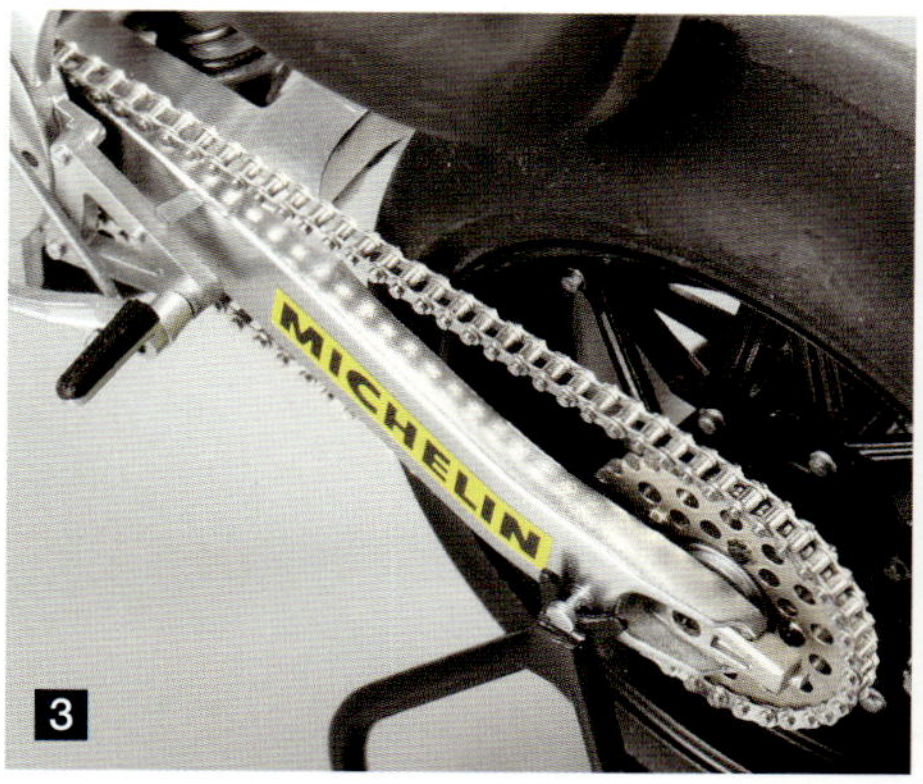

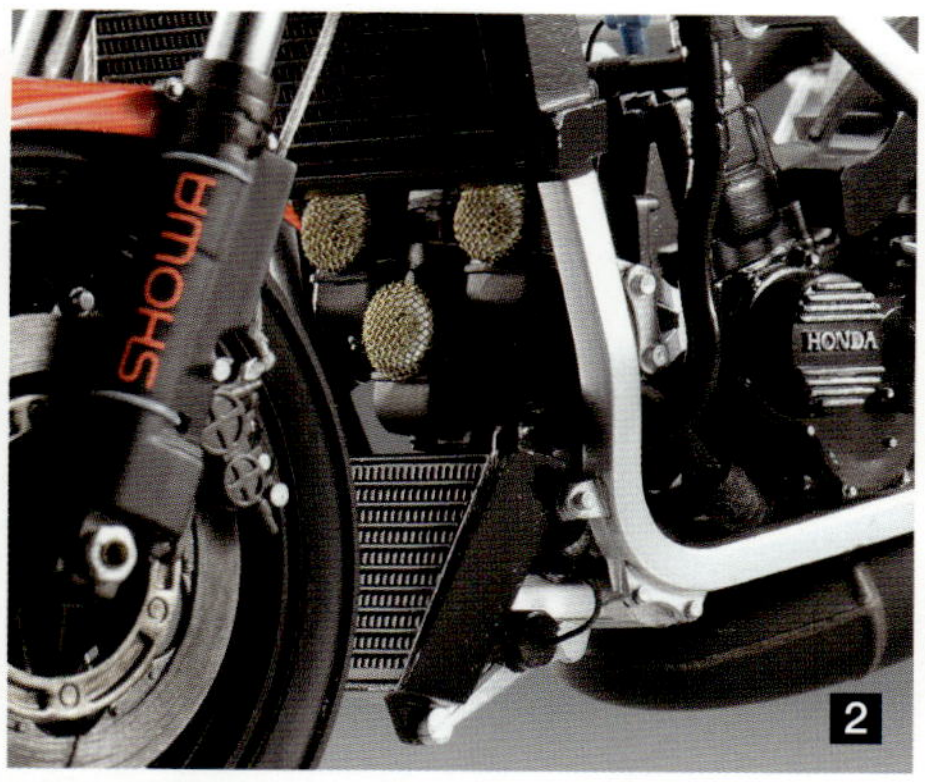

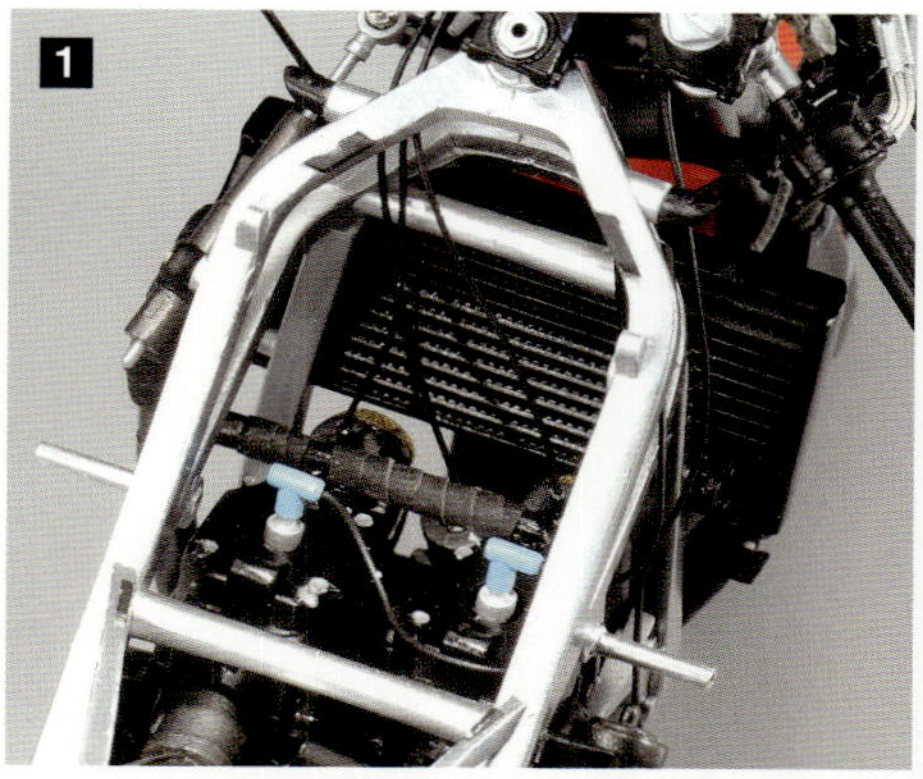

❶燃料タンクを外すとうしろのバンクのシリンダーを見ることができる。3本のスロットルワイヤーがキャブレターの頭に刺さっていることが確認できるだろう。カウルサイドのステーは実車同様シャシーフレームに取り付けた。素材はアルミパイプを使っている
❷上下ラジエターのあいだに見える３連キャブレター。キットのパーツはネット部を含めモールドで再現されているが、今回はネットのモールドを切除して、ファンネルを再現した。異物混入防止用のネットは真ちゅう製金網を加工して差し替えている（加工方法はP37参照）。接着にはタミヤクラフトボンドを使用。接着跡が目立たないので強度の必要ないちいさい部品に最適だ
❸ドライブチェーンにはやはりタミヤ1/12Honda RC166用のディテールアップパーツを流用した。ドライブ、ドリブンスプロケットはもちろんNSR500'84付属のものを使用している。チェーンセットはやはり２セット必要だが、NSR500'84と同時に製作するなら、３セットでOKだ。エンジンのクランクケースに取り付ける前側スプロケットの左右位置を調整し自然なアライメントになるよう気を付けて装着する。スイングアームのスタンドフックもNSR500'84のB6パーツに差し替えている
❹ブレーキディスクはNS500のパーツをそのまま使用した。一部取り付けピンがホイールと一致しない箇所があるが、ピンを切除するかホイール側にピンバイスで穴あけ加工すれば問題なく装着できる。なお、'84年に参戦しているNS500は穴あきタイプのディスクを装着しているケースもあるので、手持ちの資料などで調べて選択するとよいだろう。アクスルシャフトはマイナスヘッドスクリューから、1.6㎜径の真ちゅうパイプに差し替えた
❺エンジンはストレートに組んでいるが、いまでも充分通用するディテールを備えている。1軸クランクV３エンジンは非常にコンパクトだ。下側のバンクが１気筒であるメリットを生かしエンジン下の空間を最大限利用したトグロチャンバーや、バンク角を確保するために箱型となっているサイレンサーはNS500を特徴づける装備である。その上のステップはNSR500'84のパーツを流用した
❻見慣れた'83年仕様のカラーリングを逆転させたようなトリコロールカラーを纏う'84年仕様。スイングアームのMICHELINロゴとシートカウルのHONDAのロゴ以外はすべて、NSR500'84のキットに付属するデカールで再現している

▶ "PIT WALK PHOTO COLLECTION 5 ホンダNS500 & NSR500アーカイヴ1982-1986" （弊社刊 2800円＋税）本特集でも執筆していただいた吉村誠也氏による非常に濃～いマシン解説と、多数のディテール写真が掲載されている、模型製作時には必携の一冊なのだ

◀もちろん'84年型のNS500も、NSR500も採り上げられているのだ！

傑作キットなれども、作るのはそれなりに大変です

'83型Honda NS500のキットは、タミヤ1/12バイクシリーズの№35として'84年4月に発売された。現在は生産休止中であるものの、ときおりスポット生産される長寿製品でもある（カルトグラフ社製デカール付属で再販されたこともある）。

とても素性のよいキットではあるもののやはり約30年の月日が経っていることは事実で、一部パーツには目で見てわかるほどの歪みが見られることも。仮組みを繰り返し、ひとつひとつのパーツをいつも以上にていねいに仕上げていこう。

古いキットゆえにシールドスクリーンの厚みやゆがみなどは仕方のないところ。カルトグラフデカール付属版キットにはフロントカウルは透明版と不透明版のふたつが入っているので、不透明版のパーツをヒートプレス（orバキュームフォーム）の型に流用するといいだろう。

タミヤ1/12「Honda NSR500 '84」製作講座

せっかくだから'84年仕様に改造してみよう!

製作・解説／高橋浩二

▲「Honda NS500 グランプリレーサー」
タミヤ　1/12
1984年発売
インジェクションプラスチックキット改造

'84年仕様でHonda NS500とNSR500を並べたいといった場合、共用パーツがたーくさんあって一気に工作できちゃうし、塗料も同じものを使うし、デカールもカルトグラフ社製デカール付属版NS500を用意しなくてもほとんどをNSR500付属のものでまかなえちゃうし……ということで、2台同時に製作しちゃうのがオススメです!

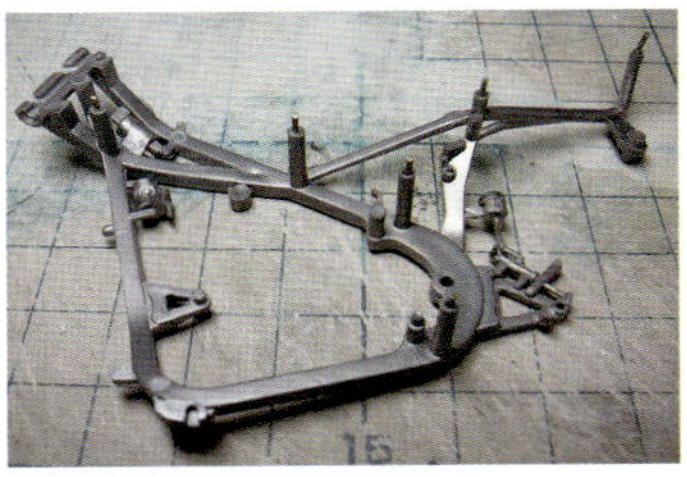

▲フレームの強度を確保するため、左右の接合部に軸打ちをします。オートバイ模型の定番工作ですね。軸打ちに使う金属線はパーツ軸径の半分くらいがよいので、今回は手元にあった0.7㎜径の真ちゅう線を使いました

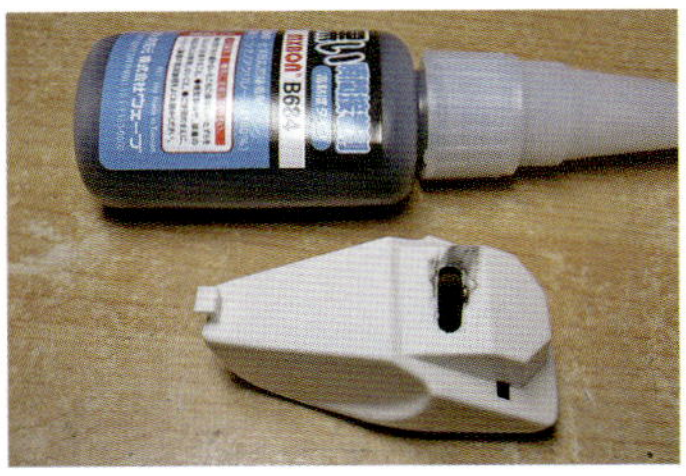

▲仕方がないので、燃料タンク底面に穴を開け、そこからウェーブの黒い瞬間接着剤を大量に注入し硬化促進スプレーを吹き込みます。こうやって裏打ちをして強度を確保しました。事前にプラ板などで裏打ちしておくのがおすすめです

▲燃料タンクをしっかり貼り合わせます。タンク上面はかなり凸凹ができるので、フラットになるようにヤスリで整形する必要がありますが、かなり削り込まないとフラットにならず、表面が薄くなってベコベコになりました……

▲シートカウルのテールエンドは3つのパーツを貼り合わせて形作られていて、ただ接着しただけだとサイレンサーの開口部のきれいな楕円が出にくくなっています。プラの端材を欠損部に流し込み用接着剤で貼り付け、きれいな楕円になるように削って形を整えます

▲エンジンはフレーム塗装後にフレーム下部を開きながら組み込みます。その際下側の横桁が邪魔になるのでプラ棒で作り直し（写真の白いところ）、後ハメできるようにしました

▲シリンダーは接着面の平面が出ていなかったので、思い切ってボスを切り取り、棒ヤスリで平面が出るように加工しておきます

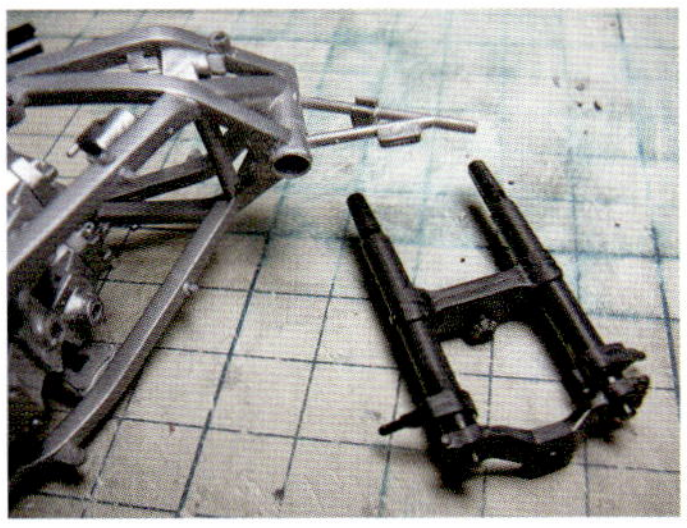

▲NSRのフロントの足周りをNSに移植する際のポイントは、三叉の差し込み部を短く加工すること。フレーム側はドリルで穴を拡大し、三叉とフレームを嵌合できるようにします

▲シートカウル上面のスリットは、左右のパーツを貼り合わせてしっかり乾かしたあと、BMCスジ彫りタガネ0.15㎜で何度もなぞるようにして裏面まで貫通させました。貫通後に紙ヤスリで開口部の形状を整えています

▲リアアクスル部ですが、NS500のドリブンスプロケット（パーツB57）の左右のアライメントを合わせるために、1㎜プラ板から切り出したスペーサーを追加しています

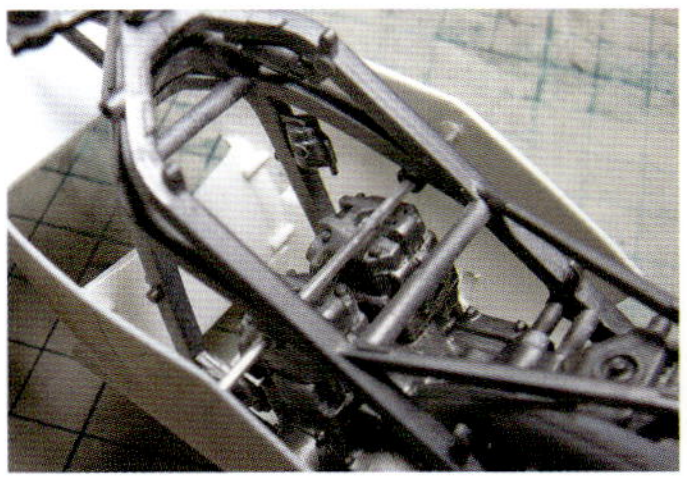

▲カウルサイドのステーを取り付け面に対して垂直にするために、まず写真のようにカウルを仮組みした状態で、左右一体のままフレームに瞬間接着剤で固定。それからフレーム内部の不要部分を切り落とせばきれいに揃います

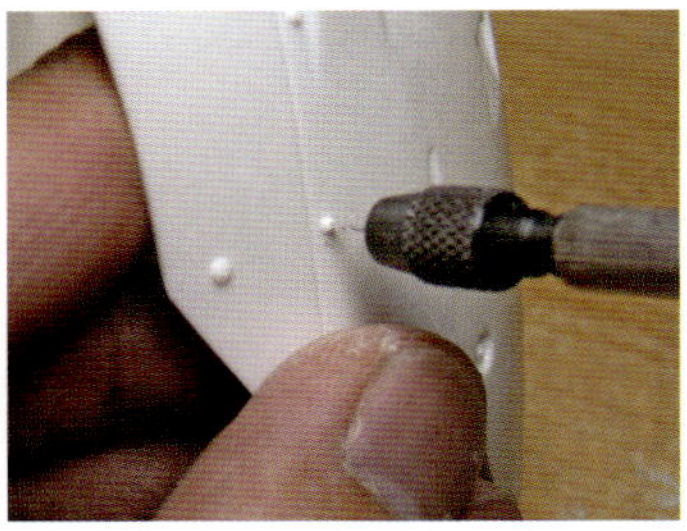

▲カウルファスナーを別体にするために、基のモールドを目安に穴を開けます。ファスナーはHiQパーツのマイナスモールドを使用しますが、表面を丸くさらうとリアルになります

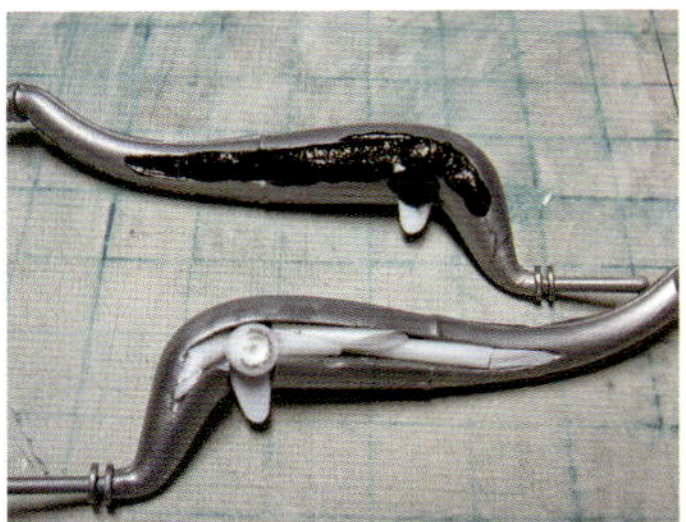

▲チャンバーの裏面は、成型の都合上肉抜きがあります。プラ棒などを詰め込んでからウェーブの黒い瞬間接着剤を充填して埋めました

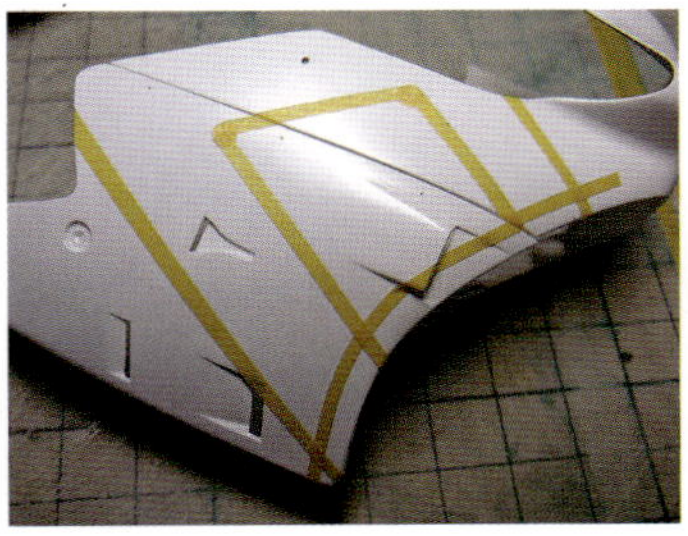

▲カウルの輪郭を修整し、青く塗るところの境界のマスキングが終了したところ。上下のカウルを合わせて境界のラインがずれていないことを確認してから塗装作業に入ります

▲マスキングを行なっている最中に実車写真を検証した結果、カウリング（写真の赤矢印のところのフチ）がえぐれていることを発見。すでに塗装を開始していますが、塗膜が割れないように注意深くこの部分を削除しました

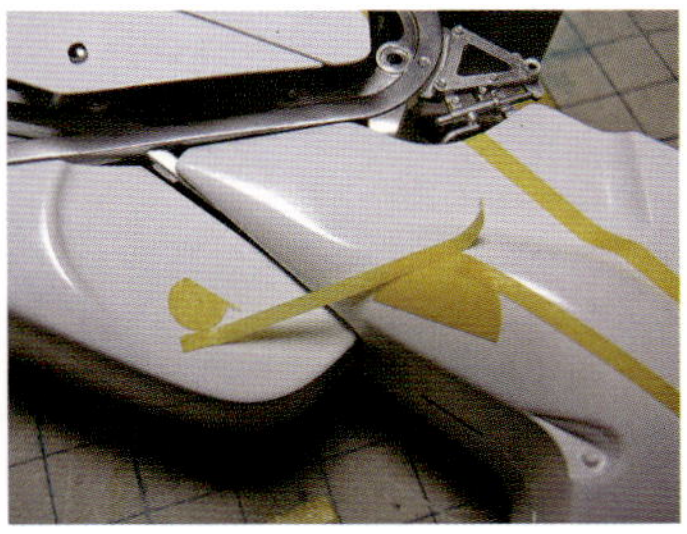

▲'84仕様のカラーリングは塗装で再現します。燃料タンクとシートの白ラインは繋がっているので、ズレないようにフレームに組み込んだ状態でマスキングするようにします

▲これはNS500のBランナー。'83年仕様を製作したい場合は、元々のパーツであるこの楕円形のサイレンサーを使います

▲キャブレターは　金網部のモールドを削除したあと、ピンバイスやデザインナイフでファンネルの形状になるように加工しました

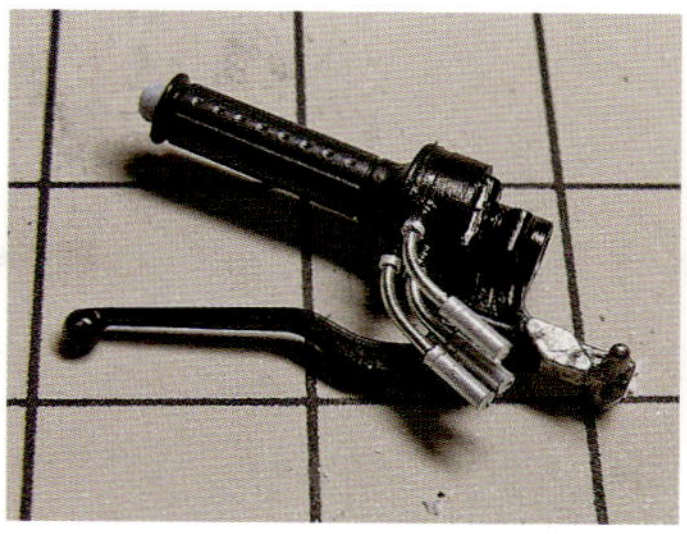

▲0.5㎜径洋白線とアルミパイプを組み合わせてスロットルワイヤーケーシングを再現しました。3気筒マシンなので、基部からの取り出しは写真のようになっています

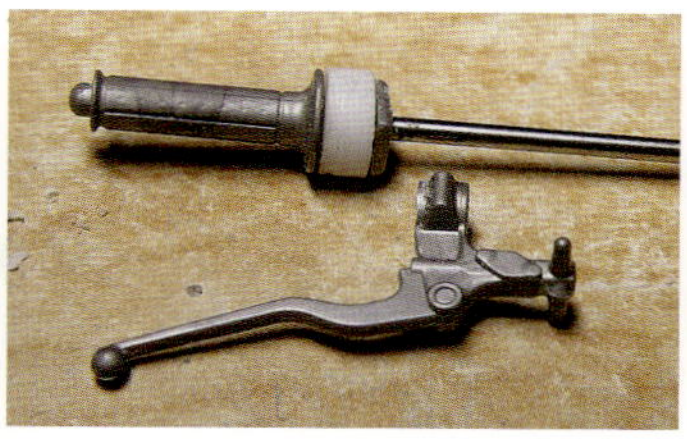

▲ハンドルはNSR500のパーツを流用してディテールアップしますが、NS500の3連スロットルワイヤー基部にするためにグリップ／ブレーキワイヤー間の横幅を広げます。軸に適度な太さの洋白線を挿し込んで作業するようにするとガタガタになりにくくおすすめです

▲今回は、NSR500の作例でも同じ塗料を使用するので同時に塗装しました。規定で決められた色なのでしょうが、Honda車のゼッケンのイエローは濁った印象があるので、Mr.カラー 113番 RLM01イエローで塗装しています

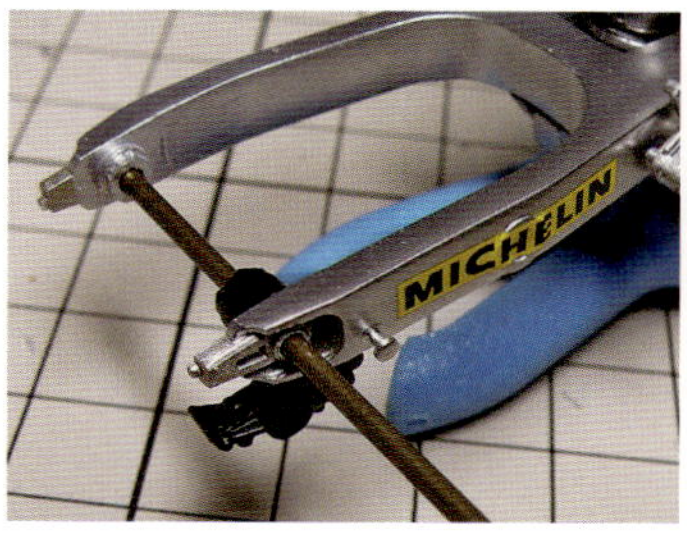

▲スイングアームの内側はコムスターホイールのスポーク越しに見えるため、プラ板で平滑になるように埋めておきます。アクスルシャフトは1.6㎜径真ちゅう線に置き換えました

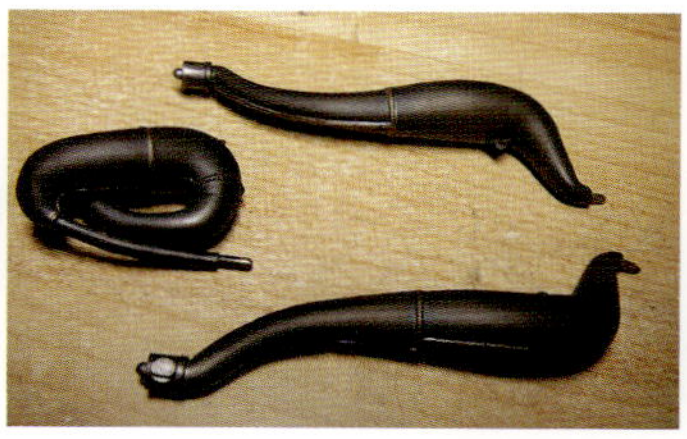

▲ガイアノーツの純色シアンやGSIクレオスの焼鉄色、ツヤ消し黒を吹付け、途中でマスキングテープを剥がしてややぼけた感じになるようにタミヤウェザリングマスターBセットのサビで全体を整えます。その後、ツヤ消しクリアーを吹いて色を定着させます

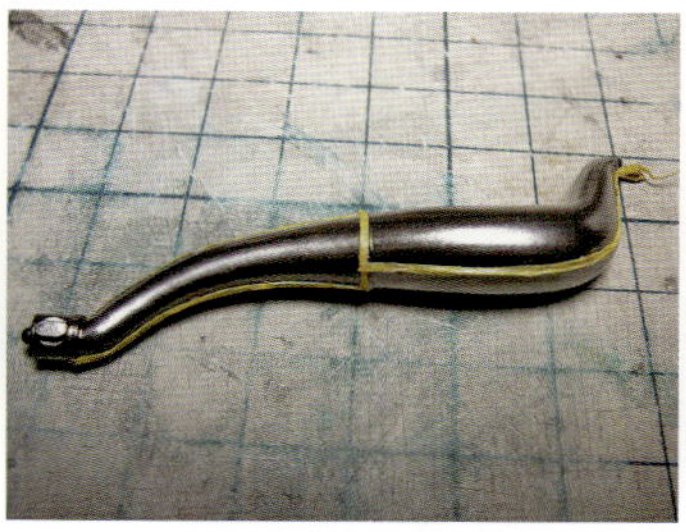

▲チャンバーの塗装は、まずはあらかじめ全体をGSIクレオスのメッキシルバーNEXTで塗装しておき、溶接部のメリハリをつけるために細切りしたマスキングテープを貼り付けます

▲キャブレターのネットは、ファンネルの外周より少し大きい穴をあけた厚手のプラ板に真ちゅう製メッシュを重ね、ヤスリの柄などの丸い部分で押し付けてお椀状に加工します。外周部は革ポンチで押し切るようにして切り出します

▲ドライブチェーンは1/12ホンダRC166用のディテールアップパーツを2セット使って作ります。コマ数を調整して、張りすぎず弛みすぎずのいいカンジに仕上げます

▲作例に使用したシールドスクリーンは、キットの不要パーツである白色のスクリーンパーツにエポキシパテで裏打ちして型を作り、それに0.3㎜塩ビ板をヒートプレスして作りました

▲サイレンサーとシートカウルが干渉したのでテールカウル裏面の干渉部を削りました。写真の白くなっている部分が干渉部。できれば塗装前に実施したほうがいいのですが……

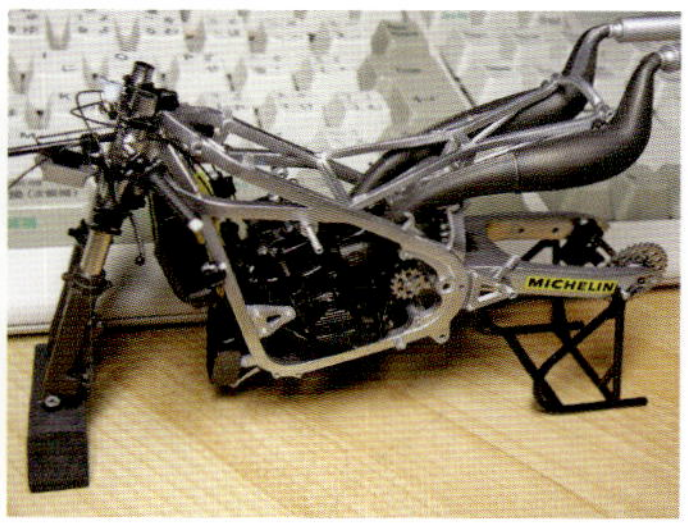

▲フレームをスタンドに乗せて各種コンポーネントを組み上げていく様は、まるで実車を整備しているかのよう。オートバイモデルならではの楽しさが堪能できるひとときです

今回製作した'84年仕様のNS500は、当時最新鋭のNSR500に比べ絶対的なパワーは劣るものの、抜群の旋回性能＋フレディーとの相性もあって、第5戦西ドイツGPにひっぱり出されたと思ったらあっさりとポールトゥウィン。年代落ちのロートルどころか、やっぱり傑作マシンであることを再認識させられました。

'83年仕様からの主な変更点は、リアにラジアルタイヤを採用したことによる17インチ化や、後ろ側のバンクのサイレンサーを楕円断面から真円断面化したことと少ないのですが、模型的視点で見ていくと'84年仕様のNS500とNSR500は共通部品が多く、最新キットNSR500のパーツをNS500に移植するという妄想モデリングをしているモデラーは結構いるのでは？　自分もそのひとりなんですが。

そこでどの部品が流用できるのか検証すべくNS500を製作してみました。そのまま流用可能な部品、若干の加工を施せば装着できた部品は以下のとおりでした。

・タイヤ&ホイールはそのまま流用可能（'83年仕様を製作する場合リヤは16インチなので注意！）

・フロントサスペンションやブレーキキャリパー・トップブリッジはそのまま流用可能。ただし、三叉のステアリング軸部は太くてそのままでは付かないのでフレームに差し込めるように加工が必要

・リアバンクのサイレンサーは上下に分割し、全長を3～4㎜詰めることで流用可能

・ハンドルも流用可能ですが、スロットルワイヤーが強制開閉式の2本から各キャブレターに直刺しする3本に変える必要が有り。

……上記部品をアップデートするとかなりしゃっきりしたNS500に化けます。

さらに、NSR500の作例と同様に、チェーン換装、ホースやワイヤー類の変更、アクスルシャフト、スイングアームピボットの真ちゅうパイプ化などのディテールアップを施しました。

フロントカウルを上下に分割し、アッパーカウルのグリップ下からフレーム取付部までのラインを修正。スクリーン取付面は可能な限り薄く削りこみ、0・3㎜厚透明塩ビ板をヒートプレスして作ったシールドスクリーンを取り付けます。スクリーンは一液性エポキシボンドで装着しました。

キャブレターは金網部までモールドで再現されておりますが、ピンバイスやデザインナイフで削り込みファンネル形状を再現。金網部は荒めの真ちゅうメッシュをお椀状に加工し、皮ポンチで押し切ったものを製作。タミヤクラフトボンドでファンネル部へ接着しました。タミヤクラフトボンドは乾燥後に透明になって目立たなくなるのでオススメです。

カラーリングは'83年仕様とまったく異なっていたこともあり、NSR500付属のデカールを使用して再現してみました。シートカウルのテール部に入るHONDAのロゴのみ、ちょうどよいサイズのものがセットされていなかったのでジャンクデカールから流用しました。

カウル類に使用した塗料は、白／ガイアノーツEXホワイト、赤／GSIクレオスハーマンレッド、青／GSIクレオスキャラクターブルー50%＋ガイアノーツ純色シアン50%です。

チャンバーの塗装はベースにGSIクレオスメッキシルバーNEXTを塗装。溶接モールドの上に細切りしたマスキングテープを貼り、ガイアノーツ純色シアンやGSIクレオス黒鉄色・ツヤ消し黒等で焼け色を表現、途中でマスキングテープを剥がしさらに焼け色の塗装をやり過ぎない程度に施したら、タミヤウェザリングマスターBセットのサビを全体に叩きつけ、ツヤ消しクリヤーで全体を塗装し定着させました。

NSR500のキットを流用することで、まさかこんなかたちで解像度がアップしたNS500を作れる日が来るとは思いもよりませんでした。さすがに発売から30年近く経ったベテランキットだけあって、歯応えのある製作でしたが、意外なまでにNSR500のパーツが装着できてしまう現実に感動。タミヤさん、NS500のキットにNSR500の関連ランナーも入れてもらって再販していただけないかしら？　■

ホンダRC166（'09年12月発売）や1／20ロータス タイプ79 1978（'10年5月発売）以降、ヒストリックマシンの製品化に積極的な姿勢を示しはじめたタミヤだが、正直な話、Honda NSR500 '84……つまりはNVOAの製品化には大いに驚かされた。1／12オートバイシリーズをバイク技術開発史という視点を軸に置きラインナップを拡充してきたことを考えれば合点もいくが、それでもやはり、速さに大きな波があり最後まで安定しなかった、実験的要素が極めて強いマシンの製品化はかなりの英断であったと言えよう。

もっとも、そこへのエクスキューズは『タミヤニュース』525号に詳しい。

「本来モデル化すべきアイテムも、タイミングが合わず見送りになるケースは過去にも多く存在しました。その代表となるのが、今回28年ぶりにモデル化されることとなったHonda NSR500 '84です。

（中略）すぐさまHRCにモデル化を打診し、実車取材をさせていただいた時の興奮は忘れもしません。あれから28年、2輪ロードレース世界選手権はMoto GPと呼ばれ、最高峰クラスは4サイクル1000ccエンジン搭載マシンとなった現在ですが、バイクファン、模型ファンはオートバイブームのピークといえる'80年代を経験した方が圧倒的に多く、この時代のアイテムも十分勝機があるはず、ということで企画書を提出。模型化へのゴーサインがついに出たのでした」

もろもろ納得のいく話ではあるのだが、'84年当時に製品化が見送られた理由がやはり知りたい。ひとことで説明できてしまうほど単純な理由でないことは承知の上で、その部分をタミヤ広報へ尋ねてみた。

「当時の状況ですが、'84年4月にホンダNS500を発売し、12月にはNS500のライバル、ヤマハYZR500（OW70）を発売しています。その前後、'84～'85年の2年間だけでも、1／12オートバイシリーズの新製品はライダーフィギュアを除いても13点発売しています。国内のバイクブームとも重なり人気の市販車の模型化が多い

写真右／NVOA=Honda NS500 '84のパッケージ。伝統的なスケルトン仕様のイラストではなく、実車の写真が使用されたことにも驚かされた
写真中／'13年7月20日に発売された、フルビューHonda NSR500 '84。フルビュー仕様は「果たしてこれがフルビュー版である必要があるのだろうか？」と悩んでしまう製品が存在するのも事実だが、このNVOAに関してはカウルを装着したままでその特殊なマシンレイアウトを眺めることができる秀作。スケルトン仕様のイラスト風に塗装をして仕上げるというのもアリだろう
写真左／NS2C=Honda NS500 グランプリレーサー（'84年4月発売）のパッケージ。これは'83年仕様だが、こののち'84年仕様も製品化されることとなった

NVOAの狂い咲き的リリースに見る タミヤならではの「28年ぶりの復活劇」

「新時代」GP500レーサーモデルの真実に迫る

3点の新世代GP500レーサーモデルが3メーカーから発売になった'12～'13年。なかでもタミヤが製品化したホンダNSR500 NVOAは、予想の遥か斜め上を……というよりは、おそらくは「誰もが絶対に予想などしていなかった」驚愕のプロダクツであった。ここではその真相をタミヤに問いかけてみる。

取材・構成・文／あさのまさひこ
composition & text by Masahiko ASANO (STUDIO CUBICS)

状況でしたので、開発スケジュールなどのタイミングから'84年型NSR500の模型化は実現しなかったようです」

もっとも、見方を変えるならば、3D CAD／CAM導入以前の時代にNVOAが製品化されなかったことを、NVOAのファンはじつは幸福に感じたほうがよいのかもしれない。仮にアナログ設計／製造の時代にNVOAが製品化されたことをイメージすると、一見するとフューエルタンクに思えるチャンバーカバー内部のチャンバーや、メインカウルの内側にピタリと貼り付いたフューエルタンクは、まずまちがいなくふたまわりほどちいさく設計／製造されていたはずなのだから。

なお、先述したタミヤニュース525号には、「モデル化に当たっては、'84年当時の資料もありましたが、あらためてHondaコレクションホールの車両を取材～」という記述がある。今回あらためて取材を行ったスタッフは、間近で見たNVOAをどう感じたのだろうか？

「カウルを外すと露わになる車体レイアウトには独特の存在感を感じました。この時代のバイクのデザインはもっと直線的なイメージがありますが、このマシンからは有機的な印象を受ける部分もあります。

また、動態保存されている車両のため、レーシングエンジンならではのサウンドなど、往年と変わらないコンディションがきちんと保たれていることへの感動もありました。パーツ構成や分割など、プラスチックモデルの設計を考える際、従来のキットフォーマットとは異なる新たな挑戦という部分でもやりがいのある対象でした」

では、その「従来のキットフォーマットとは異なる新たな挑戦」は、実際にはどういったかたちで製品に反映されているのか。

「従来のオートバイとは異なる独特の車体構造であるため、模型として組み立てにくくならないように注意しています。

あえて注目してほしいというほどではありませんが、チャンバーの取り付け方法やエンジンとの接合部分など、この車両ならではの部分に配慮しています」

4本のチャンバーを個別に組み上げ、最後に4本を集合し結合させる……というスタイルのほうが、実車の車体構造を学びつつ製作する際には調子がよい。

が、それだと4本のチャンバーをきれいにまとめ上げてカバー内に収めるのが難しく、さらに、4本のサイレンサー後端を、シートカウルに設けられた開口部にきちんと合わせるのはさらに難度が増す。それゆえ本作では上下2本のチャンバーが一体化されており、組み立ての容易さが優先されている事実が伺えるのである。

ちなみに——NVOAが製品化されたとなると、同じ年に用いられた'84年仕様のホンダNS500、つまりはNS2CのモデルをNVOAのとなりに並べたくなるのがスペンサーファンの性というものである。

'83年仕様と'84年仕様のNS500には外観的にはそれほど大きな差異は存在せず、最大の違いはそのカラーリングと言える。そのため、'83年仕様のNS500を製品化しているタミヤからすれば、バリエーションモデルとして'84年仕様を製品化することは比較的容易に感ずるのだが……。

「検討はしています。ただし、実際にはカラーリング以外にも相違点があり、デカール変更だけでは再現できないため、あくまで検討中、という解答になります」

（※注／なお、この後実際に、ディテールの相違点まできちんと修正されたNS2Cが〝Honda NS500 '84〟として'13年6月22日にリリースされることになった旨をここに追記しておきたい。）

それはともかくとしてやはり今回注目すべきは、こうしてタミヤが過去に見送ったGP500レーサーモデルの製品化に再度乗り出す姿勢を見せたことと、それが実現化した事実に尽きるのではないか。

たとえば当時は製品化を見送ったスズキRGV-Γにしても、フジミが'88年後期型を製品化したいまとなってさえ、タミヤ的には「あと出しジャンケン」によりシュワンツのΓの製品化が可能となったと考えることもできるのではないか。……やはり見てみたいよなあ、タミヤ製のΓ。■

Honda NS500 '84 RANDY MAMOLA

Honda NS500 '84
タミヤ 1/12
インジェクションプラスチックキット
2013年発売 税込3780円
製作／高橋浩二

Honda NS500
TAMIYA 1/12 Injection-plastic kit
Modeled by Koji TAKAHASHI.

というわけで発売されたNSR'84
ここはあえてのマモラ仕様で!!

Honda NS500 '84 RANDY MAMOLA('84)

'13年5月号の巻頭特集内では'83年型NS500と'84年型NSRをニコイチで改造した'84年型NS500のキットそのものが、なんとタミヤから発売になりました！　というわけで製作したのが本作例（本項は'13年11月号掲載ですが、記事の内容的に本書では'13年5月号特集記事内にはさむようにして再編集しています／編注)。なぜにマモラ？　と思われるかもしれませんが、じつは作例担当の高橋氏が大のランディ・マモラファン。'13年5月号の特集ではストーリー、ドラマ、認知度を重視してフレディ・スペンサー仕様の２台を製作していただきましたが、発注当初も製作途中もずっと「マモラ仕様じゃダメ？」と訴え続けてきたのでした。そしてよもやの'84年型NS500のキット発売。「どうしても、もう一度NS500作りたいです！　今度こそマモラ仕様で!!」。そこまでおっしゃるなら……ということで高橋氏のマモラ愛の結晶をご覧いただくことにしましょう。

誰もがお気軽に「'84年型NS500」を作れるようになりました！

32ページから掲載している作例のように、「'83年仕様のNSと'84年仕様のNSRのパーツを組み合わせて'84年仕様のNSを作り、NSとNSRを並べたい！」と思っても、改造の難易度が高い以前の問題として、'83年仕様のNS500の1／12キットはそもそも入手困難だったり……。ゆえにこの夢は一部のコレクターやマニアにだけ許されたものだったのだが、めでたくタミヤから'84年仕様のNSのキットが発売されることとなった。

'83年仕様と'84年仕様のいちばんの違いは17インチ化されたリアタイヤ&ホイール。楕円断面のものから正円タイプとなったサイレンサーも新規パーツで再現される。

また、この'84年仕様NS500のキットではそうした形状の差違だけではなく、一部組み立てに関する見直しも図られている。従来のNS500は組み立て／塗装が終わったエンジンパーツを左右からフレームで挟み込む方式だったが、フレームに付く補器類の構成を見直すことにより、フレームとエンジンを別々に作ってから組み合わせることが可能になった。リアサスペンションも新設計のものとなり、組み立てやすさが向上している。さらには、燃料タンクのように形状が変更されたパーツもあったりと、単なるカラーリング変えなんてレベルではない、侮れない内容となっているのだ。

▲'13年6月に発売された、タミヤ1/12バイクシリーズ№125、'84年仕様のNS500。カラーリングはカルトグラフデカールが付属するほか、マスキング用のシートも付属する

▼タミヤ1/12バイクシリーズ№35として、'84年4月に発売された'83年仕様のHonda NS500。写真は再販時にカルトグラフ社製デカールが付属したときのもの

▼左側がリニューアルされた燃料タンクの新パーツ。上下厚が薄くなっているのがわかる。より実物の形状に近いものとなり、精悍な印象にもなった

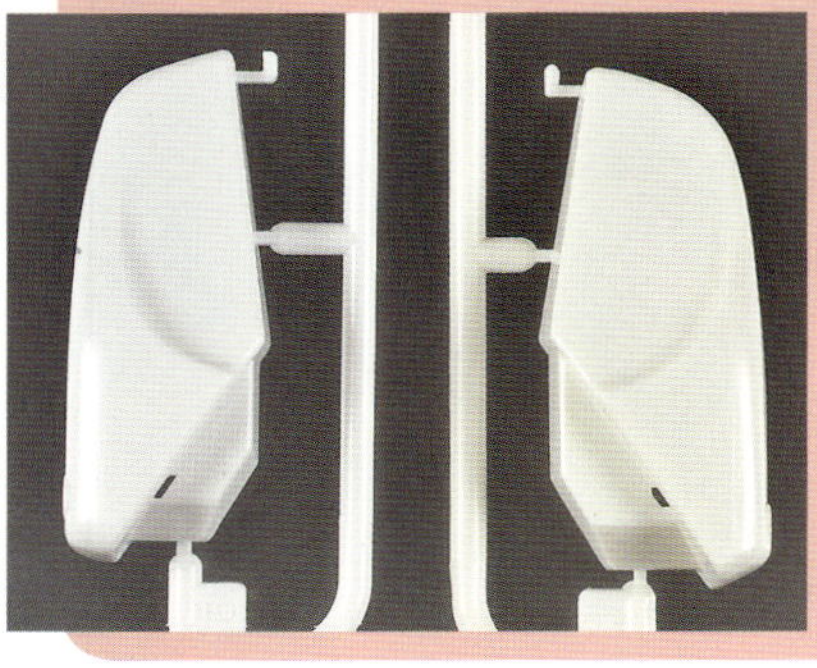

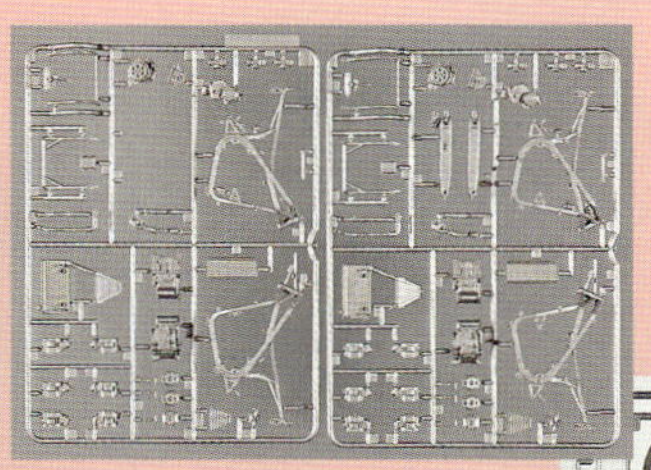

▲旧Cランナーと（右）と新Cランナー。新規パーツでの再現となるスイングアームがなくなっただけではなく、フレームパーツにも変更が加えられている

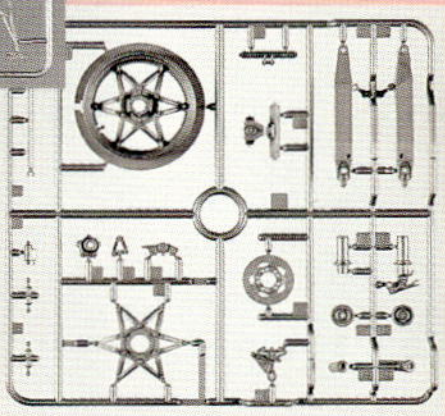

▶新規に追加されたランナー。17インチ化されたリアの足まわり関係のパーツはほぼ一新されている

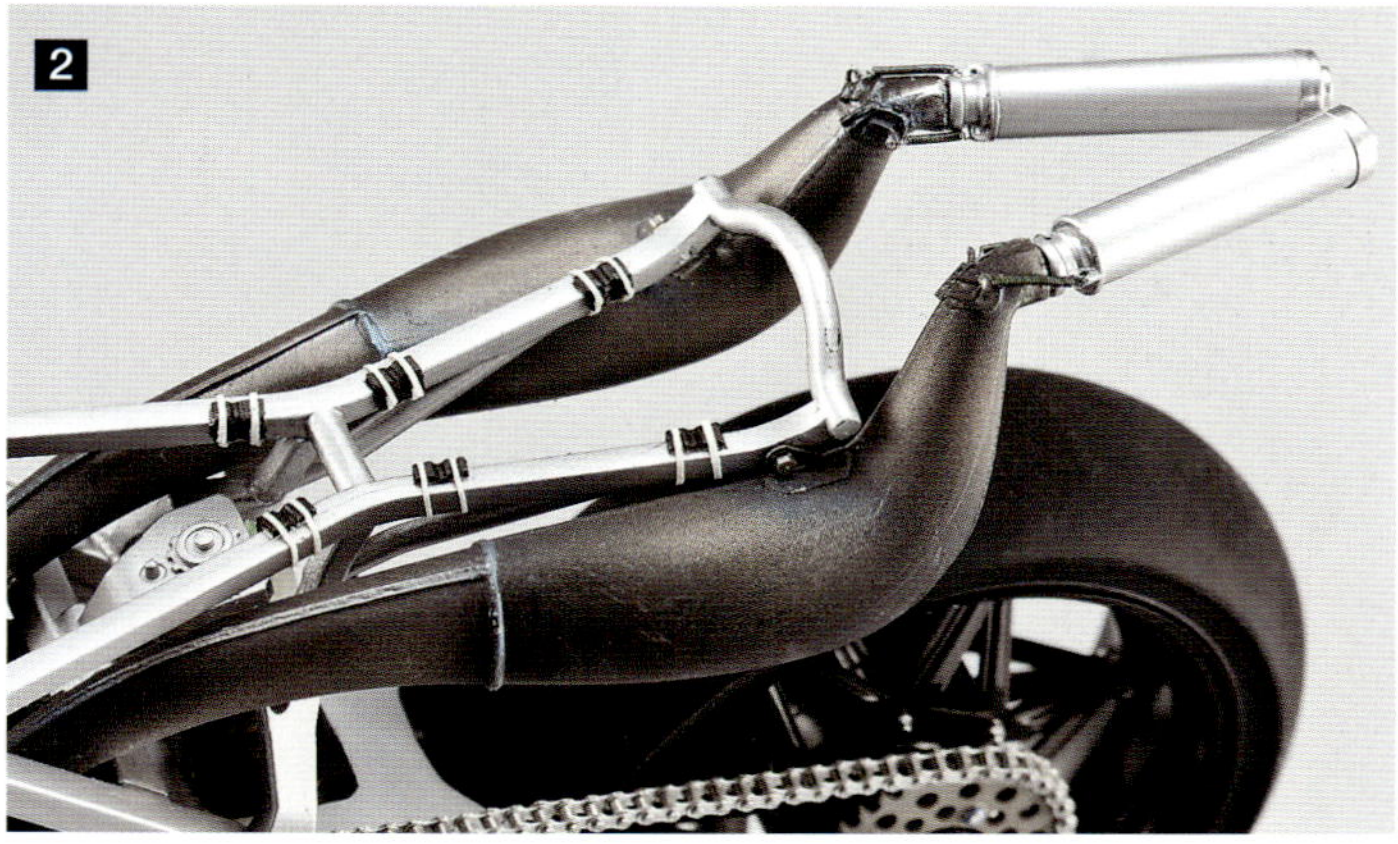

マモラ愛の結晶として、「マモラ乗り」も作るのだ!!

ランディ・マモラといえば「マモラ乗り」。外足荷重のセオリーなどどこ吹く風で、外側の足をステップから外してまでコーナーリング中に大きくイン側に体を落とすそのフォームが人気を博した。当時、峠で「マモラ乗り」をマネして転倒した人も多かったのではないかと……。というわけで、先だってタミヤから再版された'80年代当時のライダーフィギュアキットをマモラに改造しNSに乗せてみた。

キットの3種のなかには右側に大きくヒザを落としたハングオンスタイルのフィギュアもあるが、今回は四肢のバランスがよい「ストレートランライダー」を使用。切り刻んで左コーナーリングのポーズへと改造した。ヘルメットのロゴやライン、革つなぎのスポンサーロゴはPCで作図した自作デカールを使っている。さすがに自立しないのでつっかえ棒が必要となるが、スイングアームピボットの穴を利用することでバイク単体でのディスプレイにも問題はないものとなっている。ヘルメットの下側には内装のディテールも作り込んでいるのだが……ほとんど見えない（苦笑）。ニースライダーがなかった時代なので、ヒザには昔懐かしの銀テープを貼っている。あと、顔はキットのままなので、どうしてもケニー・ロバーツっぽく……見えちゃう？

1キャブレターのファンネルメッシュは治具を作ってから金属メッシュを使って製作した
2フレームのゴムクッションは、フレームのプラスチック片を貼り込んでから実物同様のかたちに削り込んだ。チャンバーとサイレンサーの付け根は'84 NSRのパーツを使ってディテールアップ
3ハンドル周辺はバイク乗りが必ず凝視してしまうポイントでもあり、気合いを入れて作り込む。各種パイピングは、太さにメリハリを付けて行なうとよい。メーターマウントはガサガサのツヤ消しでスポンジを再現、リングは半ツヤ、メーターのガラス面はツヤありで仕上げる
4チェーンはタミヤのHonda RC166用の組み立て式のもの、ドリブンスプロケットは'84 NSRに付属するボーナスパーツを使用。ややタイヤと干渉するが、少し触れる程度なので問題ナシ
5シールドスクリーンはキットのものは分厚いうえに像のゆがみもあるので塩ビ板をヒートプレスしたものに置き換えた
6キットのパーツと、参考にしたマモラ車の資料写真で仕様が異なっていたので、フロントのブレーキディスクは'84 NSRのものを使った

タミヤ1/12 Honda NS500('84) マモラ仕様製作講座

製作・文／高橋浩二

Photo:Honda

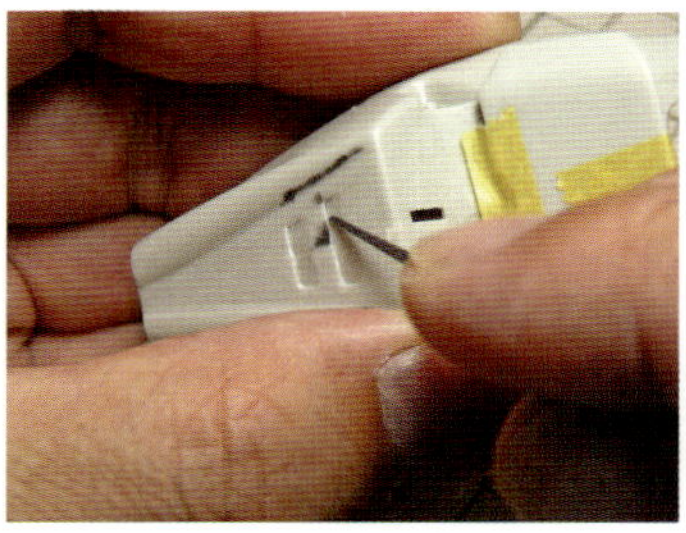

▲リアカウルのスリットは左右をしっかり接着したあとスジ彫りタガネで何度もなぞって開口する。脱線しないよう注意！　カウルのサイドの部分にあるスリットも同様に開口

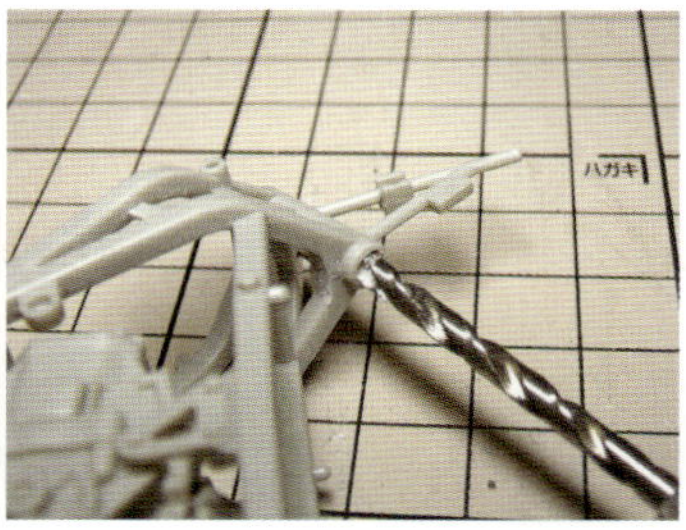

▲'84NSR500のフロントまわりを移植。三叉のパーツが差し込めるように、左右のフレームを接着後にドリルで径を広げる。ある程度の深さになったら三叉のボスの長さを調整する

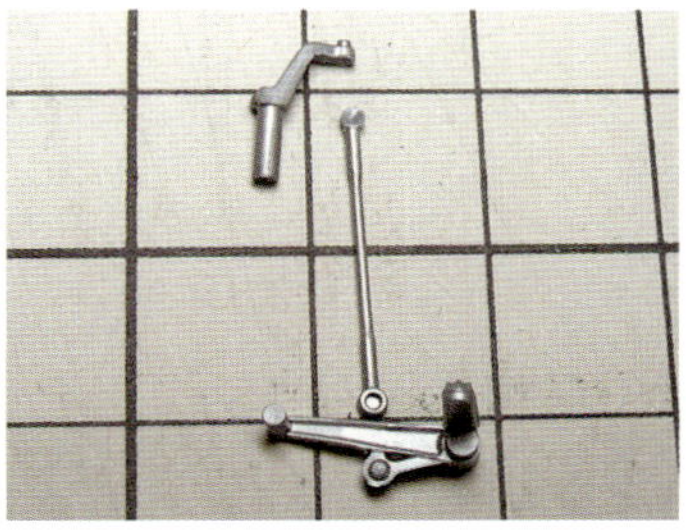

▲ギアチェンジ機構とステップは'84NSRのパーツを流用した。リンクの方向が異なるので、ステップ下のピボット位置変更。もちろんロッド長の調整も必要だ

▲「MICHELIN」のデカールが入っていないので自作対応した。ゼッケン３のマモラ車の場合はココに貼り付けるが、ゼッケン１のスペンサー車はスイングアームに貼られていた

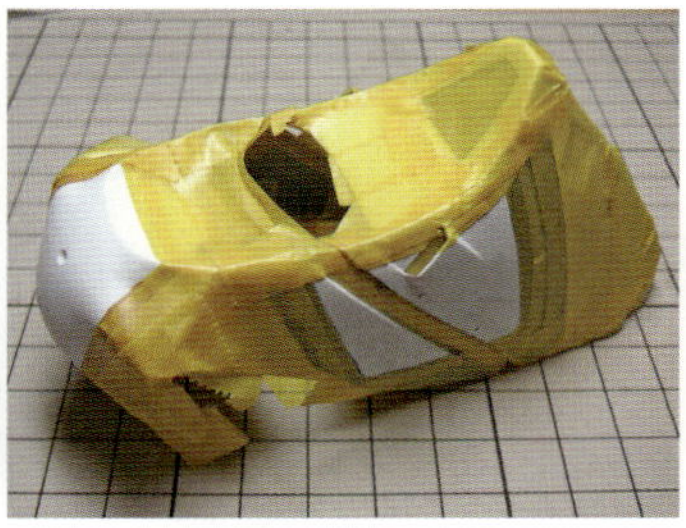

▲デカールの割れが心配なので、ゼッケンのイエロー部は塗装で処理した。アッパー、アンダーカウルで色味のずれが生じないように、同時に塗装するようにひと工夫

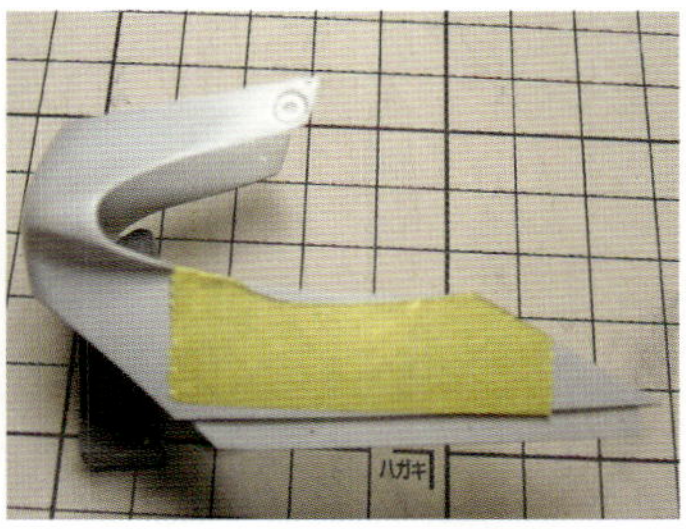

▲アッパーカウルのラインを実車写真などを参考に修整。マスキングテープへ修正ラインを写し取り、反対側も同じ形状になるように。カウルは取り外せるようにするため上下に分割した

▲フィギュアとマシンとのフィッティング調整時にマシンにキズをつけてしまわないようサランラップを巻いた。仮組みの早い段階で調整していればこんな苦労は……

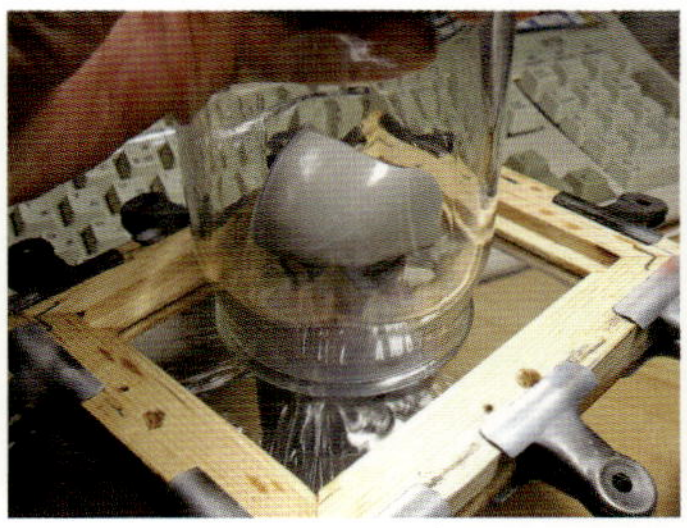

▲スクリーンはキットの白い不要パーツを利用した型に、透明塩ビ板をヒートプレスして製作。垂直面の追従性が悪いので、塩ビ板が熱いうちに径の近い瓶等で押し付け形状を追い込んだ

▲ファンネルの金網は１㎜厚のプラ板に丸く穴を開け、そこに真ちゅう製金網を棒ヤスリの柄のように丸い部分で押し付け整形。加工したものを革ポンチで押し切って製作した

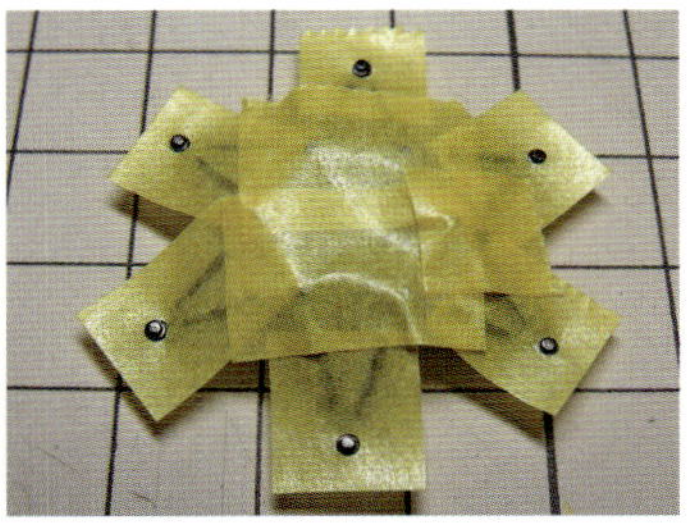

▲筆塗りできれいに塗れる自信がないので、ボルト、ナットの塗装はマスキングを行ないエアブラシで吹きつけた。マスキングテープを丸く切り抜くためにパンチコンパスを使用している

◆ついにマモラ仕様が作れる！

苦節半年、ようやくゼッケン3、マモラのNS500を作ることができました！

特集では、NSR500'84を後期型へ改造するという無謀なオーダーを受けて四苦八苦しているところに「NSRのパーツ使えばNS500もスゴクよくなりそうですよねぇ？」との担当編集さんの甘言が……。その言葉に踊ってNS500改造地獄へ突入していたときから「せめてNS500はゼッケン3マモラで作らせて～」とお願いしていたのですが、やはり知名度、人気の高いスペンサーの前に、マモラ仕様を作る夢ははかなく散ったのでした。しかし！タミヤがNS500をリニューアル再販するですと!!　ここぞと再プッシュしたところ、ついにマモラ仕様でいいとのお許しをいただきニコニコ作ったのが本作例です。

「なぜにそれほどマモラ？」と思われる方も大勢いることでしょう。マモラの魅力をあえてひと言で表せば、それは「マモラ乗り」。'84年にマモラがNS500を操るために編み出した独特なスタイル、それこそがこのマモラ乗りです。前輪荷重をかけないとNS500はまともに操れないと判断したマモラは、上半身を前に前にと持っていくうちに外足がステップから外れてしまいました。ハングオフ時に外足が外れても構わず旋回を続けるマモラはやはりとんでもない存在、当時、真似してコケるライダーが続出しました。自分もマモラに心を奪われたひとりですが、ただの一度もコーナリング中に外足を外すことはできませんでした……だってやっぱり怖いもん（笑）。

そんなマモラ仕様のマシンを作るなら、「マモラ乗り」がビジュアルでわかるようにフィギュアも作るべきでしょう、ということで、体格が似ているケニーをベースとしたストレートランライダーを使用して製作しました。先にこのフィギュアの製作について触れておくと、まず下半身がフィットするように関節部で切断し、ヒザの曲がりや股の開き具合を切った貼ったして調整してマシンへ仮固定、そこへ上半身を合わせました。両腕をガッチリ固定するとバイクから外せなくなるので、右手首から先を切断し、脱着できるようにICコネクターを仕込みました。マモラに貼るデカールはPC&プリンタで自作しました。

◆リニューアル版としての'84NSR

さて、NS500です。エンジンとフレームがより組みやすいように工夫されているのはすばらしかった。タミヤの創意工夫、より良くしたいという熱意が伝わってきました。……伝わってきたのですが、カウルスクリーンも'84NSR500のような構造にしてほしかったなぁ、というのはさすがに欲張りすぎでしょうかね（笑）。

◆製作ポイント

リニューアルされ作りやすくなったポイントを堪能しつつ特集に掲載されたスペンサー仕様（32ページから掲載）でやりきれなかったディティールアップをします。

まずは前作と同じくフロントフォーク、前後ホイール、ドリブンスプロケットをNSR500のパーツへ交換。チャンバー裏面の凹みはランナーを詰め込みパテで埋めました。フレームとタンク等の緩衝部のゴムはプラスチック片を貼り付けた後、凸凹を棒ヤスリで削り込んで整形。タイラップは撮影機材に使う白いテープを細切りして再現しました。

チェーンプラーはリアスイングアームに一体整形されていますが、削り落としNSR500のリアスイングアームから切り出したパーツに差し換えて塗装の簡略化と別体感を狙いました。アクスルやスイングアームピボットはスクリュー方式から1・6㎜径の真ちゅうパイプへ差換えております

メーターは簡略化されたステーで固定するようになっておりましたが、実車資料を基にステーをプラ板で作り起し、水温計のハーネスも這わせました。

シールドスクリーンはキットの不要パーツにエポキシパテで裏打ちし、0・3㎜厚透明塩ビ板でヒートプレス。カウル裏面を極限まで薄く削ってスクリーンとの段差が少なくなるようにもしました。■

K.シュワンツ vs W.レイニー

強烈な敵対心がサーキットに熱狂を呼ぶ

文／吉村誠也
イラスト／正蔵
ext:Nobuya YOSHIMURA
llustration: MASAKURA

ビン・シュワンツ対ウェイン・レイニー。'80年代後半のWGPについて語るとき、よく使われるフレーズではある。だがそれは、'83年シーズンのスペンサー対ロバーツとは少々趣が異なっている。スペンサー対ロバーツのほうは、先にも書いたように、このふたり以外に優勝者もポールポジション獲得者もなく、6勝6敗、わずか2ポイント差という、激しく、そして他のライダーがかすんでしまうほどだったのだが、シュワンツ対レイニーは、そうではない。

ふたりがWGPで初対決した'88年シーズンのランキングは、レイニーが3位でシュワンツは8位。このシーズンのチャンピオンは、YZR500に乗るエディ・ローソン、そして2位にはNSR500のワイン・ガードナー、4位にYZR500のクリスチャン・サロン、5位にYZR500のケビン・マギー、6位にNSR500のニール・マッケンジー、7位にYZR500のディディエ・デ・ラディゲスと続いた。

翌'89年シーズンはレイニーが2位でシュワンツは4位。'90年シーズンはレイニーがチャンピオンでシュワンツは2位。'91年シーズンはレイニーがチャンピオンでシュワンツは3位。'92シーズンはレイニーが3連覇を決め、シュワンツは4位に下降、そしてようやく'93年シーズンにシュワンツは初タイトルを決めるも、レイニーはシーズン中の事故により引退（このシーズンのランキングは2位だったが）……と、少なくともポイントテーブルの上での〝シュワンツ対レイニー〟は、並み居る強豪たちのなかのふたりの争いにすぎない。

にもかかわらず、シュワンツ対レイニーのイメージが強烈なのは、まず、彼らふたりが、WGPにエントリーする前のAMA時代からのライバルだったこと。ここで言う〝ライバル〟とは、スポーツマンシップに溢れ、レースが終われば健闘を讃えあって握手をする……といったすがすがしいものではなく、AMA時代には、お互い口をきいたこともないという、日本語で言うところの〝敵〟に近い存在だったからだ。

わけ強烈な印象を植えつけたのが、'89年シーズンの開幕戦となった日本GPだった。このレースこそ〝シュワンツ対レイニー〟と呼ぶにふさわしい、まさにこのふたりだけの闘いだった。同様な激しいバトルは、'91年のドイツGPでも再現され、一騎討ちとなったこれら2戦は、いずれもシュワンツがレイニーを下している。

YouTubeで〝Rainey vs Schwantz : An all-American duel〟というタイトルで登録されたMoto GPオフィシャルビデオを見ることができるが、15分の映像の最初のほうに、'89年の日本GP（鈴鹿）のウィニングランでシュワンツがさしのべた握手の手をレイニーが振りほどくシーンが映っており、その他のバトルも含めて一見の価値あり。ぜひご覧いただきたい。

そのシーンについて補足すると、あのときのレイニーは、宿敵シュワンツに破れたくやしさもさることながら、ピットサインを見誤り（というよりも、レイニーが鈴鹿のコントロールライン上に掲示される残り周回数の表示方式を理解していなかったというのが正しいが）、あと1周あると思い込み、そこでシュワンツを抜く作戦を立てていたのに（彼にとっては）突然チェッカーが振られ、レースが終わってしまったことに対する怒りのあまりの行動だった。

上に書いたふたつのレース（'89年の日本GPと'91年のドイツGP）は、それぞれ『1989鈴鹿決戦』、『1991ドイツ決戦』というタイトルの完全ノーカット版がDVD化され、ウィックビジュアルビューロウから販売されているので、興味のある人にはこれらもおすすめしたい。

シュワンツ対レイニーの時代はまた、バリー・シーン（'76年&'77年シーズンのチャンピオン）、ケニー・ロバーツ（'78〜'80年シーズンのチャンピオン）、フレディ・スペンサー（'83年、'85年シーズンのチャンピオン）といった歴代の〝帝王〟が去ったあとのWGPに、続々とやってきたアメリカ人とオーストラリア人ライダーによる〝4強〟がしのぎを削っていた。

4強、つまり、ローソン、レイニー、ガ

ードナー、シュワンツによる激突のシーズンは、彼らに少し遅れてWGPにやってきて、やがて5年連続タイトルを獲得するまでに成長するミック・ドゥーハンの快進撃がはじまるまでのあいだ、'86〜'94年の、じつに9シーズンにわたって続いたのである。

ヨーロッパ製のマシンを駆るヨーロッパ人ライダーが、ヨーロッパ大陸を南から北へと転戦していく、古くからのコンチネンタルサーカスを懐かしむファンにとって、日本製のファクトリーマシンを駆るアメリカンとオージーに席巻されたWGPは、あるいは伝統を無視した、心の底から馴染めないものであったかもしれない。

そのあたりが、やがて登場するバレンティーノ・ロッシへの期待に繋がり、大いに溜飲を下げたヨーロッパのレースファンも多かろう。そしていまや、Moto GPは、ライダーの陣容では完全にヨーロッパ勢（多くは南欧）が息を吹き返している。

それはともかく、4強の時代はまた、世界的なオートバイブーム、そして日本ではオートバイレースブームのさなかであり、好況を背景に、マシン開発、チーム組織、レース運営、サーキット設備のすべての面で、'80年代前半までとは比較にならない急成長を遂げ、ビッグビジネスに拡大した時期でもあった。

各国・各地で、現代に繋がる近代的なサーキットの改修・新設が行なわれ、ヨーロッパ以外の地域で行なわれるラウンドが増え、ファクトリーチームのスタッフは、かつての2〜3倍にまで膨れ上がり、500ccファクトリーマシンの性能と信頼性も一気に高まった。

スペンサー対ロバーツのところに書いたように、スペンサーから4強激突へかけての'80年代後半はまた、素材や製造技術の急進化と合わせて、ファクトリーマシンに限らず、日本のモーターサイクル設計技術が急成長した時期でもあった。

各社各様だったエンジン形式は、ホンダ、ヤマハ、スズキとも、クランク軸の本数に違いはあったものの、2ストロークV型4気筒に収束し、車体はいずれもアルミ

ツインスパータイプ、そしてラジアルタイヤが実用化され、マービック〜マルケジーニのマグネシウムホイール、オーリンズの前後ショック、ブレンボのブレーキシステムなどを、レーシングサービス込みで使用する、主に足まわりパーツのアウトソーシング化も進んだ。

だが、そうした華々しい進化・成長の影に、悲しい、あるいは惜しいできごともいくつかあった。'93年イタリアGPでのレイニーの事故とそれによる引退（ライダーとしては再起不能）、'92年に〝キャリアを通じて築き上げた自信が無残に剥ぎ取られていくような〟苦悩のシーズンを経験した後、'93年に初タイトルを獲得したものの、'95年シーズン途中で突然引退を表明したシュワンツをも失い、さらにドゥーハンまでもがレース中のアクシデントにより右足に回復不能の重傷を負うなど、500ccGPマシンとそれによるレースの危険性がクローズアップされてきたのもこの時期だ。

それはやがて、最高出力よりも扱いやすさへ……という、レーシングマシン開発方針の転換に繋がり、現代のMoto GPマシンにも受け継がれていくのだが、4強の時代、なかでも'80年代終盤にはそれほど明確ではなく、コーナーごとに暴れまわるマシンと格闘する彼らのライディングテクニックに、手に汗を握りながら心酔していたファンも多いはず。

シュワンツ対レイニーに代表される'80年代終盤から'90年代序盤にかけての4強の時代は、黎明期、成長期、円熟期の3つに無理やり区別したとすれば、まさに成長期が終わり、円熟期に差し掛かったところである。扱いやすさを追求した制御技術はまだそれほど導入されておらず、車体の剛性バランスや重量配分（重心位置）に関する知見もいまほど確立されていなかったため、現代のマシンと比べるとはるかに粗削りな、暴れ馬だったと言って過言ではない。

そんな、ひたすら速さを求めて開発された最後の500ccGPマシンが、'80年代後半から'90年代序盤にかけてのNSR500、YZR500、RGVΓなのである。■

正蔵●まさくら／1961年生。イラストレーター。'80年代前半に漫画家・矢口高雄の元でアシスタントを勤める。バイクにもはまり峠に通いつつレーサーを目
すが、矢口氏にひとつの道を選択するように迫られ、絵の道を選択。『RIDERS CLUB』誌等でバイク関連のイラストを描く。

SHOEI
NORDICA
DUNLOP

SUZUKI

SUZUKI RGV-Γ '88
XR74

スズキワークス復権を賭けて開発され、4強時代の幕開け'88年を飾ったV4ガンマ

'84年からワークスとしての参戦を休止していたスズキは、'88年からの本格復帰を計画する。'87年には、XR72（ライダーはケニー・アイアンズ）で参戦し、マシンの開発を進めていく。シーズン途中よりケビン・シュワンツがスポット参戦し開発のテンポは上がったものの、パワー不足や開発初期にありがちなマイナートラブルを頻発、開発をより急ピッチで推し進めるために'87年シーズンは途中で参戦を切り上げることとなった。翌'88年、スズキはケビン・シュワンツとロブ・マッケルナイをライダーとして擁し、満を持してフル参戦を果たすが、開幕戦日本GPにおけるシュワンツの劇的な勝利は、WGPファンに「スズキ復活」を強く印象付ける事件だった。そんな'88年のシーズン後半から投入されたマシンがこのRGV-Γ XR74。「4強時代」の幕開けの年に4強の一角を占めた、スズキV4マシンの3作目である。

SUZUKI RGV-Γ '88 XR74

FUJIMI 1/12 Injection-plastic kit

【巻頭特集】198X モーターサイクルヒーロー列伝【番外編】
「GP500」熱狂時代、再来!

スズキRGVΓ '88（XR74）
フジミ 1/12 インジェクションプラスチックキット
「スズキRGV-Γ後期型（XR74）1988年チーム ペプシ スズキ」
2013年発売　税込5400円
製作・文／**高橋浩二**

SUZUKI RGV-Γ'88(XR74)
FUJIMI 1/12 Injection-plastic kit
Modeled by Koji TAKAHASHI.

アラフォーあたりのチョイ古株WGPファンの大好物といえば、なんといっても“４強時代”。なかでもケビン・シュワンツの人気といったら絶大としか言いようがない。ところがそんなシュワンツが乗ったバイクの1/12プラモデルは、じつはこれまでフジミのヨシムラGSX-R750（鈴鹿８耐）しかなかったというのだから驚き。なので、フジミ1/12バイクシリーズ13製品目にして初めて手がけるWGPレーサーがシュワンツのマシンであることに「待ってました！」と声を上げたファンも多かったに違いない。シュワンツが'88年に駆ったスズキRGV-Γ、XR74、さてその内容やいかに！

フジミ初の1/12WGPレーサーは
ファン待望、シュワンツのガンマ!!

1ストリップ状態のRGV-Γ。XR74はこの年トレンドとなった右側が「への字」型に曲がったスイングアームを採用しており、下側のバンクのチャンバーを２本とも右側へレイアウトできた。これにより生まれた空間を利用し、チャンバー断面形状の最適化を計っている
2ハンドル周辺も繊細に再現されている。メーター周りはアナログとデジタルのコンビメーターのモールドで再現されているが、デカールはデジタルの箇所もアナログ用が用意されており、今回はデジタル仕様で製作した。メーターをマウントするスポンジは、ガサガサにツヤを消したグレーを塗って質感を再現するとよい。XR74のカウルはFRP製で、じつは内側も白くなっている。しかし、カウルの内側が白いとどうしても手抜きっぽく見えがちなので、作例ではあえて「見せる必要がないところ」としてツヤ消し黒でブラックアウトさせることにした
3アクセルワイヤーケーシングのディテールはキットのパーツでもきちんと再現されていたが、強度的に不安があったために洋白線とアルミパイプを組み合わせたものに置き換えた。1/12の２輪レーシングマシンの模型では、アクセルワイヤーは概ねキット指定のものよりも細いパイプを使ったほうが精密感を出すことができる。インナーチューブメッキ部にはハセガワのミラーフィニッシュを貼り付けて質感のメリハリを付けている
4ドライブチェーンに手を加えることは最近のバイク模型製作においては一種トレンドと言ってもいい状態。この作例でもローラー面をそれらしく彫り込んでいる。タミヤのRC166用チェーンセットは価格と手間のバランスがいい製品ではあるが、そろそろもっと簡単な、プラスチックパーツでのなんらかのブレイクスルーの登場を期待したいところでもあるのだが……

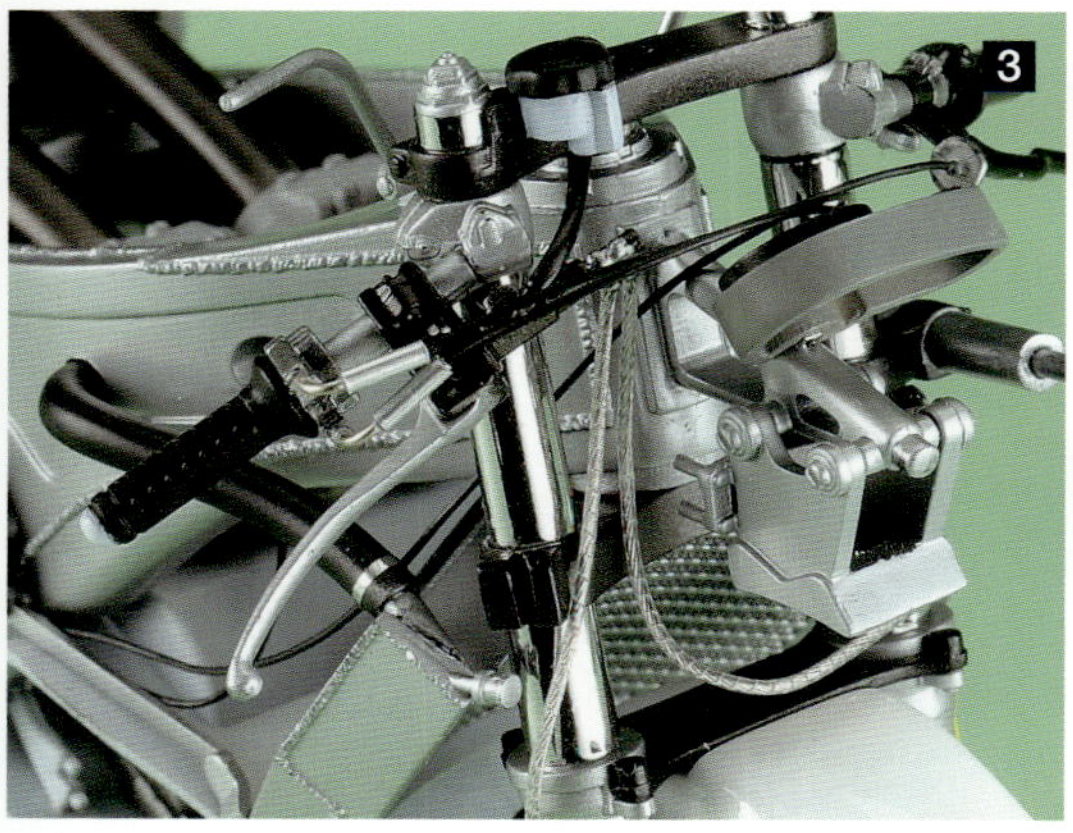

なにはともあれフジミ初のWGPマシンのキット化です。フォーマットとしてはコレまでの8耐マシンと同様、こまかいところまでじつによく再現されています。製作にあたっては資料が少ないこともあって、気になったところの修正やちょっとしたディティールアップを中心に進めていきます。

まずは目立つところで左右ステッププレートの形状変更。参戦時の写真を見るとステッププレートの構造が異なることから、シンプルな「くの字」型のステッププレートに改修することとしました。1㎜プラ板でステッププレートを製作し、強度に不安があったので、フレーム部との取り付けは0・5㎜径の真ちゅう線で軸打ちしています。

キットではアクセルワイヤーケーシングも再現していますが、いかんせん強度が不安なので、洋白線+アルミパイプに換えました。その先端からキャブレターまでのアクセルワイヤーはNSR500と同じく、0・4㎜径リード線に換えています。

ブレーキホースも同じ手法で置き換え。右ボトムケースの直上で左右のホースが分岐する仕様もあるようですが、マスタシリンダーから分岐したレイアウトとします。

チェーンのコマは成型の都合で埋まっているのでチゼルで掘り込みます。サイドプレート内外の凸凹も再現すべく彫りました。フロントおよびリヤアクスルシャフトは、金属棒から1・6㎜径の真ちゅうパイプに置き換えています。スイングアームピボットも同様の処理をしましたが、フレーム側面の取り付けナット表現が貧弱に感じたので作り換えることに。まず長手寸法2・5㎜六角柱プラ棒の真ん中に1・6㎜の穴を開けます。それをリューターに噛ませて必要な厚みになるようデザインナイフの刃を当て回転加工。均一な厚みのナットパーツを切り出せますのでお試しください。

フレーム裏面は再現されていないので、燃料タンクやフレーム等の溶接跡を再現。短冊状にした0・14㎜厚のプラ板を接着してから、流しこみ用接着剤を塗って柔らかくし、爪楊枝などで突いて溶接跡っぽく造形しました。モールドが省略されているフレーム裏面は、燃料タンクを外したときに見える部分を中心にプラ板で裏打ちします。

外装のカラーリングは白塗装にカルトグラフ製デカールを貼り付けるだけで再現できます。注意点は、アンダーカウルのNACAダクトにかかるPEPSIのロゴデカール。文字の部分と赤青の丸波模様のあいだに切れ目を入れて、丸波模様がNACAダクトの影響を受けないようにしましょう。

シールドスクリーンはカウルに接着しなくてもキチンとはまりました。最近トレンドになっているこの固定方法、接着剤を使わなくて済むのでイイですね。■

フジミの1/12ガンマ、気になるその内容は？

◀「なぜいままでどこも製品化しなかったの？」というぐらいにファンに待ち望まれていたシュワンツのガンマ。ここに目を付けたのはやはり模型界の風雲児、フジミだった！

フジミの1/12バイクシリーズ13作目となる本キットは、パーツ構成的にはシリーズの標準的な内容。前後の足周りのメリハリのある処理に比べてカウル内部、エンジンの表現はあっさりした表現となっているが、資料の少なさを考えたら致し方なしといったところだろうか。付属のデカールはカルトグラフ社製のシルクスクリーン印刷のもので、カウルを白く塗るだけでペプシカラーを再現できるという、GPレーサー模型初心者にもやさしいものとなっている……のだが、フロントのゼッケンベースの黄色い部分はなぜか2分割となっており、重なるところはどうしても色が濃くなってしまう。中級者以上はマスキング＆塗装で仕上げることを考えてもよいだろう。

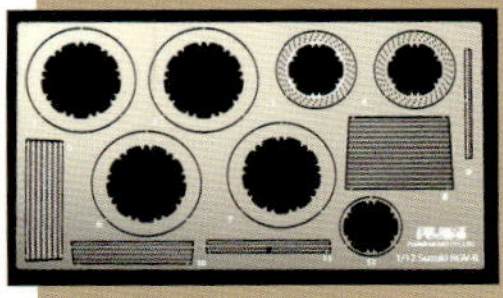

▲▶デカールはカルトグラフ社製のものが付属。エッチングパーツが同梱なのもうれしい

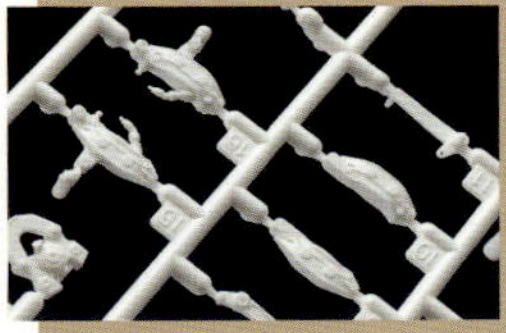

▲フロントブレーキのキャリパーのパーツは、配管の基部の精密な再現度に注目！

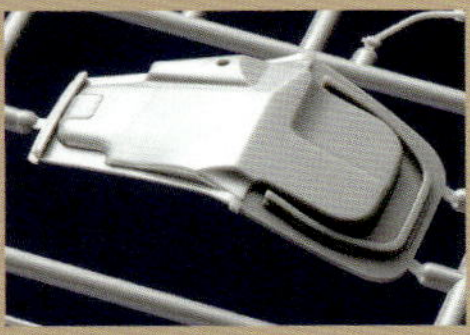

▼はめてしまうと見えなくなるタンクの裏側のパーツもかなり立体的に再現されている

◀ドリブンスプロケットまわりもディテールにメリハリがあり好印象。リアブレーキディスクの放熱口もきちんと穴が開いているのもうれしいところだ

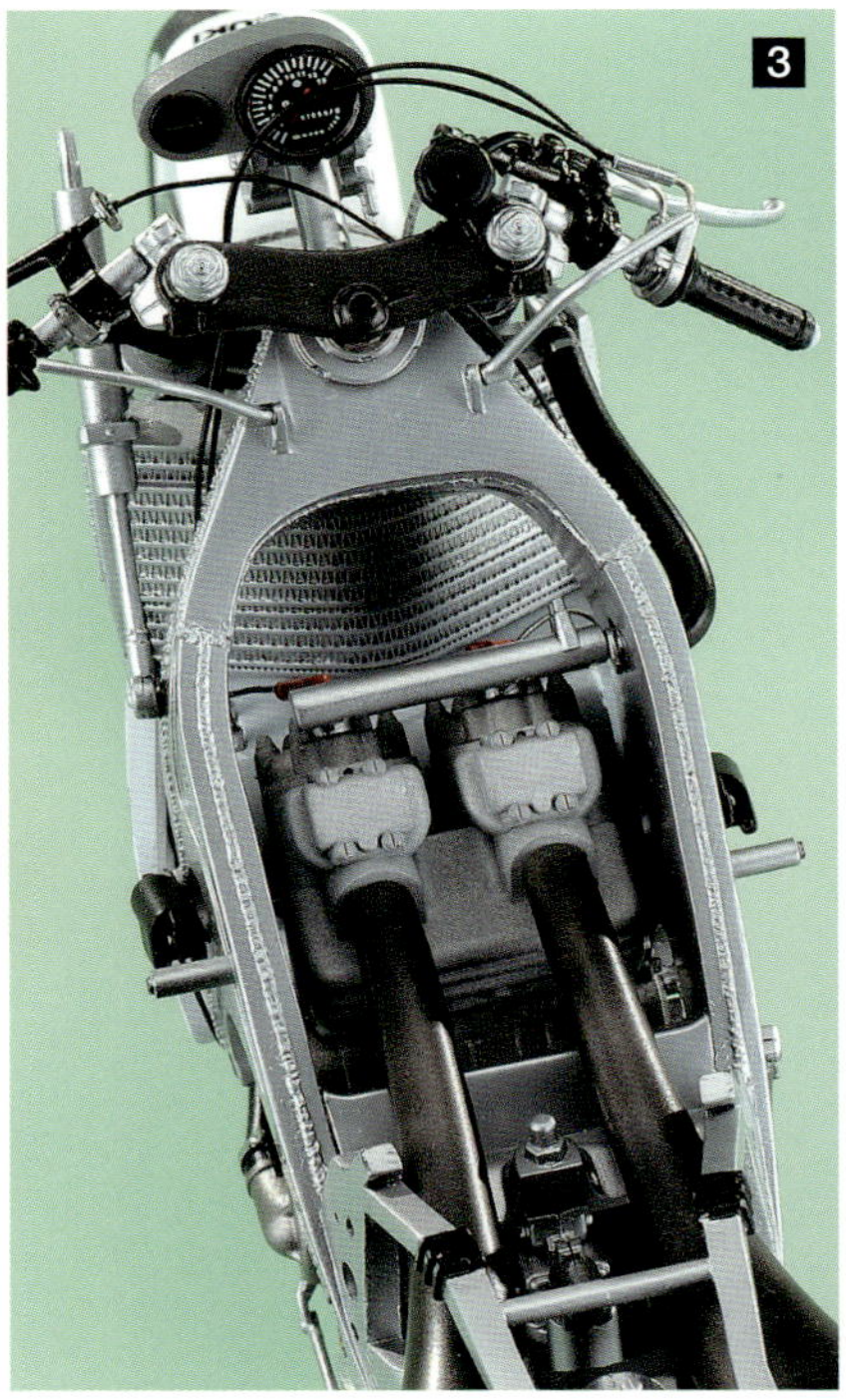

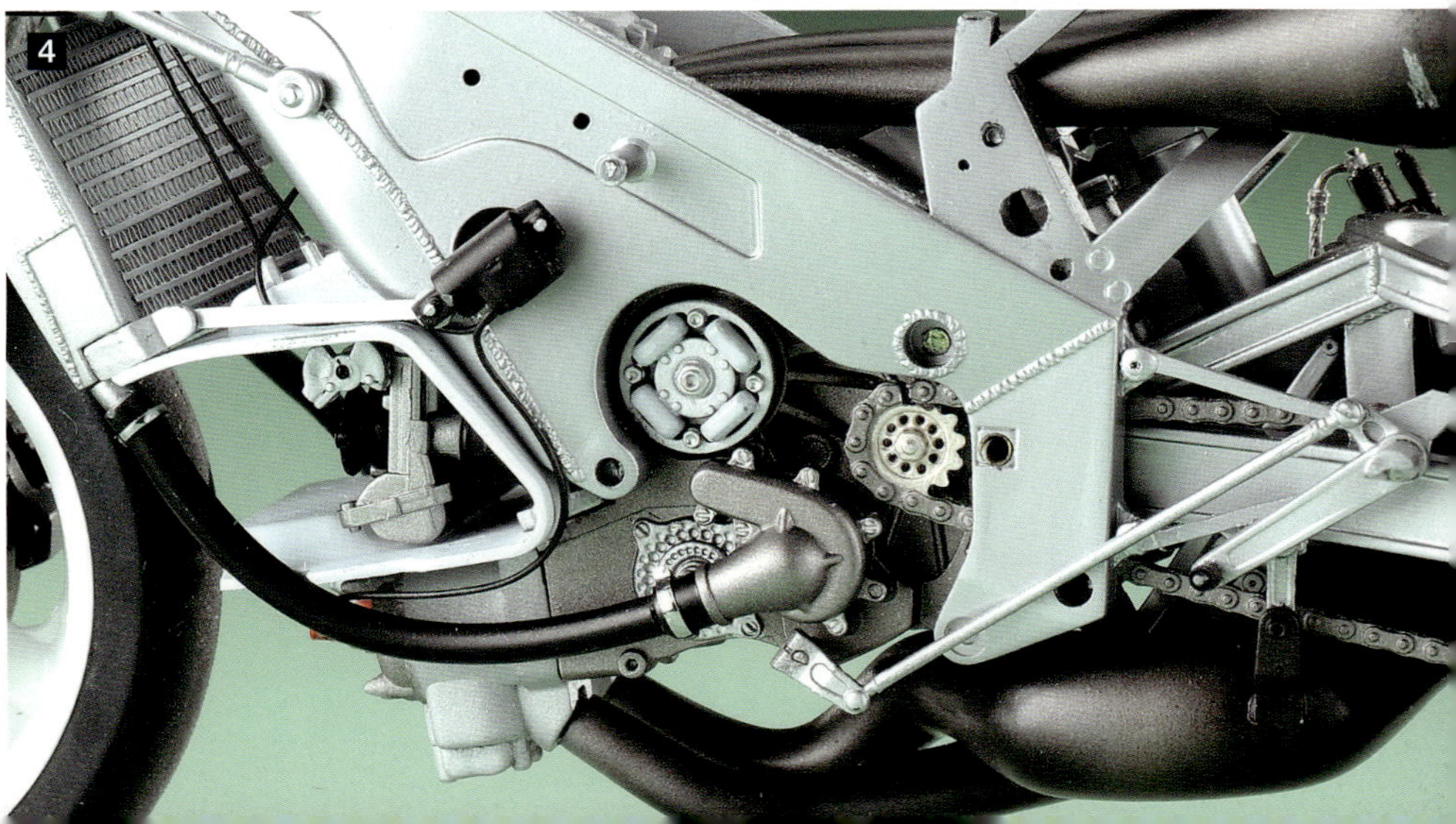

❶右ステッププレートは形状に不備があり、ステップの取り付け部が宙に浮いてしまう（ステッププレートではなく、ブレーキのマスターシリンダーとのみ接合されるかたちとなってしまっている）。そこでステッププレート取り付け面を確保するとともに、『レーサーズ』誌に掲載されていた写真を元に形状を変更した。ブレーキマスターシリンダーの取り付けも垂直に近い角度に変更している

❷キャブレター周辺は隔壁で覆われており、カウルサイドのNACAダクトから入ったフレッシュエアを効率よく吸入できるよう工夫されている。隔壁は上下2部品を接着する構造で強度が確保しにくいので、注意して取り扱おう。またキャブレターとともに、エンジンにアッセンブルしてからフレームへ装着する指示となっているが、フレームとエンジンを先に取り付けてから隔壁とキャブレターを装着したほうがきれいにまとまるだろう。クラッチ本体上部に装着するクラッチコントロールレバー等も別体パーツで再現。意欲的な設計となっている

❸エンジン表面、とくにシリンダーヘッドのパーツはかなりサッパリとしたモールド表現でメカメカしさが希薄だが、スズキのレーシングマシンは現存車両が世に出て来ることが滅多になく、他メーカーのマシンに比べて実車の資料も乏しいので致し方ないといったところか（『レーサーズ』を見てもディテールの詳細が分かる写真はほとんど掲載されていない）。妄想を膨らませてATEC（排気デバイス）を再現するのも楽しいかもしれない。今後資料が見つかるようならばさらにディテールアップや質感再現など手を加えたい箇所であるフレーム上面には細切りしたプラ板を貼り付け、溶接跡を再現した

❹下バンクのチャンバーは長さを確保するためにエンジンの下側でクロスしている。同年に参戦したYZR500（OW98）とよく似たレイアウトだと言える（同じような時期に作り比べることができるのはじつに興味深いことだと言えよう）。ラジエターフェイスは同梱のエッチングパーツでシャープに再現することができる。カウルを装着したあとでもこの部分はエアアウトレットから覗き見ることができる

スズキRGV-Γ'88(XR73) クローズアップ&ヒストリー

【巻頭特集】198X モーターサイクルヒーロー列伝【番外編】

「GP500」熱狂時代、再来!

文／吉村誠也
写真／本田圭吾（インタニヤ）
Text by Nobuya YOSHIMURA
Photographed by Keigo HONDA(ENTANIYA)

一般の目に触れることのできるかたちで現存するスズキのGPレーサーは極端に少ないが、スズキ本社に併設されている「スズキ歴史館」には、シュワンツのRGV-Γが展示されている。実走可能なような整備は成されていないが、当時のままの姿をいまに伝える、貴重な500ccレーサーだ

▲アッパーカウル右側には、ケビン・シュワンツがスズキ歴史館を訪れた際に残していったというサインが書かれている

'60年代、WGPの各クラスを我がもの顔で荒らしまわった日本製工場レーサーに歯止めをかけるべく、クラス（排気量）ごとの気筒数、変速機段数、最低重量などを改訂した新しいレギュレーション（その後長年にわたる基本となった）が施行されたのが'69年。これと相前後して日本のメーカーが撤退し、その後しばらくのあいだ、WGPはヨーロッパ製のマシンと日本製の市販レーサーが共存する時代を迎える。

そうした新世代のWGPに、'73年シーズンからヤマハが、続いて'74年シーズンにはスズキがファクトリーマシンによるレース活動を再開。RG500と呼ばれるスクエア4気筒ロータリーディスクバルブのマシンをトップライダーに乗せ、ファクトリーマシンのレプリカとも言える市販レーサーを多くのプライベーターに供給した。

'76年、'77年の2シーズン連続で500ccクラスのチャンピオンとなったバリー・シーンと、彼がリタイアあるいは下位に低迷したレースでスズキにポイントをもたらした市販レーサーを駆るプライベーターの活躍は、WGPにおける新しい成功モデルとして、他メーカーのお手本となった。

スズキではその後、'81年シーズンにマルコ・ルッキネリ、'82年シーズンにフランコ・ウンチーニがライダータイトルを得たほか、'76～'82年の7年連続でコンストラクタータイトルを獲得するという偉業を達成。だが、そこからV型4気筒クランクケースリードバルブエンジンのRGV-Γとケビン・シュワンツの時代へ、スムーズに移行したわけではない。

7年連続コンストラクタータイトルを獲得したあたりから、RGシリーズ（'81年以降はRGΓ）の戦闘力不足が問題となり、'84～'87年の4シーズンにわたってファクトリー態勢での参戦を中止していたからである。参戦を中止した理由のひとつに、行きすぎた軽量化とピーキーなエンジンの組み合わせによるトラクション不足が挙げられ、その解決策として造られたのがRGV-Γ。そして、新しいファクトリーマシンを駆るライダーとして抜擢されたのが、RGΓで

1 2 燃料タンク前部、ブリーザーホースが付く箇所は一段高くなっており、その基部には溶接痕が確認できる。フジミのキットでは溶接痕は再現されていないので、ぜひ手を加えたいところだ（形状はXR74とは少々異なっている）
3 '88年の前半に使われたXR73は、サイレンサーが左右1本ずつで、サイレンサーはCFRPで覆われている。CFRPの繊維は2パターン使われているのに注目。シートカウル内に収められた2本も、同じパターンとなっている
4 フレームの左側に見える電装系のパーツは、フジミのキットではパーツ化されていないが、この前後の年式のマシンにはあるので、おそらく「ある」と考えていいだろう
5 このXR73のシートカウルのエアアウトレットは4連で、開口部も浅いタイプとなっている
6 チャンバーは複雑な断面形状をしている
7 この車両では水温計は外されてしまっていた
8 アッパーカウルの前端は、他メーカーの500ccレーサーとは異なり、オーバーハングのないなだらかなスラント形状。ナックルガード上面もなだらかで美しい曲面だ

スズキ歴史館／スズキプラザ
静岡県浜松市南区増楽町1301
☎053-440-2020
開館時間：9：00～16：30（予約制）
休館日：月曜日、年末年始、夏季休暇など
入館料：無料

'88年当時のままのRGV-Γが目の当たりにできる歴史館

今回撮影にご協力いただいたのは、静岡県浜松市にあるスズキ歴史館。この'88年型のRGV-Γは、走行でついた傷もそのままに、当時の姿ありのままという非常に貴重な状態で常設展示されているのだ。ぜひその目で見てほしいが、見学は要事前連絡の予約制となっているので注意しよう。

スポット参戦経験を持つシュワンツだった。'82年型モデル（OW61）以降のYZR500と同じく2本のクランクシャフトを持つV型4気筒エンジンを積むニューマシンは'87年シーズンにデビューし、ファクトリー態勢による'88年からの活動再開に向けて、この年もシュワンツがスポット参戦。そして翌年、ま新しいペプシカラーのRGV-Γとともに、シュワンツのWGP500ccクラスへのフルエントリーがはじまった。

その、4強時代の幕開けを飾ったのが'88年型RGV-Γ（XR74）である。'86年シーズン終盤に完成にこぎつけた初代V4モデル（XR71）と、その後のスポット参戦時代のマシン（'87年型XR72）を含め、V4の3作目にしてようやくライバルと互角に戦えるマシンと態勢が整ったのである。

勢いに乗るスズキは、この'88年シーズン中盤にさらに改良を施したXR74を投入。XR73との違いは、下側2気筒分の排気チャンバーが、左右振り分け配置から2本ともまとめて車体右側への取りまわしに変更されたこと。これに合わせてスイングアームは左右非対称となり、識別は容易である。

さらに翌'89年には、エンジンを全面変更し、シリンダー挟み角をそれまでの55度から60度に広げると共に、2本のクランクシャフトからの出力取り出し方式を見直し、2軸とも正回転（ホイールと同じ向きにまわる）から相互逆回転（1本がホイールと同じ向き、もう1本は逆向き）にしたニューエンジンを、小改良に留まった車体と組み合わせたXR75が登場。このマシンは、歴代RGV-Γのなかで最もシュワンツ好みのモデルとなり、以後、シリンダー挟み角は70度を経て、最終的には80度にまで拡大された（主にキャブレターをはじめとする吸気系パーツをクランクケースに近付け、吸気管長を短縮するため）が、基本レイアウトはXR75を踏襲したまま最終型に至る。

'88年型RGV-Γの模型製作にあたっては同年にXR73と74の2モデルが走っていた（下側2気筒分の排気チャンバーの取り回しが異なる）から、当時の写真を参考にする場合は注意が必要だ。■

フジミ1/12「スズキRGV-Γ '88」製作講座

製作・解説／高橋浩二

フジミ初の1/12WGPレーサー RGV-Γ（XR74）を作るにあたっては、あらかじめ知っておくと作業がスムーズに進められるようなポイントがいくつかあります。ということでそれらを解説していきましょう。

▲「スズキRGV-Γ後期型（XR74）1988年チーム ペプシ スズキ」
フジミ　1/12
インジェクションプラスチックキット
税込5400円

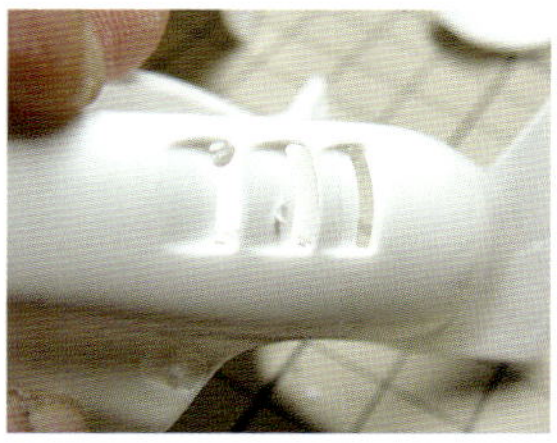

▲シートカウルサイドにあるアウトレット端部の厚みが薄く見えるように削り込みます。いわゆる薄々攻撃。アウトレットの内側エッジもチャンバーに干渉するので、極力薄くなるように削るとよいでしょう

▼エンジンのクランクケースは箱組みすれば簡単に形になります。箱組みしたあとは、シリンダーやキャブレターの取り付け面が平滑になるように、サンドペーパーでヤスって均しておくようにします

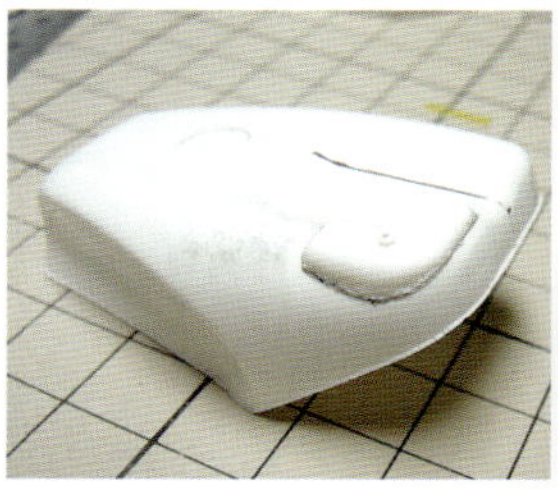

▲燃料タンク上部の膨らみの基部に溶接跡を追加します。0.14㎜プラ板を細切りにしたものを境目に貼り付け、流し込み接着剤で柔らかくなったところを爪楊枝などでつついて再現します

▲燃料タンク後部にプラ板を追加して、シートカウルの下面に差し込むように改造しました。こうすることでタンクの固定がしっかりできるようになり、簡単に外れなくなります

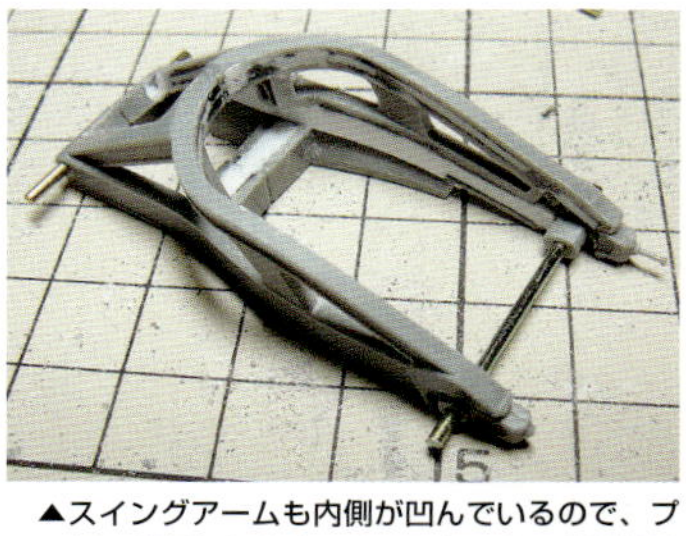

▲スイングアームも内側が凹んでいるので、プラ板で裏打ちします。リアアクスルの金属棒はスタンドまで差し込むかたちとなっており、異常に長い構造です。真ちゅうパイプに差し替える際に適切な長さに修正しました

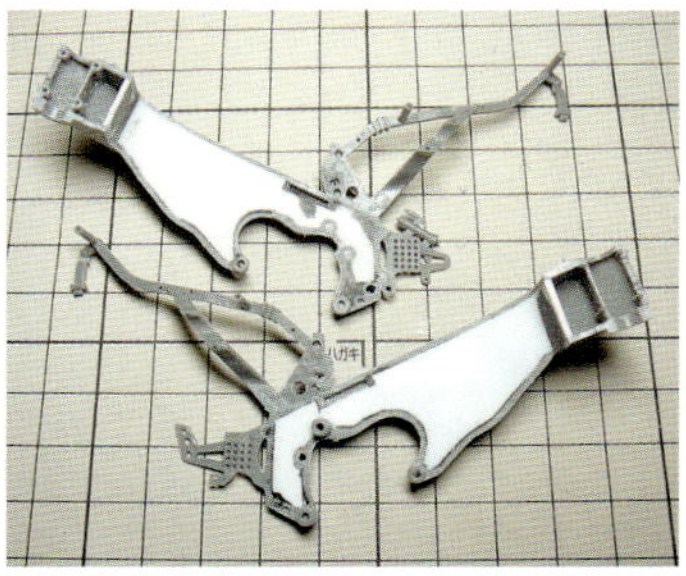

▲メインフレーム内面が再現されていないため、プラ板で裏打ちをします。このあと、フレーム側面の貫通穴を加工します

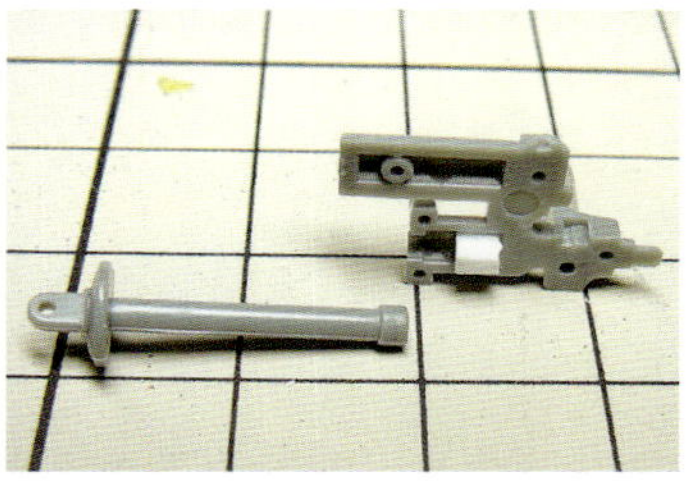

▲リアショックアブソーバーのスプリングを、後ハメできるように加工します。ロッドの先端が奥に入り込み過ぎないように、ショックアブソーバーの内部にスペーサー（白い部分）を仕込んでおきます

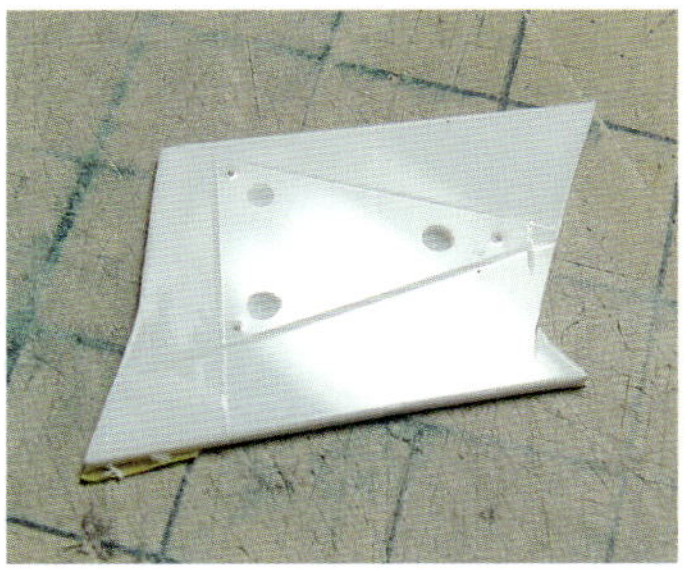

▲マスキングテープを１㎜プラ板に貼り付け、ステッププレートを切り出します。同じものを２個切り出すようにします

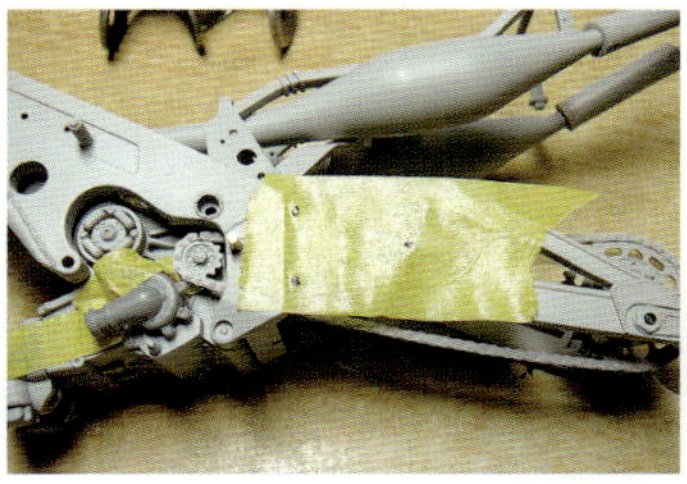

▲右ステッププレートにステップの取り付け位置がないため、ステッププレートの形状を変更しつつこの問題に対処します。まずはちゃんとしてる左側のステッププレートのディメンションをマスキングテープに写し取ります

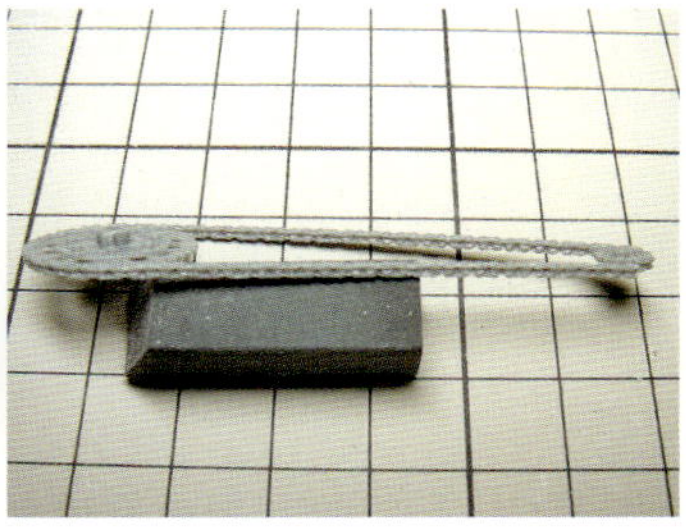

▲整形の都合で埋まっているチェーンのコマ部をチゼルで彫り込んでみました。加工時には削っているところがささくれ立ちますが、流し込み用接着剤を表面に塗って表面を整えます

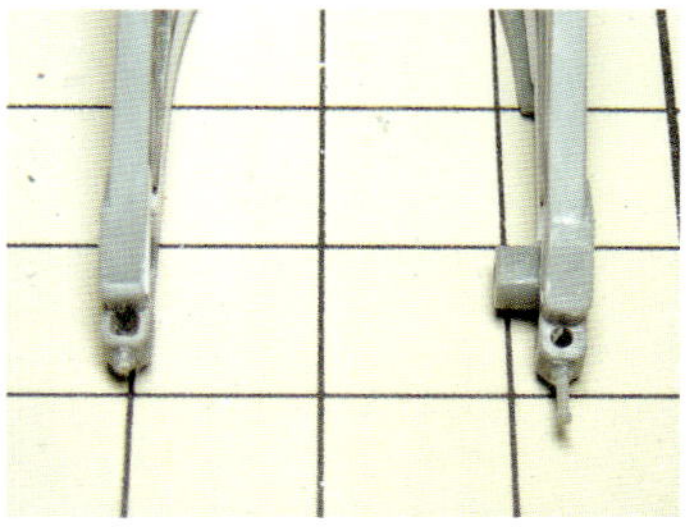

▲スイングアーム後端のチェーンプラーは実車では「コの字」型のため、成型の都合で埋まっている箇所をくり抜きます。左側の調整スクリューが折れてしまったので虫ピンに替えました

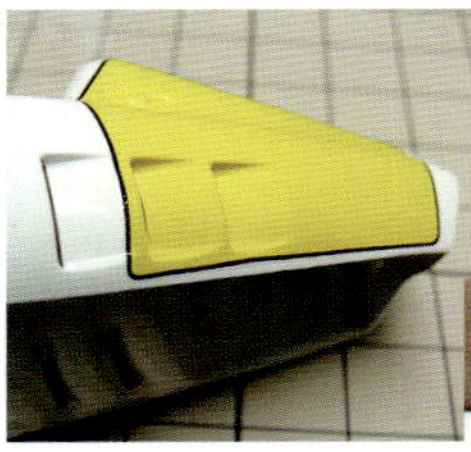

▲焦って作業を行なうとデカールが切れてしまうので、じっくり時間をかけて作業を行ないます。万一切れ目ができてしまった場合には似た色でタッチアップします

▼開口部に沿ってよく切れるデザインナイフで切れ込みを入れます。その後デカール軟化剤をたっぷり塗り、柔らかくなったら、平筆で撫でつけていきます

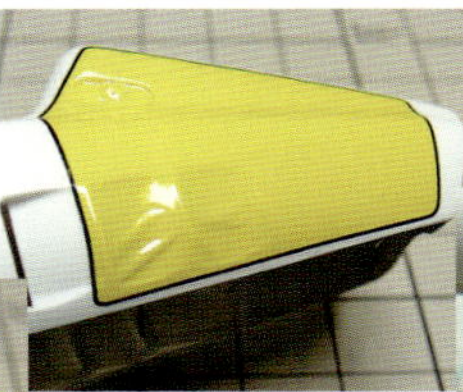

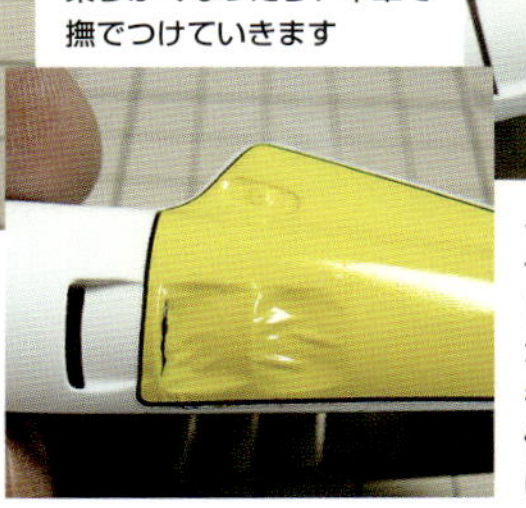

▲シートカウルのゼッケンベースはサイドエアアウトレットにかかるため、ここがうまく貼れるかどうかがキモとなります。まずは全体にシワが出ないように伸ばしながら貼り込みます

▼右側も同じ加工を施します。写真のようにマスターシリンダーのステーも忘れずに装着しましょう

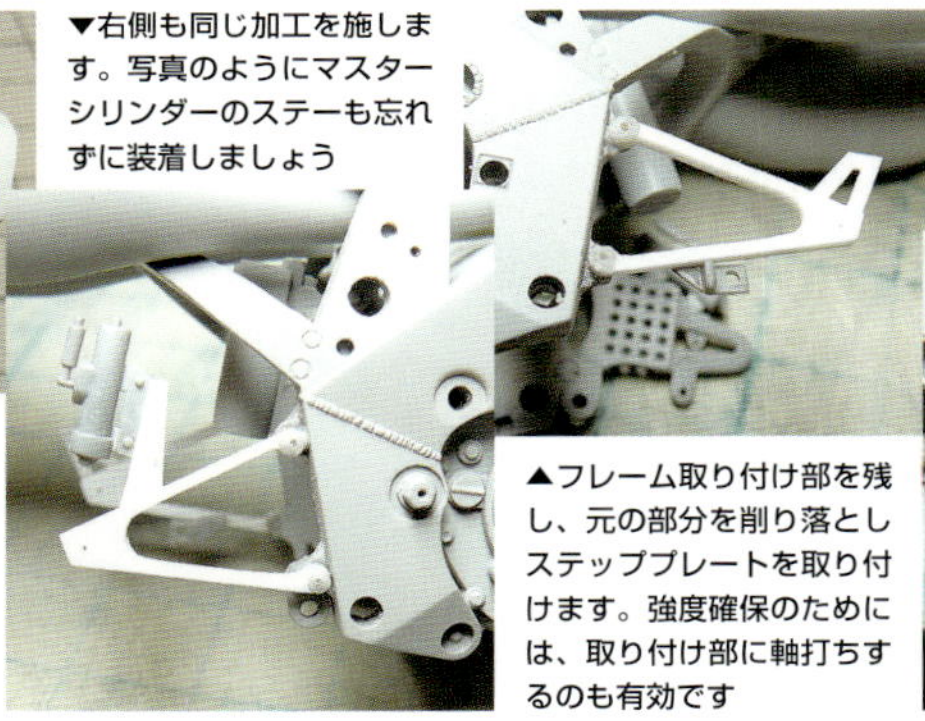

▲フレーム取り付け部を残し、元の部分を削り落としステッププレートを取り付けます。強度確保のためには、取り付け部に軸打ちするのも有効です

▼資料を参考にしながら切り出したステッププレートを、いったんキットのパーツの左側の部分にあてがって、形状が妥当かどうかチェックします

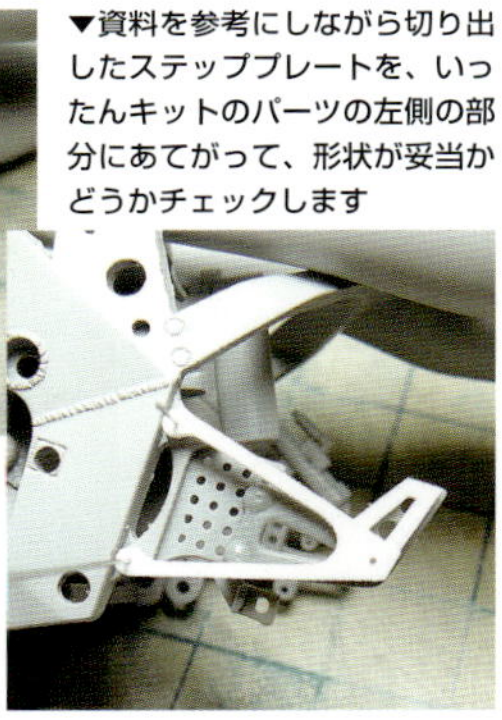

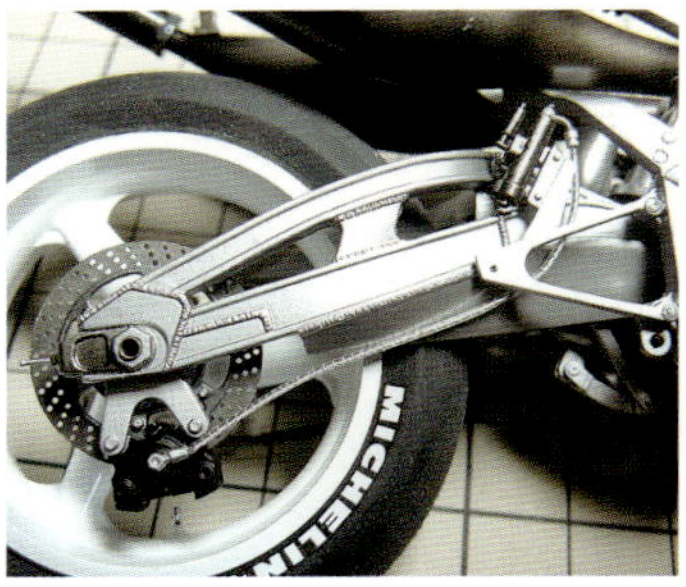

▲リアブレーキホースは写真のように車体に取り付けます。実車同様の自然なたるみ具合になるようにうまく調整しましょう

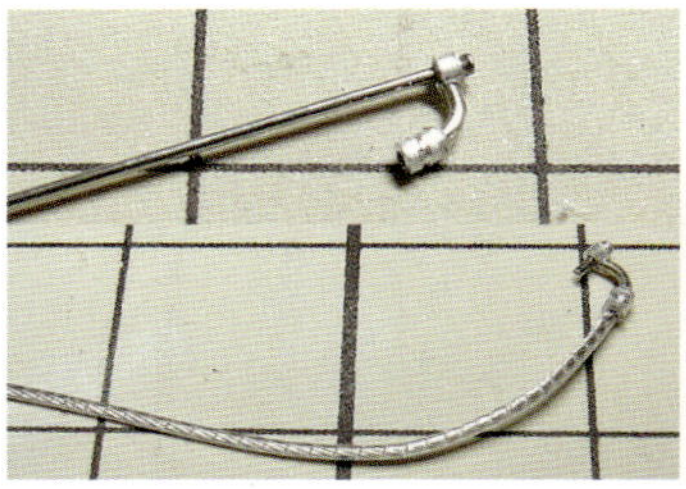

▲ブレーキホースのフィッティングは洋白線とアルミパイプ、虫ピンを組み合わせて製作しています。ブレーキホースはNSR500などの作例のときと同じく透明ビニール被覆のワイヤーにらせん状の切り込み加工をして使用しました

▲事前にスリットを入れておいたことにより、NACAダクトに落ち込んでいくPEPSIの文字に丸波部が巻き込まれないようになりました。これでデカールがきれいに貼れます

▲カウルサイドのPEPSIマークは、写真のようにまずロゴの上下にスリットを入れておきます

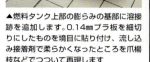

「4強時代」は、レイニー抜きには語れない!!

【巻頭特集】198X モーターサイクルヒーロー列伝【番外編】

「GP500」熱狂時代、再来!

シュワンツのΓが手に入ったとなれば、次にほしくなるのは当然ウェイン・レイニーのヤマハYZR500！ ライバルであるレイニーの存在があったればこそシュワンツの輝きは増したわけですし、逆もまたしかり……Γ とYZRを並べて飾ることで数々の名シーンが鮮明に甦ります。今回はマールボロカラーのE.ローソンのマシンとして発売されたハセガワの1/12 YZR500を、カラーリングと一部装備品を変更してレイニーのマシンとして仕上げました。

YAMAHA YZR500 '88 0W98

HASEGAWA 1/12 Injection-plastic kit

ヤマハYZR500'88（0W98）
ハセガワ 1/12 インジェクションプラスチックキット
「ヤマハYZR500（0W98）“1988 WGP500 チャンピオン”」
2012年発売　税込4536円
製作・文／西澤 浩

YAMAHA YZR500 '88(0W98)
HASEGAWA 1/12 Injection-plastic kit
"YAMAHA YZR500 (0W98) [1988 WGP500 CHAMPION]" based.
Modeled by Hirishi NISHIZAWA.

HASEGAWA's YAMAHA YZR500 (0W98) "1988 WGP500 CHAMPION" kit does not include tobacco sponsor decals.
The decals used on this completed example were created by the modeler.

1

■1本キットはハセガワらしい繊細さだけではなく、500ccレーサーらしい力強さも併せ持った傑作。1/12Honda RS250RWやNSR250では、バイクモデルとしての繊細さが勝ち、組み立てに神経を使う場面もあったが、この３作目のYZR500は安心して組み立てが行なえ、ディテールアップや美しい塗装に集中することができるのがありがたい。西澤氏は以前マールボロカラーに塗られたエディ・ローソンのヤマハYZR500を作っているが（P64から掲載）、間を開けずにラッキーストライクカラーのウェイン・レイニーのYZR500の製作となった。製作時にはこのカラーリングのキットはまだ発売されていなかったので、マスキング＆塗装、市販デカールや流用デカール、自作デカールなどを駆使して作り上げている
■2■3ブリーザーホースやアクセルワイヤーのディテールアップは、同じYZRの2回目の製作ということもあって手慣れたもの。西澤氏も自らがバイク乗りということもあって、「乗ったときに操作をするところ」付近に重点的に手を加えることを自身の定番工作としている
■4シートカウルには太いチャンバーとサイレンサーが収められる。チャンバーを上からくるむように囲っているシートカウルを完成後に外すのは、今回の巻頭特集で掲載した４台とも非っ常～に難しく、まさに至難の業。パーツを壊さないようにシートカウルの下側を広げながら知恵の輪を外すようにヒネリながら引っこ抜いていく必要がある。作例では、チャンバーとシリンダーの接合部を接着せずにフリー状態としたり、チャンバーと触れるところのカウルの内側にセロテープを貼って傷が付かないような工夫を施したりもしている

2

3

4

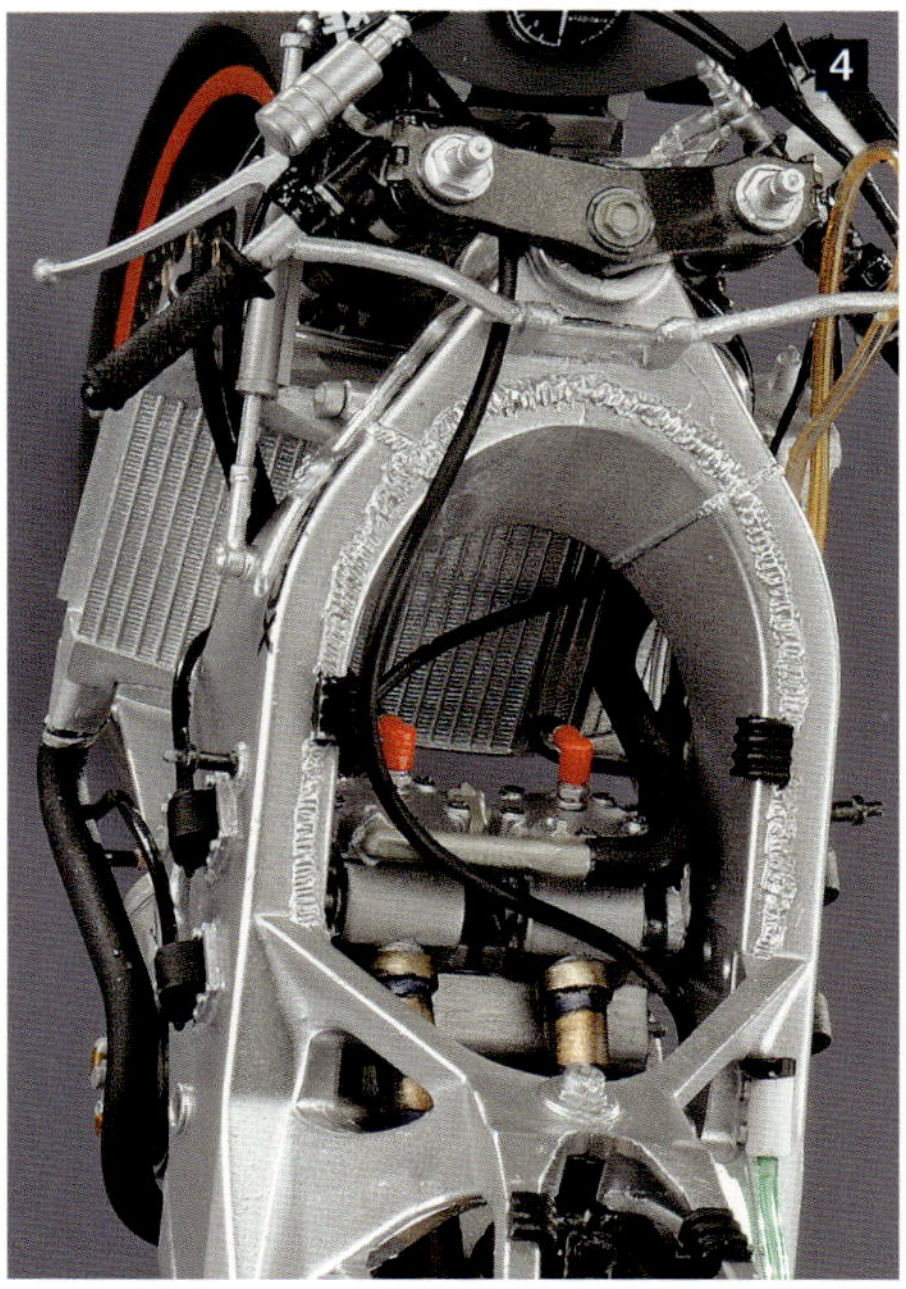

よもやのマールボロカラーYZR500の発売に拍手!!

▶まさかのマールボロカラーのレーシングマシンの発売に、再び希望を見いだした人も多いはず。タバコ系スポンサーのマシンが一切ダメとなれば、この時代のワークスマシンの大半が製品化されないわけで……

まさかこの時代にマールボロカラーの新製品が登場するとは思わなかったが、バリエーションキットを発売しようにも'80年代は2輪も4輪サーキットはタバコスポンサーだらけ。「本当に今後の展開は続くのだろうか?」という不安を感じてしまうのも事実。しかし、ハセガワからはYZR500のバリエーションキット第1弾、ソノートチームのマシン（これもゴロワーズタバコのスポンサーカラーのマシンだ）の発売が発表され、その後の展開もありそうな流れに……ラッキーストライクカラーのレイニーのマシン、あると期待していいよね？　待っていいんだよねっ!?（'13年と'14年に限定版として'88と'89仕様のラッキーストライクカラー版が発売になりました／編注）

◀タバコのロゴもマールボロシェブロンもボディ上に再現しないことで製品化が実現。この先はモデラー各自の努力で、「あのとき」の姿を再現すればよい

▶ハセガワ 1/12「ヤマハYZR500（OW98）"ソノートヤマハ1988" 新金型追加による限定生産版としてクリスチャン・サロンのマシンも発売に

◀『ピットウォークフォトコレクション3 ヤマハYZR500アーカイブ1978-1988"』（弊社刊 2800円+税）

▶『ヤマハYZR500アーカイブ』には'88年YZR500に関する詳細なディテール写真もバッチリ掲載

1今回はチェーンのローラー面にスジ彫りを入れる等の加工はとくに行なっていないが、キットのパーツのアウタープレート形状がしっかりしていることもあってあまり違和感は感じない

2前後ブレーキのディスクは最初から放熱口があいたものがセットされているのがありがたい。サイレンサーの排気口はできるだけ薄く、しかし正円をくずさないように注意しながら削っていこう

3下側のふたつのバンクから出るチャンバーはシリンダーから出たあとすぐにエンジンの下でクロスして、車体の右側で２本にまとめられる。上側のふたつのシリンダーからの排気はシートカウルに収められたチャンバー＆サイレンサーに導かれる。ライバルであるRGV-Γ XR74とまったく同じレイアウトとなている。チャンバーの溶接、焼けの表現は資料を見ながら派手めに再現した

4アルミフレームの裏側がきちんとパーツ化されているのは、後発メーカーの製品らしい構成だ。フレーム上面に溶接痕を追加している

5製品にはフロントフォークのパーツは２種類付属している。現在はアウターチューブが上側の倒立サスペンションがあたりまえになっているが、この時代は切り替えの時期でもあり、チームにより、時期により徐々に正立から倒立へと切り替えられていった。ワークスチームであったローソンは倒立フォークだったが、サテライトチームだったレイニーのマシンには正立フォークが装備されていた

6 **7**ヤマハYZR500 0W98はスズキRGV-Γ XR74とは異なり、実車が現存しているうえに、ヤマハコミュニケーションプラザやイベントでの展示も多く、資料も豊富だ。現役当時の写真も比較的多めなので、こだわろうと思えばいくらでもこだわることができるだろう。今回の製作コンセプトは「いち早くレイニーのラッキーストライクカラーのYZR500を作る」であったからカウル内のディテールアップはほどほどに抑えた状態としているが、どう作りたいか何を表現したいかのサポートとして、手元に資料が豊富に揃うのはじつにありがたいことだと言える

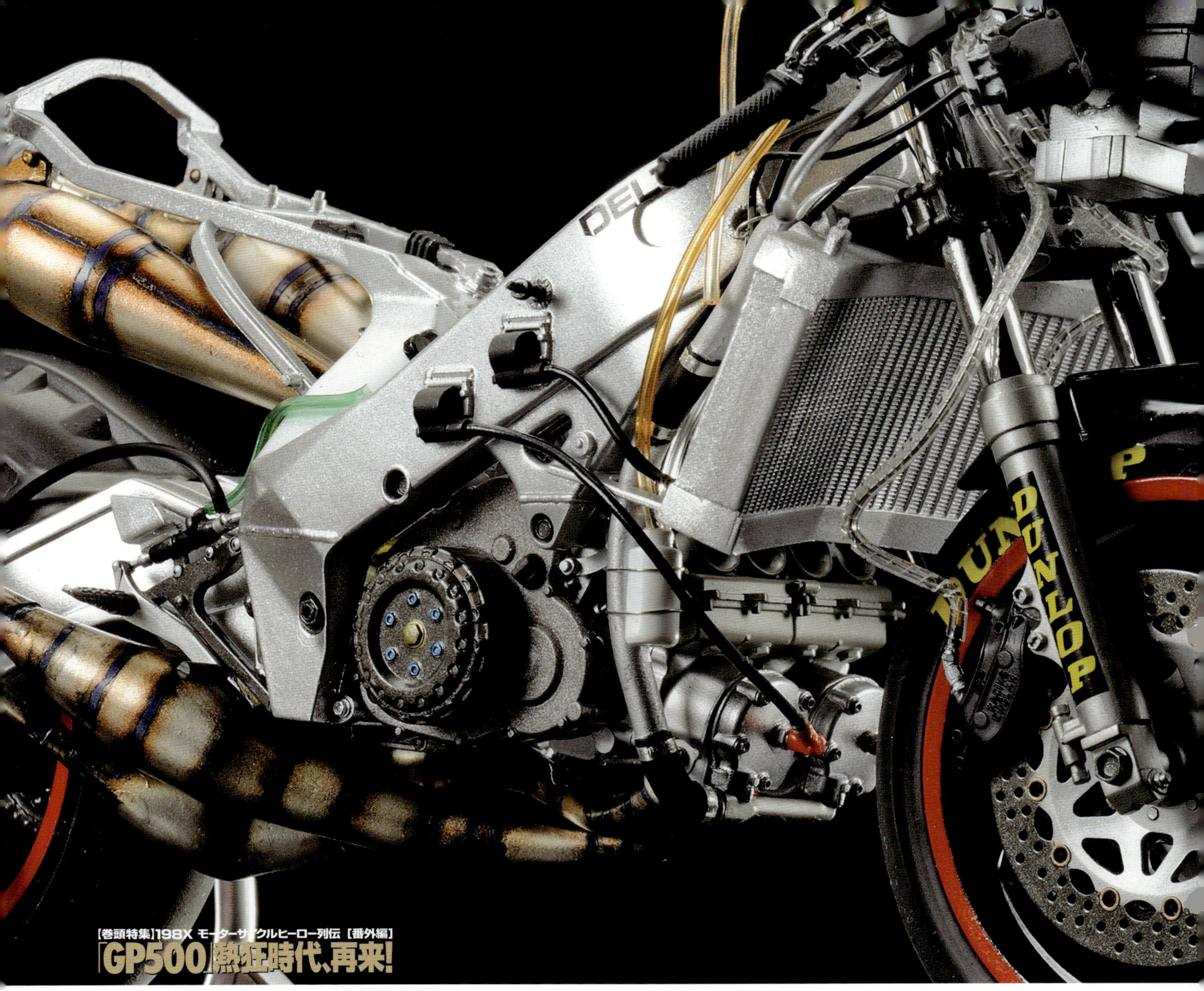

前回の作例ではマールボロカラーのローソンのYZR（P64から掲載）を担当しましたが、なんと連続で同じキット、そして今度はラッキーストライクカラー。ケニー・ロバーツのチームからエントリーしたウェイン・レイニーのマシンです。

前回の製作経験により気を付けるべきポイント、ディテールアップしたいポイントがあらかじめわかっているので、製作はとても効率よく進めることができました。仮組みの際にチェックしなければならない箇所もわかっていますし。ただ、塗装の手順が変わってくるのでそれを見越した手順の入れ替えは必要ですし、今回は倒立フォークではなくて正立フォークを使うのでそれによる違いも若干出てきます。

製作は組み立て説明書の順番どおりではなく、同じ色を塗るパーツを同時に作っていくようにします。クルマ／バイク模型の場合は塗装と塗料の乾燥時間にとても多くの時間を費やすことになりますので、塗装の手間から逆算した製作手順の再構築はとても重要なポイントとなってきます。

エンジンは各部同じ色の場合が多いので、一気に組み立てを進めてしまいます。今回はカウル内部にハードなディテールアップは施さない予定なので、塗装の手間を考慮しつつ、ある程度思い切りよく作り進めてしまいます。

フレームの製作に関しては、このキットは裏側のパーツが入っているので、とてもありがたいですね。フレームやスイングアームの裏側を埋めるのはバイク模型製作の定番工作なのですが、このようにあらかじめパーツが用意されていると大幅に時間を短縮できます。このフレームにはリアブレーキのマスターシリンダーが一体成型となっているのですが、どうもパイピングのときに破損させてしまいそうなので先に金属線を仕込んでおく等の配慮をしておきます。

塗り分けの終わったエンジンをフレームにしっかり固定したら、ラジエターを取り付けます。この部分の配管用の取り付けは少々組みづらいので注意が必要です。リザーバータンクのパーツには、固定用の針金を再現しておきました。

チャンバーの合わせ目を消す際には、接着面だけを削ることでそこだけ平らにしてしまわないように注意が必要です。絶えず断面形が円であることを意識して、スポンジヤスリなどをうまく使って形を崩さないようにしましょう。

フロントフォークは前述したとおり倒立ではなく正立タイプのものを選択。ハンドル部分はアクセル側のアクセルワイヤー取り付け基部を0・5㎜の洋白線と0・8㎜の六角プラ棒を組み合わせて製作します。

カウルの合わせは、各段階で何度も仮組みを繰り返し各パーツがピッタリと合うかどうかを確認しながら進めたほうがいいでしょう。ここはビス類を使用しての固定ではないので、しっかりと確認しておかないと最後の最後でカウルがはまらないなんていうことにならないとも限りませんので。

カラーリングは、白い部分はいつもどおりフィニッシャーズのファンデーションホワイト、今回はさらに上からガイアノーツのEXホワイトを塗り重ねています。乾燥後、マスキングをして赤い部分の塗装に入ります。フィニッシャーズのディープレッドを塗ってからGSIクレオスMrカラーのレッドを吹き重ねて、ラッキーストライクの深みのある赤を再現してみました。各部のロゴは市販デカール等を駆使して再現していきますが、デカールの赤と塗装の赤の色味のバランスもなかなかよいものになったのではないかと思います。

ホイールのリム部分に入る赤いラインもマスキングによる塗り分け。ここは赤を先に塗ってからマスキング、GXカラーのウイノーブラックを塗り重ねています。

デカールで処理したところは、色の透けを防止するために、部分的に2枚貼り重ねとしています。

立て続けに2台のYZRを作りましたが、カラーリング違いの2台が並んでいるのを眺めるのは、なかなかおもしろいものです。次はゴロワースカラーのソノートYZRか、それともまったく違うマシンを作るべきか、悩みどころですね。■

HASEGAWA's YAMAHA YZR500 (0W98) "1988 WGP500 CHAMPION" kit does not include tobacco sponsor decals.
The decals used on this completed example were created by the modeler.

YA

ヤマハYZR500'88(OW98) クローズアップ&ヒストリー

文／吉村誠也
写真／ヤマハ発動機株式会社（YA）、ハセガワ（HA）
Text by Nobuya YOSHIMURA
Photographed by Yamaha Motor Co., Ltd.(YA), HASEGAWA CORPORATION(HA)

【巻頭特集】198X モーターサイクルヒーロー列伝【番外編】
「GP500」熱狂時代、再来!

残念ながら本項編集時点ではヤマハ所蔵の'88年型YZR500（0W98）は「整備中でバラバラ。再び組み上がるのは少なくとも半年後」とのことで、実車取材は叶わなかった。ここではハセガワがキット化に際し撮影した取材写真をご覧いただこう。

YA

YA

ヤマハは、ＦＩＭによる'69年のレギュレーション改訂で工場レーサーを撤収したあとも、市販レーサーの供給というかたちでＷＧＰとの接点を持ち続け、初挑戦から現在に至るまで、同ブランドのマシンが走らなかったシーズンはないという歴史を持つレース好きな会社である。

同社のファクトリー態勢でのＷＧＰ復帰にはＧＰ５００クラスが選ばれ、'73年に初の５００㏄ＧＰマシンＹＺＲ５００（ＯＷ20）がデビュー。以後、ケニー・ロバーツによるタイトル３連覇（'78～'80年）に至るまで、ピストンバルブの並列４気筒エンジンを使い続けていた。

これは、高回転高出力化にはロータリーディスクバルブが有利にもかかわらず〝市販ストリートモデルに近い技術で戦う〟という同社のポリシーに基づくもので、吸入方式はピストンバルブ（ＯＷ20～ＯＷ23はピストンリードバルブ）とされ、排気チャンバーの取りまわしや、ロードクリアランスを確保しつつ低重心化を図るのが難しいのを承知で並列４気筒を採用していた。

だが、並外れたライディングテクニックを持ったロバーツをもってしても、３連覇を決めた'80年シーズンあたりになると〝市販ストリートモデルに近い技術〟では限界で、継投策としてロータリーディスクバルブスクエア４気筒のＯＷ54と60（'81年型、'82年型モデル）を投入して急場をしのぐ一方で、将来を見すえたＶ型４気筒マシンＯＷ61が開発され、'82年シーズン中にロバーツ専用車的な形で実戦に投入された。

伝説となった、フレディ・スペンサー対ロバーツの'83年シーズンの激しい戦いには、ＯＷ61の改良型（車体まわりは一新）であるＯＷ70、翌年はＯＷ70の改良型ＯＷ76、そして'85シーズンには、クランクシャフトを２本とも正回転から相互逆回転に変更すると共にシリンダー挟み角を40度から60度に拡大し、吸入方式を当初からクランクケースリードバルブとした（ＯＷ76にもあと付けクランクケースリードバルブ仕様が存在した）ＯＷ81により、一気にＶ４マシンの完成度を高めた。

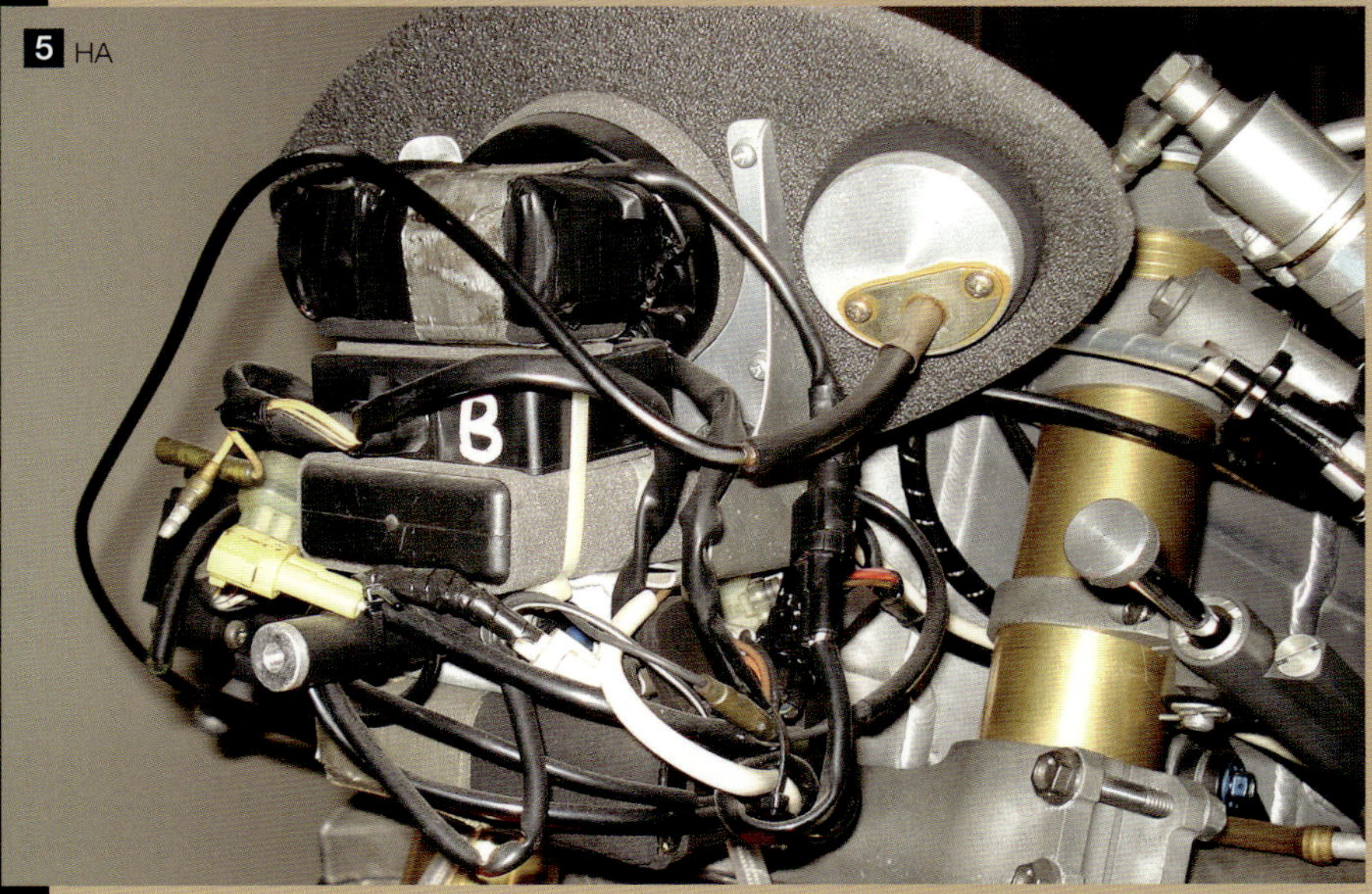

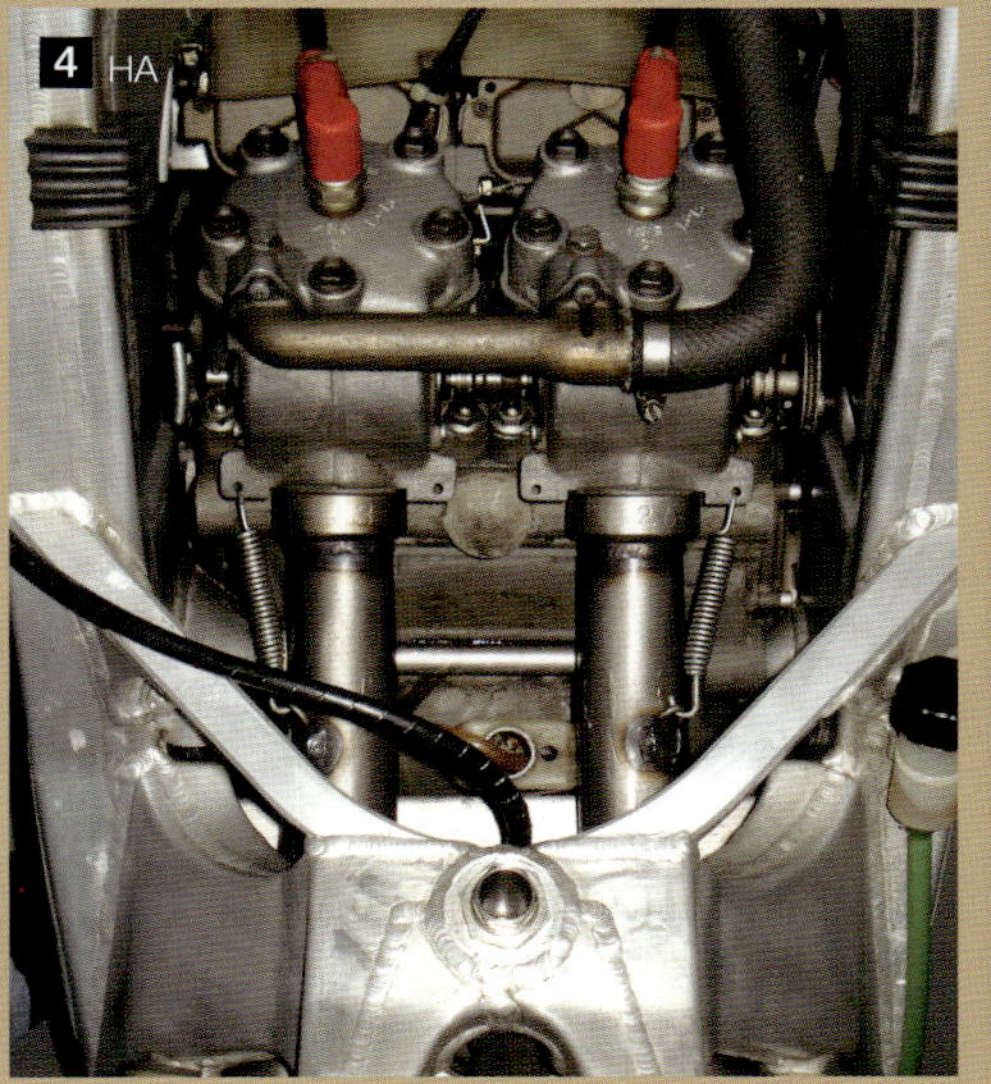

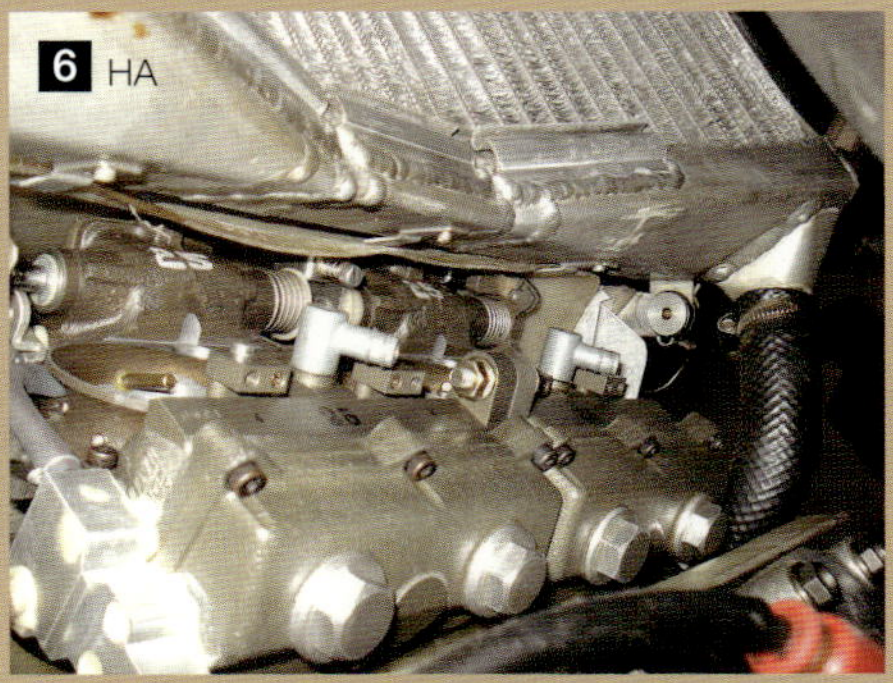

1クラッチレバー基部付近に見えている銀色のダイヤルは、リアショックユニットのイニシャル調整用ダイヤルだ
2右側後方から前方に向かって撮影。赤いロッドは上下の気筒で排気デバイス（YPVS）を同期させるためのもの
34燃料タンクを外したところ。フレームに取り付けられた黒いものはゴム製の緩衝材。冷却用配管やシリンダーブロック、ボルト、配線や配管の色や質感など、製作時の参考にしよう
5ハセガワ製YZR500はメーターの裏側もこまかく再現されているので、この写真を参考にパイピングを施すとよいだろう。スポンジにマウントされたメーターは、水温計とタコメーターのふたつのみ
6ミクニ製のマグネシウムボディのキャブレターはラジエターの裏側に位置する。ラジエターを通過した熱い空気を吸い込まないように、薄い樹脂製のカバーに覆われている
7下側２気筒ぶんのシリンダーブロックから出るチャンバーはエンジンの下側でクロスし、車体の右側にまとめられる。チャンバーの焼け色表現はモデラーの腕の見せどころ。マフラースプリングも独特な形状をしているので注意しよう

ＯＷ61にはじまるＶ４ ＹＺＲ５００が急進化を見せるのはＯＷ81までで、デザイン的には異なるものの基本はＯＷ76に近いフレームをも含め、以後、'02年の最終型に至るまで、シリンダー挟み角の小変更はあったものの、基本レイアウトを変えぬまま受け継がれていったことからも、'85年型モデルＯＷ81の先進性が窺える。

エディ・ローソン、ウェイン・レイニー、ワイン・ガードナー、ケビン・シュワンツの４人が激しく競り合う、いわゆる〝４強時代〟が開幕した'88年シーズンにローソンとレイニーが駆ったのは、ＯＷ81の直系の子孫に当たるＯＷ98である。

ＯＷ81の完成度があまりに高かったため'86年シーズンはニューモデルを投入せず、'87年型モデルとして開発されたＯＷ86もまたＯＷ81の小改良に留まっていたが、ＯＷ98には、３年ぶりにやや大きな改良が施された。そのひとつは、シリンダー挟み角を10度広い70度とし、キャブレターとリードバルブをクランクケースに近付け、高回転での吸入効率アップと一次圧縮の増大を狙ったこと。下側２気筒分の排気チャンバーの取りまわしを、左右振り分けタイプから２本まとめて右側へ変更し、同時に、それを避けるために〝へ〟の字型に湾曲したスイングアームを採用したことなどである。

ラジエターに冷却風を導くための、カウリング両サイドに設けられた大きなダクトはＯＷ86と似て非なるもので、より大容量となったラジエターに合わせてダクトの形状と寸法も見直されているほか、ラジエターそのものがＶ字型あるいは湾曲したものになっており、アンダーカウルを外した状態でのＯＷ98の迫力を演出してもいる。

このマシンで'88年シーズンのＷＧＰにフルエントリーしたのは３チームの６人で、チームにより、時期により、ブレーキシステム（ＡＰロッキード各種またはブレンボ各種、そしてカーボンディスクも登場）やフロントフォーク（カヤバの正立またはオーリンズの倒立）など、多くのバリエーションが存在したのも、メカマニア、モデルマニアには楽しみのひとつと言える。■

インタビュー・文／あさのまさひこ
interview & text by Masahiko ASANO (STUDIO CUBICS)

「いま振り返る往年のレーシングマシン――」でお馴染み

『レーサーズ』編集長 加藤 裕インタビュー

GP500レーサーのファン……というよりもレーサーマシン全般のファンにとって、隔月刊状態にて刊行されているムック『レーサーズ』（三栄書房）は“バイブル”とでも称すべき存在であろう。毎号1台のレーサーマシンをとことん掘り下げ、そのマシンに乗っていたライダーはもとより、当時の技術開発陣を力ずくで引っ張り出し考古学的視点でかつての秘密を懇切ていねいに紐解いていく――というその編集方針には、同業者たる編集者として、それがどんなに大変なことでどれほどの根気と体力を必要とするかが手に取るようにわかるのである。そうした部分に最大級のリスペクトを抱くと同時に、同誌が「'80sレーサーモデルの1/12プラスチックモデル化へのバロメーター」としても機能している事実も見逃せない。

というわけで、特集内特別企画として、本誌編集長の古屋と共に同誌編集長である加藤 裕氏へ突撃インタビューを敢行した。

――まず最初に言っておきたいのは、ぼくと古屋はふたりして『レーサーズ』の猛烈なファンなんですよ。それも、「プロの編集者視点による同業ファン」というか。

加藤 えええっ!? そんな滅相もない！

――いまどき、こんなにちゃんとできているムックってほかにないと思うんです。編集方針にはじまり、台割（注／編集用語で、雑誌などを編成する際の要素の順番を組み立てた表のこと）の組み方やページ構成など何もかもがとにかく完璧で。

だから、「なぜこんな完成度のムックが隔月刊で成立してしまうんだ!?」というのがふたりのつね日頃の疑問でして……とにかく1冊まるまる謎だらけなんです。

加藤 はずかしいはずかしい（苦笑）。

――まず、加藤さんのこれまでの経歴をざっと教えていただきたいのですが。

加藤 そもそもは大学を卒業してリクルートという会社に就職したのですが、仕事は楽しかったし給料はめちゃくちゃよかったし同僚の女の子たちはかわいいし（笑）、会社自体にはひとつも不満はなかったのですが、入社して3年で退職しまして。

というのも、いまでいうベンチャー企業の経営者的な方に取材でお会いした際に、「自分自身がいったい何をしたいのかを見極められているか？ そしてそれをどうやって実現していくか、そのプロセスまで考えた上で成功を勝ち取れたら最高だ」と言われ、「ぼくも好きなことを仕事にしたいな」と思ってしまったのがまちがいのはじまりだったんですね（苦笑）。

で、また運の悪いことに、ちょうどそのとき読んでいた、この会社（三栄書房）がいまでも発行している『ライディングスポーツ』という雑誌に「新入社員募集」と書いてあるのを見付けてしまったんですよ。そこで「ちょっと話を聞いてみるか」という感じでここに来てしまって……。

そうして晴れてライディング（＝ライディングスポーツ）編集部に配属されたんですけれども、その編集を、いまも編集を手がけているプロダクションに全権委譲することになってしまったんです。それでやることがなくなってしまったんでこの社内を転々としつつ、自分で2輪誌やカメラ誌を手がけてみたり……その後、巡りまわって立ち上げたのがレーサーズなんですよ。

で、なぜ第1号にホンダNS500を持ってきたのかというと、やはりバイクに興味をもったのがこの時代だからなんです。その際にどういう本を作ろうかと考えたときに、自分の青春の象徴であるホンダNS500という当時は秘密のヴェールに包まれていたファクトリーバイクを、一冊使って秘密を明かしていきたいと思って。

――会社はそのとき、「うん、いいよ」と簡単に首を縦に振ってくれたんですか？

加藤 いえ、ひとりの役員を除き全員反対でした。「いまの時代にNSなんかダメでしょ」「売れるわけがない」と反対意見ばかりだったそうです。「第一、NS500なんていうバイク1台で一冊もつのか？」とみんな懐疑的だったらしいですね。

……でも、バイクメーカーの関係者から確固たる取材の約束も取り付けていないような状態で、よくぼくも会社に対し「やらせてください！」なんて言いましたよね（苦笑）。いったいなんだったんでしょうね、あのときの根拠のない自信は。

――実際、よくこの面子が誌面に揃ったなと驚かされます。「確かにこのマシンを語るならこの人だよな」とは思いますが、大抵は実現しないですよね。広報さんからやんわりと断られて終了、というか。

加藤 そうですね。普通は断られますね。なんでこんなことが可能になったのかと思い返すと……「こんな取材の確約が取れています」というものが何ひとつない段階で「こういう本が作りたいんだ！」と言ったときにはもう、ぼくの頭のなかにこの本の台割がしっかりとできていたんです。「こんな裏話が聞けたらいいな」「こんな設計図面が掲載できたらいいな」「当時のリーダーで、現相談役の福井威夫さんにお話が聞けたらいいな」とか。福井さんがリクエストに応えてくれるかどうかもわからないのに、「福井威夫インタビュー」というページを台割内に最初からこのページ数分だけ設けてたんですよね（笑）。

そういう「こうなったらいいな」というのは本を作るときにはいつも考えているんですが、「自分が読者だったらこういうのはうれしいだろうな」と思ってもらえる台割というのを、最初の段階で自分の頭のなかで作ってしまったんです。

「妄想台割」がもたらした連鎖的勝利

――その話は猛烈に共感します。ぼくも書籍や雑誌を作るときのコンセプトは「最高の読者を想定する」ということなんです。もちろんその最高の読者というのは自分なんですが、自分が読んでおもしろくないようなものは絶対にダメだと思っていて。

加藤 そうですよね！

――読者の顔的なものをイメージしちゃったらその時点で負けだと思うんですよ。

加藤 そのとおりだと思います。普通ならばぼくも若い編集者には「その企画をやりたいと言ってるけれど、福井さんなりホンダの広報にOKの確約もらえてるの?」と言いますし、「や、これからです」などと言おうものなら「まずその確約を取ってからの編集会議だろ!」と言うでしょうけれど、このときの自分の場合はまったく違っていて、自分で描いた設計図をまず当てはめてしまった。「この内容だったらオレが読みたい」というかたちに全員を巻き込んでしまったんです。無知の知ならぬ〝無知の恥〟というやつなんでしょうけれど、知らないのをいいことに、恥をかきながらでもずんずん進んで行ってしまったという。

そんな状況にホンダの広報さんも巻き込まれて「……じゃあ福井さんの時間を出しましょうか」とか、このマシンを作ったHRCも「じゃあ当時携わった人たちを掻き集めますか」とか。たぶん被取材者たちに何か伝播していったものがあったと思うんですよね。「それ、おもしろいな」とか、「だったらそのリポートをオレ持ってるかもしれないから探してみようか?」とか。

まあ、言ってみれば「悪ノリしちゃってもらえた」んだと思うんですよ。

――驚いてしまうのが、誌面に出てくるメンツもすごいし、スペンサーの自宅にまで行ってしまうし、「……いったいなんなんだこの本は!?」と。よくそこまでみんなYESと言ってくれるなあ、って。

加藤 そうですよねえ。ほとんどのライダーに「自宅に来いよ」と言ってもらえて、周囲にも不思議がられていますよ。

……とはいえ加藤ひとりが、たとえばスペンサーやケニー・ロバーツといった世界の偉人さんに初めから当たれたかというともちろんそんなことはなくて、やっぱり強力な協力者がいるんです。塚本肇美（はつみ）姐さんという方なんですが、この人は、じつはリクルートの先輩なんです。

――塚本さんって通訳……でしたっけ?

加藤 塚本姐さんはレーシングチームのコーディネーターをやったり通訳をやったり、2輪レース業界の重鎮で。今年も元WGPライダーの岡田忠之さんが立ち上げたMoto2チームのコーディネーターを務めていらっしゃいますね。

――どうでもいい話ですけど、15年ぐらい前に笹塚の居酒屋で塚本さんと席が隣り合ったことがあるんですよ。で、WGPの猛烈に濃い会話をしていたので「この人どんなポジションなの!?」と不思議に思い、会話のタイミングを見計らって不躾にご挨拶させていただいたらそれが塚本さんで。

加藤 そうなんですか（笑）。ぼくとはリクルート在籍期間は被ってないし部署も違っているんですけれども、あの人もリクルートの好待遇をなげうってこっちの世界に来ちゃったんですよね。で、姐さんにはライディング在籍時代に非常によくしていただいたんですが、10数年間は音信不通というか、不義理を働いていたんです。

それで2輪の世界に戻ってきて「スペンサーから話を聞きたい」となったときに、塚本姐さんは何カ国語もしゃべれるしネットワークもものすごいじゃないですか。それで連絡を取ってみたら「おもしろそうだからやろうよ」と言ってもらえて、取材のコーディネーションはおろか、現場に行ったら行ったで通訳どころかテープ起こしや原稿書きもしてくれるし……。

――あ~、なるほど! そこにも秘密がひとつ存在したわけですね。最初に「謎だらけ」と言ったじゃないですか。たとえば自分がレーサーズの編集者だったと想定したとき、その仕組みに謎が多すぎて全然わからなかったんです。どうしたらこんなことが可能になるんだ、って。

「10年代」のインディ・ジョーンズ

加藤 そうですね。……でも、レーサーズの編集というのは言ってしまえばエジプトの古代遺跡発掘作業みたいなものなんです。ライダー関係はそうやって塚本姐さんがいてくれたおかげで海外の人でも偉人さんであってもなんとか行けるようにはなってきたんですけれど、やっぱり難しいのは技術的な当時の核の部分をほじくり返すことなんです。仮にほじくり返すことができて机の上にそれが乗ったとしても、それを編集部に持ち帰って誌面に載せることができるかどうかというのはまた別問題なんですよ。未だにそれはすごく難しいんです。

読者の方からは「よくぞここまで!」と言っていただけるのですが、じつは誌面に掲載することができたのは発掘した1/10程度なんです。30年前の話であっても取材規制がすごいんですよ。もちろん「30年前のマシンなんだからいいじゃん」という話もあるにはあるんですけれども、それは氷山の一角のようなもので……。

たとえばレーサーズに掲載された情報が取材の過程で出てくるじゃないですか。当時の報告書、設計図面、開発の手引き書などが出てくれば、こちらからすればお宝であって、ノドから手が出るほどほしいわけです。当然、撮影したいし掲載したい。でも「ちょっと待て」と。それを掲載する掲載しない以前の前に、「……なんでこれが残っているんだ!?」という話になることがよくあるんです。ぼくとバイクメーカーの広報との折衝ではなくて、向こうさんの社内の話がはじまってしまうんです。しかもマズいと言ってるのはその資料を加藤に渡すことがマズいと言ってるのではなくて、「この資料がいまここに残ってることがマズいよ」と。たぶんパテントなどの問題だと思うんですが、技術の大事な核の部分は漏洩が絶対に起こらないようにとか……。

で、じゃあいつもどうしているかと言うと、「これら全部ひっくるめて2輪文化なわけで、その文化の高みを目指すということで、みなさん共通の目標ということにすればいいじゃないですか!」となあなあに懐柔していくんですね（苦笑）。

――なるほどねえ。でも、それは加藤さんの志が高いからなんとか収まってくれるんでしょうね。その〝文化〟という観点が抜け落ちていてバイク本体だけの話に寄ってしまうと、「ダメなものはダメ」という話に終始してしまうのは明白ですよ。

加藤 そうですね。だからこの第1号のNS500が完成した際にある役員から「できあがりはどのくらいの満足度なんだ?」と聞かれた際、ぼくは「最初に思い描いた台割の98%は実現できました」と答えたん

今回の3社の新製品はすべてレーサーズでピックアップ済み!!

レーサーズが「'80sレーサーモデルの1/12プラスチックモデル化へのバロメーター」として機能している事実は、昨年から今年にかけて発売された1/12 GP500レーサーモデル3点が、すでに同誌でピックアップ済みであることからもわかるだろう。

さらに、フジミから'11年9月に発売となったヤマハFZR750 TECH21レーシングチーム'85年鈴鹿8耐仕様もVolume09としてすでに刊行済み。「レーサーズで取り上げられるとプラスチックモデル化される」というほど安易な話ではないが、「レーサーズで取り上げられるような名マシン=プラスチックモデル化の対象となり得る」ということである。

あくまで「往年のレーシングマシンの秘密を紐解く」ということが目的であるムックのため、モデラー視点で眺めると「ストリップ状態の写真が少ない!」という話になりがちだが、インタビュー本文を読んでいただければ、加藤氏がモデラーの存在もきちんと意識した上で編集してくれていることがわかる。

いずれにせよ、ハセガワ、タミヤ、フジミの新時代1/12 GP500レーサーモデルを製作する際には、ここに紹介する3冊を購入するのはデフォルトと言えるだろう。

ちなみにこのあとウェイン・レイニーが3連覇を成し遂げた、'90~'92年におけるヤマハYZR500の特集号を刊行予定とのこと（く~っ、燃える!）。しかも、かの〝キング〟ケニーが「レイニーを取材するならばオレがインタビュアーを務めるぜ」と申し出てくれているそうで、レイニーファンとしては発売が楽しみで仕方がないのである。■

▶Volume 03『ケビン・シュワンツが駆ったRGV-Γヒストリー』。表紙はもちろんペプシカラーのガンマ（開幕戦日本GPを制した'88年前期型）! 表紙イラストだけで泣ける!!

◀シュワンツお得意の「バンザイスタイル」の写真ももちろん掲載。当時の想い出が蘇る

▶Volume 08『エンジンの下に燃料タンクを置いた初代NSR500の閃光』。上下逆転レイアウトの真実を紐解く、考古学的視点での取材が冴え渡った一冊

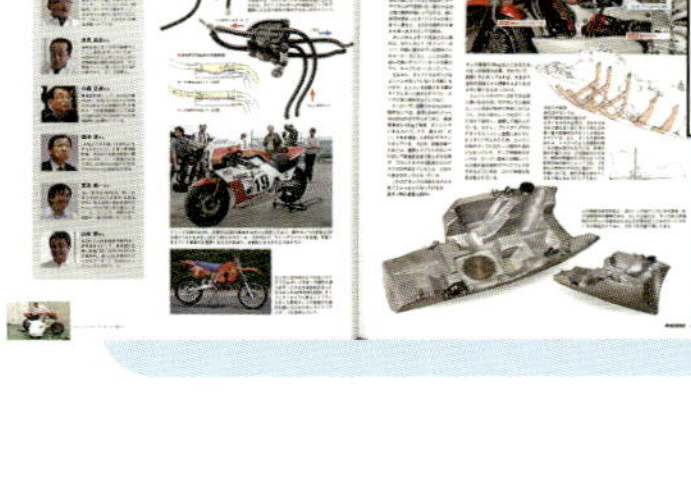

◀芸術作品の領域にある燃料タンクも当然ながら単体で撮影。マジで目の保養になります

▶Volume 07『エディ・ローソンが駆ったマールボロ・レッドのYZR500』。表紙はハセガワから製品化されたモデルとまったく同一の、'88年型OW98。エアダクトが格好よい!

◀モデラーの存在を意識し、ストリップ写真はノドにかからないようにレイアウトされた

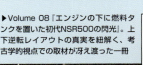

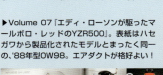

です。その残りの2%が何かと言えば、いまお話ししたとおり、目の前に情報が現れて「そこにあるのに！」という状態になったのに掴むことができなかったネタが残ってしまったことなんですね。

——ちなみに反対意見が多かったなかで出版し、市場の反響と売り上げデータが出揃った際、社内の空気は変わりましたか？

加藤 ガラっと変わりましたよ。だって、とある役員が予測していた部数の5倍の数が出ましたからね。

——……そんなに！ でも、「加藤さんが汗水垂らしてがんばってひとりで黙々」という部分があるにせよ、これだけ海外に行ったりプロカメラマンから当時の写真を借りていると、一冊の編集経費ってかなりバカにならないんじゃないですか？

加藤 じつはそんなでもないんですよ。一冊あたり●00万円くらい。

——……ええ〜？ ウソっ!?（と、ここでぼくと古屋は顔を見合わせ絶句）

加藤 いや、ホントですよ。だって全100ページしかないですもの（笑）。

——……いやいやいや、たとえば何点かはメーカー広報から借りた0円の写真を使ったとしても、基本的には有料の写真を使わざるをえないわけで、掲載写真点数を考えたらそんな金額は簡単にオーバーしちゃうでしょう？ だって当時のポジフィルムの使用料って、1点●万円とかしませんか？

だから一冊に使われてる写真点数を考えたら、「いったい写真代にいくらかかるんだよ!?」とクラクラしちゃうんですが。

加藤 ……あれ、これは言っちゃいけない話だったかな？（苦笑&汗） でも、確かにカメラマンの先生方にはご無理申し上げているというか、甘えてしまっている部分はあるかもしれませんね。

もっとも、「久し振りにその昔自分が撮った写真を見返して楽しんでるよ」とはよく言ってもらえています。

——や、絶対そういう側面はありますよ！ それがなければ成立しないと思います。

加藤 何せ、広告が入っていない本なので（広告収入を製作費に充てることが一切できないので）、ホントに皆さまのそういったご協力あっての本なんですよ。

だからせめてもの恩返しは、おもしろい本を作りよりたくさん売ることなんです。

なので、いけないこととは知りつつも自分で編集して自分で原稿を書いて（注／本誌のような低予算雑誌では編集者＝ライターでもあるのだが、出版業界において編集者が自分で原稿を書くのはある意味禁じ手であり、一流出版社の編集者は基本的に自分で原稿を書くことはほぼ一切ない）、編集費を抑えるという意味では外部の方のギャラの部分で「ごめんなさい」としている部分ももちろんあるんですけれども、会社内でも「これにまつわる人件費はぼくひとりしか乗せないようにしてほしい」とお願いしたんです。当然ウチの会社にも広告部というのがあるので、「こういうムックが発売になります」的に広告部が売る商品として扱われると、広告部員たちの人件費も案分して製作費に乗ってくるわけです。

でもぼくは最初の段階で広告部に「こんなムックには1ページたりとも広告は取れないから、広告部員はコレに関しては動かなくてよいので広告部員の人件費は乗せないでください」と言っていたんです。

大根おろしで「魂をすり下ろす」日々

——……もう、型破りすぎて何も言えないですね。あまりにもすばらしすぎる！

ちなみにいま現在、レーサーズは〝不定期刊〟ということになっていますが、事実上は隔月刊誌ですよね？

加藤 ええ、奇数月の24日発売です。

——そういう隔月刊行物であるにも関わらず、巻末のスタッフクレジットを見ると極端に人数が少ないじゃないですか。

加藤 どんどん減ってますね（苦笑）。

——それでこのクオリティーのムックを2ヵ月に一度出版するって……同じ編集者としてイメージできないんです。60日のあいだにこれだけの取材をこなして写真をセレクトし、しかもすごい量の原稿を書いてレイアウトのラフを切ってデザイン出しをして、上がってきたデザインがよくなかったら自分で修正して……とか考えると、それを60日でやるのは計算上あり得ない。

たとえば取材だってここまで根掘り葉掘りやれば先方と「じゃあこのあと飲みに行きましょうか」となるわけですよね。そうやって潰れてしまう時間まで含めると、60日ではまったく計算が合わないんです。

加藤 うう〜ん……おっしゃるとおりで、本当にへとへとになりますよ。さすがにもう歳なんで、一冊作り終わると魂が抜け落ちてしまい、本当に何もしたくない状態になってしまうんですよね。

——これは魂を大根おろしのようなものですり下ろしながら作っていますよね。

加藤 そうですね（苦笑）。

——若いころは「こんな本が作りたい」と思っても技術も経験も人脈もないし、クオリティーも出ないでしょう。逆に、もっと歳を取るとこんなに精力的には動けなくなる。だからいまの年齢でいまのタイミングだからこそのこのレーサーズですよね。だって、10年後もこのクオリティーで作り続けているなんて想像できないでしょう？

加藤 できないですねえ……だからある意味「パンドラの箱を開けてしまった」とは思っていますね。読者の皆さまの期待がものすごく大きいことは日々感じているし、いろいろご指摘も受けるわけですよ。取材の甘さも指摘されるし……ものすごくお目が高い方々ばかりの読者さんなんですよね。

——読者全員が面倒臭そうですからね。

加藤 でもある意味、そういうとてもお目が高くて情報に精通してる読者、まあ言ってみれば〝プロの読者〟ですよね。そういった人たちをも納得させて「次も期待してるよ」と言っていただくには、ぼく自身がそれにひるんでいたらダメなんですよ。お目が高いプロの読者のど真んなかに行って「ぼくは皆さん以上にこのマシンが好きなんです！ いちばんレースを愛しているのはぼくなんです！」と言い切るぐらいの、それこそ第1号を立ち上げたときのような根拠のない自信を持って読者の方々に向き合っていかないと、とてもじゃないけれどレーサーズは作れないですね。

実車の有無には一喜一憂しない もしそこにこだわると 「現存する車両」の本しか作れない

それでも一冊作り終えると上手くできなかったことに対して自己嫌悪に陥ることもあるし、「また次もがんばらなくちゃ」と再び立ち上がるのはすごくエネルギーがいるんです。やっぱり読者の皆さんは次、そしてその次を期待してくるし、「あのマシンはいつ取り上げてくれるの？」という要望もものすごく多いですから。

だから、疲れてなんかいられないというのはありますよね。読者の利益になることにはがんばらなきゃいけないし、読者の期待には応えていきたいし、応えられなきゃしかられる。その緊張感が「……よし、次もがんばらなきゃ！」と思える要因になっているのかもしれないですね。

ただ……正直言ってこのテンションに付いて来ることのできる編集者が周囲にいないんですよ。ぼくともうひとり、今井清和というライディング時代の同僚といっしょに作っているんですけれど、最初はもっと手広く、原稿執筆どころか編集もやらずに指示出しだけするようなポジションでやるつもりでいたんですが、結局自分で取材したり、自分でページを作ったり、挨拶状を書いたりするだけではなく、借りてきた資料を梱包して発送するみたいな、普通ならばアルバイトくんに任せるような仕事も自分でやってしまっていますね。

「レーサーズだけ」は毎号おもしろい

——いや、その話は非常によくわかります。ぼくも書籍や雑誌の編集と原稿執筆にあまりにも熱が入りすぎると、進行管理や入稿管理の人間が「何をそこまで……」という感じでドン引きして逃げてしまうので、最終的にはすべて自己責任と自己管理で1から100までひとりで全部やることになってしまったりするんですよ。

だからレーサーズでも同様のことが生じてしまうのではないかと思っていて……。

加藤 いやいやいや、まさしくおっしゃるとおりなんです！ 2輪関係の編集者のなかにも「……アルミ鋼材の1㎜の厚みの違いにこだわって、いったいなんだっていうの？」と言ってしまうような方は当然いるわけですが、そういう方とはいっしょに仕事はできないですよね。

　ただ、そういうこだわりに対して読者の皆さんだけではなく、メーカーの技術者の方がおもしろいと言ってくださるのはありがたいです。たとえばホンダの本が出ると、ホンダの技術者だけでなく、ヤマハやスズキの技術者の人たちもよろこんでくれる。理系の技術者は2輪雑誌なんて読まない人が多いんですが、「レーサーズだけは毎号おもしろい」と言ってくれるんですよ。ま、リップサービス半分以上なんでしょうが、それでも励みになりますよね。

——ちなみに、昨年からの'80S GP500レーサーマシンモデルのプラスチックモデル化に、レーサーズが果たした役割はすごく大きいと思うんですよ。実際、3メーカーから発売された3台ともレーサーズで先に採り上げられましたからね。

加藤　いやあ、どうですかねえ。でも、第1号を作ったあとにモデラーの読者さんから、NS500の現存車両を撮影したページに関して「これでは参考にならない!」というご指摘を受けたんです。エンジンが本のノドの部分にかかってしまって見えないし、黒バックで撮影したものだから背景と溶け込んで細部が見えないと。なので次の号からは白バックで撮って、ノドにもかからないようなレイアウトに変更しました。これはモデラーの方々への配慮です。

　デザイナーやカメラマンは迫力のある格好よい写真を撮って掲載したいし、ぼくも黒バック見開きで「ドン!」と大きく掲載したいというのがあったんですよ。当時はモデラーの方々が何を求めているのかも知らず、「とにかく格好よく撮ろう、誌面映えするように撮ろう」と話していたのですが、モデラーさんたちからお叱りを受けまして、これじゃダメなんだと。これは作り手のひとりよがりなんだ、と。

——それを書くと模型世界の住人は猛烈にシンパシーを感じると思いますよ。

加藤　あと、本当はもっといろんな角度から撮った写真を掲載したくもあるんですけれど、ページ数の都合もあって泣く泣くボツにしている写真もたくさんあるんですが、なんとか左右両面、真横から撮った写真は載せられるようにしています。

——ちなみにレーサーズで取り上げる車種選定というのは、ご自分のなかに何か基準のようなものを設けているんですか?

加藤　……思いつきなんですよ（苦笑）。

——まあ、絶対にそういう返答が来るとは思っていました（笑）。

　ただ、国内メーカーのバイクでも、国内に実車が残っていないマシンもありますよね。スズキRG500のときは海外のコレクターのところに取材に行っていましたが、あれは企画の段階から「あそこへ取材に行こう」と考えていたんですか?

加藤　いや、編集作業に入ってから、ああいった人の存在がわかったんですよ。

——では、あのコレクターの方が出てこなかったら、RG500の号は撮り下ろし写真なしで刊行するつもりだったと?

加藤　ええ。たとえばHondaコレクションホールでの実車の有無には一喜一憂しないことにしています。もしそこにこだわると現存する車両の本しか作れないことになってしまいますし、そこで可能性を狭めるような考えはしたくないんですよね。

　もちろんマシンが現存していて、それをキレイに撮影できればありがたいんですけれど、それが不可能だったとしてもそれで作れなくなるページは10ページ程度です。やっぱり1台のレーシングマシンの本を作るにあたって、取材して得た情報の1/10も誌面に載せられていないわけですから、それを拾ってきて埋めればよいだけの話なんです。'80年代のマシンはそれに携わった人たちの情熱が随所に現れているので、そこを面倒臭がらずに拾っていけば、たとえ実車が見付からなくて何ページか穴が開いたとしても、充分埋められるだけのネタや話というのはあるものなんですよ。

レーサーズという名の「奇跡と軌跡」

——ただ、「レーサーズの撮影取材おかげで歴代車両の保存状態がよくなっている」という話も各方面からちらほら聞きます。

加藤　いやあ、そう言っていただけるとうれしいですね! 広報さん曰く、「レーサーズの取材というのはとにかくお金がかかる」と。というのも、ヒストリックマシンというのは全部が全部キレイな状態で保存されているわけではないんです。それを「レーサーズが撮影したいらしいから」という理由に伴い撮影可能な状態にするまでに、いったん全部バラしてキレイにしてから組み上げていただいているんですね。そこにかかる人件費、作業量や部品代だけでものすごい金額になってしまうそうで、「レーサーズに広告を出してくださいとお願いされるほうがよほどマシだ」といつも言われるんですよ（苦笑）。

　もちろんレーサーズ掲載のためだけでなく、レストアすればミュージアムに展示したりイベントで走らせたりするんで、その金額がすべてレーサーズのためというわけではないんでしょうけれど、ぼくが「●年型の●●●というマシンを取材させてください」とお願いするだけで、●00万円がかかるんだとこのあいだ言われました。だからレーサーズが取材するとなると、メーカーのさまざまな部署で相当額の伝票が飛び交うことになるんだそうです。

——でもそれって結局、第1号のNS500であああいうかたちをビシっと見せてしまったことが効いているんでしょうね。たとえばこれでYZR500の本が作りたいと言われたら、ヤマハだって「ホンダがここまでやったならヤマハだってやらなきゃいけないでしょ!」となるだろうし。やっぱり最初の号を妥協しないで作ったことがあとあと効いてきているんですよ。

加藤　そうですね。ライバルメーカーの方たちだってこのNS500と同じ時代に現場で懸命に戦っていたわけで、懐かしがって見ていらっしゃいつつも、「ウチだってホンダに負けない技術を持っていたし、同等にすごいことをやってたんだ!」と思われるところがあるかもしれません。

　……いや、きっとあるはずだからこそ、レーサーズのしつこい取材にもお付き合いいただいているんだと思うんですよね。■

イラストレーター「大塚 克」さんっていったいどんな人なんですか?

　レーサーズの表紙イラストのみならず、誌面に掲載されているイラストもすべて担当するイラストレーターの大塚 克氏。レーサーズの発刊がはじまる以前はいったいどういった仕事を手がけていたのだろうか?

「大塚さんとは、レーサーズの前に所属していた写真誌時代からのお付き合いで。読者に向けたハウツー企画で写真の構図をレクチャーするページがあったのですが、そのイラストがものすごく上手かったんです」

あ、つまりはレーサーズで初めてモータースポーツのイラストを手がけたと?

「はい、そういうことです。ものすごく妄想力と創造力が高い方で、たとえばモトクロスの号の表紙はジャンプしているシーンなんですけれども、あれは写真のトレースではなく大塚さんが妄想で描いたものなんです。

　あと、NS500の号にはヤマハのTZ250を改造した試作車、NS1の想像イラストが掲載されているんですが、これなんかまさに空想の産物ですよね。このイラストにはおもしろい話があって……ホンダの人たちは実際にこういうマシンを作ったんですけれども、写真が残っていたりしませんかと聞いても〝いくらなんでもさすがに残ってないよ〟と言うわけです。でもTZにホンダのモトクロスマシンのフロントフォークを付けたという話を聞いて帰って来て、大塚さんのところに飛んでいって説明して描いてもらったところ、本が発売になったらすぐにホンダの人から電話があって。曰く、〝このイラストの元になった写真はいったいどこで手に入れたんだ!? オレたちにも見つけられなかったものをどこで見つけたの!?〟って（笑）」

　いやはや、妄想力に乾杯!ですな。■

▲ハセガワの1/12バイクシリーズのボックスアートも大塚氏による作品である。レーサーズ以前にレーサーマシンのイラストを手がけたことはなかったわけだから、ハセガワもレーサーズを見て大塚氏にボックスアートを依頼したということになる

▶Volume 17は「禁断の土モノ」たるホンダのモトクロッサーをテーマにした一冊。躍動感溢れるこの表紙イラストが、写真のトレースではなく妄想の産物だと言われてもにわかには信じ難い……

▲歴代の表紙のなかでもインパクト最強は「レーシンゲ」でお馴染み原田哲也のアプリリアRSV250!（Volume 15）

◀こちらが問題(?)のVolume 01のホンダNS500号に掲載された空想イラスト。大塚氏もバイク乗りだそうで、やはり普段からバイクに慣れ親しんでいるからこその妄想力なのだろう

「4強時代」の幕開けを見事に制し、ローソンに3度目の戴冠をもたらした名機

'83年以降、Ｈｏｎｄａと毎年交互にライダーズタイトルを奪い返し合うという熾烈な戦いを繰り広げるなかで、ＹＡＭＡＨＡが着々と熟成を重ねてきたＹＺＲ５００。エディ・ローソン、ワイン・ガードナー、ウェイン・レイニー、ケビン・シュワンツによる「４強時代」の幕開けとなった'88年、レイニーのＧＰ５００初優勝、そしてローソンの３度目のタイトル獲得を果たしたマシンが、このＹＺＲ５００（OW98）だ。'88年は、ローソンによるシーズン通算7勝、第7戦オーストリアＧＰでは５００ccクラスでヤマハ勢の１・２・３フィニッシュを遂げるなどＹＡＭＡＨＡにとっては実りの大きな年となり、３年連続５度目のメーカーズタイトルを獲得することとなる。

Model Graphix
2013年3月号
掲載

YAMAHA YZR500 (1988)

OW98

ハセガワ、満を持してGP500クラスに殴り込み！

ヤマハYZR500（0W98）
“1988 WGP500 チャンピオン”
ハセガワ　1/12
インジェクションプラスチックキット
発売中　税込4536円
製作・文／**西澤 浩**

Honda RS250RWとNSR250、ハセガワの1/12バイクモデルの前２作はともに日本人にとってのメモリアルマシンであり、「よくぞ製品化してくれた！」というものではあったけども、やはり王道は最高峰、GP500である。というわけでついにハセガワも500ccマシンのキット開発に参入！　'88年のチャンピオンマシン、マールボロカラーも懐かしい、エディ・ローソンのYZR500の登場だ！

YAMAHA YZR500 (0W98)
"1988 WGP500 CHAMPION"
HASEGAWA 1/12 Injection-plastic kit
Modeled and described by Hiroshi NISHIZAWA.
HASEGAWA's YAMAHA YZR500 (0W98) "1988 WGP500 CHAMPION" kit does not include tobacco sponsor decals. The decals used on this completed example were created by the modeler.

パーツ数は多めだけれども むしろ作りやすくなってます！

ハセガワの1/12バイクモデル第3作目である、このヤマハYZR500'88（OW98）。経験値の積み重ねが感じられるものとなっており、組み立てやすさへの工夫やパーツの精度などの面での向上が見られる。前2作を作った人ならばその成長度合いに感心することだろう。パーツ数は他社製の1/12バイクモデルに比べれば多めだが、フレームの内側やスイングアームの内側など、いままで中級者以上のモデラーが手を加えていた箇所がのきなみパーツ化されているところはむしろありがたい。フロントのアッパーカウルなどは驚くほど薄く成型されており、外から見える部分にプラモデルっぽい肉厚が出てしまっている箇所はない。

なお、下の２冊は本キットを作るために最適の資料本。ともに細部までこまかく解説がなされているが、写真のセレクションも解説文も、まったく異なった視点となっているのでぜひ２冊とも揃えてみたい。

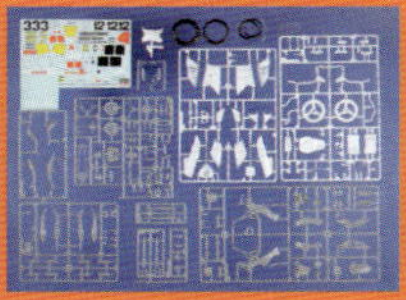

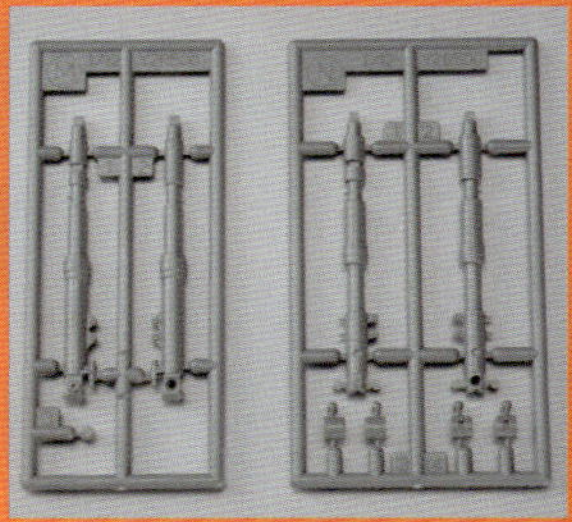

▶フロントフォークのパーツは前期仕様の正立タイプ、後期仕様の倒立タイプの両方がセットされており、選択して作ることが可能だ

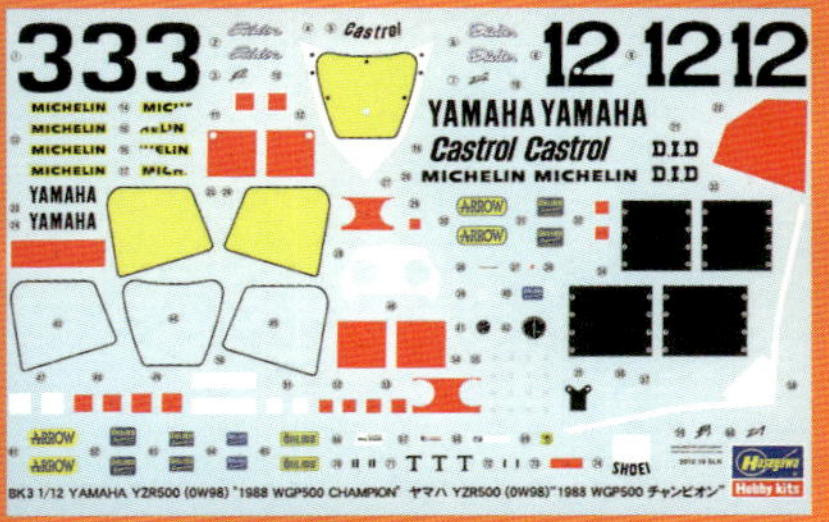

◀付属のデカールはカルトグラフ製。タバコロゴは当然入っていないが、マールボロシェブロンを自作できる工夫がなされているのがもしろい

▶『ピットウォークコレクション3 ヤマハYZR500アーカイブ1978-1988』（大日本絵画刊 2800円＋税）

▶『レーサーズ07』（三栄書房刊 933円＋税）

1 燃料タンクを外すと、上側のシリンダーブロックが見える。フレームの内側、タンク干渉防止用ゴムまでも再現されているのがおもしろい
2 ディテールアップしなければならない箇所はそう多くはないが、ハンドルまわりには少々手を加えている。アクセルワイヤーの基部は金属素材に置き換え、フロントブレーキのホースは切れ込みを入れた透明チューブで覆った
3 リアブレーキのディスクも、開口済みのパーツとなっている
4 下部でクロスするエキゾーストパイプ。下側のシリンダーからの排気は右側２本出しとなる。への字のスイングアームはチャンバーをよけるためのもの。これらは'88年型のYZR500の特徴でもある
5 チェーンにはローラー面にスジ彫りを加えディテールアップ
6 アッパーカウルとサイドカウルは一体でもいいような気もするが、律儀に実車と同様に別パーツとなっているのがうれしい。アッパーカウル下部の形状まで忠実に再現されているのも好感度高し
7 燃料タンクは下側まできっちりと再現されている。シートカウルは上面の凹凸を忠実に再現するためにこの部分が別パーツになっている
8 水冷２ストエンジンのシリンダーブロックはシンプル＆コンパト。複雑な電気系の配線もほとんどない時代のマシンなので、バイクモデルに挑戦してみたい初心者にとっても挑戦しやすいキットだ
9 乾式クラッチの複雑な塗り分けも組み立て説明書でしっかりと解説されているのがありがたい。クランクケースやシリンダーブロックは独特の質感をもっているので、塗装による表現に力を注ぎたいところ。ここでは燃料＆クーラントのリザーバータンクの固定金具を追加した程度のディテールアップしか行なってはいないが、そもそもブーリーザーパイプの行き先がパーツ化されている1/12バイク模型はめずらしいと言えよう

YAMAHA YZR500(1988) OW98

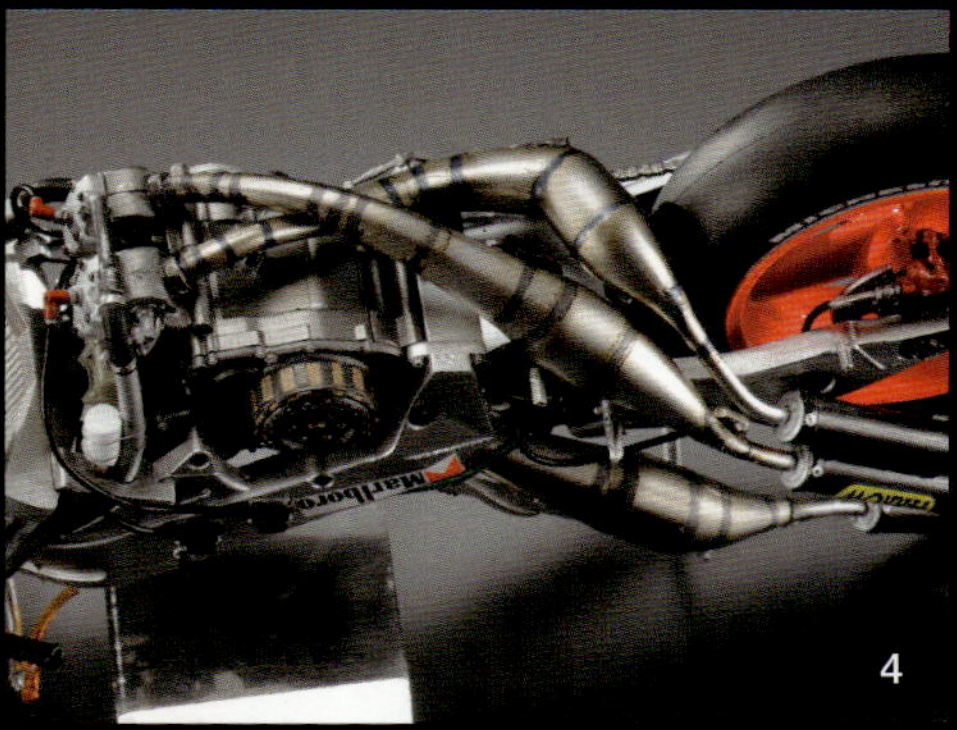

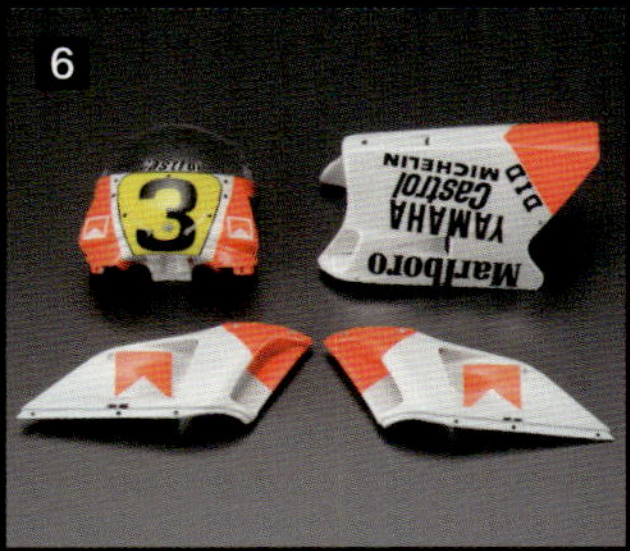

Marlboro
MICHELIN radial
MICHELIN radial

ARROW
ÖHLINS
Suspension
Marlboro

YAMAHA YZR500 (1988)
OW98

◆'88年のチャンピオンマシン、OW98

'84、'86年にはチャンピオンを獲得したものの、'87年にはランキング3位になってしまったエディ・ローソンが、王座を奪還すべく愛機としたのがこの'88年型のヤマハYZR500、OW98です。'88年は後に死闘を繰り広ることとなる若いアメリカン二人、ケビン・シュワンツがペプシ・スズキから、ウェイン・レイニーがラッキー・ストライク・ロバーツからフル参戦しライバルが多くなったシーズン、いわゆる4強時代の幕開けでしたが、7度の優勝レース以外でも「ステディ・エディ」のニックネームのとおり常に冷静で安定した走りでポイントを重ね、見事にチャンピオンを獲得しました。

'88年といえばF1ではアイルトン・セナがマクラーレンMP4／4で初のチャンピオンを獲得した年でもあります。この年は鮮やかなマールボロカラーの2台のマシンがサーキットを席巻したのですね（どこかから1／12のMP4／4のキットが発売されるといいのですが）。

◆組み立てとディテールアップ

さて、ハセガワから発売されたこの1／12のOW98、さっそく作ってみましょう。

バイク模型の場合、各部のユニットごとに製作を進め、製作の後半で一気にバイクのかたちに組み立てていくことになります。まずはエンジンということになるのですが、同一色で塗れるところまで一気に組み上げてしまいます。あとは組み立て説明書を見ながら、塗装の順番を考えながら各パーツを取り付け、適宜パイピングを施したら、フレームの組み立てに進みます。

完成後に見える、見えないにかかわらず、私じゃいつもフレームの裏側をエポキシパテで埋める工作を行なうのですが、なんとこのキット、フレームの裏側のパーツまでしっかりと入っています。確実に製作の手間が軽減されるし、モールドもきちんと入っているのでとてもありがたいですね。フレームには省略されている溶接跡をエポキシパテを使って再現しておきました。フレームと一体成型となっているリアブレーキマスターシリンダーのパイピングの取り付け部分は、あとの作業で破損してしまう可能性を考慮して、この段階で0・3㎜径の洋白線に置き換えておきました。

サイレンサーは左右分割となっています。とくに後端は、接合線を消す際に削りすぎて真円を崩してしまわないようにご注意を。

ハンドルまわりではいつものようにアクセルワイヤー基部をディテールアップ。0・5㎜の洋白線と0・8㎜の六角棒の組み合わせで作っています。カウルとのクリアランスには注意のこと。

各カウルはビス等を使用せず、ピンとプラスチックの弾力で組み付けるかたちとなっています。仮組みしてみてもしっかりと組み合わさり、何も問題なさそうではあったものの、完成後にも何度か着脱させるであろうことを考えると少々不安でもあったので、フレームとの接合箇所は金属素材に変更することにしました（真ちゅう線と真ちゅうパイプの組み合わせ）。

フロントフォークは今回は後期型の倒立サスペンションをチョイス。正立サスペンションのパーツにはアクスルシャフトを止めるナットのモールドがあるのですが、倒立サスのパーツのほうにはないので、このナットを再現してみました。

◆懐かしのマールボロカラー

蛍光レッドと白の塗り分けは塗装で行なっています。GSIクレオスの蛍光レッドを使いました。顔料系の蛍光塗料なので上に塗った塗料やデカールにしみ出てくる心配はないのですが、強い色ではあるので蛍光レッドの上に白いデカールを貼るとやはり色の透けが出てしまいます。しっかりとマスキングして塗り分けましょう。ゼッケンの黄色い部分は黒フチのみのデカールも用意されており、塗装でもデカールでもいいようになっていますが、今回はデカールでの再現としてみました。

当時からタバコ広告禁止の国はあり、マールボロのロゴの入らないGPもあるにはあるのですが、やはりロゴが入ったほうが精悍な印象になるので、別途用意して貼り付けました。■

●スケールモデルに不可欠な「繊細さ」は行き過ぎると「華奢」な構造となって1/12バイクモデルでは組み立て上のウィークポイントとなってしまうこともあるが、この製品はハセガワらしい精密さを持ちながらも各部がしっかりと組み上がり、初心者にも安心のパーツ構成となっている。発売からしばらく経つのですでに完成させた人も多いと思うが、ベテランバイクモデラーからの高評価の声も多く届いている逸品だ
●フロントブレーキは放熱口が開口されたものがパーツとしてセットされているのがありがたい。複雑な形状のブレーキキャリパーの造形も見事だ
●メーターはとてもシンプルで、水温計とタコメーターのふたつしかない。グレーの部分は実車ではスポンジ素材でできている。ここはツヤ消しのグレーを遠くから吹き付けるなどして素材感を演出するとよいだろう。アッパーカウルのシールドスクリーンは非常に薄く成型されており、ヒートプレス等で作り直す必要はないだろう。左ハンドルの前にある円筒形のものはリアサスペンションクッションユニットのプリロードアジャスターで、走行中に調整することも可能だったという
●エンジンのパワーアップにともなって発熱量も増大、大型化したラジエターは左右に張り出し、サイドカウルには大きな四角いインテーク、アウトレットが設けられることになった。内側の塗り分けなど、多少塗装の手間は増えるが、模型としてはとても見映えがする

不死身の'70sヒーロー
尽きることのない闘争心の証

AKAI YAMAHA YZR500(1980)

'76年、'77年のWGP王者バリー・シーンはスズキのライダーという印象が強いが、キャリア後期にはヤマハのマシンに跨がった。プライベーターでの参戦ながら、ケニー・ロバーツと同じ速さを求めて型落ちのマシンを手に入れ、ケニーに勝つために大改造を施したのがこのYZR500。望み薄かもしれないが挑戦しないわけにはいかなかった……そんなバリー・シーンのマシン、タミヤのキットでの再現に挑戦する。

Model Graphix 2012年11月号 掲載

アカイ ヤマハ YZR500
タミヤ 1/12 インジェクションプラスチックキット
2006年スポット生産 税込1944円
製作・文／**後藤祐介**

AKAI YAMAHA YZR500
TAMIYA 1/12 Injection-plastic kit
Modeled and described by Yusuke GOTO.

●キットとはタンクのラインが大きく変わっているし、フレームも丸パイプのものに変えられ、ハリスのロゴが貼られているのも心憎い演出。さぞかし大改造の徹底工作作例なのかと思いきや、カウルのスクリーンは分厚いままだし、パーティングラインがそのままどころか、ランナーからパーツを切り離したニッパーの跡すら残っているところもあちこちに……それでも後藤氏の作品が見る者を魅了するのは「表現したいこと」が明確で、そのための取捨選択がすべて的確だからだろう

●ピカピカの黒いカウルは息をのむほどに美しく、細心の注意が払われているのがわかる

●角形断面のフレームを丸く改造するのは「ケニー・ロバーツに対するバリー・シーンの挑戦」としてのYZRを表現するための外せないポイント。フレームを全部作り直したのかと驚いたら、なんと角型断面フレームのエッジを削ってまるめただけというので2度ビックリ！　一時はハリスフレームへの改造も考えたそうだが、この作品ではまず「黒くかっこいいバリーのYZR」を求めたために見送り。ハリスフレーム車は、それをテーマに再現したくなったときに、また機会を改めて、とのこと

'76、'77年のＷＧＰ王者となりながら、その後２年連続でチャンピオンをヤマハのケニー・ロバーツに奪われたバリー・シーン。'80年には「ケニーに勝ちたい」一心でスズキを離れプライベートチームを設立。そこでヤマハのサポートを受けることによりケニーと同じＹＺＲに乗る決意をする。

しかし、ヤマハは最新型の'80年型ＹＺＲ（ＯＷ48）をバリーに与えず、型落ちの'79年型ＹＺＲ（ＯＷ45）のみを供給。漆黒の車体に鮮やかな赤いストロボライン、ゼッケン７のマシンはフォトジェニックだったが、いわば中古車にすぎなかった。彼は以前２５０ccクラス参戦時にヤマハの批判をしていたが、きかん坊の招かれざる男は大チームにしてみれば単なる邪魔者だった。

ケニーのＹＺＲだけに軽量角断面アルミフレームが使われ、ケニーにはさらに新型車も与えられようとしていた。ヤマハは市販型の量産型ＴＺ５００を開発していたが、それはバリーの'79年型ＹＺＲそのものであり、世界中のプライベーターも彼と同じ性能のマシンを手にすることを意味していた。いっぽう、古巣スズキのＲＧＢ軍団も速くなってきた。ルッキネリやマモラは稀にケニー以上の速さを見せることもあり、バリーの勝機はなくなっていった。

それでも彼は、スズキワークスが用いた「ケニーと異なるラインで走ることで勝機を見いだす」作戦のためにフロント16インチホイールを導入、さらには英国の老舗メーカー「ハリス」にフレーム製作を依頼した。しかし、これらの改造はむしろ著しくＯＷ45の特性を悪化させマトモに走るマシンではなくなってしまった。

翌'81年、ようやくバリーはヤマハ社長の推薦によりワークスマシンの供給を受ける。その後ケニーと同じマシンも与えられたが、勝ちに貪欲すぎた彼は、溶接の熱もまだ抜けていないようなＹＺＲ５００で出走。大事故を起こし指を失ってしまうこととなる。そして、ヤマハはワークスマシンを勝手に改造してしまうバリーを嫌い関係を絶った。

多くの者はもはやバリー・シーンの時代ではないと思ったが、彼らは皆忘れていた。彼の「不死身」の渾名を。'75年デイトナのバンクで瀕死の重症を負い、全身ボルトとプレートだらけになっても復帰、そして翌年には王座にまで登りつめてしまったバリーがこれで終わるわけがない……ストーリーは続くが、それはまたの機会に。

◆純血サラブレッドからダークホースに

タミヤのケニー仕様のＹＺＲのキットはＯＷ48。チームＡＫＡＩのＹＺＲはＯＷ45である。そもそも違うマシンなのだが、全部を直していたらキリがない。比較的簡単に雰囲気を味わえる作例を目指した。

しかし、選んだ資料がいけなかった。'80年のバイク雑誌で取材していたのは同年オランダＧＰ。そこに１枚の写真が。確かにそれはバリーの黒いＹＺＲだったが、かなり手の入ったバイクだった。

まず目を引くのはフロント16インチホイール、それに合わせる部品が用意できなかったのか、フロントフェンダーもない。よく見ればどうもフレームが違う。これが件のハリスフレームか……。フロント16インチのホイールのせいか、ノーマルよりも車体が長く前傾姿勢に見え、異形のオーラが漂っている。早いマシンだけがカッコいいマシンではないのだ。ヤバいヤツに惚れてしまったが、コレをスルーしては後悔する。これをそのまま作りたい。しかし、最大の障害はハリスフレーム。よく見れば純正フレームと似ていて構成は同じ。「完全再現する価値はあるか?」と考え……やめた。僕はただカッコイイＹＺＲが作りたいんだ。

でも大事な部分なので、角断面フレームのパーツは市販型の丸パイプ状にリューターで削り込んだ。これは意外と簡単だった。タンク形状もプラ板で裏打ちしてＯＷ45の形に修正。フロント16インチのダイマグホイール及び'80年以降投入されたワイドタイヤは、タミヤ製カワサキＫＲ５００から流用。ブレーキディスク等はアクステオンのＹＺＲ５００用エッチングパーツを使用。このほかはおおむねストレート組みである。塗装仕上げはフィニッシャーズウレタンクリアーＧＰ２でテロテロにした。■

Model Graphix
2012年8月号
掲載

“最速”を目指す暴走

KAWASAKI ZX-10R 2011 初号機／弐号機

'10年の鈴鹿8耐に参戦して大人気だったエヴァRTが、全日本ロードレース選手権のSB1000クラスにも参戦開始！ 同じZX-10Rながら、先に発売された8耐仕様とはぜんぜん違うキット内容になったフジミの1/12キット２種を作例レビューしてみよう。

エヴァRT初号機 トリックスターFRTR KAWASAKI ZX-10R 2011
エヴァRT弐号機 トリックスターFRTR KAWASAKI ZX-10R 2011
フジミ　1/12　インジェクションプラスチックキット　2012年発売　税込各5400円
製作・文／西澤 浩

©カラー

●前作、ZX-10R '10年鈴鹿８耐仕様のキットは、パーツ数が極限まで減らされていることで組み立てやすくなっていたが、そのぶん省略箇所も多く少々物足りなくもあった。しかし'11年全日本ロードレース選手権JSB1000仕様のZX-10Rは標準的な1/12バイクのスケールモデルと同等のパーツ構成となり精密感がアップ

●トップブリッジやハンドル、フロントフォーク下端など、金型の抜き方向の関係で省略されていたり実車と異なる形状となってしまっている箇所を別パーツに置き換えたり削り込んだりしてディテールアップを施している。リアサスペンションのダンパーは3.2㎜のプラパイプと1.5㎜の洋白線で作り直し、コイルスプリングは1㎜のハンダ線を使って巻き直しているが……完成すると目立たない箇所なので、この部分は「こだわりたい人向け」の工作だろう。マフラー＆サイレンサーのスプリングはいいアクセントとなるだけに、ぜひとも追加したい。ハンドルグリップの針金再現は、簡単ながら効果の高いポイント

エヴァRTのカワサキZX-10R（75ページに掲載）を作ったばかりですが、またまたフジミの1／12エヴァンゲリオンZX-10Rです。前回は'10年鈴鹿8耐仕様の初号機でしたが、今回は'11年全日本ロードレース選手権に参戦した初号機&弐号機です。

同じフジミからリリースされた両年のZX-10Rですが、キット内容は大幅に異なっています。'10年8耐仕様のものは各部が極限まで簡略化された、いわば「プロポーショナルモデル」のような内容でしたが、この'11年仕様はエンジンほか、カウルの内部まできちんと再現された「スケールモデル」になっています。そうは言っても組み立てのしやすさを優先させた内容で、省略もあるので、作例ではそのあたりを中心に手を加えていくこととします。

せっかく初号機&弐号機を作るのですから、一台をストレートに作りつつもう一台をディテールアップし、比較で見てもらおうと思ったのですが……バイクを直接操作する場所、つまりハンドルまわりやペダルまわりを中心に、何カ所かはガマンできなくて両方とも手を加えてしまいました。

◆工作

定番工作としてスイングアームの裏側をパテで埋めたり、チェーンテンショナーのディテールアップを行なっていますが、テンショナーはディテールアップを施しても完成するとレーシングのホルダー部分でほとんど隠れてしまうので、いちはやく完成させたい人はこの部分の加工はスルーしてしまっていいかもしれません。ちなみに、この部分はドリルを使って本来開いている部分を開口した後、0・4㎜洋白線やコトブキヤのプラユニットの六角ナットを使ってそれらしく作ってあります。

エキゾーストパイプにはいつものようにスプリングを追加。スプリングの基部は0・3㎜洋白線をU字型に曲げたものを使っています。サイレンサーのリベットはよりシャープな印象になるように金属製のものに置き換えました。

各部、パーツが組み合わさってできてい

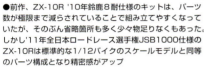

●当初弐号機は比較用にと考えていたため無改造で仕上げる予定だったが、結局はハンドルやステップまわりに少々手を加えて完成させている。たとえば、ブレーキディスクなどはキットのパーツのままでも充分に薄くしかも放熱口も開口されているので手を加える必要なし。大がかりなディテールアップを施さなくても、ポイントを絞った工作でここまでのものになるぞ。サイドカウルの上側は固定用のダボがなく、きっちり合わせるのが少々やっかいなので、仮組みをしっかりとやってピッタリと合うようにしておこう。真横から見たときにタンクとサイドカウルの白いラインがキレイにつながるようにするのもポイント。作例ではデカールを使用せずにマスキング＆塗装で仕上げた

エヴァRTのKAWASAKI ZX-10Rバリエーションも続々登場！

フジミの1/12エヴァZX-10Rは、ここで作例紹介している'10年鈴鹿8耐仕様と'11年JSB仕様2種のほかにも多数がラインナップ。'10年鈴鹿8耐仕様をベースとした零号機と弐号機のほか、'11年鈴鹿8耐仕様2種、'12年仕様、'12年8耐仕様をベースとした零号機と弐号機があるので作り比べたり並べて愉しむことができる。以上はキットだが、そのほかにもレジン製塗装済み完成品（各税込2万5250円）各種が発売されている。

◀エヴァンゲリオンRT 零号機 TRICK☆STAR Kawasaki ZX-10R 2010年仕様 フジミ 1/12 インジェクションプラスチックキット 税込5250円

▶エヴァンゲリオンRT 弐号機 TRICK☆STAR Kawasaki ZX-10R 2010年仕様 フジミ 1/12 インジェクションプラスチックキット 税込5250円

る箇所は、パーツが一体でもそう見えるように削り込んだりスジ彫りを入れたりして、バイクっぽくしていきます。

◆塗装

初号機はフィニッシャーズのニンジャパープルを使用。弐号機は組み立て説明書の指示どおり、GSIクレオスのハーマンレッドを基本色に使用しました。各ラインはサイドカウルの開口部が大きいこともあって線をキレイに合わせるのが難しそうだったので、思い切ってマスキングして塗装ということにしてしまいました。人によってはこちらのほうが早く、きれいに仕上げられるのではないでしょうか。弐号機の白はGSIクレオスのクールホワイトですが、初号機はルマングリーン、クールホワイト、ブルー、蛍光グリーンを混ぜたものを使用しました。黒いラインは両車ともウィノーブラックです。

サイレンサーは基本塗装をtakumi製のアートメタルコートAMCスーパーミラーで行ない、その上から特徴的な焼け色の表現を実車写真を見ながら行なっていきます。使用した塗料は同じくAMCのレッド、ブルー、オレンジです。

◆細部仕上げ

フロントブレーキのスパイラルチューブは、透明チューブに切り込みを入れて再現(中に延ばしランナーを入れてあります)。リザーバータンクからのパイプは透明チューブをクリアーグリーンで着色したものを使いました。フロントブレーキの調整ツマミからの配線は凸部の位置が違う気がしたので切離し位置を変更しました。フロントフォークは、塗装後、インナーチューブ部分にハセガワ製のゴールドミラーフィニッシュを貼り付けました。各配線を取り付けたあとにカウルを取り付けますが、仮組みで位置関係をしっかりしておかないとカウルが閉じなくなるので注意が必要です。とくにアッパーカウルとラムエアのインテークのすり合わせとメーターの取り付け位置には注意が必要です。■

●製品は'10年の鈴鹿8時間耐久レース仕様だが、レース結果は下記製作文で西澤氏が書いているとおり。ちなみにライダーは碇シンジのプラグスーツをモチーフにしたライディングスーツを着用していた
●マフラー固定用のステーは意外ともろいので、切り離して0.3㎜の洋白線で補強。また、サイレンサーとエキゾーストパイプをつなぐスプリングを付けるために基部を自作し、市販のスプリングを最後に引っ掛けている。同じく市販のリベットを塗装後に差し込んだ
●リアサスペンションは1パーツで再現されている。完成後はほとんど見えなくなってしまうので塗り分けで表現するのもいいが、ここはこだわって、バラしてダンパー部とスプリングを別体にして立体感を演出した。工作方法は、パーツをスプリングの上下の端で切断。3㎜のプラ棒と1.2㎜の洋白線を使用してシリンダーを作製、スプリング部分の代わりとしてパーツを接続。そして0.8㎜のハンダ線を周囲に巻いてスプリングを作っている

KAWASAKI ZX-10R 2010 初号機 8耐仕様

実車の内部構造や部品構成よりも"完成後の形状"を重視した、いわば「バイクのカタチのキャラクターモデル」的なキット構成のフジミ製1/12 '10年鈴鹿8耐仕様ZX-10R。ここでは、細かいことには目をつぶって、外から見えるところにだけ手を入れるポイントディテールアップ工作でカッコいいエヴァZX-10Rを目指してみましたぞ。

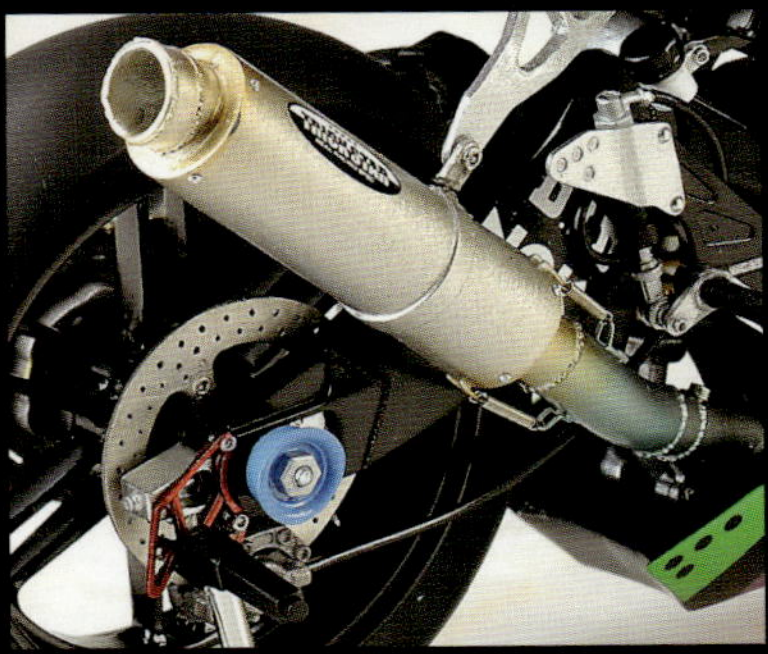

エヴァンゲリオンRT初号機
TRICK☆STAR
Kawasaki ZX-10R
フジミ　1/12
インジェクション
プラスチックキット
2011年発売　税込5250円
製作・文／**西澤 浩**

Model Graphix
2012年2月号
掲載

◆初めに
'10年夏……
ンゲリオ……
ZX-10R……
10番グリ……
ト。無事……
定した……
ーの芹沢……
気系トラ……
ダーを全……
後は症状……
スを換……
面コン……
状態な……
を上げ……
が落ち……
れ、数……
通過。
フィ……
号機仕……

◆製……
いつもの……
ていきま……

フロントフェンダー、エキゾーストのサイレンサーとタンクとシートのA2、3のパーツは一体なので、組み付けて合わせ目に瞬間接着剤を盛りサンドペーパーがけを行ない消していきます。硬化が早いので時間短縮にもなり助かりますね。タンクの凸凹に注意して削ってみます。フレームはトップブリッジ下部分も消しておきます。このあたりも見えると意外に目立つので……。

そして仮組みを行ないます。ここで加工が必要な点が一箇所。C3パーツにエンジンマウントのときB22で固定する穴が開いていませんので開口が必要です。

仮組みで少々手を入れる部分をピックアップしました。

まず、スイングアームの裏側が肉抜きしてありホイールのあいだから見えてしまうので、ポリエステルパテを詰めて整形、厚みを持たせてフラットな感じにしました。

サイレンサーの接着面のラインも消しますが、ライン部分だけを削ると形がいびつ……を取り付……チ側はブレーキレバー調整用のつまみがモールドされていますので、下側を削って別パーツ風にします。が、後ろ側は削ると取れてしまうので洋白線を貫通させワイヤー基部も作っておきます。

◆塗装

塗装はフィニッシャーズの新色でニンジャパープルをメインに使用しました。塗装後デカールを貼り付けます。デカールは強度があり、曲面は軟化剤を多用しつつ貼っていきます。柔らかくなったら少々引っ張ってなじませても切れないので安心です。

フロントフォークのインナーチューブとスタンドのインナー部分は塗装ではなくミラーシートを貼り付け馴染ませてあります。

組み付け後ステップ周りに違和感が……何かが足りない？　説明書にも書いてありませんが、シフトロッドがありません。急遽作製して取り付けてみました。■

BRITTEN V1000

かつてないほどに独創的、しかも速くて、強かった——伝説の“手作りレーサー”。

ブリッテンV1000
ブリッテンモーターサイクル
1/12　メタルキット
製作・文／**後藤祐介**
協力／高田裕久、モトコルセ

BRITTEN V1000
BRITTEN MOTORCYCLE
1/12　All Metal Construction Kitset
Modeled and described by Yusuke GOTO.
Special thanks:Hirohisa TAKADA,MOTO CORSE

オートバイなんておおよそ個人で作れるものとは思えないが、ニュージーランドにはそれを成し遂げてしまった人物がいて、しかもその手作りバイクは世界中どのサーキットに行っても破竹の快進撃で連戦連勝を飾った。そんなバイクの常識を打ち破り続けたジョン・ブリッテンであったが'95年9月に他界。彼のバイク、ブリッテンV1000は、いまはもう博物館などでしか見ることはできないが、このように模型として再び出会うという方法もある。ここで製作しているキットを開発したのは、ブリッテンモーターサイクル——そう、メーカーオフィシャルモデルでV1000の独創性を間近に再発見してみよう。

オフィシャルWebショップで販売してました

ジョン・ブリッテン亡きいまもブリッテン・モーターサイクル社は存続している。このキットはブリッテンV1000が現役で走っていたころからあるもので、ブリッテンのWebサイトから購入が可能だったもの（現在は品切れ／編注）。Webサイトにはこのキットが開発されたいきさつが書かれたページもあるので、一度目を通しておくべし

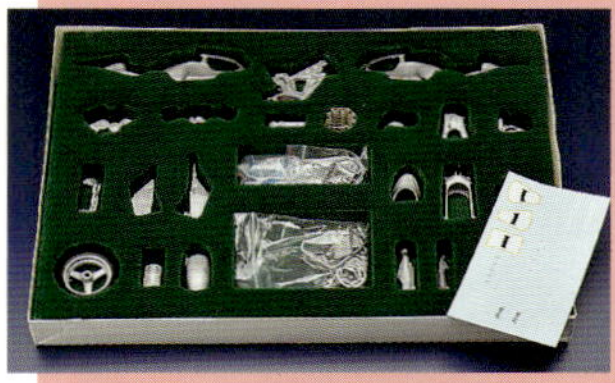

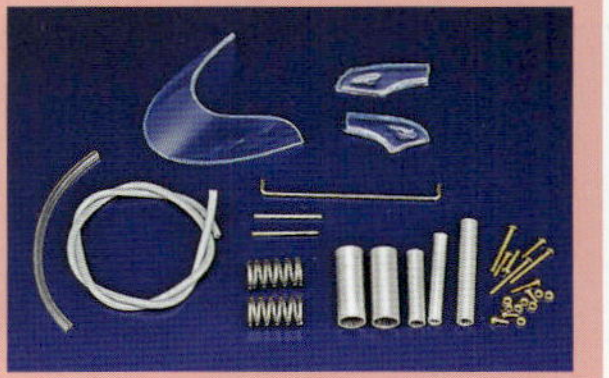

キットは全金属製と言ってもさしつかえないような内容で、パーツは写真のようにひとつひとつきれいに箱に収められている。完成後にカウルの脱着を行なうのはほぼ無理だがブリッテンV1000の特徴的なメカニズムはほぼすべてと言っていいほど正確に再現されているので、製作途中も知的好奇心をくすぐられる。しかし1/12のバイク模型なのに554ｇって……（普通の1/12バイクプラモはだいたい60～100ｇ）。

1
BRITTEN

MICHELIN
AUTOCOLOR
sbs
Mobil 1

BRITTEN
V1000
AUTOCOLOR
Britten

Britten
AUTOCOLOR
MICHELIN
sbs

Britten
AUTOCOLOR
MICHELIN
sbs
BRITTEN
Britten
AUTOCOLOR
Mobil 1

このV1000はニュージーランドのブリッテン社のWebサイトから購入したもので、長らく積んでいたものです。ほぼすべて金属製という内容に、箱を開けてはただため息……。しかし某好きモノ担当編集の鞭が入りまして、気合いでついに完成の運びとなりました。「このバイク誰も知らないんじゃ……？」「むしろそれがいいんじゃないですか」てな感じです（笑）。

まずは各パーツに入っている豪快なパーティングラインをチマチマとヤスリで消し、全部品をひたすら磨くという地味な作業からはじめます。完成品画像を見ていると、実車と比べてハンドルの角度が水平過ぎる点が気になったので、切り離して角度を変え、真ちゅう線を入れて再接着。前後ブレーキディスクには軽め穴を開け、ボルト類はいったん削ってから余っていたエッチングパーツを貼り付けてそれらしくします。エンジン周辺の各ボルト類もピンバイスで頭を軽くえぐったり余剰エッチングパーツでなんとかしました。エンジン横のイグニッションボックスは、タンク内側に干渉するのでステーを削り内側に移動します。

ここで、パーツの仕上げレベルを決定。

A／徹底的にギンギラに磨いた状態（クロムメッキやポリッシュされたパーツ）

B／平滑だけれど鈍い輝きを放つ状態（塗装下地やステンレスのパーツなど）

C／ざっくり粗めの削り痕が残る状態（アルミビレットの削り出しパーツなど）

D／何もしないでキットのままの状態（エンジンブロック、梨地の樹脂パーツ）

……と、単一の素材から質感にこれだけ変化を付けられるのは金属製キットのプラモデルにはない美点ですね（ここでドゥカティ900NCRやKR500のフルメタル版なんぞを妄想してみる……）。

次にグッドスマイルレーシングから提供していただいた「GSRカーボンデカールG（グレー）」を前後ホイール全面、前後スイングアームおよびフレーム等に貼り込んでいきます。ちなみにこのホイール、軟質レジン製タイヤと出荷時より組み合わせられてまして、これが固くてぜんぜん外れない。組み立て説明書を読むと、「日なたぼっこさせればそのうち外れます」……なんてのどかな国民性。とりあえずグツグツと煮てみたら外れました。

こう書くと大変なようですが、じつはこれが優秀なキット。メタルキットによくある型ズレも少なく、ストレートに組んで良し、ディテールアップしても良しと基本設計に優れた懐が深いキットでした。あと、さすがに強度計算が凄いです。「こんな弱い部品で支えられるの？」という部品が見事に仕事をしてるのに驚きました。一体型カウル／タンクシートは出荷時にひとつひとつ前後を熱溶着していると思われ、スクリーン等のバキュームフォームパーツはすべてカット済み。ていねいにサンドペーパーをかけられた断面はポン付けでバッチリ合います。さらにタイヤはパーティングラインが消されており、車軸およびスイングアームピポッド軸はあらかじめ各寸法にバッチリカットしたアルミパイプが入っています。……とここまできて、これがそこらのガレージキットとはまったく違う素性のキットであることに気付かされました。「Baby Britten」と名付けられたこのモデル、つまりこれは断じてミニチュアなどではなく、「ブリッテン社が誇りとプライドを持って生み出した最も小さなV1000」なのでした。

では金属地にプライマーを塗り、塗装開始。カウル／タンクシートは引き締まった模型映えを考え本来よりやや暗いフィニッシャーズのパシフィックブルー。ピンク部分はGSIクレオスの蛍光ピンク。エンジンの鋳鉄部分は黒スモークを吹き重量感を出していきます。キットのマーキングはゼッケンのデカール以外はなんとビニール製のシールなので、ドライヤーで加熱しながら馴染ませます。タイヤ側面のロゴはタミヤ製デカールを流用。小さなスポンサーロゴはデカールを自作。クリアーはフィニッシャーズGP2ウレタンを使いました。

すべてのパーツを塗り終えたらいよいよ組み立てますが、ある異変が……あきらかに左手首の様子がおかしい。原因はこのメタル製キットの重量です。まさかの総重量554g（未開封の500㎖牛乳パックと同じくらい）。これを持って工作していれば手首も痛めようもの。しかし、この重さと引き替えに得られるのはあきらかに普通のプラモと異なる重厚な存在感と充実した満足感でした。一瞬であったにせよ、流星のごとく輝いた天才の残した宝石、伝説の怪鳥ブリッテン。バイク愛がつまったこのモデルは貴方を未知の世界に誘ってくれるはずです、いろんな意味で。痛てて……。■

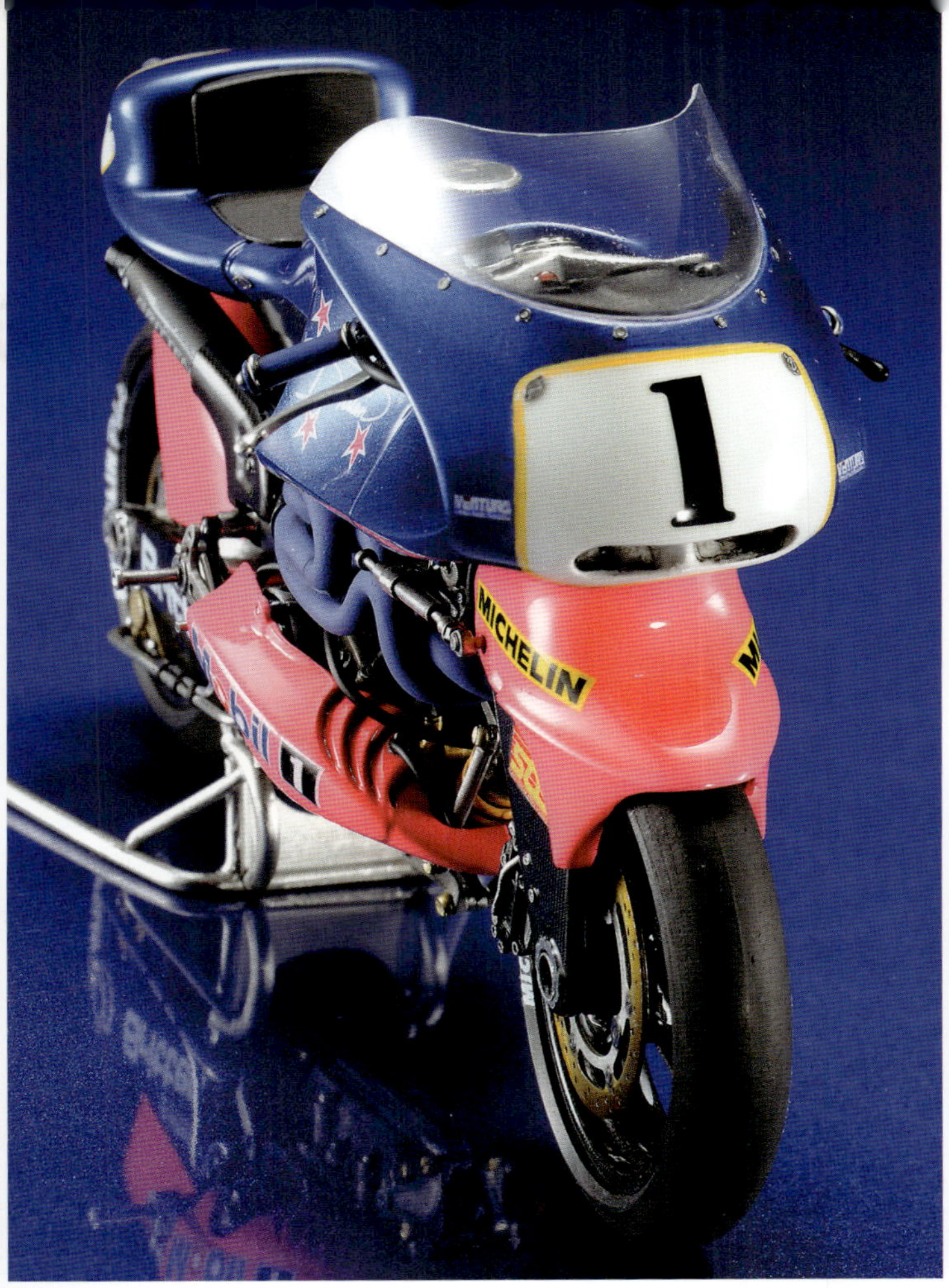

●個人製作の手作りバイクがサーキットで世界中のバイクを相手に戦って連戦連勝だったということにも驚くが、バイク自体の構造も非常に独創的で驚きに満ちあふれている。フロントサスペンションはダブルウィッシュボーン。前輪の直後に見えるコイルスプリングダンパーはなんとリアサスペンションのもの。ラジエターはシートの真下に配置……と、このバイクの特異な点を書き連ねていくと、いくら紙幅があっても足りないほどだ

●ブリッテン・モーターサイクル社ご謹製のこのブリッテンV1000の模型も実車に負けず劣らず独創的で、なんとほぼすべて金属製。お世辞にも「誰にでも簡単に組み立てられる」とは言い難く、インターネット上でもなかなか完成品にお目にかかることはない。しかし唯一にして無二の存在であるこのブリッテンV1000、挑戦する価値は充分なのだ

●軟質樹脂のタイヤパーツやバキュームフォーム製のウインドシールド以外はほぼすべて金属製で、パーツの接合などはどうするのだろうと疑問に思うだろうが、要所要所でビスを使って組み上げるので、じつは意外にしっかりとした完成品になる

●'94年デイトナのバトルオブザツインズ優勝仕様をキット化している。厳密には一部その仕様と異なる箇所もあり、じつはタミヤのバイクキットのパーツを使えばより正確なものとなるが、このキットの「らしさ」を優先してあえてそのまま製作している

750

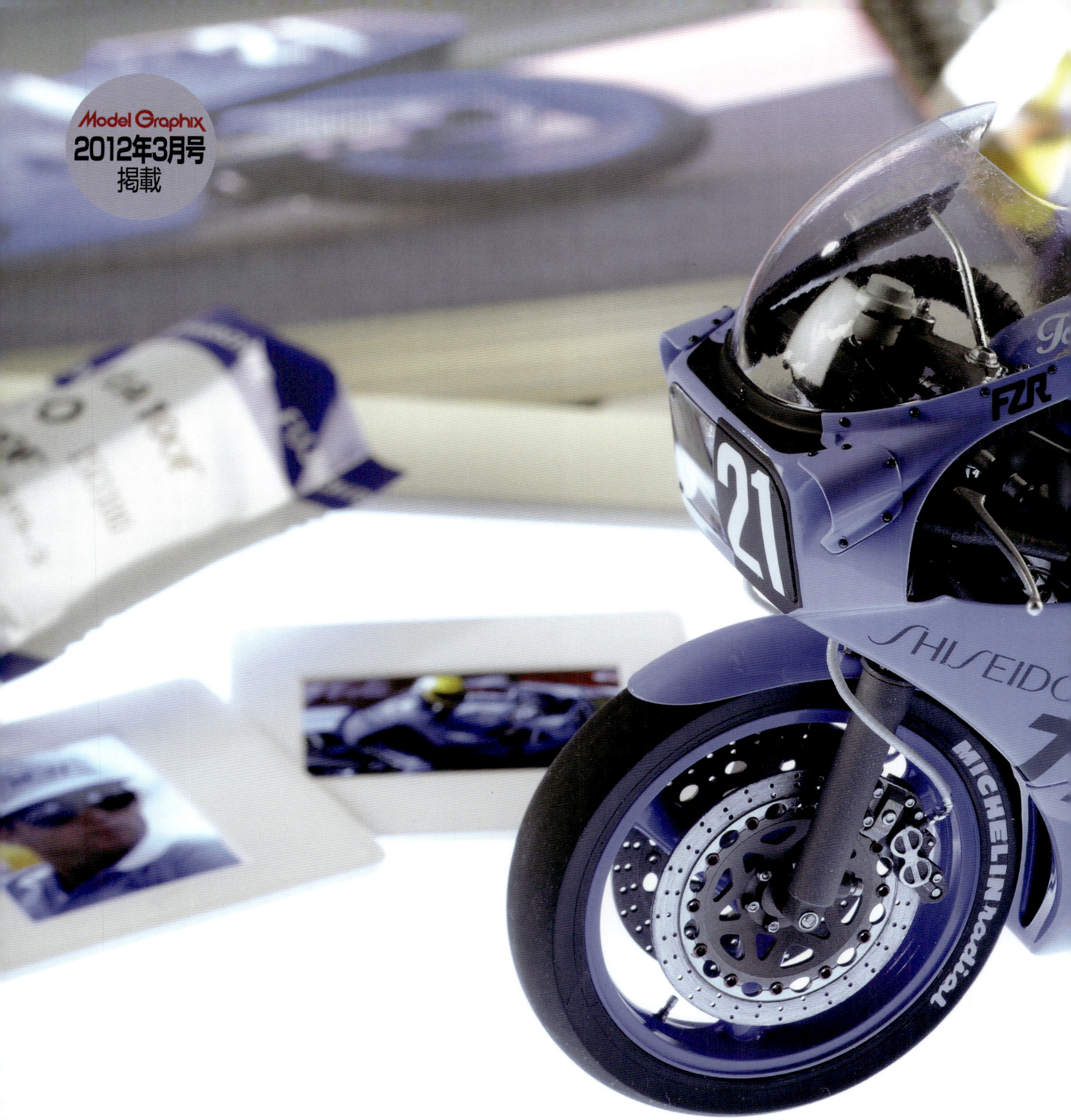

想いは遙かあの狂騒の夏──。

長い鈴鹿８時間耐久レースの歴史のなかでも最大のヒーローといえば、この'85年のTECH21ヤマハFZR750をおいてほかにはあるまい。この年ヤマハは本格的な4ストローク4気筒750cc市販バイクであるFZ750のプロモーションの一環として、市販車改造のTT-F1クラスへの純ワークス体制による参戦を決定した。「バイク乗りなら8耐に行かねば」というブーム絶頂のさなか、平忠彦と"キング"ケニーという夢のコンビでの参戦が発表されたとなれば盛り上がらないわけがない。そしてレース当日、7月28日午前11時30分、15万6千人もの観客で埋め尽くされた狂騒の鈴鹿サーキット。ポールポジションでスタートするはずだったFZR750に火が入らない……からくもスタートを切ったもののポジションはほぼ最後尾。そこからの追い上げがスゴかった。50台をゴボウ抜きにし38周目にはなんとトップへと躍り出る。しかし、サーキットには魔物が棲んでいる。残り29分、181ラップ目に突然のスローダウン、リタイヤ──そして'85鈴鹿8耐は伝説となった。

PJ1
agv
21

Arai
PRO STAFF
NGK SPARK PLUGS

PLUS
TAIRA
TECH21
YAMAHA
21

ライダーたちは真夏の鈴鹿に集い、そして打ち上がる花火を見てなぜか涙した。

文／後藤 武（フリーライター）
写真／桜井健雄
Text:Takeshi GOTO
Photograph:Takeo SAKURAI

バイク黄金期の'80年代は、二輪のレースも絶頂期を迎えていた。その盛り上がりは異常とも言えるほど。テレビでは全日本選手権が当たり前のように放送され、国内最高峰の鈴鹿8時間耐久ロードレースは特番になった。前座の鈴鹿4時間耐久ロードレースは、オートバイの甲子園と呼ばれ、800台ものエントリーが殺到した。予選での全員のタイムアタックが終わるまで二日間かかるほどの盛況ぶり。耐久ウィークになると鈴鹿市の人口は数倍に膨れ上がり、市内の交通は麻痺状態となった。

'70年代、サーキットを走る人は少なく、走りたければ当日、現地に行って申し込むのが当たり前。それが突然のブームで一気に数十倍の人口に膨れ上がってしまったのだから大変だ。練習走行をするために前の日の夕方からサーキットの前に並ばないと走行券が買えないし、電話での予約システムになっても、あまりに走りたいライダーが多くて予約日は電話回線がパンク状態。予約が取れるまで数時間かかるというのがざらだった。交通費がかからないだけで、手間はほとんど変わらないような状態だったのである。

なぜ、そんなにライダーたちがサーキットに殺到したのか？ レーサーが女の子にモテる職業だと皆が勘違いしたからである。少なくとも'80年代、僕たちはそう信じていた。キッカケとなったのは映画『汚れた英雄』だった。原作は大藪春彦氏の小説。'60年代、二輪レーサーである主人公北野晶夫が、リアカーにバイクを積んでレースに行くような貧乏生活から、何人ものオンナを捕まえて金とマシンとチャンスをもぎ取り、のし上がっていくストーリー。最後は世界のトップレーサーにまで登り詰める。

角川春樹氏は、この小説をとんでもない駄作にしてしまった（少なくとも大藪春彦ファンはそう思っているはずだ）のだが、ライダーたちにとっては別な喜びがあった。レースのシーンに当時全日本500ccクラスに参戦していたライダー、平 忠彦選手を起用したことで、バイクに乗りはじめたライダーたちが一気に注目するようになったのである。平選手は映画でライディングシーンを担当しただけあって、モデル級のマスクと体型を持っていた。一般的にこういうオトコは、同性から嫌われるのが普通だが、平選手はオンナに目もくれずレースひと筋で取り組んでいたし、東北弁が抜けていなくて、どことなく親しみやすいところがあって男性、女性の両方から熱烈に支持されたのである。

これに目を付けたのが、おもしろそうなものは、なんでもかんでもでっかく育ててやろう、というバブル期特有の考え方を持っていた当時のメディア。第二、第三の平忠彦はいないか、と発掘してみれば、日本中のサーキットからスターの要素を持ったライダーたちが次々に生まれてきた。いまじゃ信じられないが、『anan』、『nonno』が、カラーで特集を組み、サーキットには、観光バスがチャーターされ、女の子たちが集団で応援に駆けつけたのである。同じサーキットにいて、うらやましいどころか。かわいそうになる騒がれ方であった。予選のためにピットから出てくるとキャーキャー言われたのではコンセントレーションを高めることは難しい。思うように走れなかったりすれば、かなわぬ表彰台より、目の前の女の子にグラッと来たとして、それはまあ仕方ないことだったかもしれない。

汚れた英雄の影響は長く続いた。映画の公開から5年ほどして、汚れた英雄の撮影の舞台、スポーツランドSUGOのレースに出場したときのことである。レース当日は、数百台のクルマが前日から殺到してゲート前に順番待ちする。少しでもいい場所を確保して、少しでも有利にレースするためだ。ライダーの精神状態が結果を大きく左右するレースでは、こういったことでも結構重要だったりするし、そもそもレースに夢中になっている連中だから、場所取りでも人に負けるのが嫌なのである。

朝6時、ゲートが空いたら一斉にサーキットへ雪崩れ込もうとバイクを積んだクルマ数百台が殺到する。バーゲン会場の殺気立った雰囲気がクルマで再現されるわけだ。インドやタイの交通事情が凄いとかいうが、そんなものはアレに比べたら屁でもない。なにしろ乗り物の運転と人と戦いの駆け引きに命をかけた連中が戦うのだ。あと数センチで接触というバトルがアチコチで発生する。僕たちはこの狂った動きが大好きで、いつも大騒ぎしながらクルマを動かしたものである。

もうすぐゲートが開くぞ、というそのとき、大音響が流れた。汚れた英雄のテーマ「ライディングハイ」であった。スポーツランドSUGOは、僕らの気持ちを掻き立てるために、こんなサービスをしてくれているのか……なんて思ったが、そんなわけがない。音楽をかけているのは一台のクルマだった。窓を閉めても耳が痛いほどの大音響。音楽を流しているクルマをのぞいてみれば、運転しているヤツは、メチャクチャに真面目な表情。完全な陶酔状態になっていたのだが、それくらいの汚れた英雄のマニアは多かった。

同じころ、汚れた英雄が大好きで、どうしても同じようにレースをしてのし上がるんだ、と言い張っていた友人がいた。そいつは本当にファッションヘルスで働いていた女の子を捕まえて金を貢がせ、レーシングマシン、トランスポーターなど一式を購入。全日本選手権に参戦してしまった。ビッグにはなれなかったが、競争の激しい全日本のF3クラスで決勝に残っていたから、たぶん相当にがんばったのだと思う（いろいろな意味で）。結果、「1／50北野」を実現したのであった。

それを見た後輩連中は、仲間でレーシングチームを結成。レース雑誌に「僕たちのレースを手伝ってくれるヘルパーを募集します」と掲載した。そうすると数十人からの女の子たちがそこに殺到。なんの実績もない即席チームで、オーディションだ、などといって可愛い子たちを選んだ。数カ月もすると女の子たちがいなくなるのは、相当あくどいことをしていたからなのだと思うが、それでもチーム名を変えて募集をかければ、途切れることなく女の子たちがやってきた。こいつらは「1／200北野」達成。

まあしかし、そんな連中でもレースに関しては真面目だった。これだけ競争が激しいと、収入のほとんどを注ぎ込み、持っている時間のすべてを使っても予選すら通れないライダーたちが大勢いた。なにしろ、ノービスクラスで予選を毎回通過することさえできれば、それだけで凄いと呼ばれ、部品などのスポンサーがつくと言われたほどである。レース誌でスポーツドクターが「朝食にはバナナが理想的」と書いてから、サーキットではバナナを食べるライダーが急増した。いま、コンビニにバナナを置いている店が多いのは、このころの影響であろう。「バナナなんてコンビニで売れるんですか」「それが不思議なんだけど、すごく売れることがあるんだよ」なんて会話がコンビニ本部の会議であったはずである。

そんなレース文化の頂点が鈴鹿8時間耐久ロードレース、通称ハチタイである。この当時、バイクに乗ったら夏は8耐に行かなければならない、というような空気が漂っていた。自分で走っていた僕のようなライダーにしてみるとレースは見るものではなく走るものだったから、見たいとはあまり思わなかったのだが、うかつに興味がないなどと言おうものなら「ええっ、行かないの!?」と悪人呼ばわりである。しかたなく付き合いで見物に行ってみるとそこには、テンションが上がりすぎて発狂したようなライダーたちが集まっていた。巨大な駐車場が二輪専用のテント村となっていたのだが、興奮したライダーたちは、毎晩ウイリー大会で深夜まで大騒ぎする。当然決勝など寝不足でフラフラだ。けれどそれでいいのである。8時間レースを見続けていないからである。スタートこそ大騒ぎして見ているが、ピット作業などがあるとすぐに順位が分からなくなってしまう。こうなると観客の多くは灼熱の太陽に照らされたサーキットから逃げて木陰で昼寝をしたりプールへと逃げる。街に行ってしまうヤツもいた。けれど感動のゴールだけは見逃すまいと人が戻ってくるから、この瞬間は広いサーキットで身動きがとれなくなる。あまりの人でろくに見えないが、それでもライトをつけて暗闇のなかを疾走するマシンに声がかれるまで声援を送り、打ち上げられる花火を見ると、誰彼ともなく感動で泣き出す。それはもう異様な光景であった。

それから数年後、レースブームは、バブルの崩壊と共に一気に崩れ去り、サーキットからは人が消えた。あの鈴鹿8時間耐久でさえ、グランドスタンドがいっぱいになることはまずない。レース関係者たちは口を揃え、あのころはよかったなあ、と言う。しかし、一部のライダーにとって、あの狂乱は過去のものではない。25年前、ヘルパーを募集していた僕の後輩は、いまでも全日本に参戦し続け、レース雑誌にヘルパー募集の告知を出し続けている。■

TECH21 ヤマハFZR750
1985年鈴鹿8時間耐久レース
フジミ　1/12　インジェクションプラスチックキット
2011年発売　税込5184円
製作・文／**小田俊也**

TECH21 YAMAHA FZR750
1985 Suzuka 8-hours Endurance Race
FUJIMI 1/12 Injection Plastic-kit
Modeled and described by Toshiya ODA.

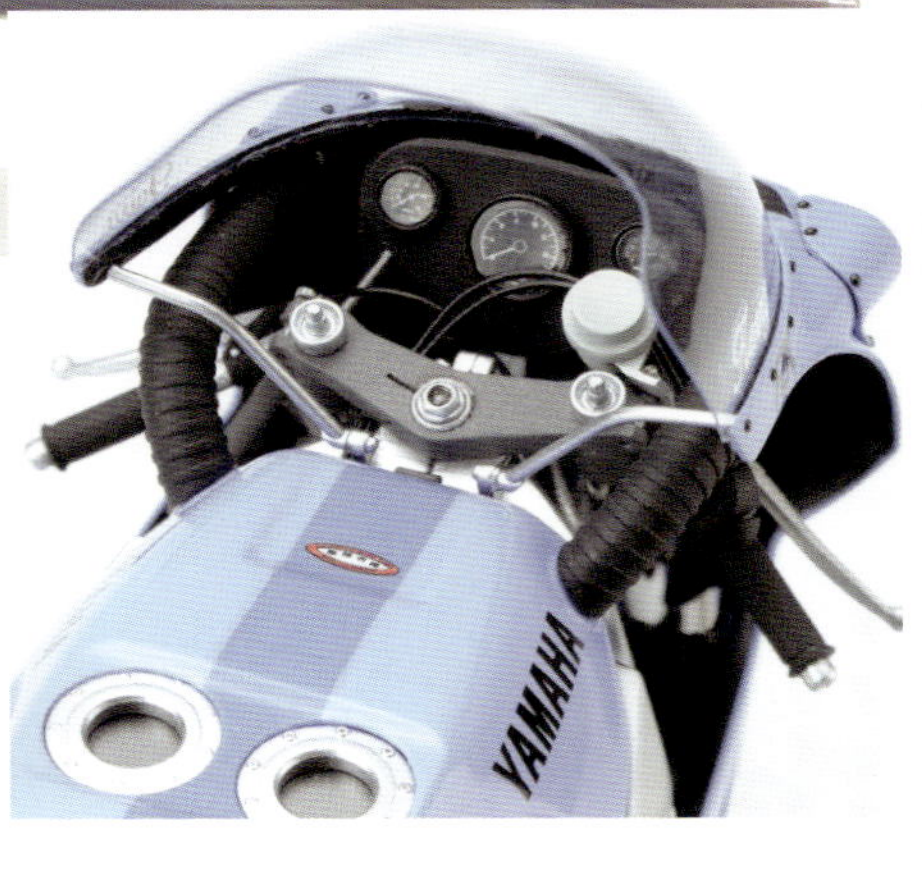

TECH21 ヤマハFZR750はなぜ「特別」なのか？ 文／後藤 武

レーサーは女の子にモテるとライダーたちに信じさせた平選手は、その後鈴鹿8時間耐久ロードレースにエントリーすることになる。それまでスプリントレースしか出ていなかった平が耐久を走る。しかも、相棒は元世界チャンピオン、ケニー・ロバーツだった。'80年代の前半、数々の名勝負で世界中を熱狂させ、惜しまれつつ引退したキングが、スポットとはいえ日本のサーキットに戻ってくるのだからバイク業界は大騒ぎとなった。このときのベースが、ヤマハワークスのFZR750である。薄い紫のカラーリングTECH21は、この当時はじまったばかりの男性化粧品のブランド。肉食系男子が集まるロードレースの世界で、オトコの草食化がはじまった。その後、一気に広がった草食化がレース離れを加速させてしまうのだから皮肉なものである。

◆あの夏の思い出

当時人気絶頂だった鈴鹿8時間耐久レースに、ケニー・ロバーツと平 忠彦という2大スターで臨んだTECH21レーシングチーム。鳴り物入りでポールポジションまで獲得して、いよいよスタート……エンジンがかからない！ なんとか走りはじめたものの順位はほとんど最下位に……。だがそこから奇跡の追い上げでレース序盤で早くもトップに復帰、後半は独走態勢となる！ このまま優勝と思いきや、残り30分にまさかのスローダウン、リタイアとなってしまったのでした。オー・マイ・ガッ!!

こんなドラマチックなものを見てしまったら「印象に残る」どころの騒ぎではありません。レース展開もさることながら、なんといってもこのラベンダー色がなかなか洒落ていて、ビジュアル面でも人気の高かったマシンでした。タミヤの0W-01から改造しようとして、断念しちゃった方も少なくないと思いますが、25年以上経ってようやく手にすることができました。

◆キットについて

フジミのバイクシリーズ第5弾となるこのキット、箱を開けると繊細なモールドのパーツがわんさか入っています。外装パーツ以外はすべてグレー一色のモールドなので少々安っぽい感じがしないでもないですが、塗装してしまうことを考えたら何の問題もなく、むしろ好都合かもしれません。ランナーが多くて部品を探すのが大変なので、組めるところはどんどん組んで、部品点数を圧縮します。また、部品番号がなくても識別できるような部品は早々に切り取って、部位別、あるいは色別にまとめて保管するとよいでしょう。

さて、このモデルを作るにあたり、懸案だったのがカラーリング。タミヤのように専用缶スプレーが出るわけでもなし、この手の色は混色で作ろうとすると、濁ってしまったり、微妙に濃くなってしまったりと、なかなかイメージどおりにならないもの。と思って組み立て説明書の使用塗料一覧を見ると、なんとフィニッシャーズの専用色

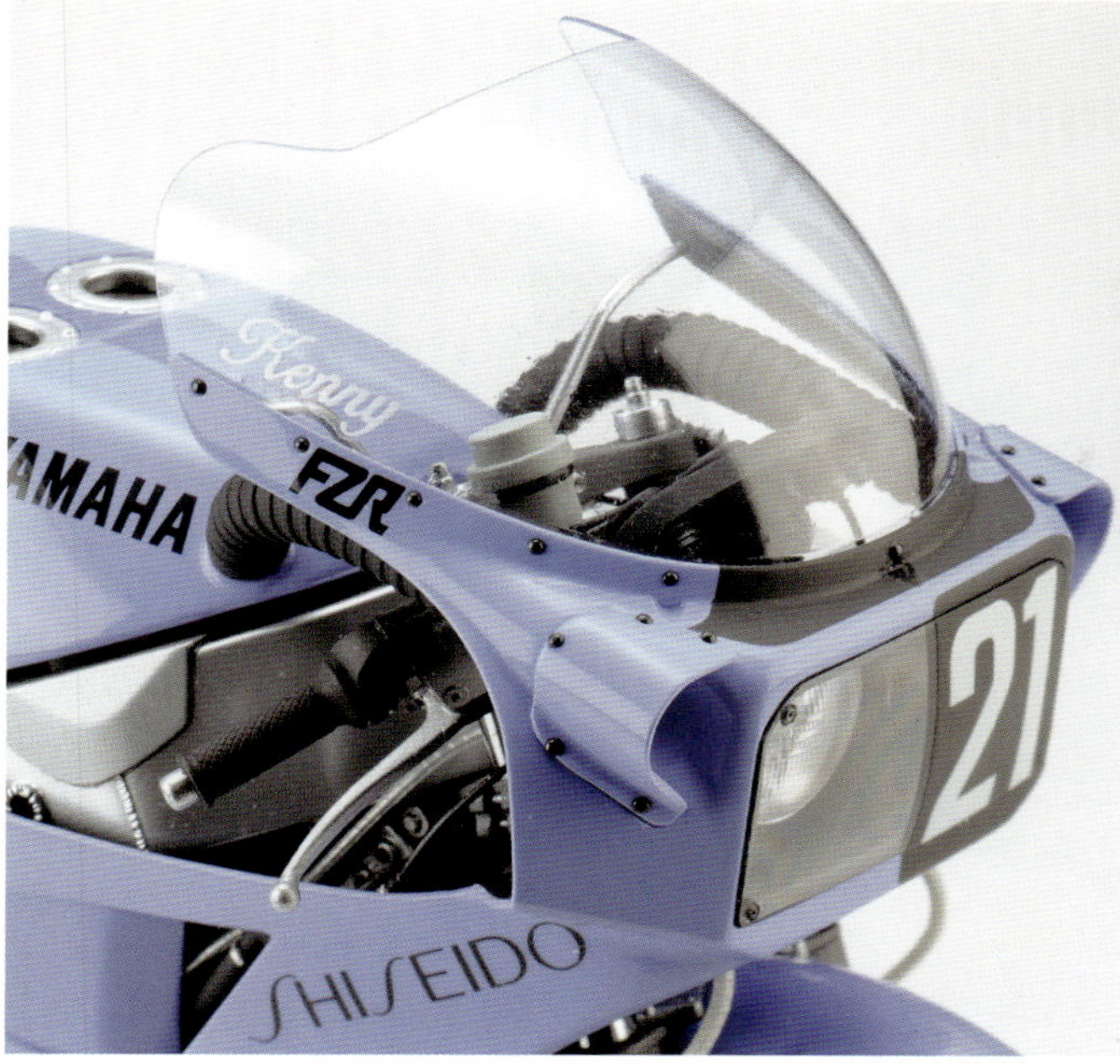

●当時、原色のマシンしかなかったサーキットに突如として現れたラベンダーの「TECH21カラー」。この色を見ただけでテンションが上がってくるバイクモデラーは多いに違いない。キットの純正指定色はフィニッシャーズの「21パープル」と「ジェネシスブルー」。難しい調色なしにTECH21カラーが再現できるとは、いい時代になったものだ。また、銀色の塗料も'80年代とは雲泥の差。26年待ったからこそ、このクオリティのヤマハFZR750 TECH21が作れるのだと考えれば、その長い年月も無駄ではなかったのかもしれない

TECH21 YAMAHA FZR750

参戦発表からリタイアの瞬間まで、どの瞬間もドラマに満ちあふれていた伝説のマシン、それがこのTECH21ヤマハFZR750だ。そんなマシンの1/12キットが四半世紀を経てフジミから発売された。あの「狂騒の夏」へと一気にタイムスリップさせてくれるこのモデル、徹底的にこだわって作り上げてみたい。

を指定しているではありませんか。これであれこれ悩まず塗装はできそう。このキットを作る人、作りたいと思ってる人は、とりあえず塗料だけでも確保しておくのが吉だと思います。ちなみに、フレーム等の塗装指示はメッキシルバーNEXT！ かなり本気です（作例ではガイアノーツのExシルバーを使ってますが）。

デカールは少々厚みを感じますが、発色もよく光沢もあります。また、作例では使用していませんが、青いラインの部分もデカールが用意されており、これがまたフィニッシャーズの専用カラーともピッタリ同色です。なお、タイヤの文字もこのデカールで表現するようになっているのですが、光沢がありすぎるので、貼り付け前にツヤ消しクリアーを軽く吹き付けてから使用しました。またゼッケンの部分も、一度クリアーコートして段差を整えてから、ツヤ消しクリアーで処理しています。

設計／製造の精度は相当高いと見られ、部品のほとんどはピタピタと合います。エンジンまわりの配管の収まりなどは感動モノ。勘合がキツ過ぎて部品が浮いてしまわないかと心配になる部分もあるほどです。逆に精度が高いぶん、部分的に見られる大きめな抜きテーパーやヒケなどが惜しい。部品の整形時に適宜修正をしてやります。

モールドは、一見かなりこまかく見えますが、線が細く彫りもあまり深くない印象です。何か全体にノッペリとした感じ。再現と省略のバランスが定まらず、密度にバラつきがあるような気もします。さらによく見てみると、アウトラインだけを追っている印象で、機械に対する理解が欠如しているのではと思えるような箇所も……。とはいえ、これだけのお膳立てをしてくれているのはとてもありがたいことです。フジミがWebサイトで公開している資料画像等を参考にしながら、あちこち手を加えて自分だけのTECH21・FZRを作ってやろうじゃありませんか。

組み立てにはビスは使わず、車軸など要となる部分に金属シャフトを使用していますが、ビスに比べると押さえは効かないものの、

TECH21 YAMAHA FZR750

●すべての箇所にわたって徹底的に手を入れて作ってはいるが、大がかりな改造は行なっておらず、基本的には「キットの良さを活かして」作っている（パーツを作り替えたのはバキュームフォームで作ったシールドスクリーンくらい。新規に作り起こしたパーツもクラッチレリーズの一部だけ）。P88からの「製作（ほぼ）全記録」ではこのマシンが作られる過程を6ページにわたってこまかく掲載しているので、適宜必要なテクニックを取捨選択して製作の参考にしていただきたい

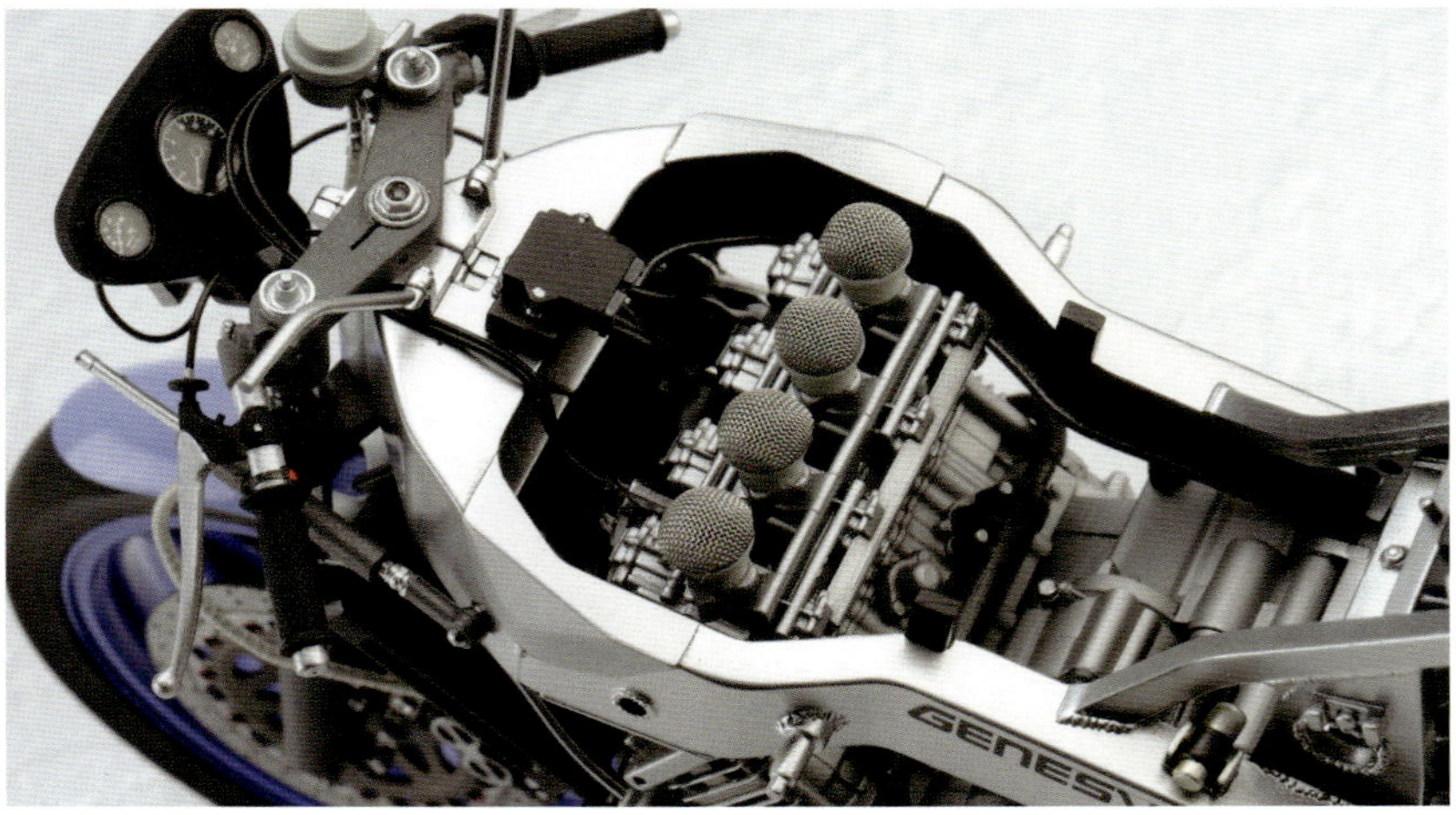

頭がないぶんスッキリとした仕上がりになります。車軸等はパイプに変更するとさらによくなるかもしれません。

カウルのスクリーンは、透明度は高いのですが、厚みにムラがあり像が歪んでしまいます。結構目立つ部分だったので思いきってバキュームフォームで作り直しました。透明度はいまいちで表面も荒れてしまったけど、効果はあったと思います。その他のクリアーパーツはキットのまま使用。なんとメーターのガラスまで付いています。メーターのガラスは平面を研ぎ直して使用すると反射がスッキリ輝きます。

パイピングに関しては、ハッキリ言って不親切。パイピングの指示はあるものの、パイプを挿すダボがなかったり、あるいは小さすぎて用をなさなかったりと、あちこち加工を強いられました。また、パイプが挿せても基部に強度がなくポロっと折れてしまう箇所もありました。パイプの切り出し寸法も切り出す前に一度確認したほうがよいでしょう。こうなったらもう、いっそパイピングの太さや材質まで見直してしまうことにし、作例ではブレーキラインには錫メッキ銅線に透明チューブを巻いて使用しています。ワイヤー類は外径0．5㎜程度の市販のコードに変更してみました。

細部まで作ってあるわりに、カウル類の着脱のことが考えられていないのも残念です。完成後にカウルステーと吸気ダクトが干渉するにはカウルやタンクを取り外す際にはカウルステーと吸気ダクトが干渉するのでなんらかの対策が必要です。作例ではとりあえずゴム系ボンドで双方を緩めに接着していますが、恒久的な対応とはなりえないので、たとえば磁石を使うなど先に対策を考えておいたほうがよさそうです。

◆最後に

このキットは、初心者には少々手強いかもしれません。でも、キットを受身で作るというのではなく、工作を楽しむというスタンスで積極的に取り組むと、スキルアップが図れるはず。模型に魂を込めるのは作り手の使命！　目覚めろ、俺のＦＺＲ～！（そして、止まるなＦＺＲ……）■

GENESIS

GENESIS

今回のお題はコレ!

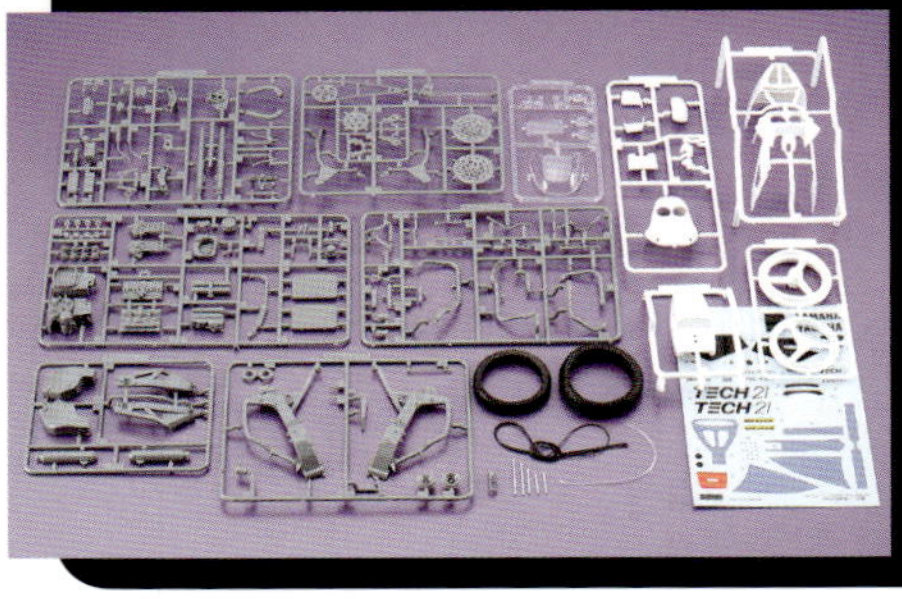

バイク好きモデラーにとっての「あのとき発売されなくて心残りだったマシン」筆頭、ヤマハFZR750 TECH21。フジミからの発売の報に狂喜乱舞した方も多いはず。ここでは、キットの構成を活かしつつ徹底的にディテールアップできる工作法を詳しく解説しよう

フジミ 1/12 ヤマハFZR750 TECH21('85) 製作（ほぼ）全記録

製作・解説／小田俊也

FZR750の作例を製作した小田俊也氏により、その工作過程を解説いただく「製作（ほぼ）全記録」。これを読んで、キミも「'85年 狂騒の夏の鈴鹿」、あの伝説のレースを模型で追体験してみよう！

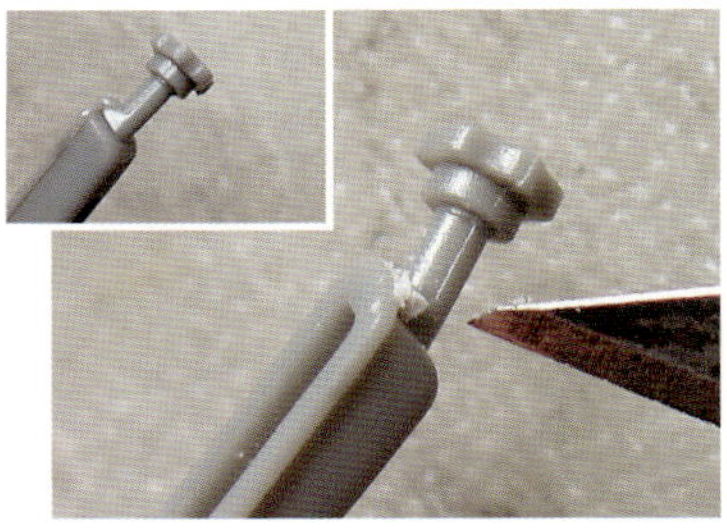

▲金型の都合で埋まってしまった部分を彫り出す。パイプが接続されている箇所なので、元の形を考えながら削っていく。こういった箇所の作り込みが全体の説得力につながるのだ

▲まずはクリアーパーツを切り出す。ランナーにつけたままにしておくとゲート部が曲がって白く傷むことがある。カットはエッチングソーを使って慎重に。ランナーから外して部品番号がわからなくなりそうな部品はマスキングテープで番号をふっておく

仮組みは大事です

どんな模型でも仮組みは大切なのだが、バイク模型ではなおさら。全体のバランスのチェックだけでなく、各パーツの合い、ヒケの発生状況、ディテールアップが必要な箇所、そして作業手順……、本格的な製作に入る前に確認しておかなければならないことは多岐にわたる。とくに作業手順については、思い付くまま進めていったのでは効率が悪いだけではなく、製作が行き詰まってしまうことさえある。しっかりとした計画を立てることが重要なのだ。

◀仮組みの段階ですでにシールドスクリーンをバキューフォームで作り直すことに決め、最初からそれを前提とした作り方をしている

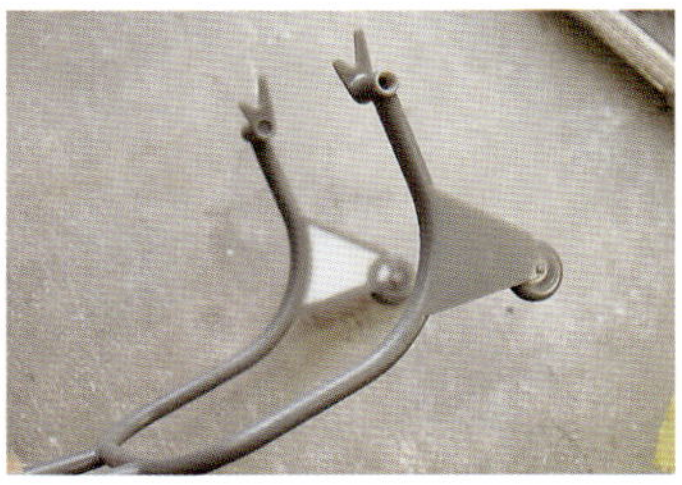

▲レーシングスタンドのような、いつ作ってもいいものは、気持ちに余裕があるうちにやっつけてしまうとよい。裏側の肉抜き部分はプラ板で埋めた。隙間は瞬間接着剤を充塡。受けの部分にも穴を空けて鋼管っぽさを出す

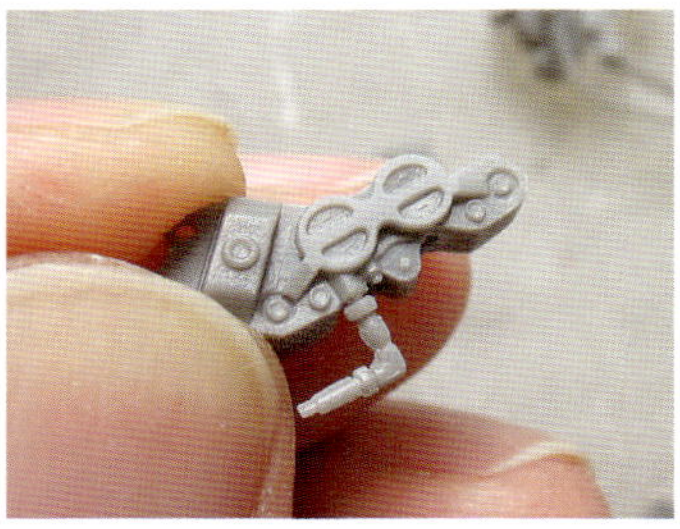

▲せっかくなので側面のディテールの部分にも軽くヤスリをあて平面を出しておく。この部分のモールドをシャープにすることで、「金属を切削して作った部品」っぽい風情になる

▲こういった箇所は面がピシっと平らになるように削ることで生まれ変わる。簡単な作業だが、右の写真と見比べると一目瞭然、説得力が一気に上がった（こういった作業が必要な箇所も、仮組のときにしっかりと確認しておく）

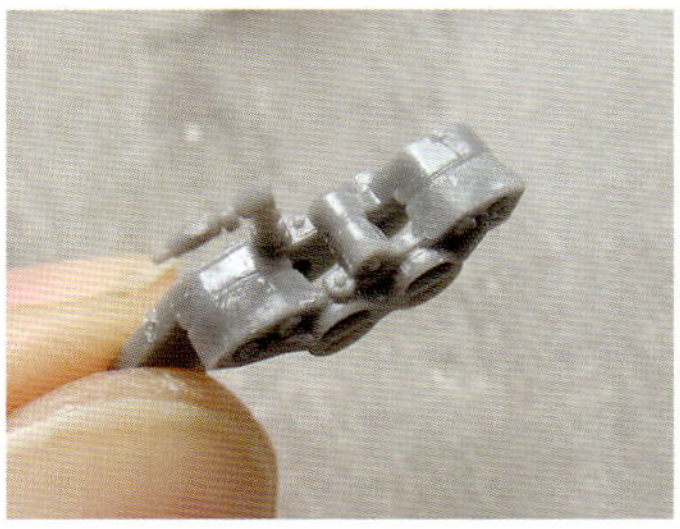

▲ブレーキのディスクとキャリパーが別パーツ、しかもキャリパーは2パーツ構成でディテールの再現度も高いが、金型からの抜きテーパーのおかげで各面がグニャグニャ……

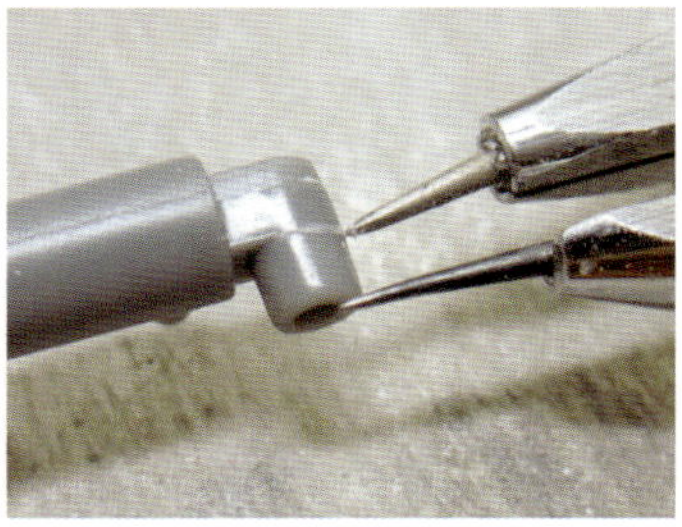

▲フロントフォークのボトム部分には前輪の位置決めカラーが一体成型されている。両針のスプリングコンパス（デバイダー）を使ってスジ彫りを加え、別部品感を強調する

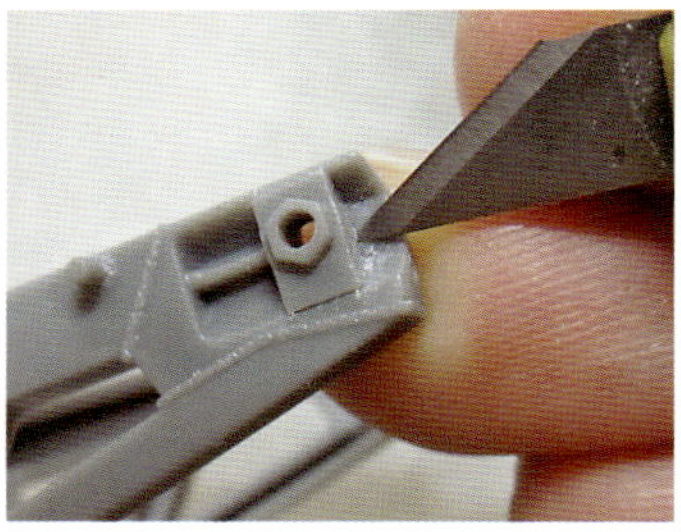

▲ついでにチェーンテンショナーの部分にも手を入れてしまう。軸受けブロックを別パーツのように見せるため、デザインナイフを使ってスジ彫りを入れる。ナイフを入れる方向に注意

▲平らにした面にあった溶接痕は当然なくなってしまうので再生する。まずは千枚通しの先でシワを寄せるように表面を盛り上げる。その上に筆でサーフェイサーを塗って滑らかに整える

▲スイングアームはもっとエッジの直角を強調して剛性感を出したい。抜きテーパーで盛り上がってしまっている部分を、サンドペーパーを貼った平らな板の上でヤスる

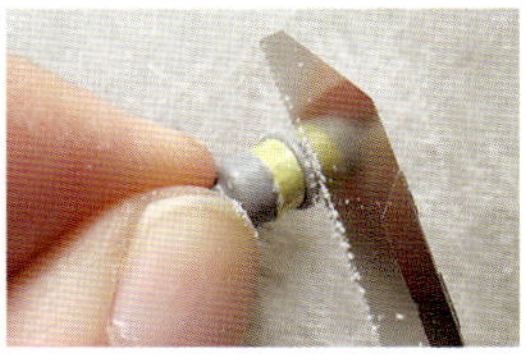

◀デバイダーで2等分されたリングのスジ彫り部分を、レザーソーを使って太くしていく。別パーツに見えるようになればいいので、切り離しはしない

▶次に周囲に刻みを入れる。上下で少しズラすのがミソ。リングはダブルナットの要領で固定しているのだ。これで「人が調整するパーツ」感を演出できる

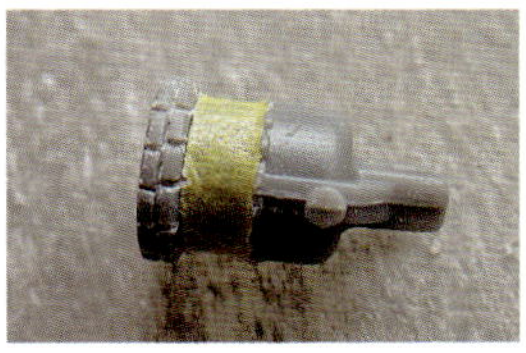

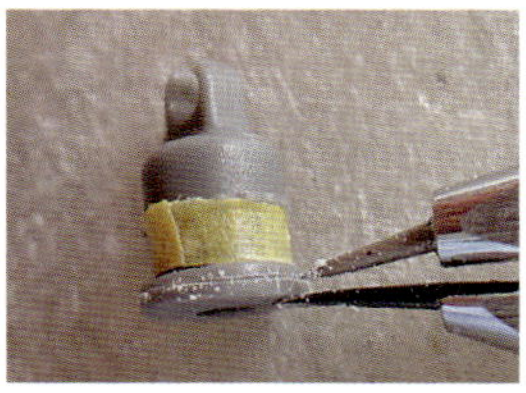

▲ダンパーのトップパーツに、イニシャル調整（スプリングをあらかじめ縮めておくサスペンション調整の機能）のためのリングを刻んでみる。まずは両針のスプリングコンパス（デバイダー）を使ってスプリング止めのリブをふたつに割る

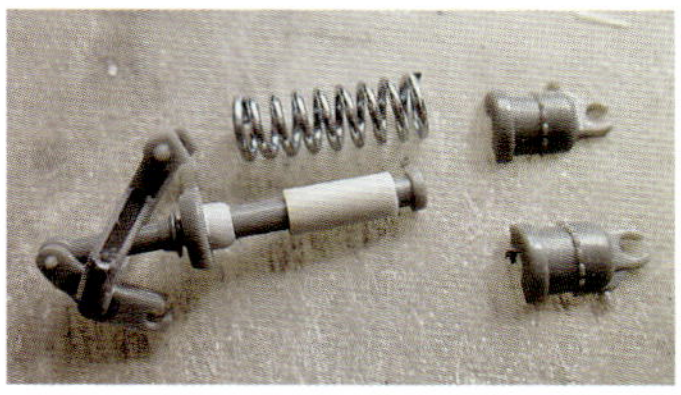

▲リアサショックのリンクはH断面をしているハズなのだが曲がり部分のリブがあるのみ。プラ板の細切りを端に貼ってそれらしく形を整えた。ダンパー部分にはアウターチューブがないのでプラパイプでアウターチューブとボトムブッシュを追加。ショックユニットは数㎜伸縮するようだったが意味がないので固定した

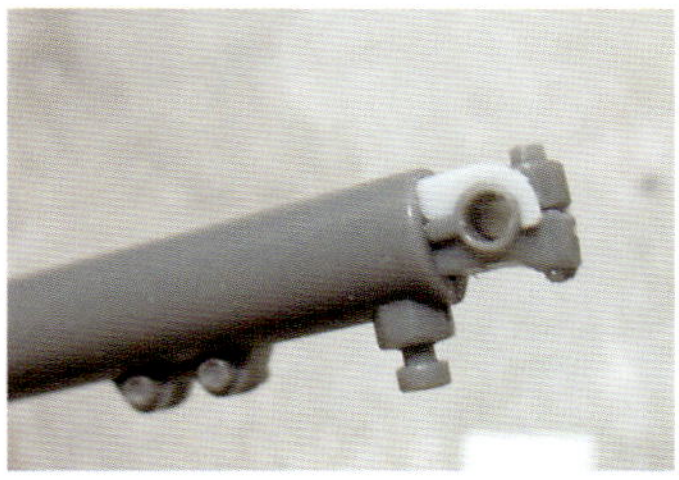

▲フロントフォークのボトム部分の工作の続き。右側の軸受けには軸の回り止めが付いているのでプラ板で再現した。耐久レースはタイヤ交換があるので、キャリパーのクイックリリース機構などアイディアが満載なのだ

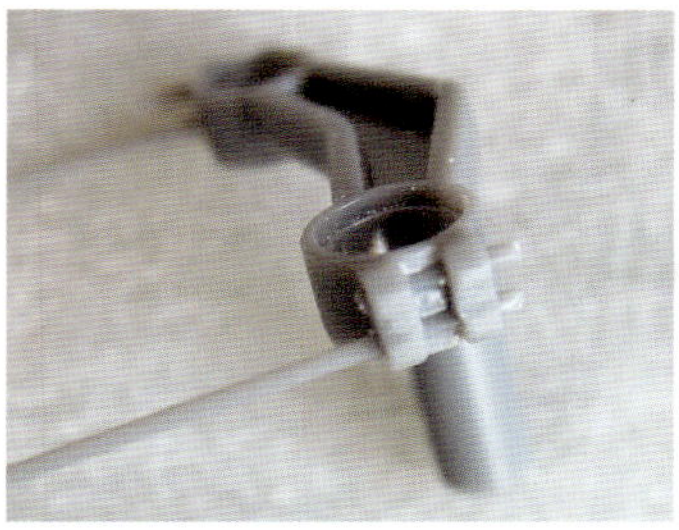

▲ボルトヘッドだけでなく、ボルトの軸部分も伸ばしランナーで再現する。フロントフォークはステムにボルトで固定され、ハンドルで直接操作する……といったことが表現できる

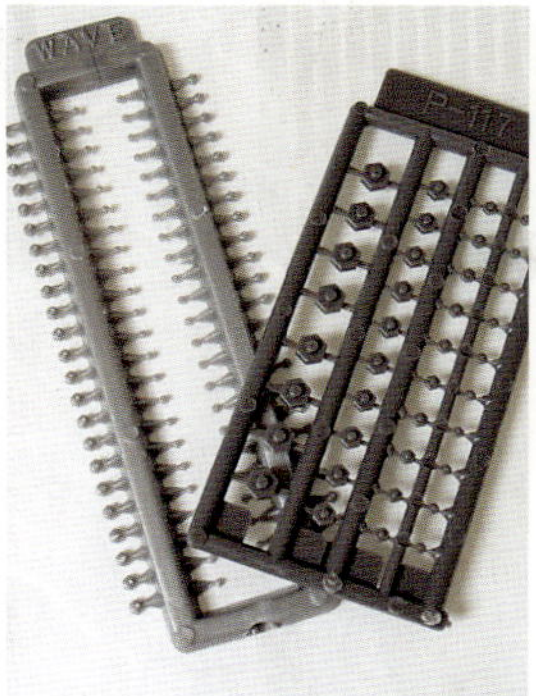

▶どういう形の部品がどのように組み合わさっているかを考えてディテールを再現していく。市販のボルトヘッドパーツ各種が大活躍する

▲ステム部分の工作に移る。トップブリッジにハンドル基部が一体になっているおかげで、クランプボルトがトンデモナイことに……。下側のクランプボルトも完全に省略されている

▲ショックユニットのディテールアップ終了。ダンパーのトップはこの段階では仮付け。塗装が済んでから接着する。なかなかカッコよくできたが、スプリングの部分はほとんど隠れて見えなくなっちゃうんだよなあ……

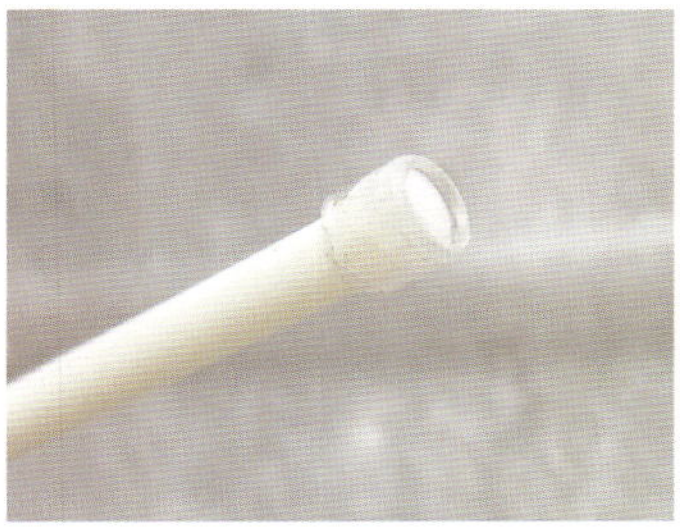

▲エンジンオイルの点検窓がないようなので、自作して追加する。プラ棒とプラパイプを組み合わせてこのような形のものを作り、クランクケースに穴を開けて埋め込んだ

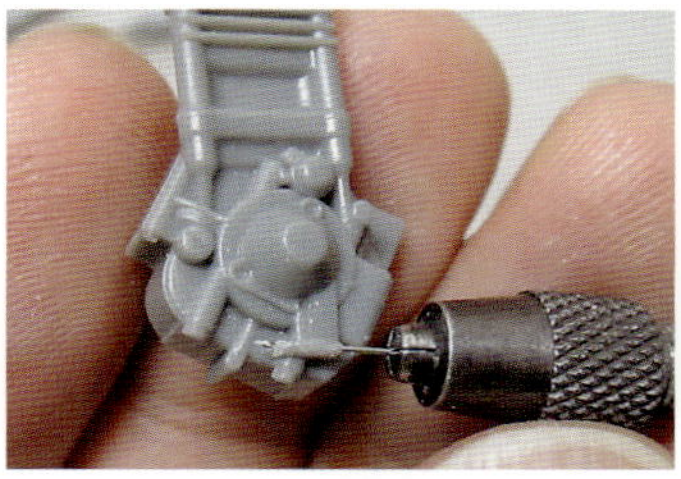

▲クラッチワイヤーの受けは左クランクカバーにある。このままではパイピングできないので、とりあえず下穴を空けておく。エンジンが組み上がってしまうと作業しづらいので、パーツの段階でやっておこう

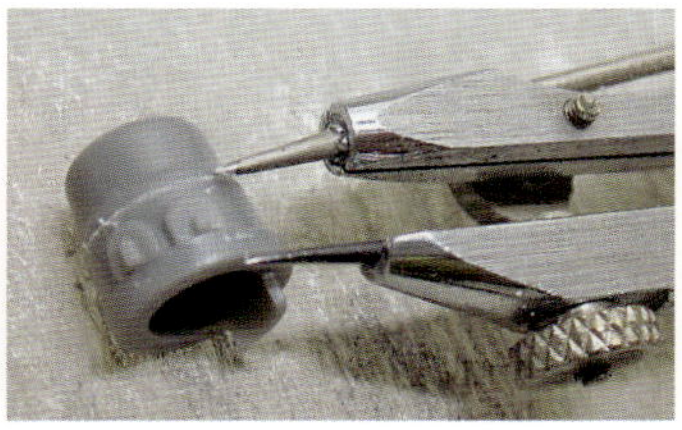

▲オイルフィルターはキレイな青竹色。基部にエンジンと同色の水冷オイルクーラーが付く。ココは部品を切り分けてしまったほうが作業性がよくなる。底面から一定位置にケガきを入れるのに、また両針スプリングコンパスが大活躍。その後、エッチングソーで切断する

▲トップブリッジとハンドルを別パーツのように彫り込むと効果が大きい。追加したボルトはトップブリッジのステム軸の割りを締め付けるボルト、ハンドルバー取り付けボルト、下部クランプボルト。なかなかそれらしくなった

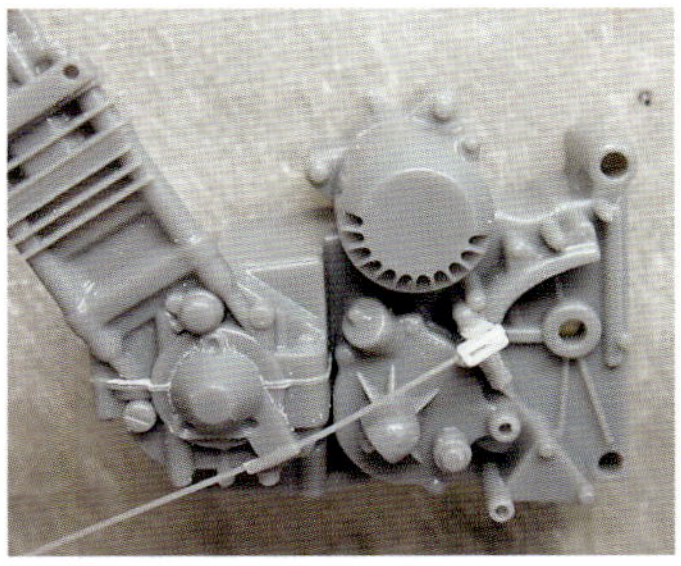

▲仮組み。こんな感じにクラッチケーブルがつながる（実際にクラッチケーブルを取り付けるのは、完成直前の仕上げ作業のときになる）

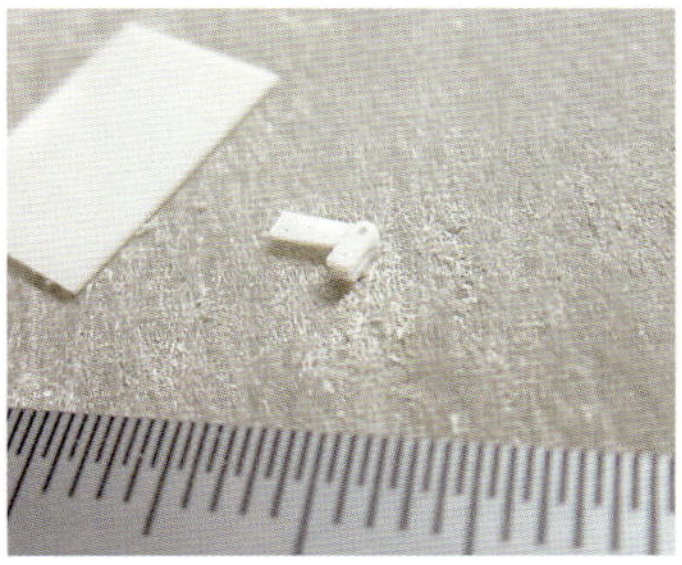

▲クラッチレリーズレバーは0.3㎜厚プラ板をL字に積層して作った。2重になっている部分にワイヤーを取り付ける

▲クラッチレリーズレバーを作る。その前に取り付けシャフト（スプロケットのシャフト穴とウォーターポンプのあいだにある縦棒）にプレッシャーアームを作る。プラ片を接着し、突起のように整形する。また、レバーを差し込むスリットを切っておくようにする

▲エンジンオイルの点検窓は、位置的にはココで合ってるはずなのだが、よく見るとオイルパンのボルトが通ってる。まぁ、ボルトはフレームで隠れるし……。オイルパン側面にはネジがあるが、これは多分ドレンボルトだろう。プラ棒から削り出して両サイドに接着した

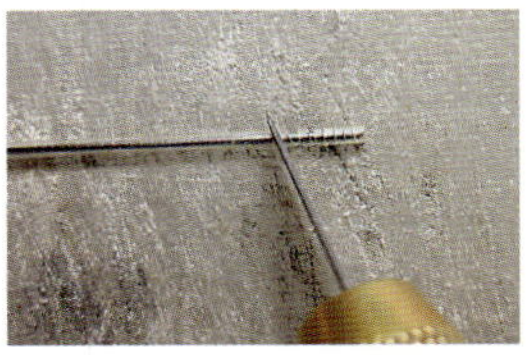

◀透明チューブを適当な長さに切ったら、そのなかに金属線を通し、カッティングマットの上で転がしながら、よく切れるナイフでらせん状にカットしていく

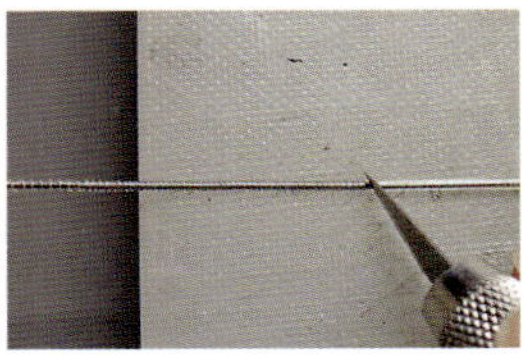

▶コロコロコロコロ切り出していく。けっこう長さがあるので、できるだけ同じピッチに揃えていくのも大変。少々の熟練と根気が必要な作業かもしれない

▲実車ではブレーキホースはスパイラルチューブで保護されているので、これを再現してみることにする。今回使用したのはタミヤの1/12F1キットに付属していた透明チューブだが、適当な太さの透明チューブならなんでもいいだろう

▲半円形の凹みを削って形を整えたあと、プラ棒から切り出したものをそこに合わせて接着する。そして上半分を削り取れば修正完了

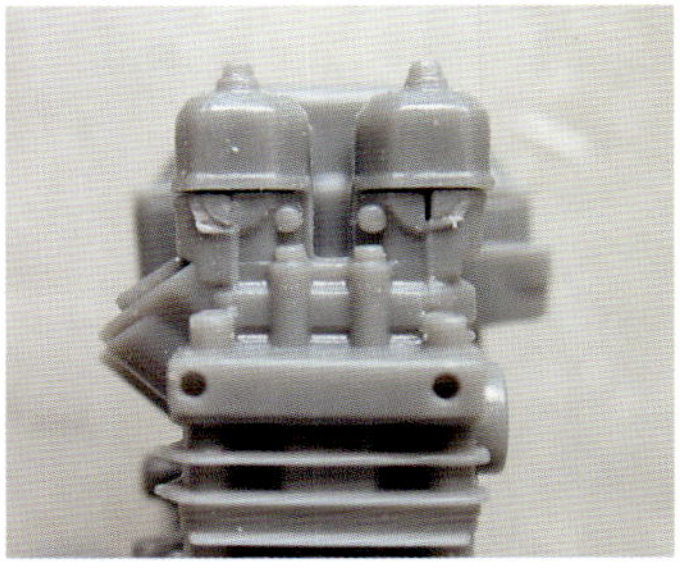

▲パーツ分割の関係で、カムシャフト穴のディテールが潰れてしまっているのが残念。個人的に拘りたい部分なので修正することにする

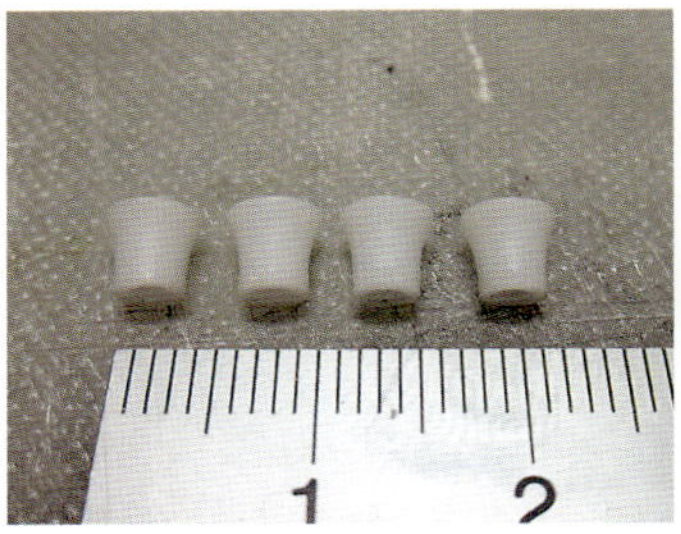

▲形を出し終わったらドリルを止めて糸ノコで切断。精度的にはそれほどよくはないが、これで充分だったりする（とはいえ、必要数＋αを作って程度のよいものを選択している）

▲1㎜厚のアルミ板で作った「バイト」で形を整えていく。必殺の素手送り！。ケガしないように。プラ棒だったらアルミ板でも挽けるのだ

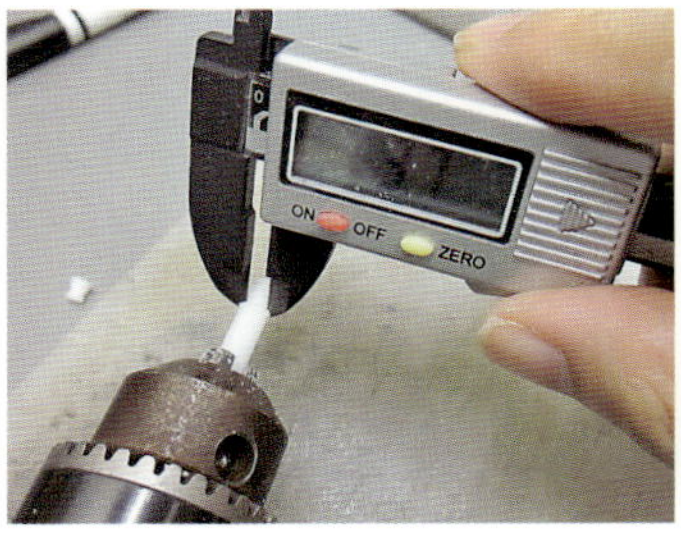

▲ファンネルは同形のものが少なくとも4つ必要なので、大まかとはいっても、いちおう寸法管理をしている。トップとアンダーの寸法をノギスで測りながら形を揃えていく

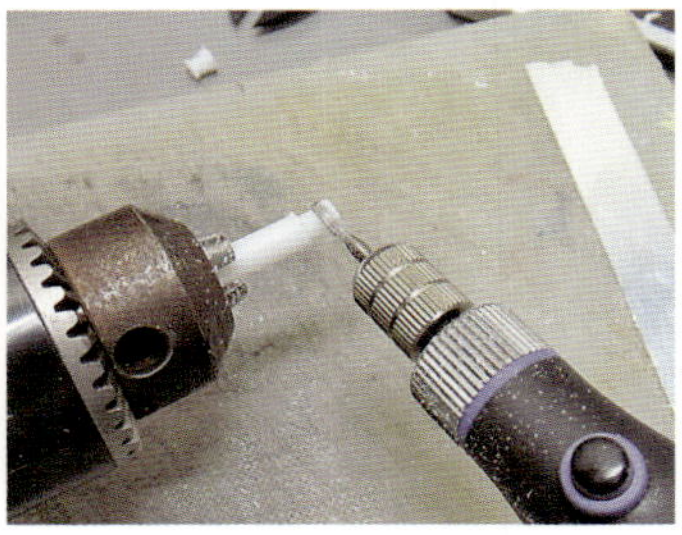

▲電動ドリルを旋盤代わりに、ファンネルを作る。5㎜径プラ棒をドリルに噛ませてゆっくり回転させながら、リューターで大まかな形に削ります。必殺の「両手に電動ツール」！

案ずるより産むが易し？
ファンネルカバーを自作してみよう

吸気＆気化をインジェクションではなくキャブレターで行なっていたころのレーシングマシンでは、エアファンネルの入り口にはよく金網のカバがついていた。ドーム状のこの網は、バイクだけではなくF1等の４輪レーシングマシンでもよく見られたものなので（とくに'70年代F1を作る際には、必須項目と言ってよいだろう）作り方を覚えておくとアフターパーツ要らず。適切な道具を使えば、けっこう簡単にできてしまうのだ。

▲キツイほうの雄型では、木槌で雄型を軽くトントンと打ち込んでいく

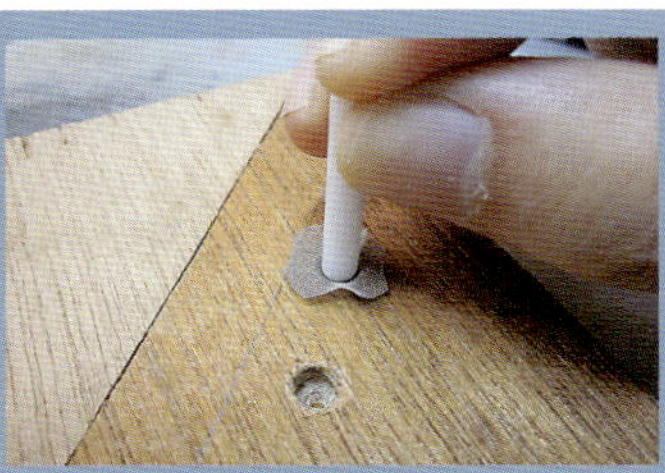

▲ステンメッシュを雌型の上にのせて、プラ棒で作った雄型でギュっと押し込むようにする。雌型は微妙に大きさの異なるものをいくつか作っておき、緩いほうからはじめて、徐々にキツいほうへ移るようにするとよい

▲ステンメッシュでファンネルカバーを作る。メッシュは布のようにこまかいものを使った。ベニヤ板に開けた穴は雌型。雄型はプラ棒で作る。メッシュにはいったんマスキングテープを貼り、おおまかな形にケガキ線を入れて金鋏でカット。切り出したらテープを剥がす

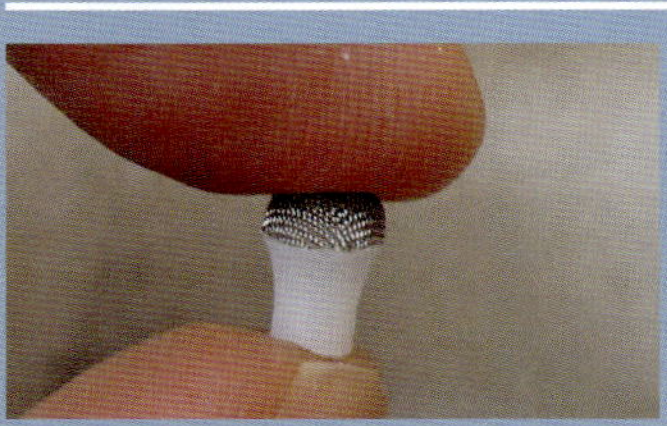

▲ファンネルの上にのせてみる。なかなかいいカンジ。しかし、このあとキャブレターやエンジンと組み合わせて仮組みを行なってみたところ、高すぎて上に被さる燃料タンクに干渉してしまった。こういうときはファンネルの下側をカットして調整する

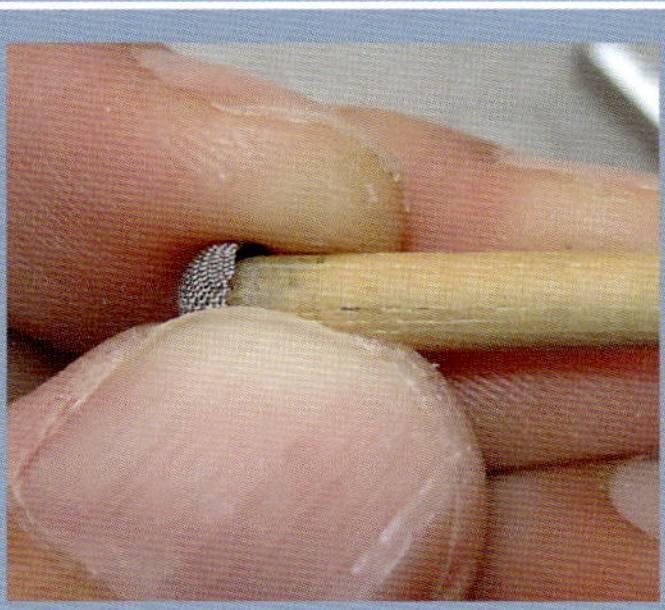

▲修正作業は簡単。先端が丸くなった筆の柄などを使って押し込んでやればよい

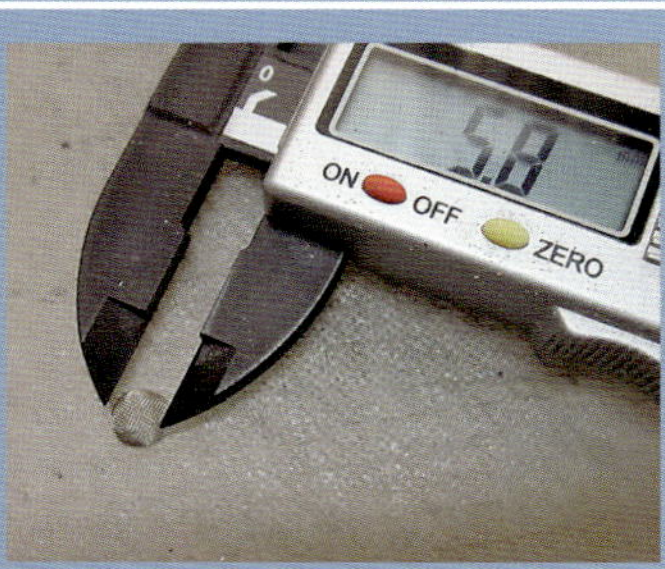

▲切り取り作業をしているうちに若干広がってしまったようだ。今回は４つ必要なので、すべて同じ大きさにする必要がある

▲型から外すと金網の帽子ができあがっているので、その帽子のつばを切り落とす。最初は金切り鋏でザックリと。次にエッチングパーツ用のハサミでこまかくで仕上げていく

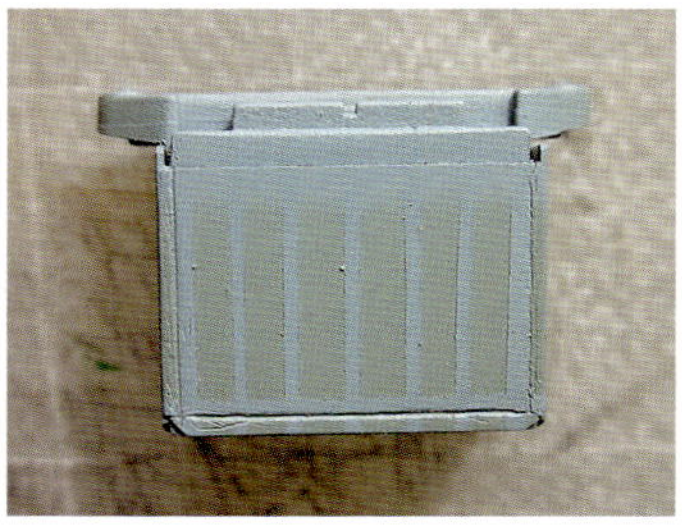

▲マスキングの際、上部に貼るテープを少し浮かせて、グラデーションがつくようにした。なかなかうまくいったが、じつはココは完成後はほとんど見えない場所だったりする……残念

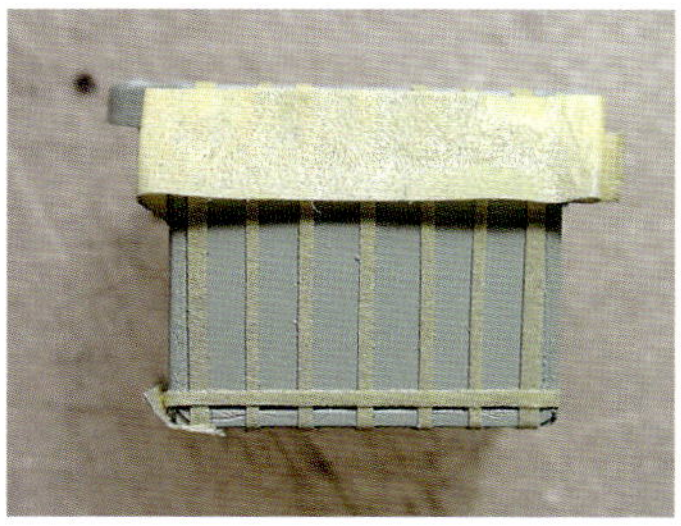

▲まずはケース全体を薄い緑に塗る。その後、内部にある６つの部屋を再現するためにマスキング。少し濃い目の色を塗ると内部が透けて見えているような感じになる

▲バッテリーの塗装。バッテリーは半透明の樹脂性なので、白や透明のレジンで複製して透けを再現するという方法もあるが、今回は塗装のみでそれを表現してみることにする。

▲バッテリーはアルミのケースに収まっていて、そのケースのサイドにはスリットが切ってある。部品に凹みを彫刻するのは容易ではないのでスリットをあけた0.2㎜厚のプラ板を貼り付ける

▲大きさ（長さ）はこの程度。必要な長さ、本数はあらかじめ調べておく。端の部分は、フックにひっかけて所定の場所に取り付けたあとに切除するので、この段階では長いままでよい

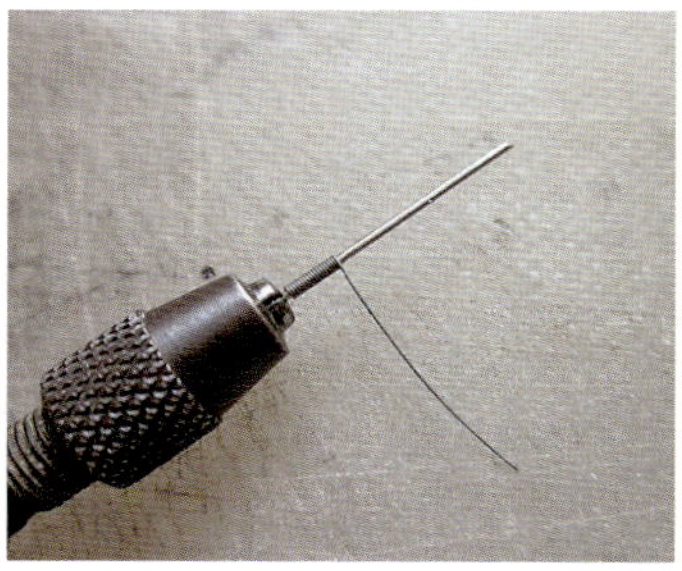

▲芯線の端を90度に曲げ、チャックに引っ掛けてクルクル巻き取るように隙間なく巻いていく。巻き終わりをまた90度曲げれば完成

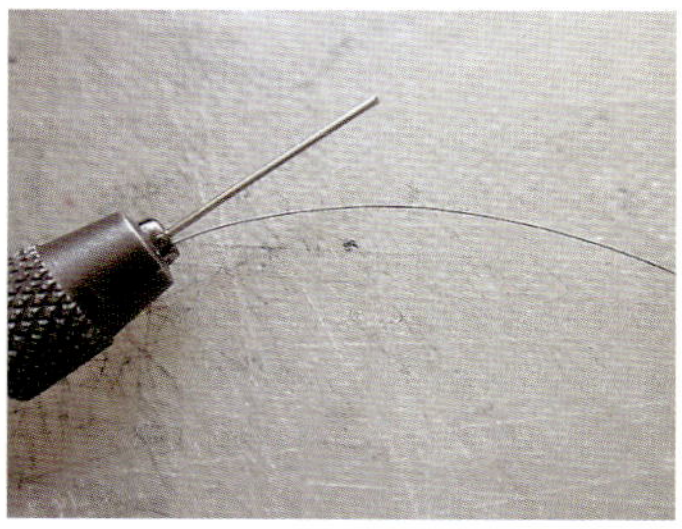

▲ピンバイスに0.5㎜径程度の金属線をくわえて、そのとなりにスプリングにする金属線をセットする。0.5㎜線にくるくると巻き付けることにより、極細のスプリングを作っていく

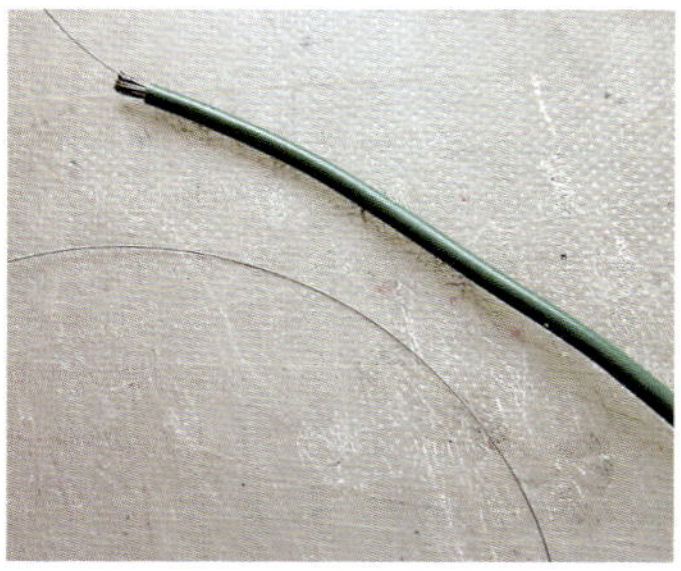

▲排気管の接続部はスプリングでジョイントされているので、これを作る。材料は電線の芯線。今回は0.1㎜径程度のやや太目のものを使用

▲加工はまずなかの穴を空けてから、周囲をカットしていく。取り付けボルトは伸ばしランナーでソレっぽく。ちなみにこの部品、作ったはいいものの、フレームに干渉してしまったためにあとで修正を強いられることに……

▲次はエキゾーストパイプとエンジンの接合部、フランジを作る。エンジンとエキゾーストパイプの接続部分のスプリングはこのフランジに引っ掛けてあるのだ。材料は食パンなどの口を止めているクリップ、0.7㎜厚でプラモデルと同じスチロール樹脂製。まずは表面をケガく

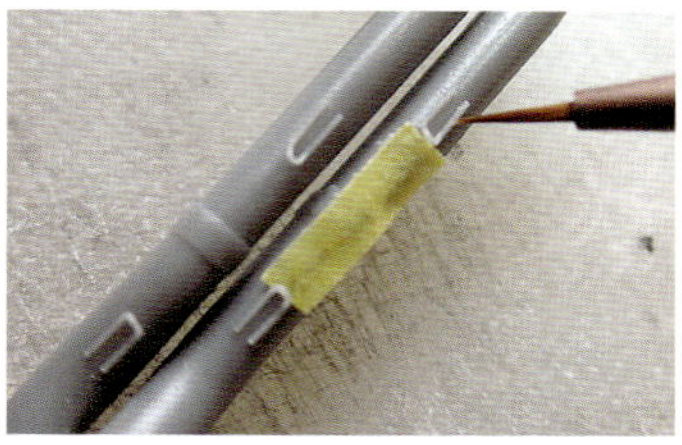

▲さらにそのUの字部分をピンセットで少し持ち上げた部品をいっぱい作る。よい状態のものを選んで、排気管の接続部の両端にこの部品を接着。スプリングの長さに切ったマスキングテープであたりを付けて、位置と幅を調整。流し込み接着剤を使って、取り付ける

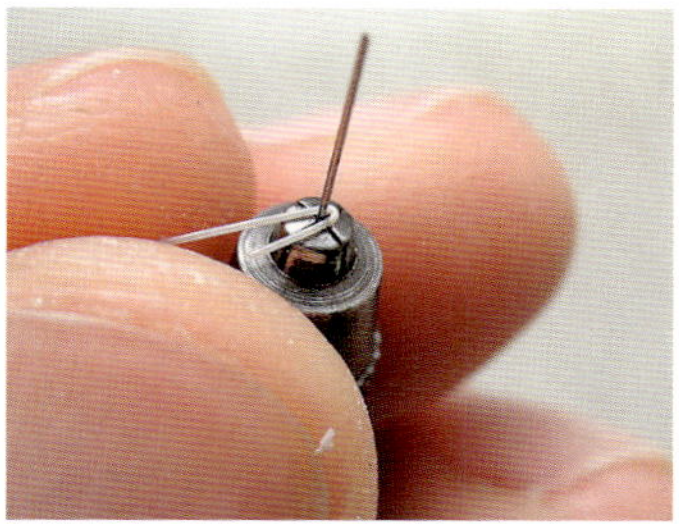

▲排気管のスプリングの受けを作るのに、太さ0.3㎜程度の伸ばしランナーを用意する。太さを揃えた伸ばしランナーをUの字型に曲げる。ピンバイスに0.5㎜の金属線を咥え、クイっと

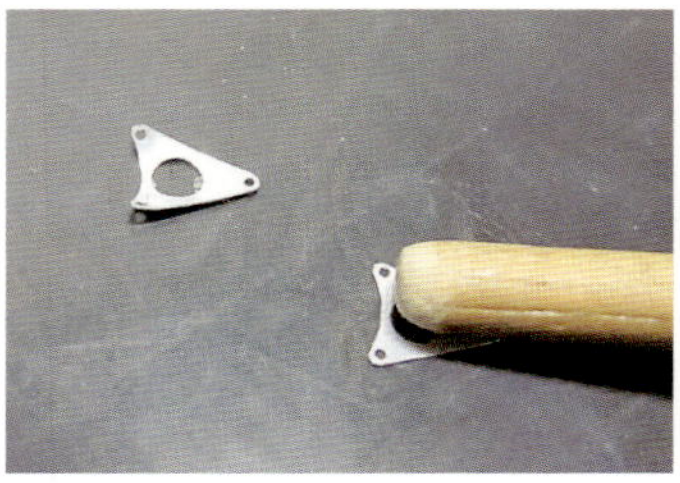

▲なかの丸穴を開けたら外形を切り出す。直線カットはカッターでスジを入れて、数回折曲げればＯＫ。アールはヤスリで仕上げる。切り出した部品を硬質ゴム板の上などにのせて筆の軸などを押し付けて丸みをつける

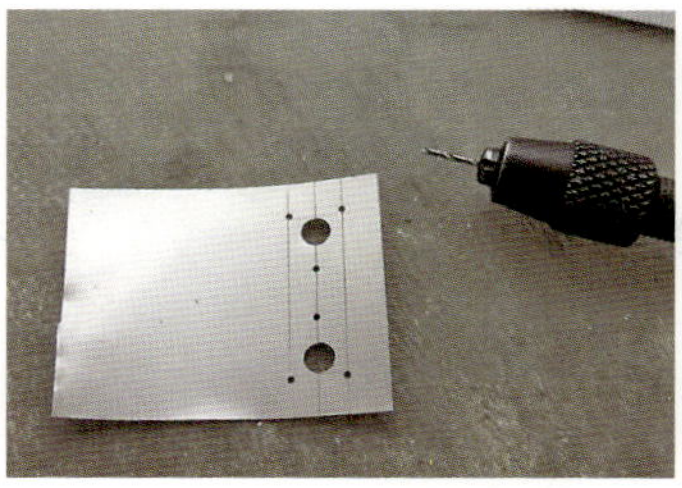

▲サイレンサーのスプリング受けを作る。薄い部品なのでアルミ板を使うことにする。材料は空き缶。適当な大きさに切り取って、裏に罫書く。先ほどのエキパイのフランジと同様になかの穴から加工をはじめて……

▲フレームの裏側、ダウンチューブの部分は見えそうだったので肉抜き穴を埋めてみた。実際はそれ程目に付く部分ではなかったか……。むしろスイングアームの裏を埋めるべきだった

▲クラッチは少々残念なことにヨレヨレなので修正。まずは表面のボルトをナイフで切り取り、後で元通りに戻せるよう下穴を空けておく。ボルト周囲のスジボリを太くしっかり掘り込み、プレッシャープレート表面はサンドペーパーを当てて平面を出す。プレート周囲に溝を切り、プラ板の帯材を貼ってハウジングを表現。最後は切り取ったボルトを元に戻す

「TECH21カラー」はフィニッシャーズカラーで再現すると楽々

▲薄い紫色は「21パープル」、濃い紫色は「ジェネシスブルー」（ともに税込486円）

「TECH21カラー」の微妙な淡いパープルは自力で調色しようとするとかなり難しいのだが、ありがたいことにカーモデラー御用達のフィニッシャーズから専用色がキットと同時に発売。もちろんこれがキット指定色となっている。カウルの塗り分け部分はデカールも用意されているが、マスキングは簡単なので塗り分けてしまったほうがむしろ簡単かも。

▲白で外装の塗装の下塗り。裏は本来はFRPで外の塗り色が透けているのだが、ブラックアウトしたほうが模型映えすると思い、あらかじめ黒く塗ってマスキングしておいた

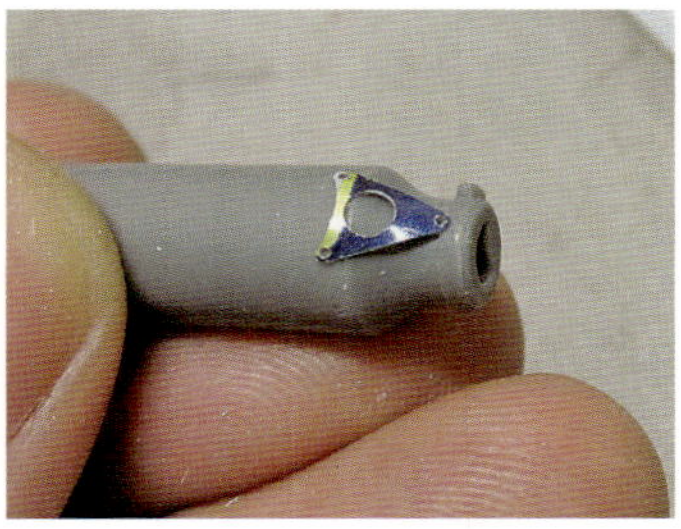

▲ということでサイレンサーのスプリング受けができた。サイレンサーへの取り付けは、リベットを追加するときにとも締め状態としようと思う（実車と同様の方式）

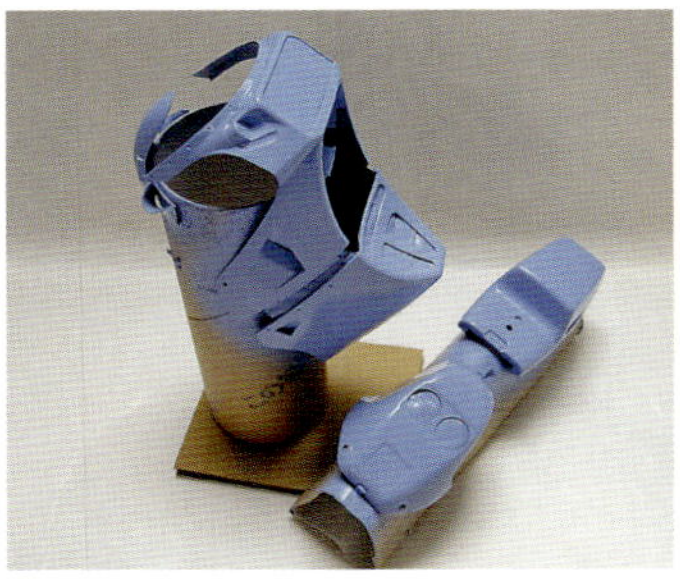

▲いよいよカウルの塗装の工程に。まずは「21パープル」を全体に塗装。イメージにピッタリの色で、懐かしくて涙が出そう

▲チェーンはキットのパーツを使用するが、ローラーとアウタープレートをはっきりさせるため、スジを入れておいた。ここでも両針のスプリングコンパス（デバイダー）が大活躍

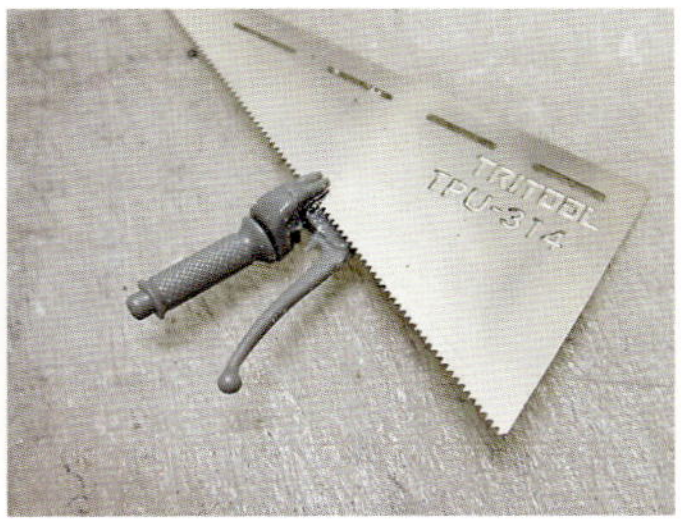

▲パイピングの指示がある割に、基部がない部分がある。アクセルワイヤーもそのひとつ。エッチングソーで割りを入れておいて、コレをきっかけにディテールを掘り出す

▲エンジンやキャブレターは凹凸が激しいので吹きつけが届かない部分も出そうだ、あらかじめ奥まったところはブラックアウトしておくと万一色が乗らなくとも自然な陰影になる。

案ずるより産むが易し？ パート2

バキュームフォームをやってみよう

レーシングバイクを多く作っていくとなると、かならずシールドスクリーンの問題にブチあたる。透明度が足りない、厚みが不均一で向う側が歪んで見えるなどという場合には、作り直したくなってくる。そこで必要になってくるテクニックが「バキュームフォーム」。ここでは紙幅の問題上、概略しかお伝えできないが、まずは「ベテランでもこれだけ失敗してるんだ」という事実を知り、そして失敗を恐れずチャレンジしてみよう！

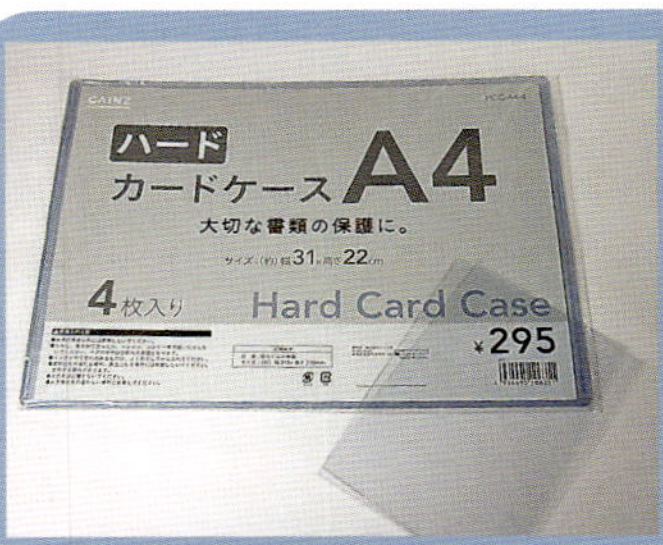

▲使用した塩ビ板はカードケースから切り出したもの。精度はそれほどよくはないものだが、どうせ変形させてしまうのだから問題無いかと。なにより安いし

▲木枠にセロテープで固定した塩ビ板を電熱器で柔らかくし、型に被せて周囲の空気を掃除機を使って吸い出すのがバキュームフォーム。型はキットのスクリーンパーツを紙粘土で裏打ちしたものを使った。少し高さと絞りがあるほうが形を出しやすい

▲シールドスクリーンをバキュームフォームで作り直すことにしたので、まずはその準備。左は電熱器。右がタッパーに穴を開けて自作したバキュームフォーマーだ

▲さらに白状すると、完全にダメなものもこんなに。電熱器の熱量が弱いとなかなか塩ビが柔らかくならない。ちなみに、塩ビからフワっと白煙が出るあたりが適温のようだ。

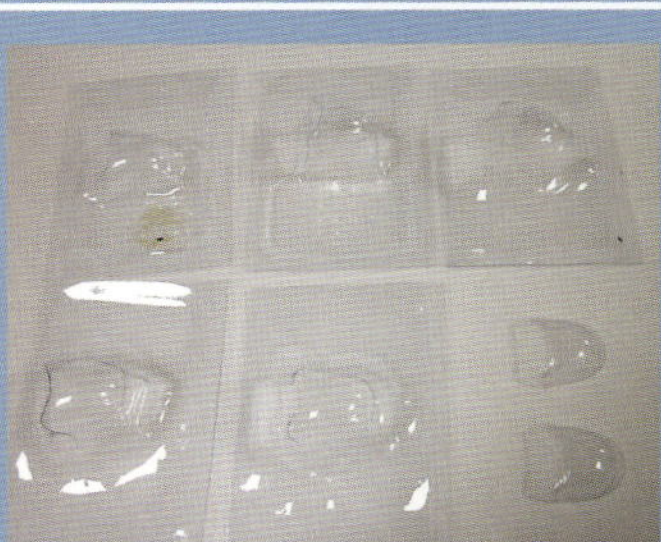

▲……とは言いつつ、じつはなかなかよいものが絞れず、何度もトライしたうえで、いちばん状態のよいものを使用している

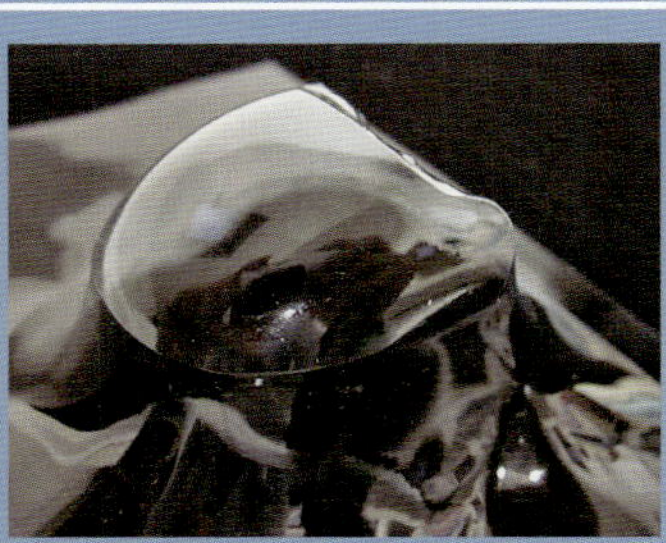

▲塩ビを熱し、掃除機で空気吸うと、「バシュ！」っと一気にかたちになる。絞った塩ビは大きめに切り出して徐々に不要部分をカット。最後はヤスリで断面を整える。

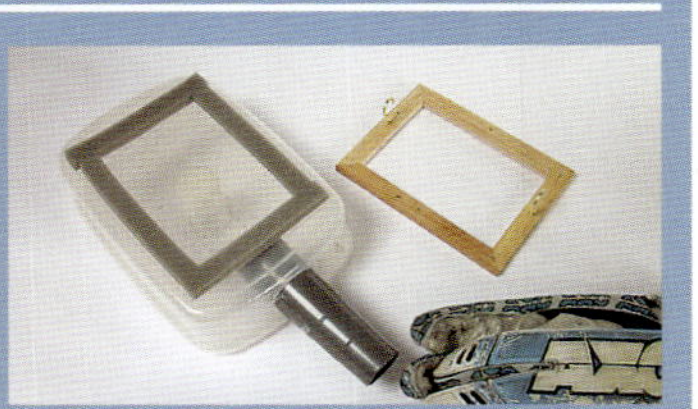

▲バキュームフォーマーは数百円で自作可能。穴を開けたタッパーの側面に掃除機のホース継ぎ手を取り付ける。木枠は写真立てのフレーム。フレームの大きさに隙間スポンジを貼っておく。成型時に中央部が凹んでしまうので、中にゲタ（フィルムケース）を入れてある。塩ビを暖めるのは熱いので、皮手袋も用意

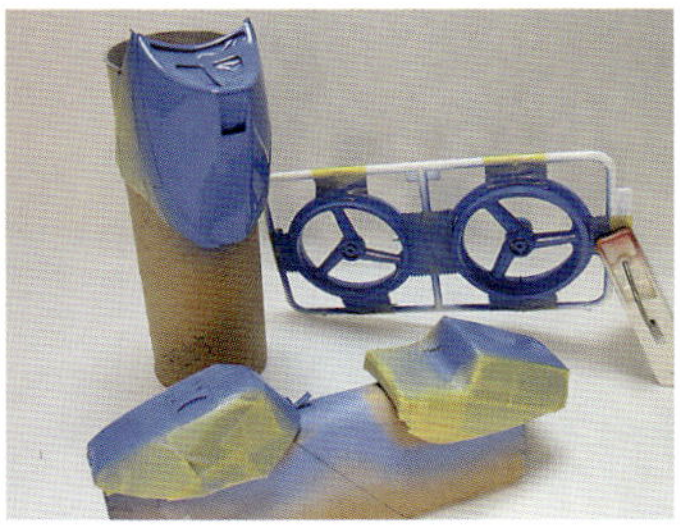

▲マスキングができたら、「ジェネシスブルー」を吹く。これまた絶妙な色具合。しかしマスキングを剥がしたらタンク後部に浸み込みを発見して、修正作業を強いられるハメに……

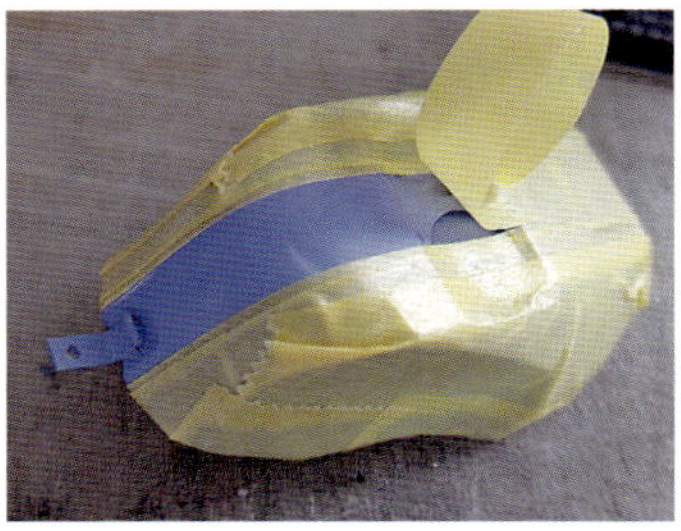

▲このようにいったん中央に貼ったテープを剥がす。シートカウルも同様にマスキングするが、そちらはラインが尻すぼまりになるうえに、後端はアールもつくのでけっこう難しい

▲それをタンク上面中央に貼る。ただしこれはアタリ用のダミーで、その両脇にさらにマスキングテープを貼って、マスキングとするのだ。マスキングテープのフチはよく切れるナイフで切った、シャープなモノを使用すること

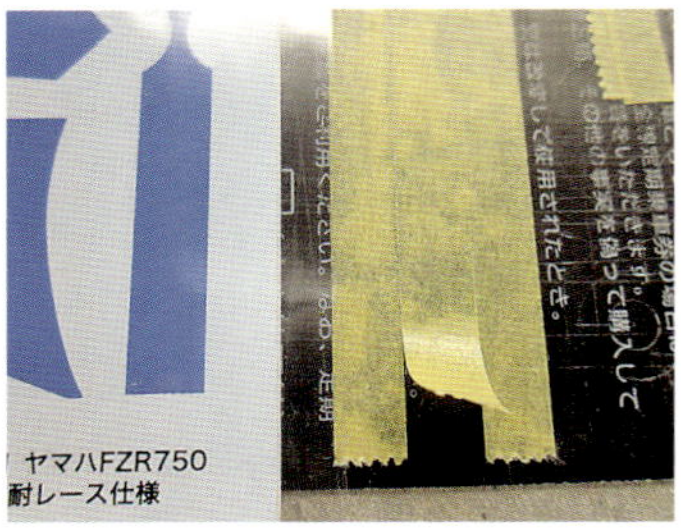

▲濃い青はタンクとシートカウル上の濃い青のラインも今回は塗装で再現してみることとした。まずはデカールを参考に、まったく同じ幅のマスキングテープを切り出す

▲ローラー部分を全周表裏描き込んだら、細切りマスキングを貼って養生。これからプレートやスプロケットの塗装を行なう

▲チェーンのローラー部は一度ツヤ消し黒で全部塗りつぶし、凸部、つまりローラーの部分を銀色でチョンチョンと描き入れる。絶えず金属同士がこすれあってる箇所なので、クロムシルバーなどの金属感の高いシルバーを使う

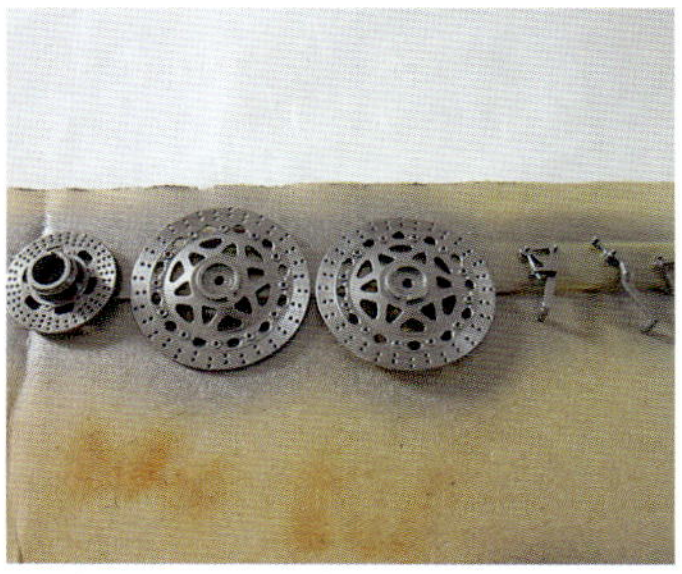

▲本来はシルバーで塗装するパーツ群だが、ブレーキディスクやステップの裏側はガンメタルで塗装し、存在感を抑える

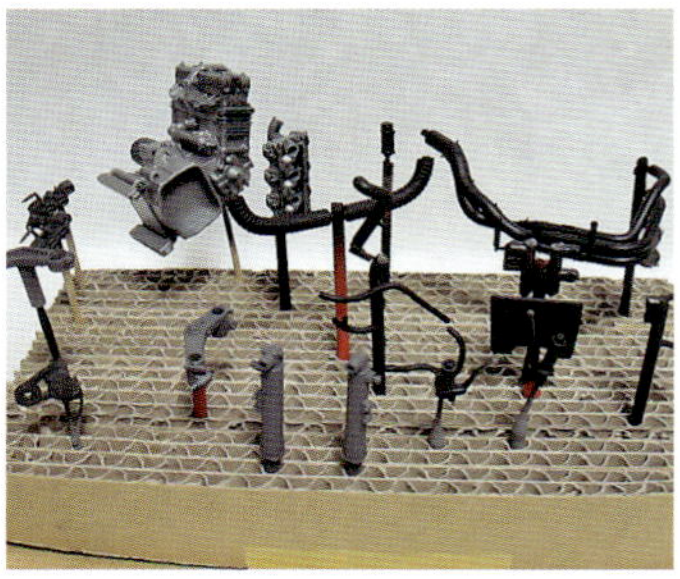

▲小物部品は持ち手を付けると塗装しやすい。ダボ穴部分を利用してランナーに仮付けしたり、持ち手の付け方はけっこう頭を使う

▲マスキングの境目のバリを取る。最初はデザインナイフを使って削っていたが……

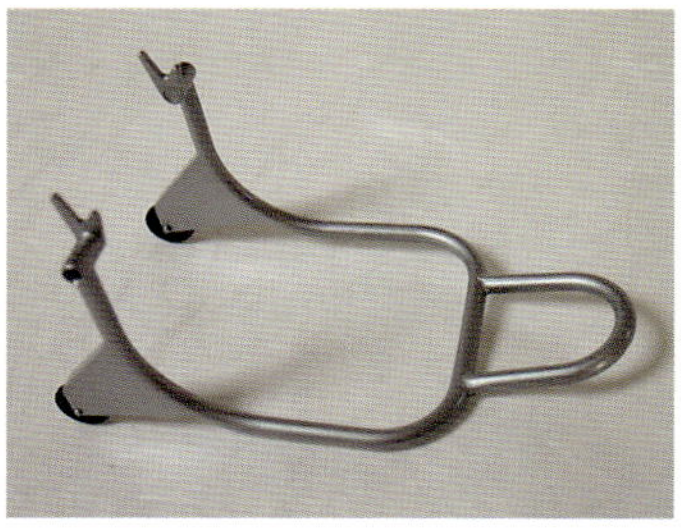

▲これまた銀のパーツだが、「塗装」の銀を表現。GSIクレオスの銀にクリアーを混ぜて、少し厚めに塗り重ねている。こうするとシットリと落ち着いた銀となり、下地の荒れの影響も少ない

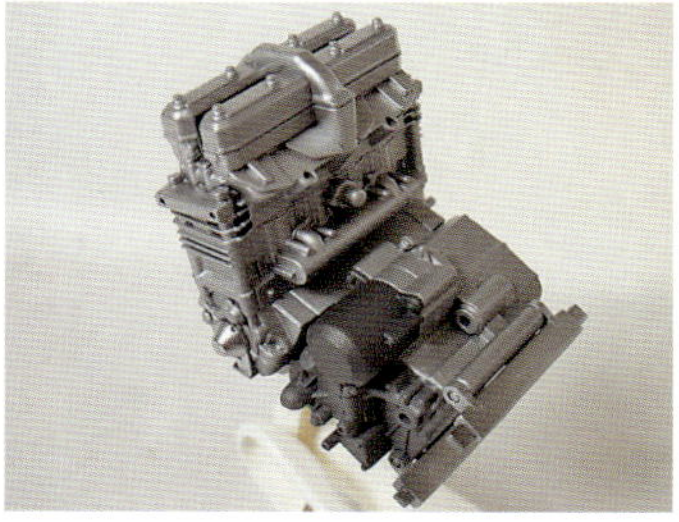

▲エンジンはGSIクレオスの８番のシルバーを基本に少々くすみを出してみた。クランク軸カバーはガイアノーツでアクセントを付けている。ちなみにこの状態で５階調の濃淡を付けてある

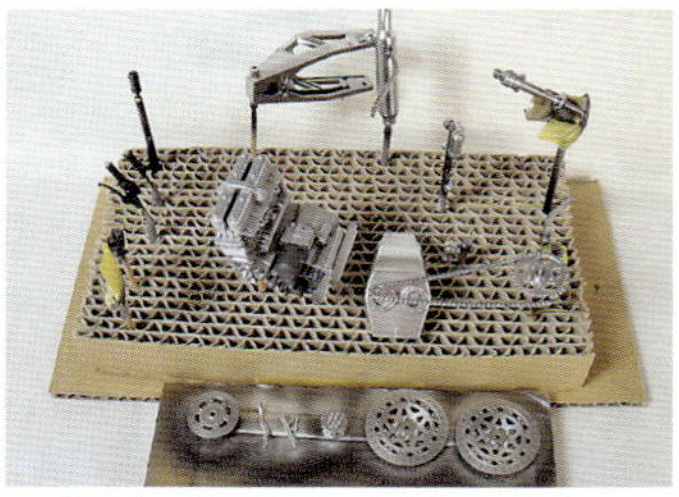

▲組み立て説明書ではこれら部品の塗装はメッキシルバーネクストの指示になっている。しかしここから先の塗り重ねのことも考え、今回はガイアノーツのEx.シルバーを使用した。メッキシルバーほどではないがなかなかの高輝度だ

▲フロントゼッケンはヘッドライトカバーを仮止めして貼り付ける。よくなじませ、乾燥したらいったん切り離す。クリアーコートのためだ

▲デカールは位置の基準になりそうな大きなものから貼りはじめて、それに合わせて周囲のデカールをバランスを見ながら貼っていく

▲デカールを貼って少し乾燥したら、カウルの切れ目をナイフでカット。必ずよく切れる刃を使うこと。カットした部分や凹みに馴染ませたい部分もしっかり密着させる。マークソフター等、デカール軟化剤などを使うと効果的だ

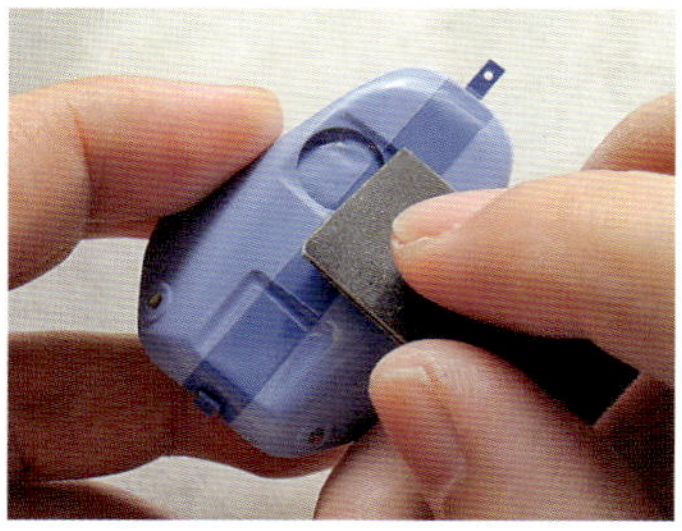

▲塗膜を傷つけてしまいそうだったので途中からサンドペーパーに切り替えた。が、表面が削れると少し色味が変化してしまうかもしれず、これはこれでけっこう神経を使う

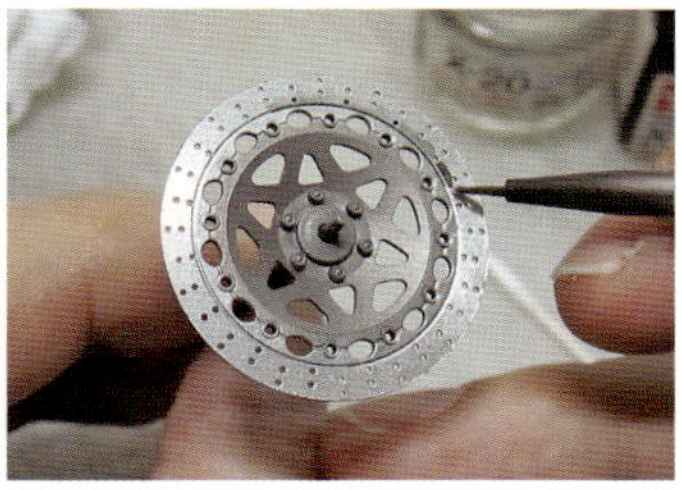

▲ディスクローターに擦り痕を表現する。同心円状のモールドは施されているので、エナメル系塗料のガンメタルでアクセントを付ける。楊枝に刺してクルクル回しながら塗ったり綿棒で拭ったりしつつ着色していく

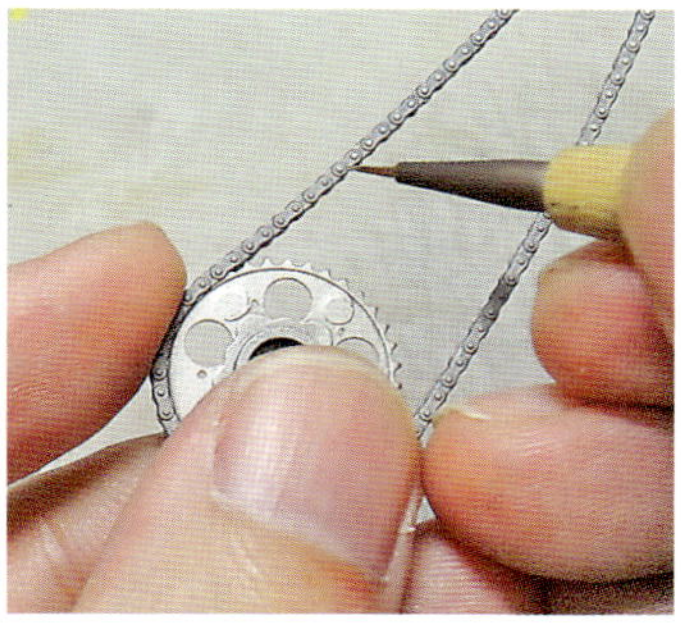

▲チェーンのピンのカシメに色を乗せる。塗料の濃度を塗りやすいように調節しよう

▲スプロケットをマスキングして、チェーンのアウタープレートを塗装する。丸いマスキングシートはサークルカッターで切り出すと早い。マスキングを剥がすとローラーが顔を出す

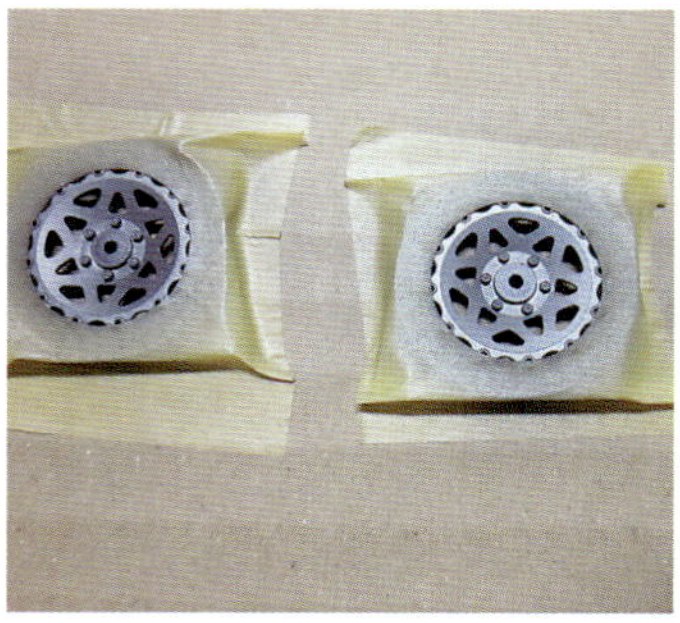

▲ブレーキディスクは外側を丸くマスキングして、内側を少し赤めのメタリックグレーで塗装

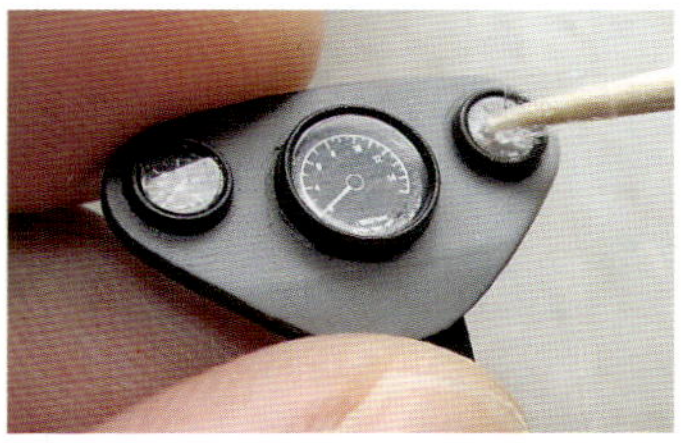

▲このキットはメーターのガラスまでパーツ化されているこだわりっぷり。このパーツは両面テープを巻いたつまようじを使って取り付けるとよい。接着剤には酢酸ビニル系ボンドを使う。ガラスのパーツの周囲に塗れば、収める際にはみ出してもメーター内に入るリスクは少ない

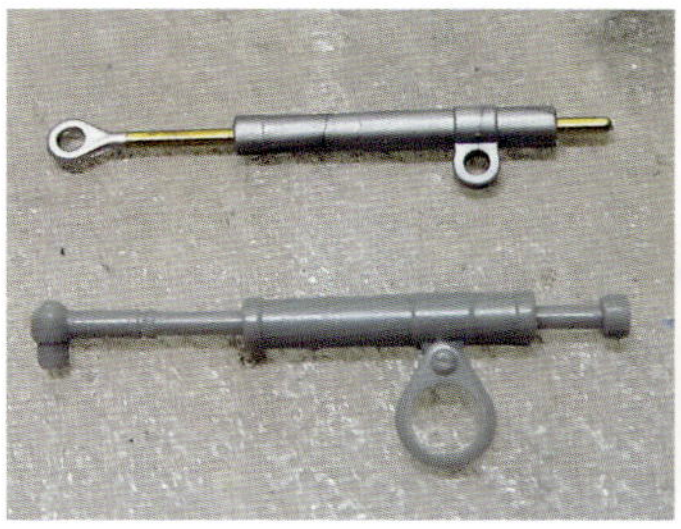

▲ステアリングダンパーはキットのパーツを流用しつつ一部金属線に置き換え、シャープに、しかも可動できるようにする。フロントフォークを接続するための穴は少し緩めに削っておく

▲せっかく自作したエキゾーストパイプのフランジだが、残念ながらフレームと干渉してしまった。内側2個の一部を少しカットして、フレームをクリアできるようにした

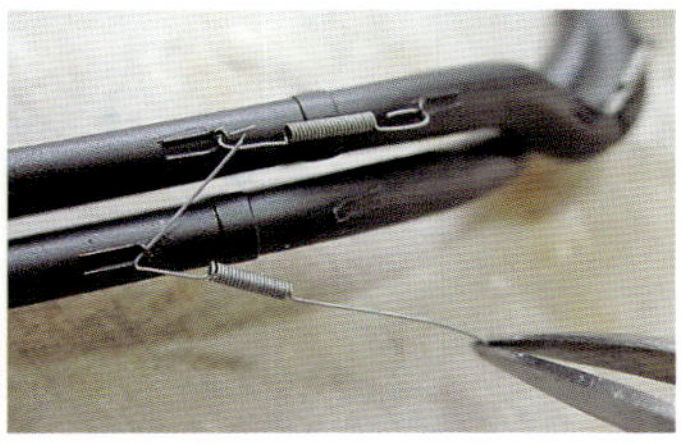

▲排気管にスプリングを取り付ける。長さのアタリをつけて片側の線をU字に曲げる。それを排気管のフックに外から引っかけて、もう片方の線もフックに外から通す。電線の芯線とはいえ意外と硬さがあるので慎重に。取り付けが終わったら線の先を短くカットする

▲途中段階を大幅に端折ったが、これがクリアー塗装4回目の状態。デカールの段差は完全に消えている。この4回目のクリアーは薄めの希釈でシットリ塗装。吹いた直後にはやや凸凹があるが、コンパウンドで落とせるレベルだろう

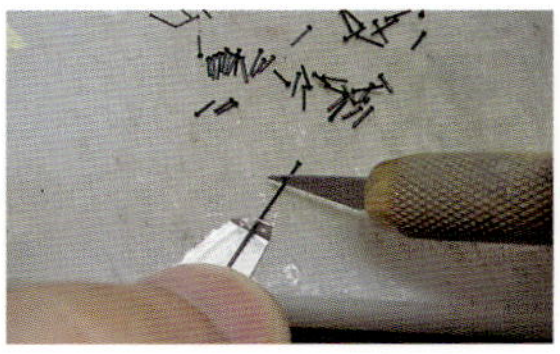

▲リベットの置き換えとなると、とかく金属製のものに置き換えたくもなるのだが、望みの形状、大きさのものがなかったり、プラスチック製のもののほうが作業性がいいケースも多い。そのときのためにこんな方法を覚えておくのもよいだろう。なお、今回使った延ばしランナーはφ0.5㎜ほどのものだ

▶ゆっくりとライターの火を近づけていくと、ある瞬間にトロっと溶けて先端が丸くなる

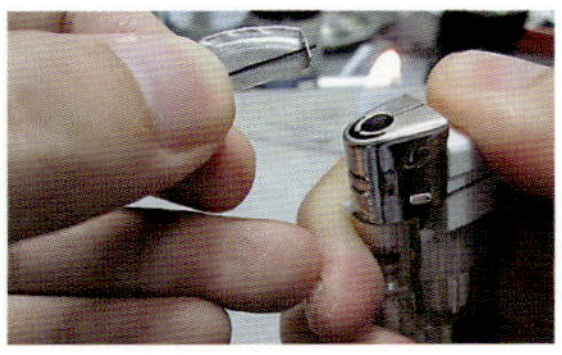

▶カウルとサイレンサー用に、プラ材で鋲を大量に作るが、そのための治具がコレだ。金属片にいくつかの穴を開けたもので、コレを使えば同じ穴を通した延ばしランナーは一定の太さになるのだ

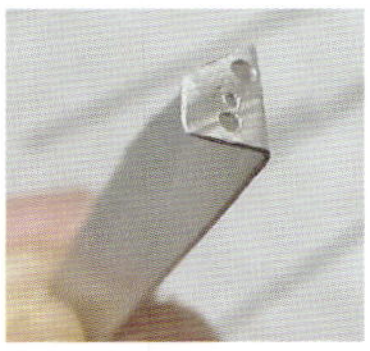

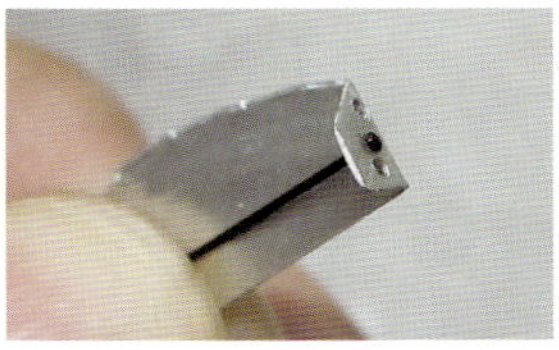

◀その状態がコレ。柄を数㎜残してカットすればプラスチック製のリベットのできあがり

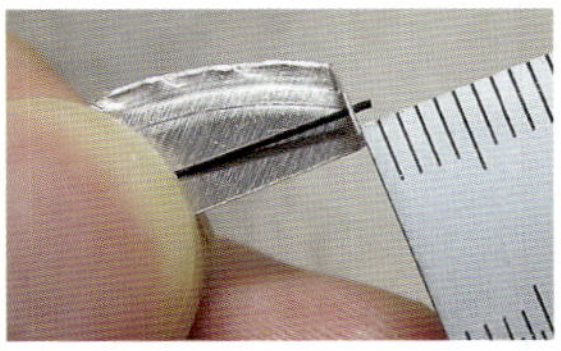

◀延ばしランナーを治具に通したら、先端が1㎜ほど出るというところでカットする

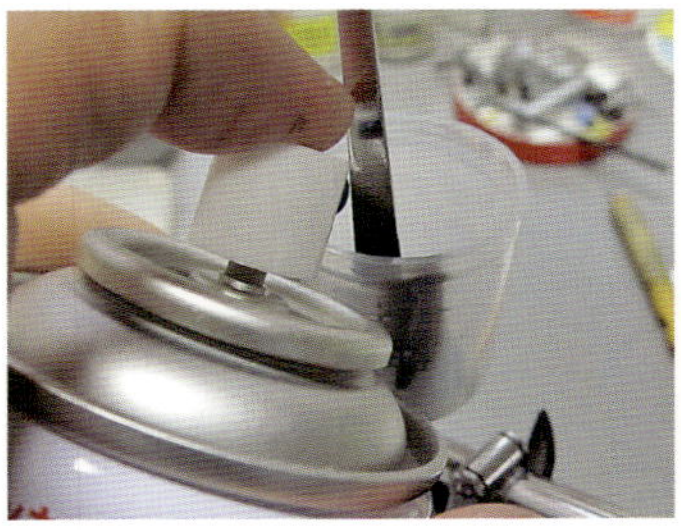

▲実車のメーターのベースとシートはスポンジのような質感になっている。タミヤスプレーのラバーブラックの中身をいったん別容器に取り、改めてエアブラシで吹くことにする

▲カウルがツライチピカピカになったところでゼッケン部分の処理を行なう。じつはこの部分、マット状態なのだ。マスキングをしたら軽くツヤ消しクリアーを吹き、ツヤ消しにする

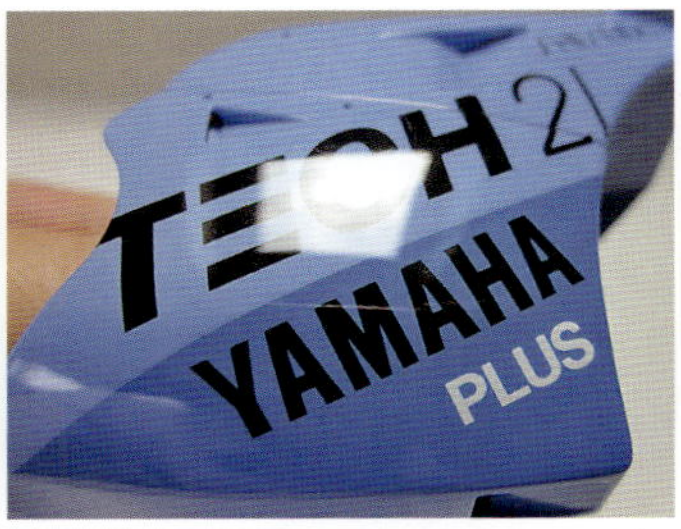

▲コンパウンドで磨いたあとの状態がコレ。近くのものが映るのは当たり前。遠くの景色まで歪まず映りこむことを目標に磨き込む。また曲面よりも平面をキレイに仕上げるほうが難しい

▲粗研ぎのコンパウンドはピカールで。磨き布の滑りが悪いときはポリメイトを塗布している。布のなかにスチレンボードの欠片を入れておくと平滑に磨け力も入れやすい。これだけでもかなりピカピカになるが、更にソフト99の極細液体コンパウンドを使用すると曇りが取れる

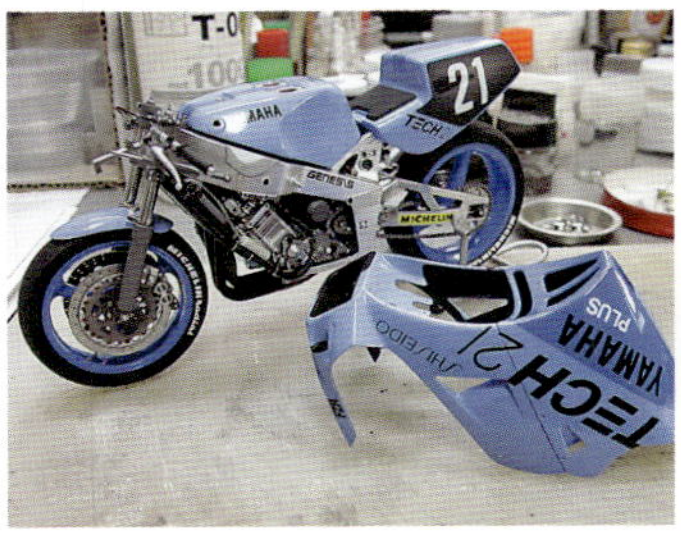

▲時折カウル等を仮組みして、干渉部分などがないか確認する。完成が近くなるとモチベーションも上がるが、無用な失敗をしてしまわないよう、徐々に緊張感も高まっていく

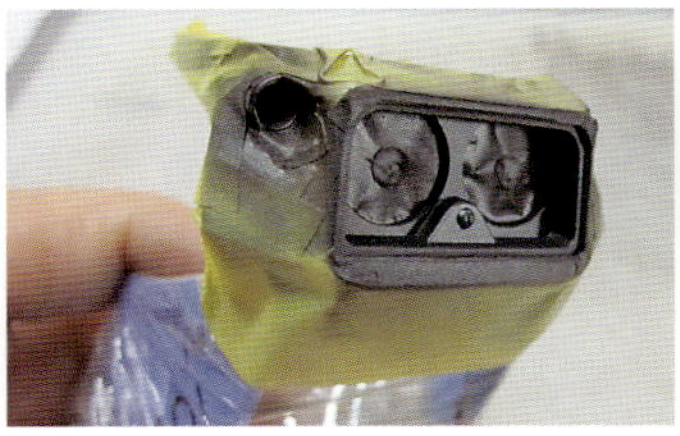

▲ヘッドライト周りとエアインテーク内部をツヤ消し黒で塗装。実際はインテークの内側はかなり奥までカウルと同色だったりしているのだが、こういった箇所やカウルの裏側などはツヤ消し黒でブラックアウトさせてしまったほうがすっきりとした印象になることが多い

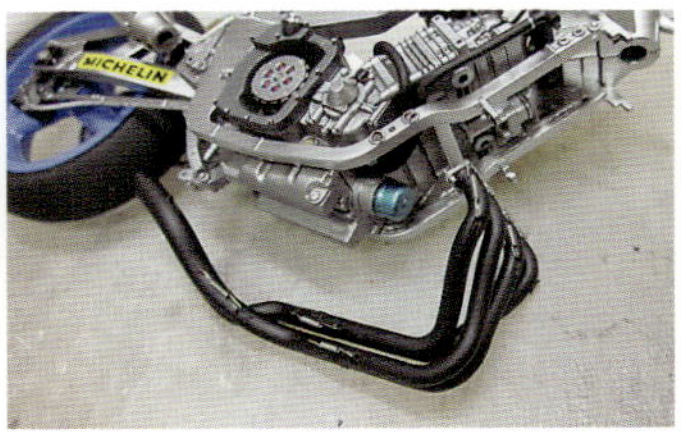

▲サイレンサーに先ほど作ったプラ製のリベットを植えていく。実際のリベットはハトメのようなリング状の頭なのだが、記号として……。キットのモールドでは片側6本だったが実際は8本だ。アルミ片で作ったスプリングの受けもこのリベットで取り付ける

▲ラバーブラックをエアブラシで吹き付けた状態がコレ。遠目から吹くようにして、ガサガサのツヤ消し状態にするとよいだろう

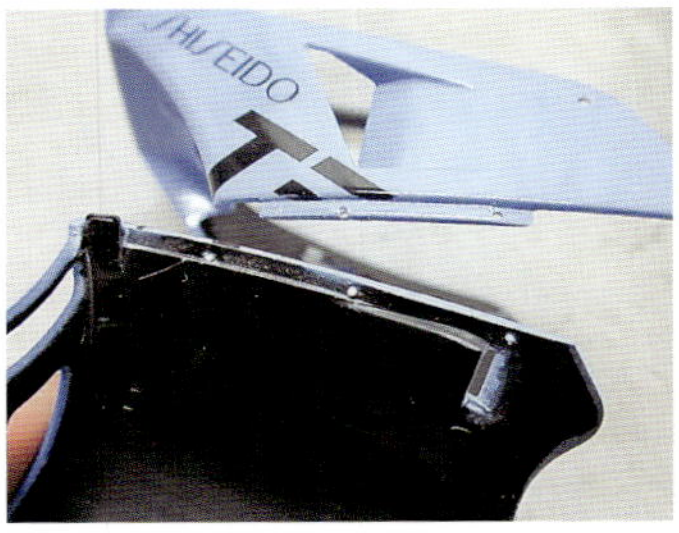

▲取り付ける際には軸の先を少し残すようにして、ダボとしてアッパーカウルと固定できるようにした。あとはこまかいパーツをちまちまと組み付けていけばついに完成だ！

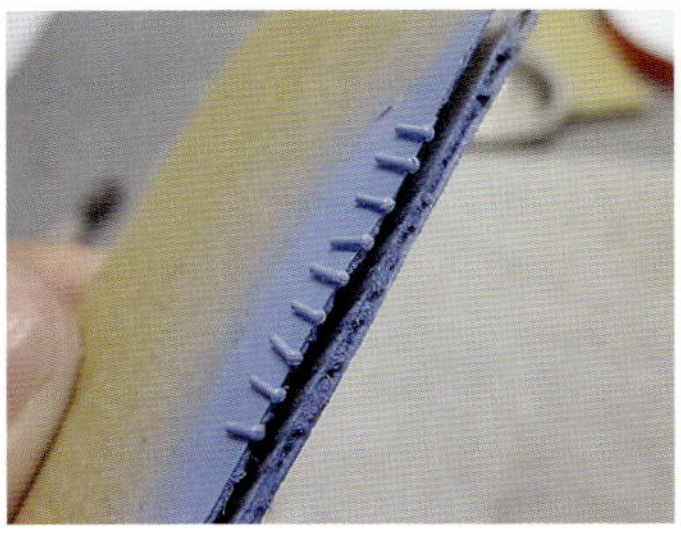

▲アッパーカウルとアンダーカウルを接続するクイックファスナーの再現には、やはり先ほどと同じ、自作リベットを使った。頂部にはマイナスモールドを入れ、ボディー色で塗装

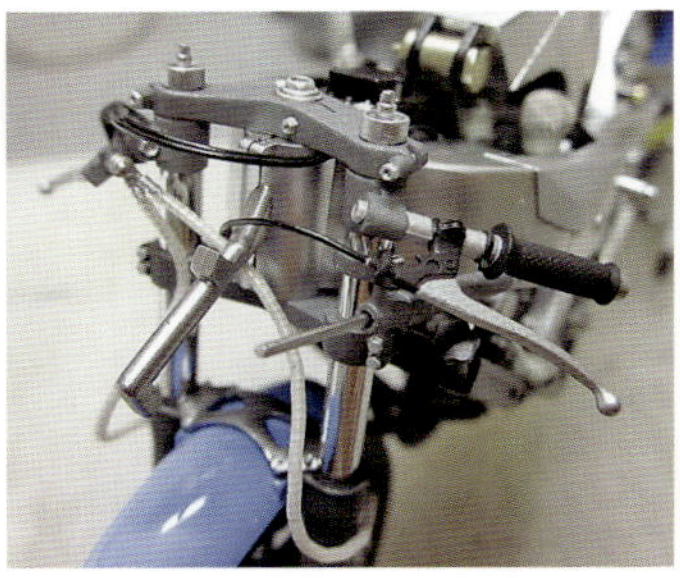

▲クラッチやアクセル、ブレーキなど、ハンドルまわりの配線を仕上げる。実車の取り回しを確認しつつ、自然な曲がりになるように注意

▲クラッチケーブルはこの段階で取り付ける。被服を剥いて芯線のみとした金属線を、自作したリリースレバーに取り付ける

ヨシムラGSX-R抜きに
鈴鹿8耐は語れない！

'80年代バイクブーム時の鈴鹿８耐は異様な熱気に包まれていた。ホンダやヤマハがワークスとして威信をかけた体制で臨み、世界GPを戦うライダーたちもこぞって参戦する一大イベントだったあの頃、並み居るエントラントのなかでひときわ異彩を放っていたのが「ヨシムラ」。スタイリングもメカニズムも独特なGSX-Rを持ち込み、鈴鹿８耐初代チャンピオンの意地を賭け、“ワークスに挑むプライベーター”の雄として多くのファンを魅了してきた。そんなヨシムラが、'86年に辻本聡とケビン・シュワンツのコンビで参戦したのが、このGSX-R750 ――ハーフカウルの迫力溢れる勇姿に、あの夏を偲ぶ。

ヨシムラ・スズキGSX-R750 1986年鈴鹿8耐レース仕様
フジミ　1/12　インジェクションプラスチックキット
2010年発売　税込5184円
製作・文／**西澤 浩**

"YOSHIMURA SUZUKI GSX-R
1986 Suzuka 8-hours Endurance Race"
FUJIMI 1/12 Injection-Plastic kit
Modeled and described by Hiroshi NISHIZAWA.

Model Graphix
2011年1月号
掲載

YOSHIMURA SUZUKI GSX-R
1986 Suzuka 8-hours Endurance Race

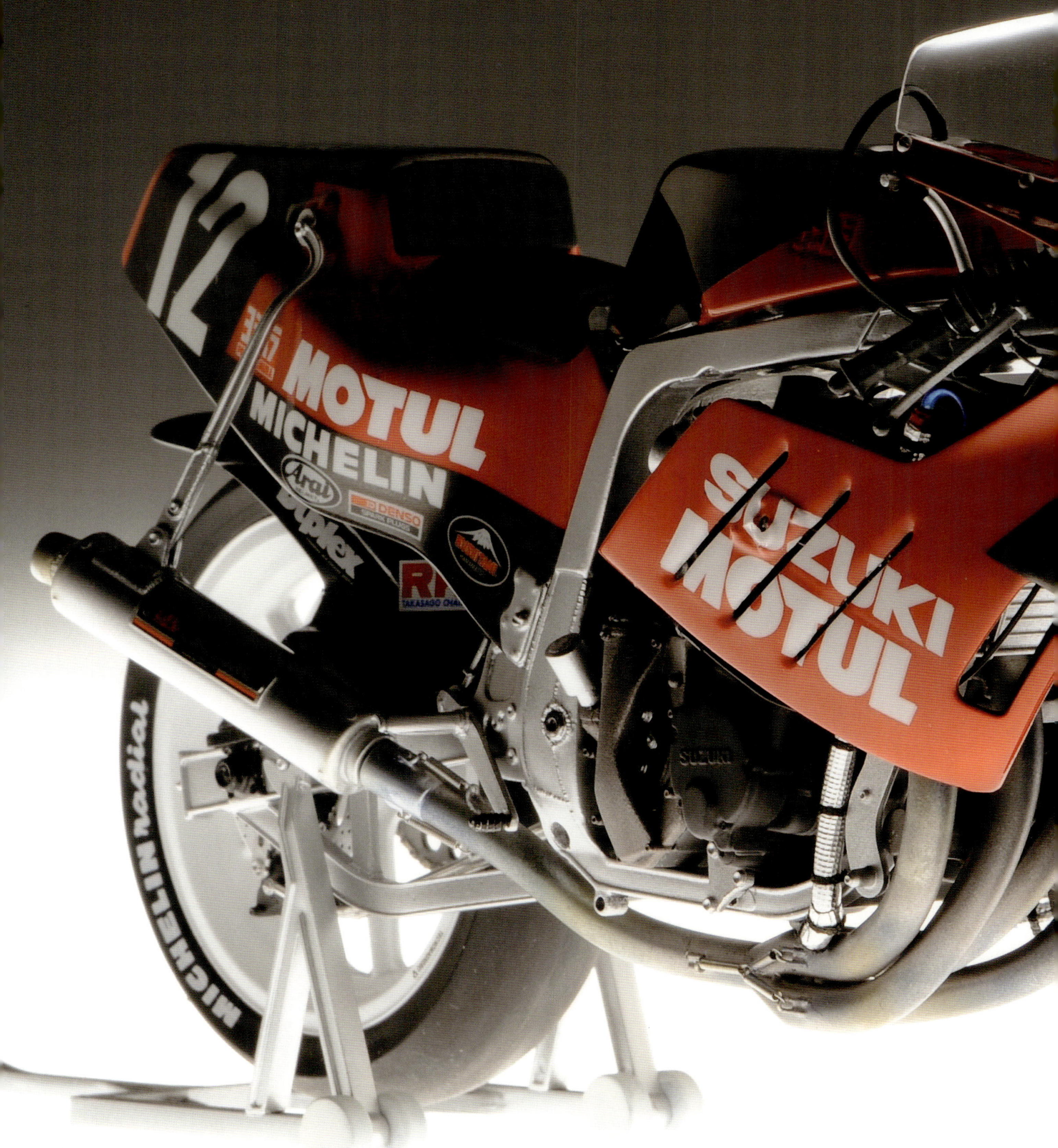

●軽量なアルミフレームや集合マフラー、セパハンにレーサーを彷彿させるデュアルヘッドライトのフルカウル等々斬新なスペック＆スタイルをまとってスズキが世に送り出したレーサーレプリカGSX-Rを、バイクのチューン＆パーツ開発メーカーであるヨシムラがチューンし'86年の鈴鹿８耐に参戦した仕様。世界的にもめずらしい日が暮れてからのゴールとなる鈴鹿８時間耐久レースのマシンには、ヘッドライトが装着されている。ヨシムラのマシンは、他車との識別を容易にするためにレンズ面がブルーに塗装されており、「最強のプライベーター ヨシムラの耐久マシン」といえばこの青い光を思い出す方も多いはず。低く小さなハーフカウルも、当時のワークス系８耐マシンとは一線を画すものだった。今回製作したのは、フジミの1/12シリーズ第二弾にして初のレーサーキット。少なめのパーツ数で実車の迫力あるフォルム／ディテールを楽しむことができるようになっている

SUZUKI
12
MOTUL
MICHELIN
Arai
CYCLONE
MICHELIN radial
ENKEI
MICHELIN
MICHELIN radial

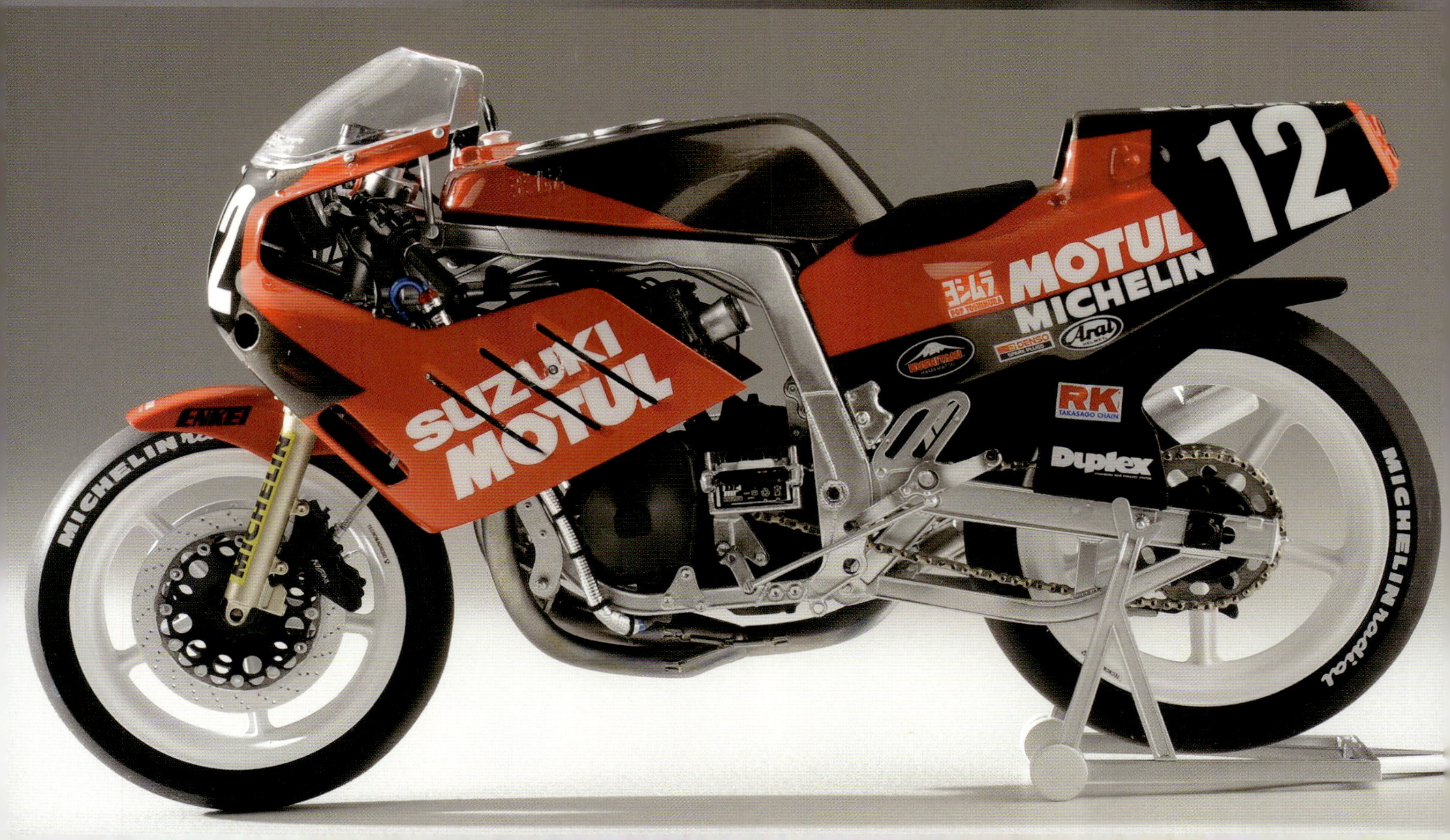
12
MOTUL
MICHELIN
Arai
SUZUKI
MOTUL
ENKEI
RK
TAKASAGO CHAIN
Duplex
MICHELIN
MICHELIN radial

◆ヨシムラ スズキGSX・R750

今回はフジミ初の本格的なレーサーキット、ヨシムラ スズキGSX・R750の'86年鈴鹿8耐仕様です。辻本選手とシュワンツ選手で3位完走したマシンですね。

◆工作

さて、さっそく製作に入りましょう。

まずはあまり目立たない部分ですが、バイク模型の定番工作として、フレームの内側やスイングアームの裏側の肉抜きがされている部分をポリエステルパテで埋めます。スイングアームの後端にはチェーンのテンショナーのナット部分が再現されていますが、なかのボルト部分もほしいのでいったんナット部分を切除し、0・5㎜の洋白線を通し、0・8㎜の六角のプラ棒をナットとして取り付けておきます。

リアサスペンション本体は塗装後に組めるように加工します。パーツ番号「E8」の上側の平らな部分に0・5㎜の穴を開けてから切り離し、ガイドとして真ちゅう線を差し込んでおきます。

リアのフェンダーには、実車では側面に凹んだ部分があります。彫刻刀とデザインナイフで彫って凹みを作り、パテとサンドペーパーで仕上げました。

前後のブレーキディスクの放熱用の穴を0・4㎜で開口し、サンドペーパーで擦り跡を付けて使用感を少々出してみました。

デュプレックスサイクロンは、まずエキゾーストパイプの1、2番と3、4番を繋ぐチャンバー（パーツI10、11）の裏側を塞いでおきます。そのままだと完成時に穴が正面になって見えるので要注意です。そしてエキゾーストパイプの各所に固定用スプリングを取り付けます。

エンジン関連ではオイルの注入口に付いている金属パーツもプラパイプとプラ棒で再現。ここは資料画像で確認しました。エンジンのヘッドカバーからブリーザーパイプが出ているのでここの基部も追加。

オイルクーラーの配管部分、C4、C5を加工します。まず、耐熱シートを止めてあるモールドをサンドペーパーで削り落とし一段細くします。塗装完了後耐熱シートを貼り付け、黒色のテープを細切りにしたものを巻きつけました。

◆塗装と仕上げ

塗装は今回もフィニッシャーズの塗料を中心に使用しています。ヨシムラレッドにリッチレッドを少々混ぜ、やや「赤」に振った色を吹き付け、クリアーを吹いて乾燥。

続いてマスキングをしますが、とくに塗り分けのガイドがありませんので資料写真を参考に境界を決めてみました。

まずテールランプまわりの蛍光オレンジのところからはじめて、ゼッケンの黒を貼り付けて位置の基準を決めてから前方に進み貼り付けていきます。ゼッケンの部分は曲面なので塗装とデカールとで迷いましたが、デカールを四分割し曲面に合わせながら貼りました。透け防止対策のために白いロゴのデカールは二枚重ね貼り。白以外でもヨシムラとアライのロゴも二枚貼りにしました。乾燥後のクリアーも二枚貼りつけていますのでいつもより多く厚吹きして磨きをかけてみました。この工程もカウルが薄いので力加減に気をつけて進めます。

カウルが完成したら、細部の塗り分けを行ないつつ、全体の組立て／配線／配管の作業を行ないます。

フロントブレーキのホースはメッシュホースのようなので、ナイロンメッシュのチューブをシルバーで塗装したものに置き換えました。リザーバータンクからブレーキレバーへの配線は、タンク基部は赤の0・54㎜の線を使用し、ブレーキへは透明チューブに置き換えました。アクセルのワイヤー取り付け基部も0・5㎜洋白線と0・8㎜の六角プラ棒で製作し、そこに0・54㎜の線で配線を行ないました。

最後にスクリーンを取り付けますが、ここもちょっと注意です。ランナーから切り出すとき、ゲート部分とパーツが近いため破損に注意しなければなりません。エッチングソーである程度切り込みを入れてから切り離し、サンドペーパーをかけコンパウンドで磨くなどの工夫が必要です。■

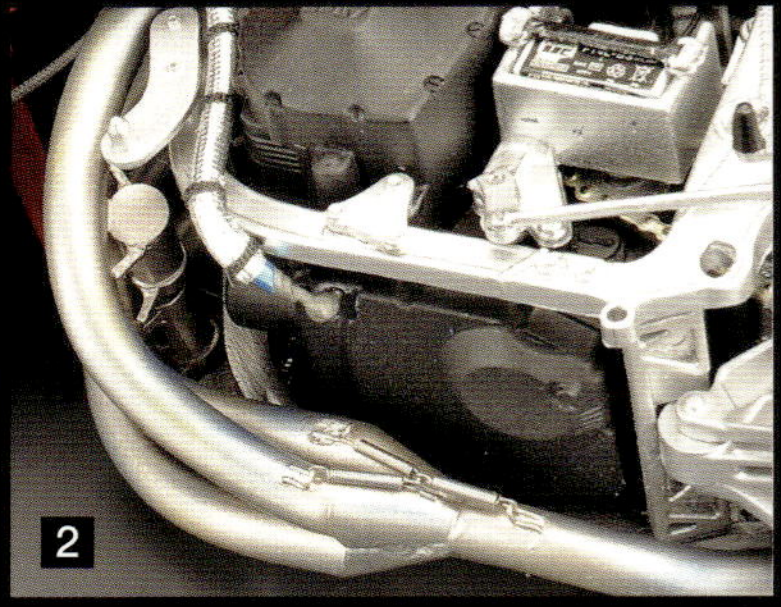

1実車も市販車ベースとはいえほぼワンオフパーツの集合体となっており、“手作り”を感じさせる部分も多い。“雑”とは違う、レースの現場の荒々しい雰囲気をどうやって表現するかもこのマシンを作るうえでのおもしろさのひとつだと言えよう

2エキゾーストパイプの手曲げ部分の内側に付く空き缶状のふたつのチャンバーが「デュプレックスサイクロン」のキモ。排気管を点火順に集合配置させる4-1「サイクロン」の、中低速域の改善のために開発されたものだ。キットではこのパーツに肉抜き穴が設けられているが、ここは完成後にも見える部分なので必ず埋めておきたい

3ガソリンタンクを外したときに見える補強プレートもこのマシンの特徴のひとつ。ハンドル、メーターまわりの質感表現はぜひこだわって仕上げたい

4チェーンはこのスケールでは一般的な、スプロケットと一体となった1パーツ構成。ローラーの面に2本のスジ彫りを入れ、サイドプレートと塗り分けることによって密度感を上げている

5左足首を負傷していた辻本選手のために、シフトペダルはステップの前後に設けられ、つま先での操作だけではなくかかとで蹴り降ろしてチェンジできるようにもなっていた。もちろんキットもこの仕様はきっちりと再現されている。たった1パーツなれども、「'86年の鈴鹿8耐」に関するサイドストーリーを表現できるうれしいパーツだと言えよう

フジミ初の1/12レーサーがTT-F1、8耐仕様という大英断に拍手を贈ろう!!

当時のTT-F1というレギュレーションは、市販車改造クラスとはいえ、おどろくほど自由なカテゴリーでもあった。乱暴に言ってしまえば、「エンジンのクランクケースさえ変えなければあとは自由」みたいなもので、それゆえにほとんどワンオフのレーサーと言ってもいいような個性的なマシンが数多く登場することとなった。

こういうレギュレーションのもとに作られたヨシムラGSX-Rも限りなくワンオフに近いマシンなので、バリエーション展開は難しくキット化のハードルも高かったはずだ。そんなマシンであるにも関わらず、これをフジミが発売してくれたことには拍手喝采を贈りたい。日本のバイクブームがいちばん熱かった'80年代、あの時代の熱狂の中心にあった鈴鹿8耐のマシンをいま改めて1/12で手にすることができるなんて……。

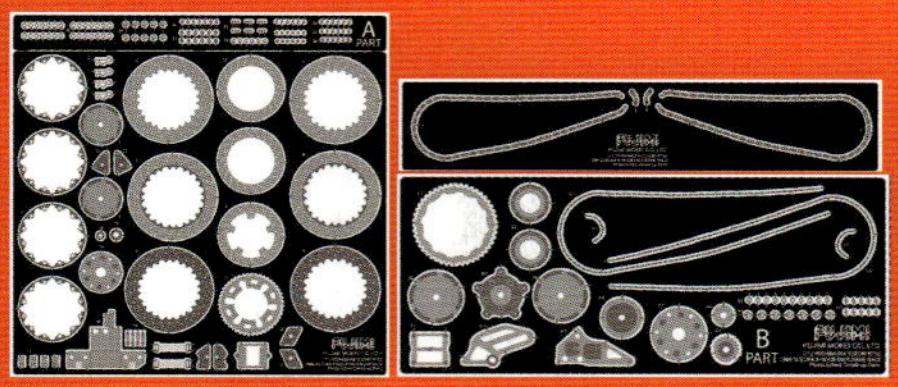

▲本作例の製作には間に合わなかったが、フジミ純正のエッチングパーツも発売（税込2592円）。チェーンやブレーキディスクなど、“あるとうれしい”パーツがてんこもり！

◀フジミの1／12バイクシリーズNo.2は、初のレーサーであるGSX・R。油冷エンジンもシャープな仕上がり

Model Graphix
2012年2月号
掲載

Telefonica Movistar Honda NSR250 (2001) #74:DAIJIRO KATO

WGPのミドルクラスが「250cc」から「Moto2」へと変わったいま、故加藤大治郎選手が'01年に残した「250ccクラス全16戦11勝」という年間最多勝記録は永遠に破られることのないものとなった。そのときのメモリアルマシン、テレフォニカ・モビスター Honda NSR250 ('01) を、素材の質感表現に徹底的にこだわって作り込む。

テレフォニカ モビスター ホンダNSR250 (2001)
#74：加藤大治郎
ハセガワ　1/12 インジェクションプラスチックキット
2011年発売　税込4104円
製作・文／**川原慎一郎**

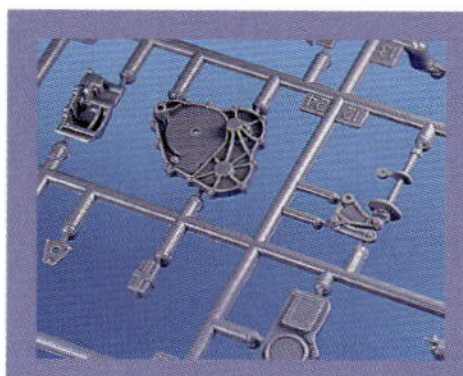

WGP250ccクラス16戦11勝の偉業 故・加藤大治郎選手のマシンを思い入れたっぷりに作り上げる。

綿密な実車取材と、再現度優先主義 最高の大治郎メモリアルマシンを作る！

ハセガワが、前作ホンダRS250RWで1/12バイクモデルに本格参入する際に、WGP最高峰クラスのマシンではなく、ミドルクラスを選択したことに若干の疑問を感じたものだが、こうして立て続けに日本人ライダーのメモリアルマシンが発売されてみると、その選択は非常に正しいものであったと言わざるを得ない。日本人ライダーの多くはむしろ下位クラスで世界を席巻してきたからだ。この加藤大治郎の'01年250ccクラスチャンピオンマシンのキットは前作同様綿密な実車取材が行なわれており、精密でとても高い再現度となっている。再現度を優先するために工作の難易度の高めな箇所もあるが、そこはむしろメーカーのトライアルに応える意欲をかき立てられる。デカールは発色のよいカルトグラフ製が付属しており、青地に黄色という難しい色味のカラーリングをきれいに仕上げることができる。

Telefonica Movistar Honda NSR250 (2001)
#74:DAIJIRO KATO
HASEGAWA 1/12 Injection-plastic kit
Modeled and described by Shinichiro KAWAHARA.

◀さまざまな金属素材だけでなく、樹脂パーツやゴムなどの質感表現に注目。CFRP部分も場所によって塗装による表現とデカールとを使い分けている

▶燃料タンク下の防振ゴムは塗装が大変なので、いったん切り飛ばしてからプラ板にスジ彫りを入れたもので作り直している。マスキング等をがんばるよりも、場所によってはこのように作り直してしまったほうが、早くきれいに仕上がることもある

いままで数作F１の作例製作を担当させていただきましたが、今回はオートバイです。10年の時日を経て発売された、加藤大治郎が駆った'01年のNSR２５０。ものすごくよくできているうえ、フロントディスクカバーのパーツや、穴空きカウルにするためのガイド&チャンピオン決定後のNo.１のゼッケンがデカールに付いていたりと、とても愛がこもっているキットです。やっと手にして製作されているファンの方、こんなにうれしいことはないですね！

◆カウル

ネジや接着剤を使用しなくてもピタッとはまり、なおかつスケール感を損なわないように設計されているのがすばらしいです。ただ唯一気になったところがアンダーカウルとアッパーカウルのダボ。前回のRS２５０RW同様、弾性を利用してうまく引っかかるアイディアモノの設計で、普通に組むぶんには最高なのですが、じつは実車は逆なのです。ここはモデラーにとって、ちょっと差をつける絶好の改造ポイント。やり方はダボ穴を生かして、アッパーカウル側にピンバイスで穴を開けたら、のばしランナーを差し込んでアンダーカウル側にダボを作ってやります。キット自体かなり精密に設計されており、少しでもバランスを崩すとうまくいきませんので、ここをきれいに改造できれば自分の腕は確かという証明にもなりますよ。

◆フレーム

カウルステーなどはややキツめのダボになっているので、仮組みもしやすくフレーム内側もしっかりパーツ化されているのがうれしいです。各パーツの彫刻が深く細いので、組むほどに精密になるというスケールモデルのお手本のようなキット。ただそのぶん強度がなく、ハンドルステーなどはちょっと倒しただけで折れてしまいます、ここらへんはプラスチックの限界ですね。

シートレールはカウルやチャンバーをとめる穴を開けます。実車ではCFRPの成形品なので裏側を薄く削り、シートレール

HASEGAWA's "2001 Honda NSR250 "Telefonica Movistar Honda" (2001 WGP250 CHAMPION DAIJIRO KATO)" kit does not include tobacco sponsor decals.
The decales used on this completed example were created by the modeler.

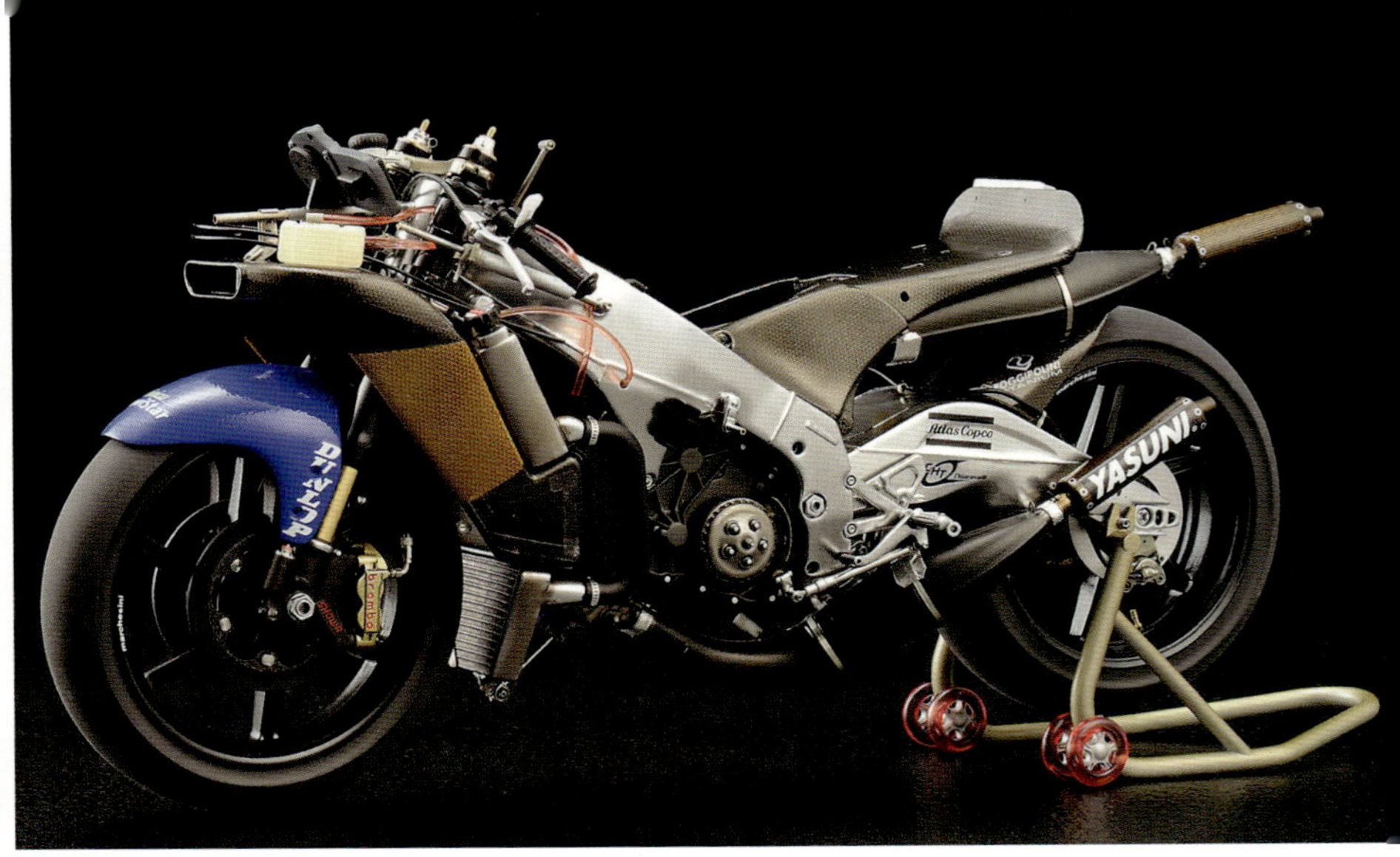

1黄色い模様の部分は、クリアーデカールにエアブラシでボディ色を薄く吹いたものを上から貼り、より繊細なグラデーションになるようにしている
2アルミの部分はGSIクレオスのメッキシルバーNEXTを基本に、下地を変えたり上からクリアーを吹いたりしつついろいろな表現を試みている
3おなじみ、点火系コンピュータ・PGMⅢ。ベース部分は薄さを表現するため、0.1㎜洋白板に置き換えている。マフラーの排気口は2.4㎜真ちゅうパイプに置き換えた（エンドの部分は口をタガネで叩いてリップ状にしている）
4カウルのツヤの部分と、シート＆シートストッパーの色／ツヤの変化に注目

エンドはスパッと切り落とし０・１㎜洋白板を貼り付けました。

◆エンジン周り

鋳造部分、クラッチディスクとも、非常に彫刻が美しいので、ほぼそのままです。ただＲＣバルブのリンケージは組み立て途中に折れてしまったので、０・５㎜洋白線で作り直しています。フットブレーキ前にあるなにかの基部（ケーブルの行き先から見てクラッチレバー？）は０・１㎜洋白板の切り出し・貼り付け、０・５㎜洋白線＋０・７㎜真ちゅうパイプでクラッチケーブル基部を作ってやりました。

チャンバーは、塗装のあと０・１㎜洋白線を細く切り出したものを巻き、その上からメタルックつや消しＭＡＴを貼りました。

◆足周り

フロントフォークに付くステアリングダンパーの留め具は塗装した後にはめようとするとキツキツで、かといって先にはめてしまうと下のパーツB32が通らなくなりますので、ユルユルぐらいに削っておいたほうがよいです。インナーシャフトはトップスタジオのＴＤ２３０７０に交換しました。

チェーンはモールドをより深くするため、２種類のビットで彫り込みます。最初に丸形でへこみをつけてから、角のあるビットでひとつずつ彫り込むとスミ入れをしたときに引き立ちます。

◆ホイール・タイヤ

フロントディスクは少し厚いので４分の３ぐらいに薄くします。楕円ボルトはトップスタジオのＴＤ２３０２７ ＭｏｔｏＧＰエッチングパーツセットのものをひとつずつ貼り付けました。

ホイールは内側にパーティングラインがあります。ここはザッと段差を消してから、タミヤの調色スティックの先に瞬間接着剤でコバックス スーパーアシレックスという布製サンドペーパーを貼り付けて磨いています。ほどよいアールと弾性があるのでキレイになりますよ。エアバルブは０・５㎜＋０・７㎜真ちゅうパイプ＋アドラーズネスト六角ナットＳの組み合わせです。

◆こまかいパーツ・パイピング

アッパーカウルやラムエアダクトのステーは、プラスチックだとどうしてもシャープさがないので、０・１㎜洋白板＋０・５㎜洋白線＋１・０㎜真ちゅうパイプで作り直しました。同様に二股のスロットルケーブル基部は０・５㎜洋白線＋０・８㎜真ちゅうパイプで作り直しました。

ステアリングダンパーはキットにピンバイスで穴を開けてから、０・８㎜洋白線＋１㎜真ちゅうパイプ組み合わせで可動するようにしました。

ブレーキ関係の金具やボルトはさかつうの六角フランジ４４５４に加え、Ｔ２Ｍ（チューナー・モデル・マニュファクトリー）のパーツを初めて使用してみました。上級者用ですのであまり一般向けではないですが、その仕上がりの良さは一目瞭然。カーモデルを本気で極めてみようという方は、探してみるとよいかと思います。

◆塗装

今回は、ちょっと趣向を変えてメッキ塗装＋クリアー系塗料の吹き重ねで色を表現しています。使用したのはＧＳＩクレオスのメッキシルバーネクストと、独自のエンジン焼けクリアー（フラットブラック＋スモーク＋旧クリアーオレンジもしくはガイアカラーのクリアーオレンジ＝１：２：２）を作り基準の色を作ります（以下、メーカー名表記無なしはＧＳＩクレオス製です）。

まずメッキ塗装は２パターン、ひとつはツヤありのブラックに吹く方法、これはフレームやチャンバー、クラッチ、フロントフォークボトムなどに（ちなみにメッキ塗装へのクリアーコートは、ガイアカラーのＥＸクリアー＋ドライヤー瞬間乾燥をするとメッキ感を損なわずにコートできました）。もうひとつは、サーフェイサー１２００の上から直接吹く方法、これはスプロケットやブレーキなどに。メッキ塗料だと粒子が目立たないので、シャープに仕上がるのです。

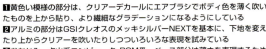

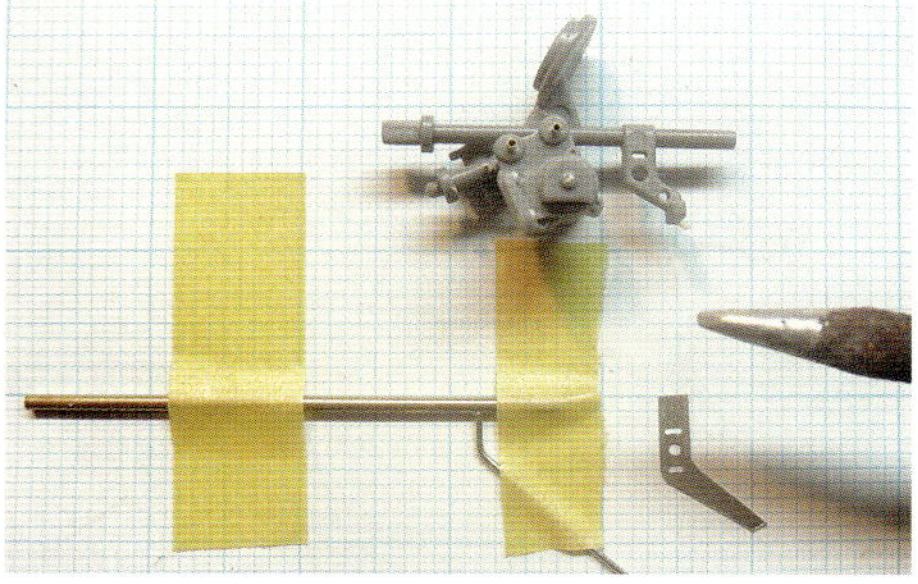

▲キットは繊細なパーツが多いが、強度に不安の残る箇所もある。プラパーツに真ちゅうパイプを埋め込んだり、洋白線や真ちゅうパイプを組み合わせたりして適宜金属素材で置き換えてしまったりしたほうが組み立てが容易になる箇所も

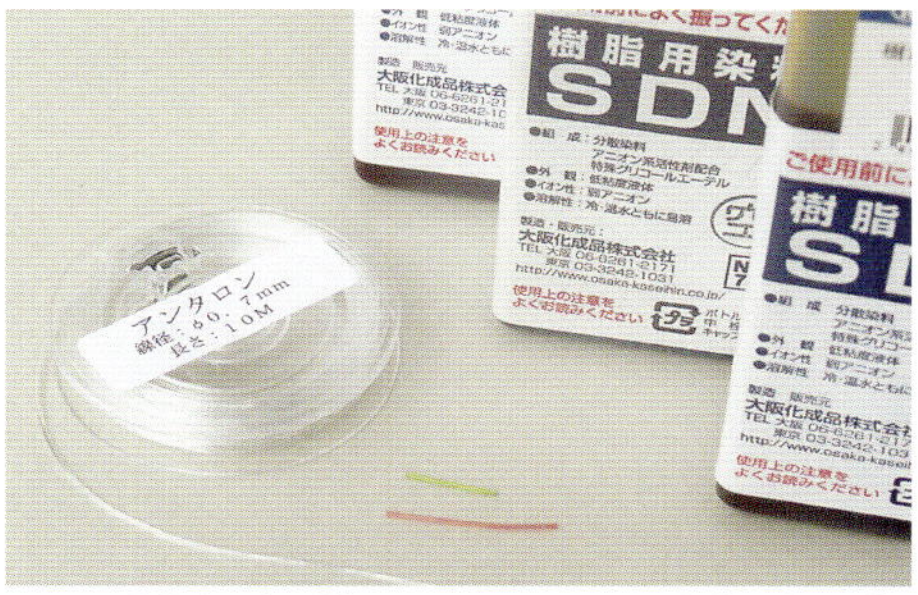

▲透明パイプは手芸用のアンタロンという伸びる透明テグス（0.7㎜）を、樹脂着色用染料SDNカラーの桃・橙・青を、ピンクが桃＋橙＝1：0.3、グリーンは青＋橙＝1：1で染色した。この方法で着色すると曲げても色が剥げないのでオススメ

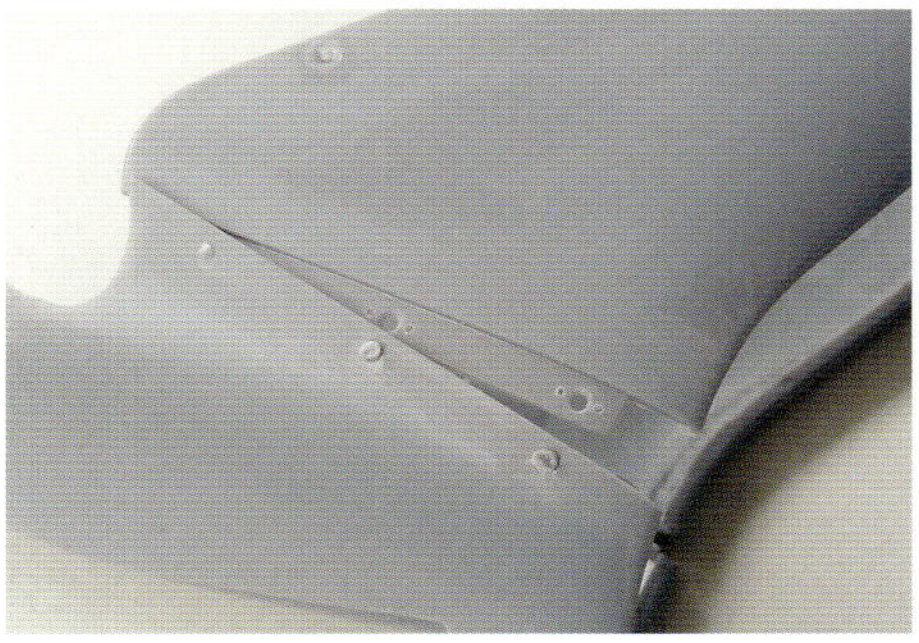

▲アッパーカウルとアンダーカウルの接続を、実車と同様にクイックファスナーがアンダーカウル側にくるように変更。このあと、ファスナーはT2Mのリベットに置き換えている

▼ラジエターはウォーターパイプとエアボックスのクリアランスが本物並みのギリギリで、いったん組むと外せなくなってしまうので、軸打ちして後からはめることができるようにした

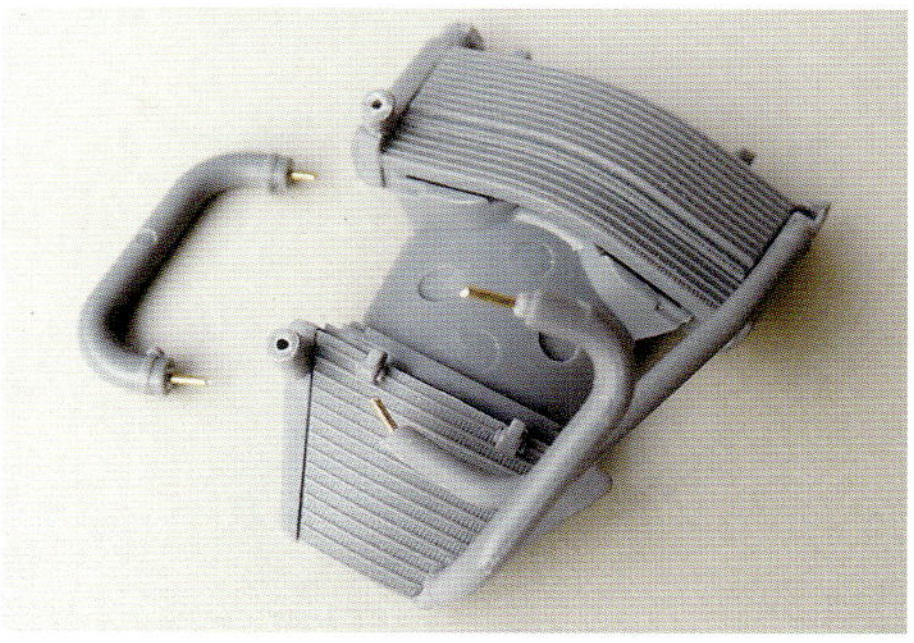

▼バイクによく使われる半透明樹脂の透明感を再現すると、リアリティーは格段に向上する。フロントカウル内のキャッチタンクは、キットのパーツを「おゆまる」で型取ってからHiQパーツの瞳用クリアジェルの積層でパーツを作り出した（ちいさいパーツならば透明レジンの流し込みをせずとも、これで充分）。リヤブレーキのフルードタンクは単純な形状なので透明ランナーから削り出している

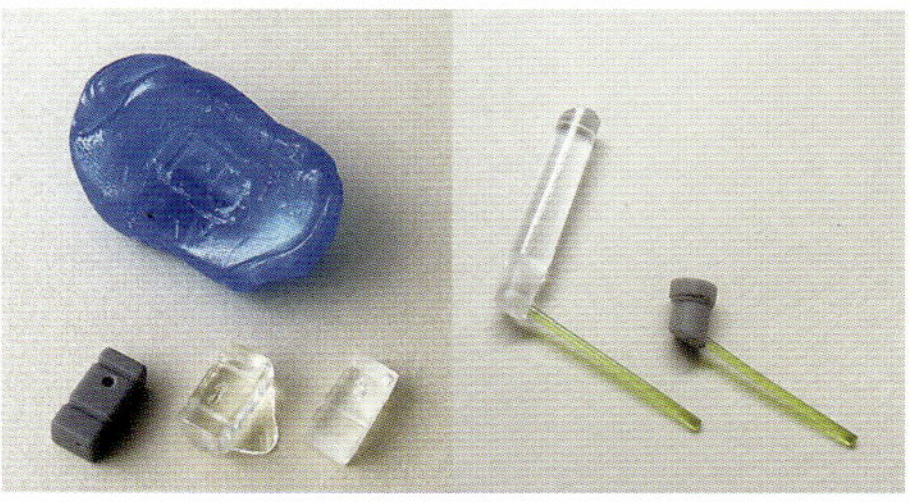

▼日本ではなじみのない銘柄だが、Fortunaはスペインのタバコブランド。当然キット付属のデカールには入ってないので、自作インレタ（クロマテック）で製作。レプソルの文字も日本GP仕様はキット付属のものと色が異なるので自作。テールカウル上の発信器に付くデカールは、カラーコピーの手差し機能を使った

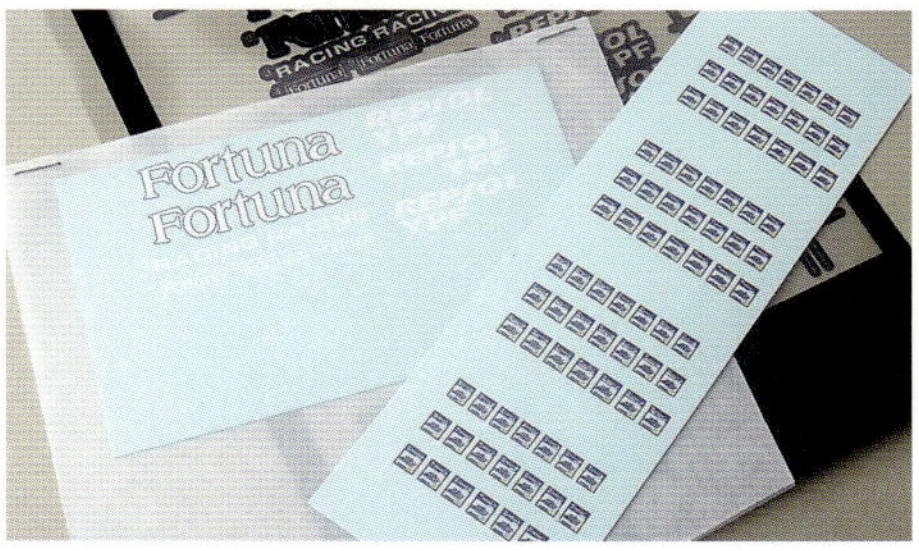

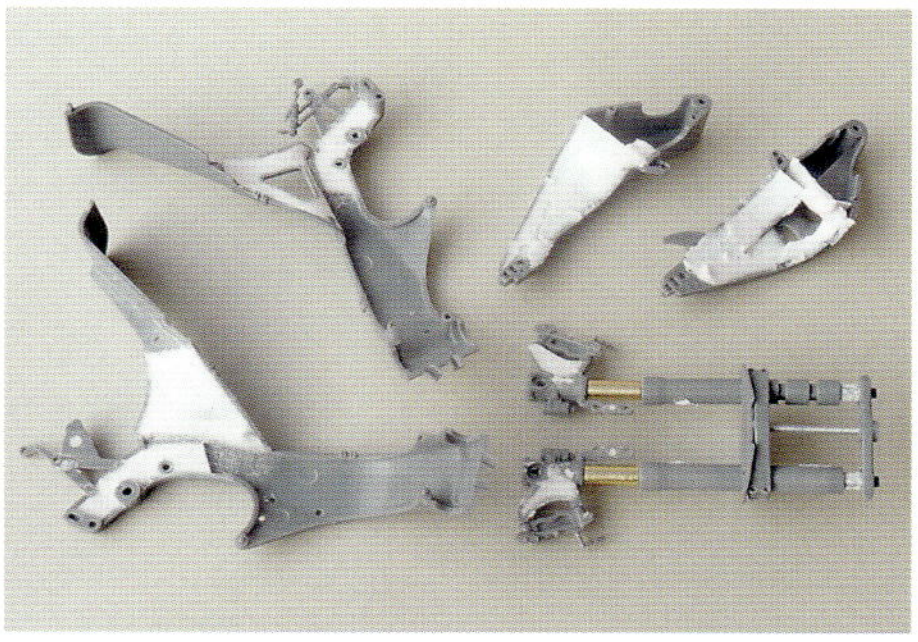

▲バイク模型製作の定番、フレームやスイングアームの裏打ち。プラ板やアルテコSSP-HGで埋めている。フロントフォークのインナーチューブはトップスタジオ製の金属製のものに変更した

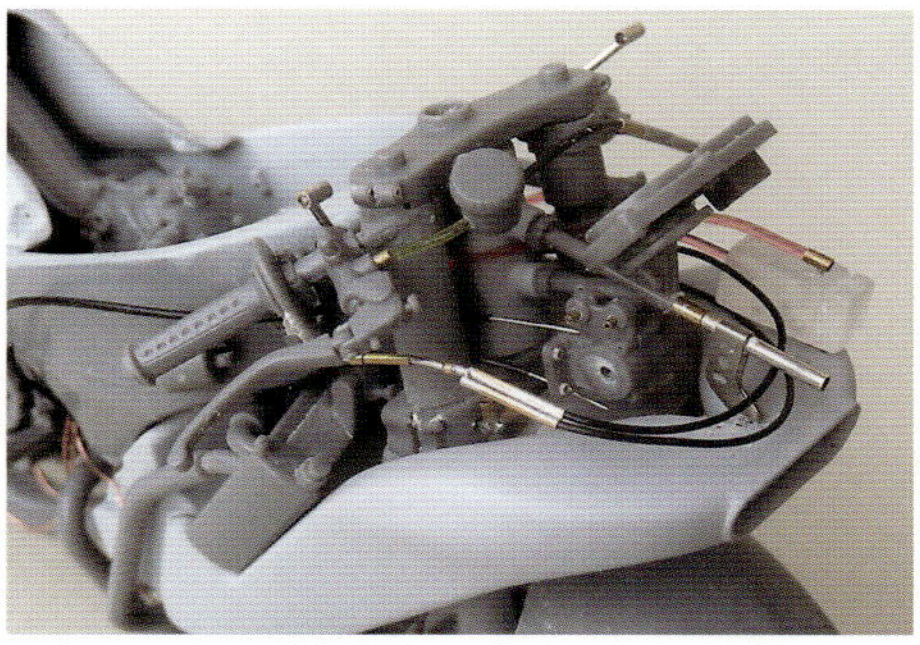

▲プラスチックでは強度が足りない箇所、よりシャープさがほしい箇所などを金属で自作して置き換え、各ケーブルやチューブは実車資料を見つつすべて適正な細さのものに変更している

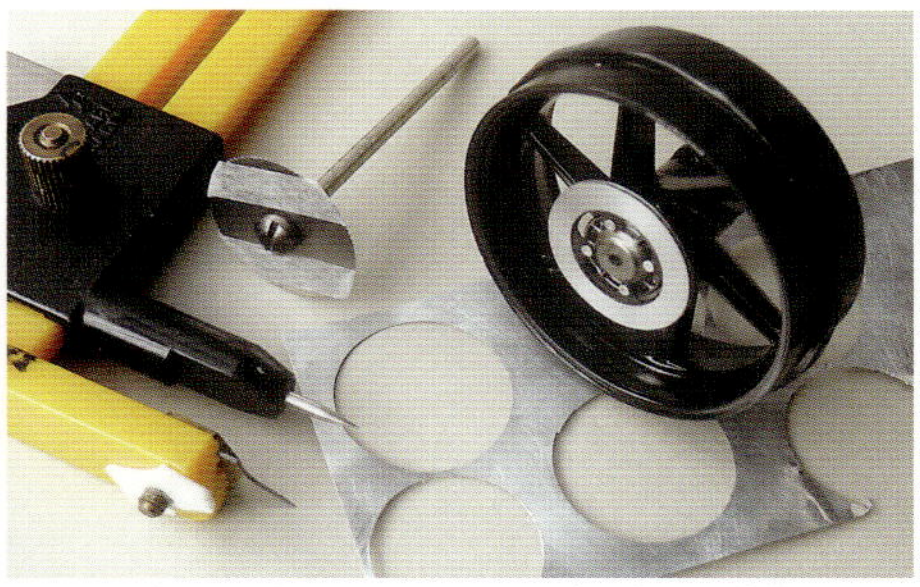

▲リアのブレーキディスクは、キットのプラパーツを半分ぐらいの薄さになるまで削っておき、サークルカッターで0.1㎜アルミ板をドーナツ状に切り出す。これを2つ作り、プラパーツを挟むとブレーキディスクの放熱のスリットが再現できる

エンジンの焼けの再現は、カーボンデカールやメッキ塗装した上からクリアーカラーを吹き重ねます。ツヤありツヤなし、フラットブラックや他の色調で調子を変えると、さまざまな素材感を表現できます。

それと塗り分けに関しては、極力マスキング＋エアブラシで対応しています。フォークボトムやトップブリッジの調整ダイヤルのシルバーやクリアーレッドは普通面相筆でひとさしというところですが、メッキ塗装後マスキングをしてクリアー塗料を吹いて仕上げると、筆塗りのモッサリ感がなくなりシャープに仕上がるので、手間はかかりますがおすすめです。

エンジンはホワイト＋シルバー＋ブラック＋旧クリアーオレンジ＋フラットベースあらめ・ラフ＝2：1：1：0.5：1・5を塗装後エンジン焼けクリアーを軽く吹きました。スタンドはサーフェイサー＋メッキシルバーの上にエンジン焼けクリアー吹き重ね。スミ入れはタミヤエナメルのフラットブラック＋フラットブラウン＝1：1です。ハンドルグリップなどの黒い樹脂パーツのものは、ブラックの上からフラットベースなめらか・スムースを吹くとそれらしい質感になります。

ボディカウル、ブルーはブルー＋コバルトブルー＋色の源シアン＝1：1：0.3、蛍光レッドは蛍光レッド＋蛍光オレンジ＝1：1、蛍光オレンジ、蛍光イエローはそのままです。

デカールはキットのものを使用しましたが、モビスターのチェッカーとホンダのホワイトラインは印刷の限界で網点が出てしまっているので、グラデーション塗装を施してみました。クリアーデカールに、マスキングテープを丸めたものと練り消しゴムを貼り付け、ボディ色を吹き付けます。程よい形のものを切り出してうまく網点を隠せば出来上がりです。ただクリアーを吹くと切り出したところが気になったので、エアブラシで再度軽く吹いてぼかしています。

◆デカール

カルトグラフ製で非常に貼りやすいです。ただ、CFRP地の部分は少し目が大きく質感に欠けるので、スタジオ27のカーボンデカールA（メタリックグレイ）Sを使用しました。ちなみにエアボックスもCFRP製ですので、すべて面に沿ってこまかく切り張りして貼りました。あまりに大変だったので、チャンバーは金属メッシュを巻いてシルバーを吹くに留めました。マフラーはキット付属のデカールですが、こちらの質感は良い感じですね。CFRPパーツはエンジン焼けクリアーを吹いて網目や色を調整しています。

エアボックス左右のテーピングはサテライトのストレッチマスクシールを使用してみました。フィニッシュシート的なものを想像していたので、思ったより伸びませんでしたが、デカールよりは実感が出たのではないかと思います。

◆初戦の母国GP仕様に

「日本GPにすればまず間違いはない」というわけではありませんが、「日本人ライダー」「資料が揃う」「優勝」となると自然とここに落ち着きます。キットとの違いは、数点ですので少しがんばれば再現可能です。

タバコスポンサーとレプソルロゴは自作インレタで再現。フロントノーズの車載カメラは、正方形の穴を空けてから、黒いプラランナーを削り出しています。リアの発信機は1.0㎜プラ板を3.5×4.0㎜に切り出して両面テープで貼っています。アンテナは2.0㎜径のネオジム磁石に伸ばしランナーを貼り付けています。カウル裏側にも磁石をつければ穴を開けなくても固定でき、折れることもないので安心です。

◆あとがき

この製作依頼を受けたあと、残念なことにモータースポーツで立て続けに痛ましい事故が起きてしまいました。モデラーとして自分にできることは何かと考え、MotoGPはお世辞にもあまり詳しくないのですけれど、いま私ができるせいいっぱいのこととして製作にあたりました。

天国の彼らに少しでも伝われば……。■

Telefonica Movistar Honda NSR250 (2001) #74.DAIJIRO KATO

父の背中を追い育った子は やがて世界最速の“絶対王者”へ――。

史上最強のWGPライダー ヴァレンティーノ・ロッシが二世ライダーとして語られることはそう多くない。父、グラツィアーノは'70年代～'80年代にかけて活躍したライダーだったのだが、タミヤから彼の乗ったマシンがリリースされていることをご存じだろうか。サーキットによく顔を見せ父のまわりをうろちょろしていた少年時代のロッシを添えて、このたびスポット再生産された父のマシン スズキRGB500を製作してみよう。

スズキRGB500 チームガリーナ／グラツィアーノ・ロッシ（'80）
タミヤ　1/12　インジェクションプラスチックキット
2011年スポット生産　税込1728円
製作・文／**後藤祐介**
SUZUKI RGB500 TEAM GALLINA /GRAZIANO ROSSI('80)
TAMIYA 1/12 Injection-plastic kit
Modeled and described by Yusuke GOTO.

Model Graphix
2011年6月号
掲載

●ヴァレンティーノ・ロッシは'79年生まれであり、このマシンが現役だったころはわずか1歳。「父が昔乗っていたマシンに跨がった……」ということにすればつじつまが合わないこともないが、基本的にはフィクションである。しかし、父の後ろにくっついてしょっちゅうサーキットに来ていたということは事実であり、今回はそういった「親から子への伝承」の物語を模型で表現してみたら、という試みだ。なお、ロッシのフィギュアはパテによるスクラッチビルド。子供がバイクにまたがったときの、上半身が伸びきる感じがとてもよく再現されている

●エンジンは独立したシリンダーが四角形に並び「スクエア４」と呼ばれた現在ではほとんど見られない形式だ

●子供時代のロッシのフィギュア、美しく磨かれたカウル、変更されたタイヤ＆ホイールやチャンバーなど、模型として特徴的な部分にはきちんと手が加えられているが、それ以外の部分は、ディテールアップをしておらず、分厚くてレンズ効果の出てしまっているシールドスクリーンもキットのパーツのまま。場所によってはパーティングライン消しもしていないし、なんとランナーからパーツを切り離した跡もそのままだったりする。しかし、それで乱雑な印象を与えるようなことはまったくなく、むしろ非常に精密な印象の本作。ウェザリングによってこの当時のレーシングマシンらしい荒々しさも感じさせてくれる。これは、作者には「何を見せたいか」が明確で、なおかつそれを見せるために何をすべきかがはっきりとわかっているということの証。「魅力的な模型を作る」ことと「ディテールアップをする」ということは、必ずしもイコールで結ばれるものではないということを示す好例と言えよう

「小僧、あぶねえぞ！　アッチ行け！」

少年が跨って遊んでいるのは'80年型のスズキRGB500。500cc 2ストロークスクエア4シリンダーという特異なエンジンレイアウトを持つこのグランプリレーサーは、当時手が付けられないほど速かったヤマハワークスのケニー・ロバーツ操るYZR500に勝つべく、イギリスのチームヘロンやイタリアのチームガリーナに託されたもので、物量作戦により王者ケニーの隙を突こうとしていた。

チームヘロンは、ランディ・マモラ、グレーム・クロスビー、チームガリーナはマルコ・ルッキネリとグラツィアーノ・ロッシというライダー編成だ。ロッシ？……そうグラツィアーノは9度もの世界チャンピオン獲得に輝いたバレンティーノ・ロッシの父である。当時、息子バレンティーノとヨーロッパを転戦していたのだ。

グラツィアーノはいわゆるいぶし銀のレーサーだった。エースのルッキネリは速さにおいてケニーと互角だったが、いつも運が悪かった。グラツィアーノはそんなルッキネリの補佐を務めていた。そして、のちにグラツィアーノは心肺停止の大事故を起こしWGPを去っている。しかし彼はその後ラリードライバーに転向、ランチア037等を操り、現在はイタリア国内のドリフト選手権をマスタングGTで戦っている。根っからのレース一家というわけである。

ところで、この'80年という年は500cc WGPマシンにとって変革の年であった。ケニーの連覇をなんとしても食い止めたいスズキは、ケニーのYZR500とはまったく違うラインでコーナリングできるマシンを模索していた。そこでこの年試されたのが、以前のフロント18インチホイールから16インチホイールへの変更と、超ワイドトレッドのリアタイアである。16インチホイールはコーナリングの切れ込みを鋭くし、YZRよりもコンパクトなRGBの車体も相まって旋回性能を向上させた。現在のフロント寄りの重量バランスのマシンの先駆けである。そして生まれ変わったRGB500の速さに対しては、ケニーの天才的な

タミヤ 1/12 スズキRGB500 チームガリーナ

'80年のWGP500ccクラスに参戦し、5年連続のメーカータイトルを獲得したスズキRGB500。タミヤの1/12 オートバイ シリーズ No.3として発売されたチーム テキサコ ヘロン仕様のバリエーションキットとして'82年に発売されたのが、このチームガリーナ仕様だ。カンパニョーロ製ホイールが再現されており発売当初価格は800円。'06年のスポット生産時からはデカールがカルトグラフ製になっており、付属デカールでは、マルコ・ルッキネリ車のみが再現できるようになっている

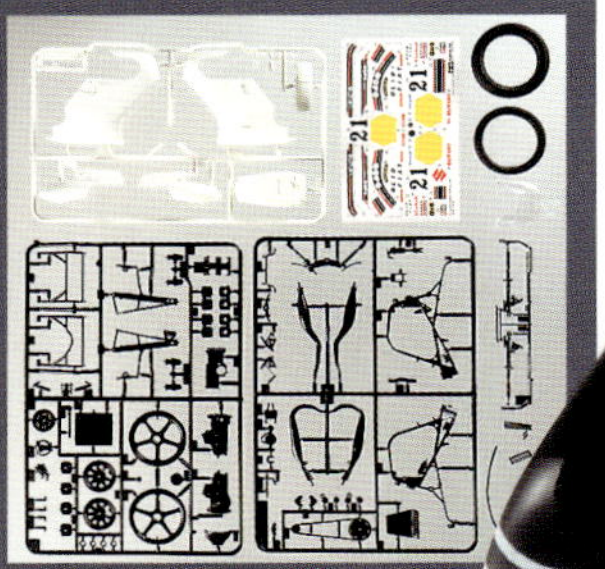

▲少ないパーツで特徴的な構造を的確に再現した好キット

SUZUKI RGB500

TEAM GALLINA/GRAZIANO ROSSI('80)

腕をもってしてもそれまでのような連戦連勝とはいかなくなった。そしてついにコンストラクターチャンピオンはスズキの手に渡ることとなる。フロント18インチホイール、インライン4シリンダーのYZR500はついに時代遅れになった。ケニーの才能に甘え、ヤマハワークスは油断していたのだ。この構想はのちにケニーにとどめを刺すフレディー・スペンサーのホンダNS500にも受け継がれていった……。

さて、作例はタミヤ製チームガリーナスズキRGB500にスタジオ27製のデカールと専用エッチングパーツを組んだもの。キット付属のデカールは残念ながらルッキネリ仕様しか作れないが、当時は、グラツィアーノがいつも連れていた子供があんなに凄いレーサーになるとは、誰も思わなかっただろうから仕方がない。このたびスポット再販された古いキットながら、完成すればなかなかどうして新鮮である。

そして前述の16インチホイールはフジミ製ヨシムラGSX-Rのカンパニョーロを流用。前年よりワイドトレッドになったタイヤはタミヤ製カワサキKR500より流用している。下側チャンバーもグラツィアーノ仕様のショートタイプとした。

フィギュアの製作は、エポキシパテで大まかな形を作り、そこにポリエステルパテを盛り、リューター／スポンジヤスリで削り磨きの繰り返し。少年なので各関節や筋肉のエッジをあまり強調しないようにするが、それだけだとメリハリがなくなるので、服のエッジを強調して散漫にならないようにした。塗装は、まずベースホワイトを塗り、マスキングテープやデッサン用の練り消しゴムを使ってシャツや肌部分を大まかなラッカー系塗料で塗り分ける。その後各色の濃淡をエアブラシでつけ、エナメル系塗料でエッジを立ち上げて面相筆で顔の細部を仕上げツヤ消しクリアーを吹いて完成。

「……まったく、小僧はそんなにバイクが好きか？」

「もちろん！　これはパパが乗っていたバイクだ。僕はいつかチャンピオンになりたいんだ！」■

伝説のザ・ライダー、バリー・シーン駆る もう1台のSUZUKI RGB500

永遠のゼッケン7、ドナルドダックの描かれたAGVの黒金のヘルメット。転倒し瀕死の重傷を負っても、何食わぬ顔でサーキットに戻ってくる不死身のライダー。バリー・シーンは、やることなすことすべてが絵になるスーパースターだった。タミヤのキットにサードパーティのトランスキットを組み合わせつつ、彼の乗ったRGB500を再現してみよう。

スズキRGB500
チーム テキサコ ヘロン
／バリー・シーン（'79）
タミヤ　1/12
インジェクション
プラスチックキット改造
製作・文／**後藤祐介**
SUZUKI RGB500
TEAM TEXACO HERON
/Barry SHEENE('79)
TAMIYA 1/12 Injection-plastic kit based.
Modeled and described by Yusuke GOTO.

●タミヤのオートバイ シリーズ No.3として'82年に発売されたRGB500のキットは'80年仕様だが、作例ではスタジオ27製のトランスキットを組み込み、ブレーキング時のフロント・フォークの沈み込みを油圧で抑えるアンチ・ノーズ・ダイブ機構を初めて装備した、前年の'79年仕様へと変更している。このトランスキットには形状の異なるシートカウルやタンク、サイレンサー、カウルサイドに取り付けられたウイングのパーツのほか、エッチングパーツやデカール等が付属する
●前ページまでのRGB500の作例と同様、この作品でも、マシンの特徴となる部分やカウルの美しいツヤには手間と時間をかけて製作されているものの、それ以外のところにはあえてディテールアップは行なっていない。バイクモデルとしてのツボ、そしてそのマシンならではのポイントを押さえれば、過剰なディテールアップをせずともここまで魅せることができるのだ

ずっとバリー・シーンが嫌いだった。彼は英国の偉大なGPライダー。彼はハンサム、彼はジェントルマン――で、それがどうした？

　彼は時代遅れ……絶妙なドリフトと華麗なハングオンを誇る“キング”ケニーより遅く、ぎこちないフォームで走る名ばかりのタレントレーサーだ、と私は思っていた。しかし、彼の最後のレースを見たとき何かが変わる。

　マシンは型落ちのDAFカラー市販型RGΓ500で、戦闘力に乏しい。スタート前、かつてGP500でいちばん派手だった彼のヘルメットとツナギも、'80年代のカラフルになったウェアのレーサーに比べると、もはや地味に感じた。もう彼の時代じゃない。しかし、スタートして数周後、我が目を疑った。後に世界を席巻するオーストラリアから来た鼻息荒い新人、ワイン・ガードナー操るワークスのホンダNS500を完全に抑えトップを獲ったのだ！　何度も限界を超え、バランスを崩しながらもアクセルを開けるバリー。「……これがくたびれた元スターの走りか？」これはWGP。草レースなんかじゃない。ガードナーだって猛烈に攻めている。しかし、バリーはガードナー以上に攻撃的な走りだった。バリーはそのままトップでチェッカーを受け、そしてWGPを去っていった。こんなものを見せられては、好きにならずにいられないじゃないか！　その日から、私の「バリー・シーンを探る旅」がはじまったのだった。

　'79年、このころまでがバリーの全盛期だった。

　度重なる事故により全身に50カ所以上のボルトが埋め込まれ、転倒により指を失った。体中に埋め込まれた金属が空港の金属探知機に反応してしまうため、彼は常に自分のレントゲン写真を持ち歩いていたという。

　自分が知っていると思っていたのは、いつもケニーに負けていたバリー。あれほどのアクシデントを重ね彼は臆病になっていると思っていた。しかし、最後のレースのあの走りは、それまでの悔しさをぶつけるなんてものじゃない。すべてを捨てた、鬼神のごときアタック。あの瞬間こそが彼の真の走りであるとすれば、それが意味するものは？　再びあのレースの映像を見たとき、目頭が熱くなった。彼はクールなジェントルマンじゃなかった。彼はあまりにも不器用な男、リベンジに燃える傷だらけのファイターだったのだ。

　Team TEXACO HERON SUZUKI　RGB500 1979。本作例は、タミヤRGB500（'80年型）のキットにスタジオ27の'79年仕様のトランスキットを組み込んだものだ。元キットは極めてシンプルなので、こまかいパーツの追加によりグッと完成後の満足度も増す。

　カルトグラフ製のデカールは固く、市販のソフターでは曲面に馴染まない、水性アクリル系塗料用のうすめ液を薄めたものを使う。大きい筆を使い、弱い筆圧で薄く伸ばしながら軟化させている。

　デカールを貼り終えたら、前述のアクリル系溶剤でシルバリングを消してひと晩置き、フィニッシャーズのウレタンクリアーGP2をめいっぱい吹く。そのまま2～3日放置したら400番の耐水性サンドペーパーでデカールの段差を削り、かなり溶剤多めのシャバシャバのGP2を薄吹きし、磨き傷を埋める。さらにひと晩置いたら2000番のサンドペーパーで表面のゴミを削り、フィニッシャーズの中目と細目のコンパウンド、タミヤのモデリングワックスで仕上げている。■

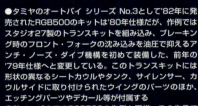

バレンティーノ・ロッシ ハイスピードライディング
タミヤ　1/12
インジェクションプラスチックキット
2010年発売　税込2916円
（バイクは別売り）
製作・文／**小田俊也**

▲キットにはディスプレイ用ヘルメットパーツも別途付属する。軟質素材を使った内装もかつてないほどのリアルな仕上がり！（あとはチンストラップを足すぐらい？）素材ごとに色とツヤにこだわって仕上げたい

◀ヘルメットのシールドは組み立て説明書の指示では両面テープで接着することとなっているが、内側にピンを立てて可動式とした。スモークシールドの内側のロッシの顔もそっくり！

Model Graphix
2011年3月号
掲載

"絶対王者"バレンティーノ・ロッシ 世界最速のコーナリングフォームを立体で!!

電子デバイスやタイヤの急激な進化により、現代のGPマシンは飛躍的にその性能を向上させている。いまやコーナーでのバンク角は60度以上……と言っても、電気は見えないしタイヤの特性も外見ではわからないので、模型だと近年のマシンの特性を表現しづらいったらありゃしない！　となるとライダーのフィギュアを組み合わせるのがいちばんわかりやすいわけで、そのためのモチーフとして最適なのは……9度ものワールドチャンピオンを獲得した史上最強／世界最速のGPライダー、バレンティーノ・ロッシ！　彼以外には考えられないでしょう！

▲タイヤに穴を開け、ベースに固定するためのビスを組み込む。思ったよりも簡単にできますよ

◀複雑なカラーリングのスーツだが、デカールで再現されるのは塗り分けのラインのみ。デカールをラベル紙にコピーしたものを使ったりしつつ、マスキングを行なう

◀「バレンティーノ・ロッシ ハイスピード・ライディング」ヘルメットやスーツは'09年モデルを忠実にトレース。体型やライディングフォームまでロッシ個人のそれにこだわった、"スケールモデル"として再現度ばっちりのフィギュアキット

タミヤ、24年ぶりのGPライダーフィギュアは、徹底リアル路線で'09年のロッシを再現!

ディテールのシャープさと人体の躍動感を両立させるため、ヘルメット等はCAD設計、ボディは原型師によるマスターモデルから金型を起こすというハイブリッド方式を採用。デカールはカルトグラフ製（1）。スーツやグローブにつくプロテクターはメッキパーツだ（2）。コーナリング中の沈み込んだサスを再現するため、フロントフォークのインナーチューブは通常よりも短いものが付属。荷重がかかった状態のリアサスのリンクパーツはYZR-M1のキットのほうに入っている（3）。ヘルメット内装やマスク、握り手には軟質樹脂（エラストマー樹脂）を採用し、やわらかい部分の質感再現と、グリップへの自然なフィッティングを図っている（4）。

2

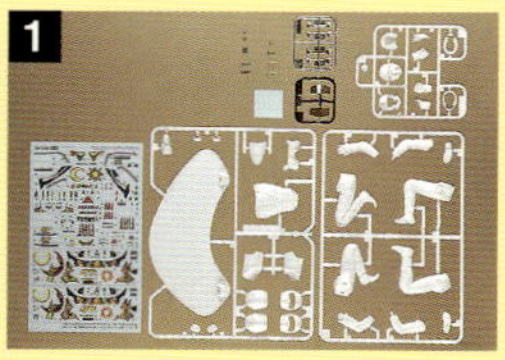
1

4

3

▶今回はバイク＋フィギュアのセットは販売されていないので、ロッシのフィギュアに合わせるマシンはもちろんこれ、「ヤマハ YZR-M1 '09 フィアット ヤマハ チーム」タミヤ　1/12 インジェクションプラスチックキット（税込4320円）

YZR-M1'09とともに設計が進められていたロッシフィギュアが'10年末、ついに発売となりました。機械でなく生身の人間なのでCADデータなどあるわけもなく、ましてやレース中のワンシーンということになると、もう写真や映像から立体を起こすしかないわけで、開発には相当なエネルギーが注がれたことだろうと察します。

さて、組み立てですが、パーツの表面が少々荒れているので、擦り合わせは充分に行ないます。接着面には紙ヤスリ等を挟んであたりを削る、隙間ができたら何かを詰める……作例ではパテ代わりに瞬間接着剤を使用しました。滲み込ませたいところは液状を、盛り付けたいところはゼリー状を使い分けました。

各部位の取り付けは、ガイドの凹凸がありますが、接着前に何度か仮組みをし、実際にバイクに乗せてみてフォームを確認しましょう。作例では、やや逆ハン気味になってしまったので肩の取り付け角度を調整しました。また、塗装工程の妨げにならないよう、胴体の接着は最後に残しました。

ウェアの面積の大部分は塗装による表現となります。しかもあとから貼られるデカールと位置合わせをしなければいけない……。完成時のイメージを掴むか、デカールをラベル紙にコピーして、位置合わせが必要な部分に仮貼りしてみたり、軽く筆塗りで着色して塗り分けポイントを確認してみました。なお、本塗りはムラが出ないように基本吹き付けで行なっています。

デカールはよく馴染みますが、糊が強すぎるようなので、石鹸水で滑りを調節しながら位置決めをするとよいでしょう。

今回のフィギュアは、バイクも走行時の状態にできるという凝りようです。すでにバイク単体で完成させてしまった人でも、タミヤの組み立て説明書の指示どおりに作っているならばいくつかのパーツを取り外して付け替えたり小加工したりして前後サスペンションの部品を組み換えて沈んだ状態にしたり、タイヤに固定用のネジを仕込んだりと、若干の改造を施します。最後は緊張しつつライダーを乗せ、専用ベースにビス止めすれば、できあがり！

静のバイクも機械的な美しさに溢れていますが、やはりこの躍動感こそがバイクレースの醍醐味。ぜひ、現代のハイスピードライディングを再現してみてください。■

▼YZR M1'09本体は'10年11月号で小田氏が製作したものを利用した。マシを完成させたあとでもフィギュアを組み合わせることが可能だ

VALENTINO ROSSI /
YAMAHA YZR-M1 '09
TAMIYA 1/12 Injection-plastic kit
modeled snd described by Toshiya ODA.

ロッシのライディングについてもっと知りたい人のために

イギリスGP、ドニントンのコピスコーナーたった1カ所を題材に、ロッシ本人が自らのライディングテクニックに関して子細に語ったのが本書。しかしそれだけではなく、ホンダNSR500やRC211V等、ロッシが乗った歴代GPマシンやおなじみスペシャルカラーリングのヘルメットの数々、ライディングスーツのディテールなども詳しく解説されている、モデラーにもうれしい内容満載となっているのだ。

▶『V.ロッシのコーナリング 世界チャンピオンのスーパーテクニック』 枻出版社刊
定価1500円+税

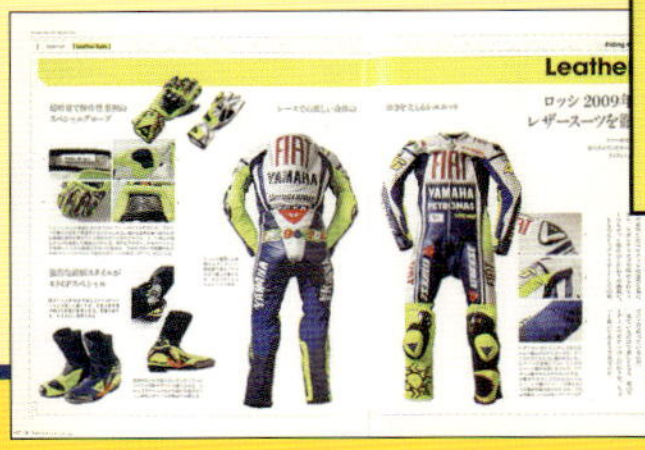

▲'09年第14戦ポルトガルGP仕様、スペシャルカラーリングの銀色のYZR-M1はタミヤからも発売されるが、今回はひと足先に他社製のものとPCを使った自作デカールを組み合わせて製作した

◀ブレーキレバーは基部のピボットの部分でいったん切り離し、強く握り込んだ状態に変更した。グローブの指もそれに応じて改造している

◀各関節ごとにばらばらに切り離し、エポキシパテと真ちゅう線でつないでポーズ決め。体のひねり具合も含め、人体のバランスが崩れないように注意する

▶フロントのサスペンションはロッシフィギュアに付属するパーツよりもさらに深く、フロントフェンダーとカウル前部下端が接しそうなぐらいまでフルボトムさせる。リアサスペンションはノーマルのまま。極端な前下がりの状態を作るのだ。アウターチューブを少し深く彫り込むだけなので、工作自体はそう難しくはない

バレンティーノ・ロッシ／
ヤマハYZR-M1 '09エストリル
タミヤ　1/12
インジェクションプラスチックキット改造
製作・文／**西澤 浩**

VALENTINO ROSSI / YAMAHA YZR-M1 '09 "Estoril"
TAMIYA 1/12 Injection-plastic kit based.
modeled snd described by Hiroshi NISHIZAWA.

◀マシンの単品の作例ではないので、いつものようにカウルのなかまでのハードディテールアップは行なってはいないが、見える部分に関しては相応に手を加えている。タミヤ純正のフロントフォークセット（&エッチングパーツ）も組み込み、前後タイヤの表面もひと皮むいている

'08年後半あたりから目立って使うようになったロッシのコーナー進入直前の“イン側ステップ外し”。これにどんな効果があるのか、じつはいまだに謎なのだが（本人による解説ですら毎回言うことが違う！）、いまやこれがロッシの特徴ともなっている。コーナリングフォームよりもこちらの姿勢のフィギュアがほしいという人も多いのでは？

ロッシといえばやっぱりコレ「イン側ステップ外し」も作りたいよね

◆YZR・M1'09エストリル

コーナーへの進入直前というシチュエーションなので、まずはフロントフォークはフルボトム状態にしなければなりません。インナーチューブを取りつける穴をドリルで深く彫り、アッパーカウルのダクト下部とフロントフェンダーの位置を調整できるようしました。次はブレーキレバーの加工。ハンドルグリップ右側のブレーキレバーを可動基部から切り離し、握り込んだ状態に改修。フィギュアの手の握りも加工します。ベースはロッシフィギュアに付属のものを利用することにしたので、タイヤをベースに取り付けられるように加工。ベースはバンク用の取り付け部分を切り離し、パテを筆で叩くように塗布。４００番のサンドペーパーで撫でて路面風にしてみました。

◆ロッシフィギュア製作

まず手／上半身／下半身を説明書どおりに組んでからヒジとヒザ、足首で切断します。内側すべてにエポキシパテを埋め込み、真ちゅう線で繋いでからバイクにまたがらせ最初のポージング。腰部分は前傾させた状態から起こし、尻や股間の部分は（いったん削り込んでから）盛りつけたエポキシパテをタンク後部やシートに押し付けるようにしてバイクにフィッティングさせます。続いて手足の調整。人体のバランスに注意しながら各部の位置を決め、右足も右前に放り出した状態で固定します。何度もバランスチェックを繰り返し、決まったらガッチリと固定して、隙間を埋めつつエポキシパテを盛って、シワの再生となくなったモールドの復活作業を行ないます。右の肩から腰、背中右側から腹部にかけてはエポキシパテを盛り付け全面改修となってしまいました。手首もいったん切り離し角度を調整して固定。グローブパーツはバイクに乗せながら改造していきます。

造型が完了したら塗装作業。今回はいじり倒していますので元の塗分けモールドもなくなっており、すべてマスキングをして塗り分けています。その後デカールを貼り付け、半ツヤにて仕上げました。■

▶30年近くも前の製品であり、ディテールや人体の再現性はさすがにあまりリアルとは言えない。しかしご覧のとおりライディングフォーム自体はなかなか美しく、迫力もある（前後輪とヒザでの３点支持でのディスプレイで、当時のマシンとしてはやや寝過ぎとなってしまうのだが）

■「ケニーの胴体部分の製作を担当しました。ストレートに作るつもりでしたが、ついつい左脇腹と腕のシワをいじってしまいました。塗装は若干くすませて当時の革製品っぽさを出しています。ツヤの具合も皮らしさを考えて調節しました」（文／ちっく☆斎藤）

■「今回はヘルメットを製作しました（YZRは以前作ったもの。ケニーの体は斎藤氏と分担）。この時代はまだデザインがシンプルで、遠くからでもひとめで誰とわかります。ケニーはアメリカ人であることを強調した白頭鷲をモチーフに出身国をアピールしていて、まだまだ国際化が進むのはこれからという時代の雰囲気が感じられますね。このライダーキットはあとから商品化されたものなので、じつは乗せるのに結構苦労します。YZRのタンクは外れるようにしておいて、ちょっとひねったりしながらハンドルを持たせてなんとか乗せましょう。懐かしいハングオンスタイルが蘇ります」（文／今村忠弘（精密屋））

KENNY ROBERTS /
YAMAHA YZR500 '80
TAMIYA 1/12 Injection-plastic kit
modeled snd described by Tadahiro
IMAMURA, Tic SAITO.

ケニー・ロバーツ／ヤマハYZR500 '80
タミヤ　1/12
インジェクションプラスチックキット
1983年発売
製作・文／**今村忠弘**
ちっく☆斎藤

フラッシュバック1983
キング・ケニー+YZR500で温故知新。

タミヤ製1/12GPマシンキット＋ライダーフィギュアによるハングオン模型といえば、やはり'83年発売のキング・ケニー＋YZR500を忘れるわけはにいかないでしょう！　懐かしい思い出とともに30年前にタイムスリップ！

▼ヤマハYZR500は今村氏が本誌'01年6月号にて製作したものを利用した。ちなみにこのYZRはタミヤ1/12バイクシリーズの第一弾アイテムでもある

●'80年のケニー＋ヤマハYZR500（'83年発売）から30年。そのバリエーションと言ってもいいであろう'85年のガードナー＋Honda NSR500（'86年発売）から数えても24年の開きがある今回のロッシ＋ヤマハYZR-M1'09。こうして並べて見てみると、30年のあいだのマシンの進化やライディングスタイルの変化だけでなく、模型としての進化もはっきりと見えてくる

'09 MotoGP World Champion

Valentino Rossi

ヤマハ YZR-M1 '09 フィアット ヤマハ チーム
タミヤ　1/12
インジェクションプラスチックキット
2010年発売　税込4320円
製作・文／**小田俊也**

YAMAHA YZR-M1 '09 FIAT YAMAHA TEAM
TAMIYA 1/35
Injection-Plastic kit
Modeled and described by Toshiya ODA.

YAMAHA YZR-M1

タミヤMotoGPマシン最新作を速攻レビュー

タミヤのヤマハYZR-M1 3代目となる本製品では、カウルの微妙な曲面の再現や各パーツの組み合わせに力が入れられており、とくにカウルに関しては、ヤマハ本社にモックアップモデルを持ち込んで実車と比較検討をするなどして開発された自信作。バァレンティーノ・ロッシとホルヘ・ロレンソの両仕様が再現可能だが、ここでは、'09年に全17戦中6勝をあげ、見事ライダーズチャンピオンを獲得したロッシ仕様で製作している。

Model Graphix
2010年11月号
掲載

■Aタンク部のカウルを取り外すと吸気エアボックスのカバーが露出する。カバーにはCFRPの模様を塗装で再現。ブレーキ・クラッチレバーにもディテールを追加した
■Bチェーンはタミヤ 1/12 Honda RC166 メタルチェーンセットのものを組み込んだ（ただし、チェーンの長さが異なるため2セットが必要）。組み立て式チェーンならではの精密感と自然な弛みを演出することができる
■Cフロントフォークはタミヤ純製ディテールアップパーツのものを使用した。アルミ製でゴールドアルマイト処理が美しいが、ほかの塗装で再現する金属色部分と違和感が出ないように注意。金属色で仕上げる部品は、下地にツヤ有り黒を塗装をしている
■Dラジエターガードのメッシュは別売りの同社製エッチングパーツを貼り付けた。クラッチの円筒部側面にはディテールを追加した。本作例では金型の抜き方向の関係で省略されたディテールを中心に追加している。エキゾーストパイプは基本塗装としてガイアノーツのＥＸシルバーを塗装した。同シルバーは金属光沢がよいうえに塗膜が強いのが特徴

YAMAHA YZR-M1

◆キットについて

タミヤのYZR-M1も'09年仕様で三代目になりました。パッと見では前作の'05年仕様と似ていますが、実車と同じくまったくの別物。新設計のキットです。とくにフロントフォークがグレードアップしており、アウターチューブとボトムが別部品になったり、インナーチューブが標準で金属パイプだったりと、よくできた市販ディテールアップパーツに迫るような内容です。

これには別の理由もあり、発売が予定されているライダーフィギュアに対応して、コーナリング中のサスペンションが沈んだ状態も再現できるようになっているようです。可動ではなく選択式となりますが、ポリキャップやビス止めによる組み立てなので、完成後も部品の組み換えが可能です。

◆外装

外装パーツは工数がかかるうえ、作品の見た目にも影響が大きいので、早めに製作にかかるようにしています。

タンクやフェンダーなどの接着部の合わせ目は、あとからヒケの出ないように瞬間接着剤で目止めし、当て木をしたサンドペーパーできれいにならします。

カウルのファスナーは塗装時の効率を考えて、虫ピンに置き換えることにしました。

塗装は外装がバラバラなので、色の濃さがチグハグにならないように、仮組みして確認するようにしましょう。また、塗り重ねが多くなりますので塗膜が厚くならないようにしましょう。とくにほかの部品と接する部分は注意です。

デカールは、食い付きがよすぎるくらいで位置決めには少々コツがいりますが、よく馴染み、クリアーコート時も問題ありませんでした。また、CFRP柄の部分は布目が浮き出る立体的な印刷になっており、その風合いを生かせるよう、クリアーコートの後に貼り付けました。

◆エンジン／足周り

金属質感の表現もバイク模型の大きなポイントだと思います。タミヤカラーのメタリック系も種類が増え、説明書ではこまかく塗装指示がされています。ここはもう一歩踏み込んで、実車資料などを参考に、さらにこまかく塗り分けたり、調色するのもおもしろいと思います。

たとえば、アルマイト処理された切削部品などはシルバーで下塗りし、クリアー系の塗料で着色してみると、通常のメタリックカラーとは違う輝きになります。

エキゾーストパイプの焼けはマスキング塗装とタミヤのウエザリングマスターを併用して表現してみました。

◆ディテールアップ

本製品には、別売りディテールアップパーツが用意されており、これを用いるとフロントフォークやリアサスペンションコイル等の質感をアップさせることができます。

その他、作例では、成型の都合で埋まってしまったディテールの彫り直しをメインに手を入れてみました。以下その項目です。

・フロントフォークのボトム部品のディテールを彫り起こし。
・リアのチェーンプラーを肉抜き。
・クラッチ周囲面の溝をプラ板を巻いて再現。
・オイルパンの油面確認窓をプラ板のリングを貼って再現。
・インジェクションのワイヤーリンケージをプラ板等で作り直し。
・アクセルワイヤーは細い線に置き換え。
・ブレーキ・クラッチレバー先端のスリット加工。φ0・3㎜の連続穴を繋げました。
・エキゾーストパイプのスプリング追加。電線の芯線をφ0・3㎜のステン線に巻きつけて表現。受けは伸ばしランナー。
・各部センサーの配線。継ぎ手は短いパイプを通して両端に瞬間接着剤を盛る。
・ステップをプラ棒で作り直し。表面のギザギザは布テープを貼って塗料で塗り固め。
・フロントサスのストロークセンサーを、φ0・3㎜ステン線で追加。
・リアディスクのフローティングピンを開口。なお、ディスク面の穴は抜けてないで正解。
・その他、全体的にボルトの頭には肉抜きの凹みを入れてあります。

四半世紀ぶりのライダーフィギュア

ここで製作した'09年仕様M1に合わせるように、ヴァレンティーノ・ロッシの1/12フィギュアが発売される。フィギュアを乗せるためには専用のサスペンションパーツを組み込む必要があるが、これらのパーツは完成後にも組み替えることが可能だ。せっかくYZR M1を製作するなら、ぜひフィギュアも同時に作ってみよう。

タミヤの1/12ヤマハYZR-M1といえば、これまでに'04年仕様、そしてそのバリエーションとして'05年仕様が発売されている。そのふたつの仕様と今回の'09年仕様では、カラーリングが大きく異なっているとはいえ、バイクそのものの印象はほとんど変わらない。もちろん'04年仕様と'09年仕様ではエンジンの排気量から何からすべてが変わっている。当然タミヤの'09年仕様のキットも完全新規金型の新製品であって（タイヤやビスなどごく一部を除き）共通パーツはひとつもないのだが、毎戦かかさず中継番組を見ているようなファンならいざしらず、たとえば未塗装の'04年型と'09年型のM1を２台並べたところで、正確に言い当てられる人はそう多くはないのではないだろうか。

'02年にGP500がMotoGPへと変わり、マシンの構成はほぼ完成形へと至った。しかし、最新のMotoGPマシンは確実に進化している。アクセルもブレーキもライド・バイ・ワイヤとなり、驚くべきスピードでコーナーに進入しマシンは60度近く倒される。昔のようにライダーがイン側に大きく腰を落としてヒザを張り出すことはない。60度近くもマシンを寝かすとヒザはコンパクトに折りたたまざるをえず、むしろヒジと路面が接触しそうな勢いだ（ヒザ擦り自体はむしろ以前よりも積極的に行なわれている）。タイヤはエッジ部分まで強烈なグリップを発揮しアクセルも早い段階からワイドオープン。とんでもないスピードでコーナーを駆け抜けていく。

近年のマシンの進化は、主に電子制御とタイヤに集中しており、残念ながらどちらも模型では表現しづらい場所だ。ライダーとマシンが一体になって、はじめてそのすごさが見えてくる。タミヤが四半世紀ぶりにライダーフィギュアを復活させるのは、そういった「現代のハイテクGPマシン」を表現するという意図もあってだろう。

▶タミヤの「バレンティーノ・ロッシ ハイスピードライディング」（1／12 税込2916円）ロッシのコーナーリングフォームとスーツを細部まで再現

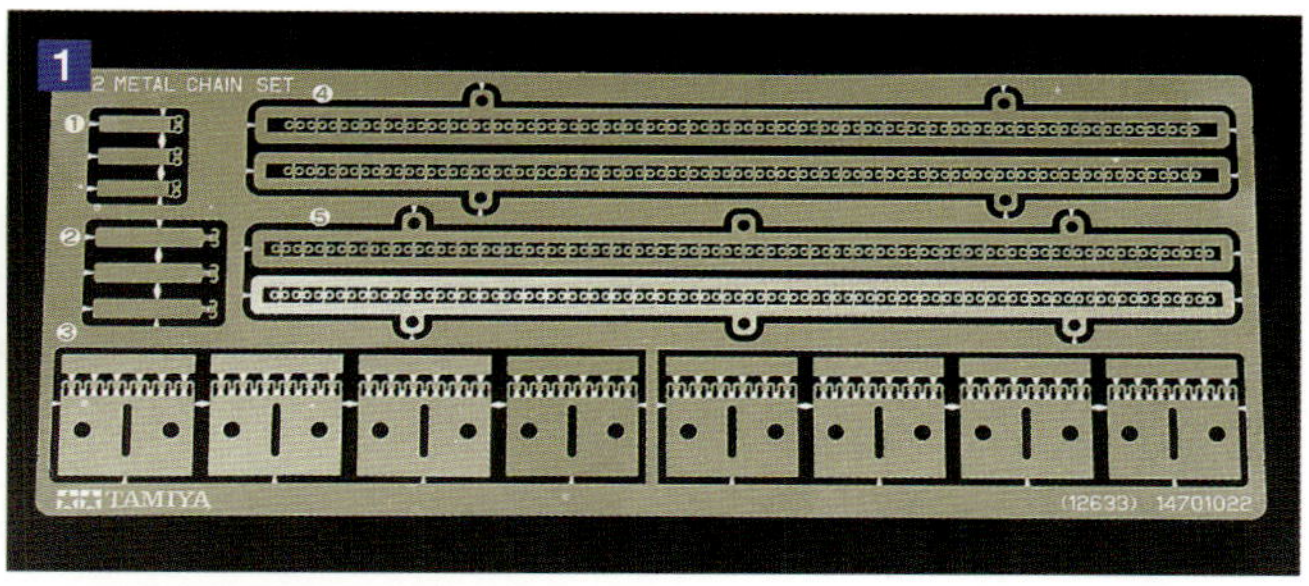

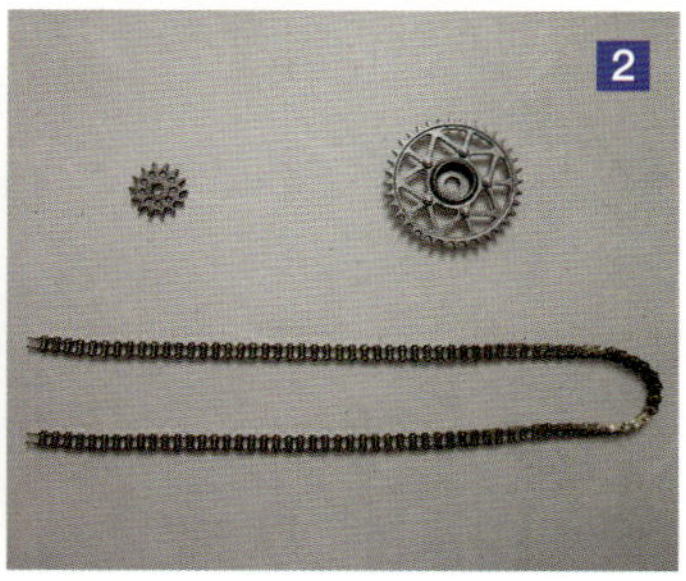

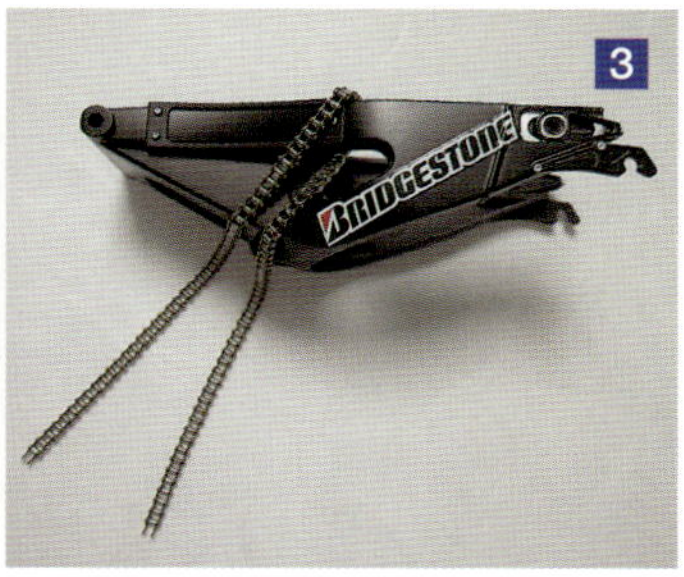

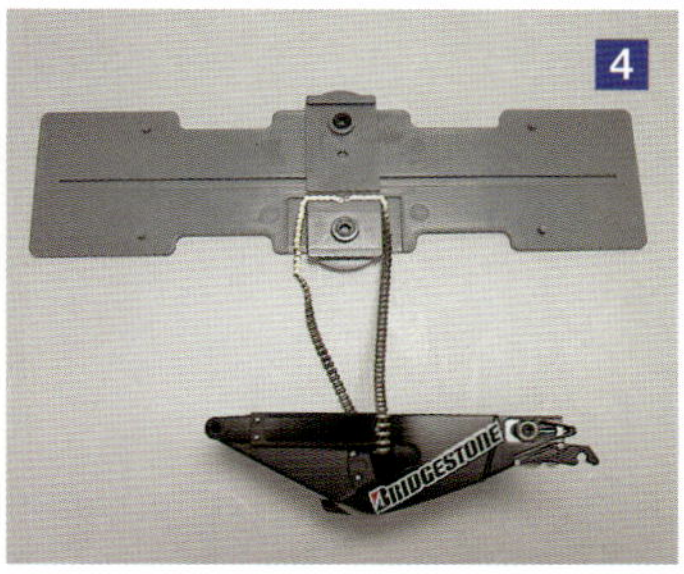

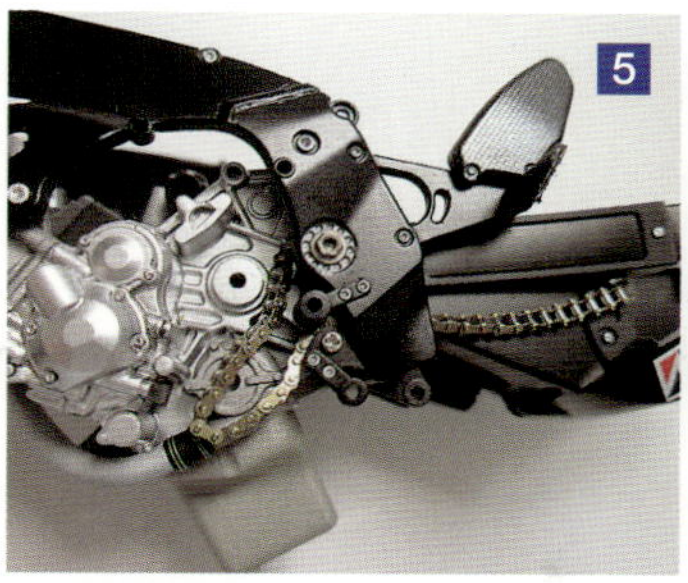

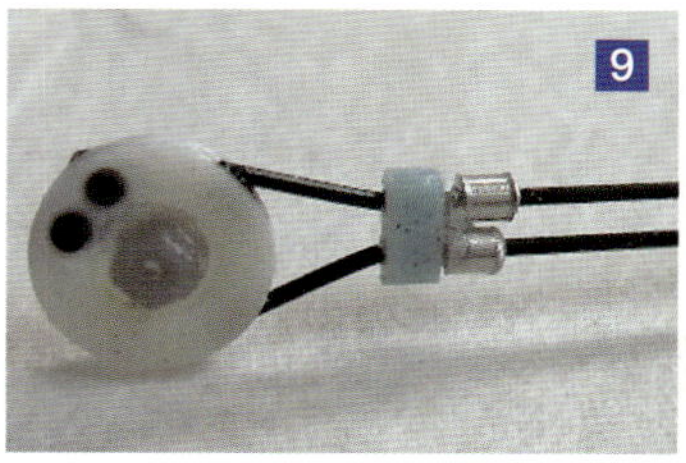

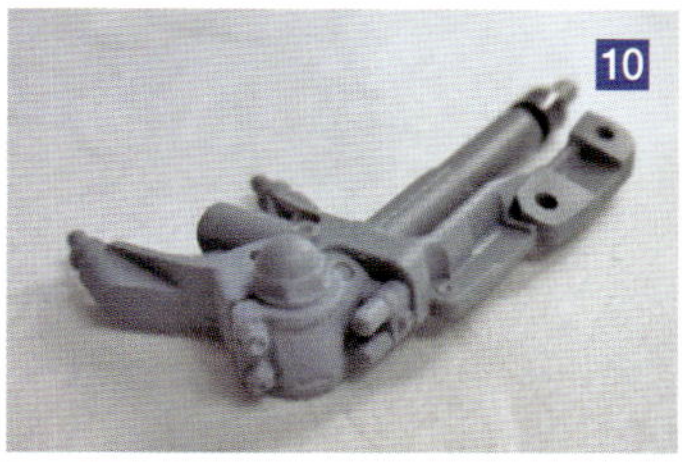

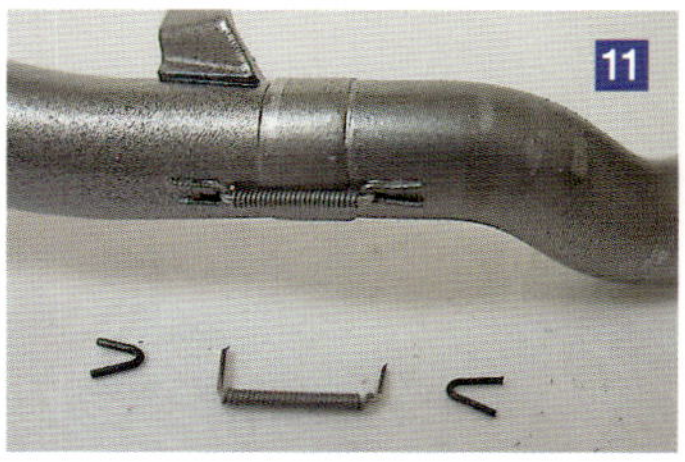

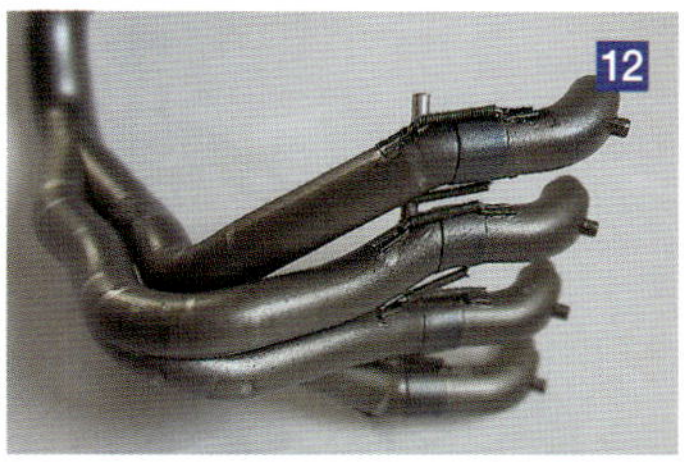

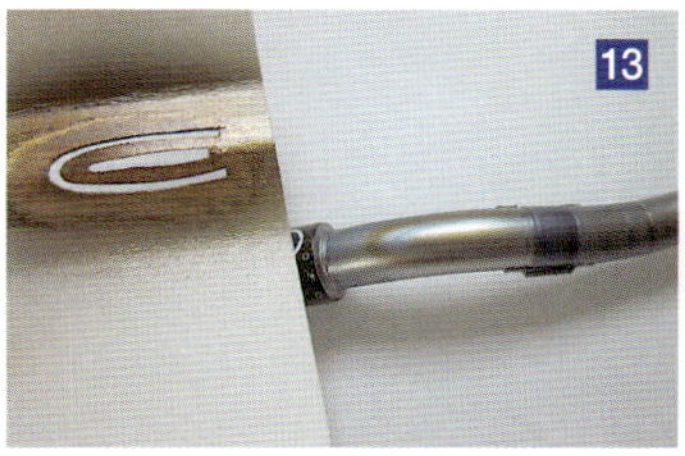

❶ RC166のメタルチェーンを組み込むが1セットでは短いため2セット使用
❷組み立て後にエッチングパーツの切り口を処理しマスキングしてサイドプレートの部分を金色に塗装。コマ数は仮組みし確認
❸チェーンを輪にする際はスイングアームに通すこと。チェーンの向きにも注意する
❹専用冶具で連結するが、裏表に気をつけ、捩れないように注意して組む
❺チェーンをエンジン側に引き込みつつスイングアームを取り付け。エンジン左側のパーツ類は後からつけると作業しやすい
❻ドライブスプロケットにチェーンを掛けて軸をエンジンに留める
❼スプロケット裏側の段差は切り取ってホイールに接着。ホイール自体が車軸を保持できるようにする。スイングアームの裏の受けを少し削ってスプロケットにガタができるように加工しておく。ドリブンスプロケットにチェーンを掛けてスイングアーム裏に固定。軸のガタにスペーサーを入れてテンションを調整する
❽クラッチに格子状のケガキを入れたプラ板を巻き、周囲面の溝を表現した
❾フューエルインジェクションのワイヤーリンケージもプラ板等で作り直した
❿フロントフォークのボトム部はアウターチューブとは別部品だ。ボディの肉抜きをし、ダンパーの調整つまみ、クランプボルト、リザーバータンクの凹みなどを再現
⓫エキゾーストパイプのバネ。電線の芯線（0.1㎜径程度）を0.3㎜径のステン線に巻きつけ、そのステン線を使って取り付けた
⓬エキゾーストパイプの着色。青味や黒味はクリアーカラーを吹きつけて再現。溶接跡は、少しうすめ液を含ませた面相筆で拭って下地の銀を出して質感を再現した
⓭サイレンサー全部のスジ状の焼け目は、マスキング塗装とウェザリングマスターによる汚しを併用して表現してみた

◆おまけ

キットのパーツを眺めていて気づいたのですが、じつはこのキット、通常のチェーンの部品のほかにスプロケットのみのパーツが入っていて、どうやら同じくタミヤの1／12ＲＣ１６６用の組み立てチェーンのパーツが流用できるようなのです。

ここで、少し復習をしておくと、ＲＣ１６６の組み立てチェーンは、リベット状のピンに、エッチングパーツの外コマ／内コマ／スペーサー／内コマを通し、最後にクリップとなる「３」の字状の外コマを、ピン先端に彫られた溝に留める構造です。組み立てには専用の治具があり、一列を一気に組み上げられるようになってます。ややこまかい作業もあるものの、カシメや焼き留めなど特殊な技術は必要ありません。

さて、実際に取付けを検証してみます。

まず、そのままでは長さが足りないので組み付けるにはチェーンは2セット必要です。ＲＣ１６６が82コマなのに対し、今回の作例では１０６コマでした。ちなみにこのコマ数はチェーンの組み方や個体差によって変わる可能性があるので、実際に現物にあてて調整してみてください。

チェーンを輪にするときには、スイングアームに通すのをお忘れなく。その際、クリップの側を車体の内側に、また、クリップのコマの開いている方を輪の内側に、もちろん捩れないように注意しましょう。

実車同様にチェーンのテンションの調整も必要です。作例ではリアのシャフトの位置はそのまま、スプロケットの軸を０・３㎜程ずらしています。

少し気になるのが、チェーンの捩れです。チェーンを水平に張ると、なぜかクリップの側に傾き、捩れてしまいます。とりあえずスイングアーム等あちこちに接することで体裁を保っていますが、回転させるわけではないので、クリアーなどを挿して少し固めてしまったほうがよいかもしれません。

多少の難しさはありますが、工作は楽しく作品もキリリと締まりますので、興味のある方は試してみてください。■

直径10㎜以下の円形の切り出しに使える道具

バイクモデルは丸い塗り分けが、かなり多く、塗装時のマスキングに苦労します。本作例で重宝したのが梅本デザインのパンチコンパス。直径1.5㎜から最大10㎝まで切り出すことが可能となっています。なぜ、通常のサークルカッターより切り抜き可能な最小径が小さいかというと、針とカッターの刃が内側に傾けられているからのようです。刃が傾けられているため、安定性がやや悪く、きれいな円形に切り出すには多少のコツが必要ですが、小さな円の切り出しに力を発揮するツールです

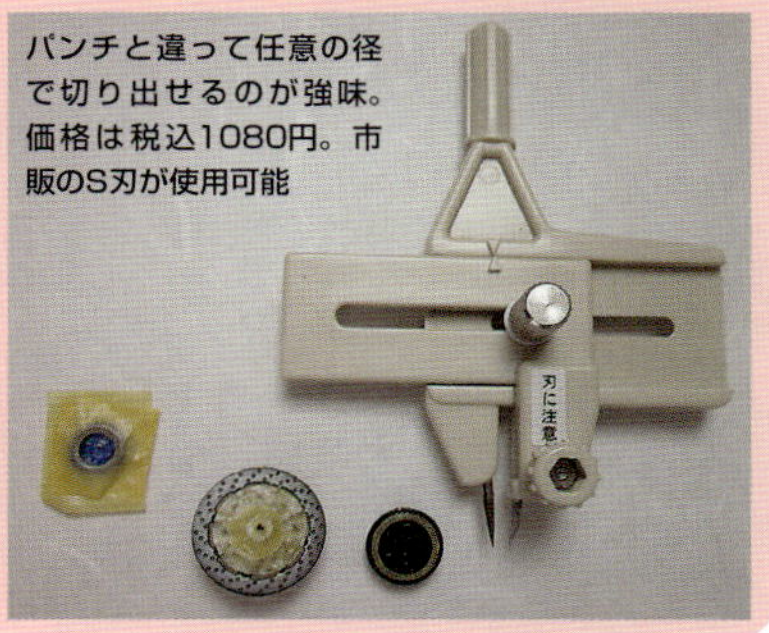

パンチと違って任意の径で切り出せるのが強味。価格は税込1080円。市販のS刃が使用可能

ディテールアップパーツと初回特典も要チェック

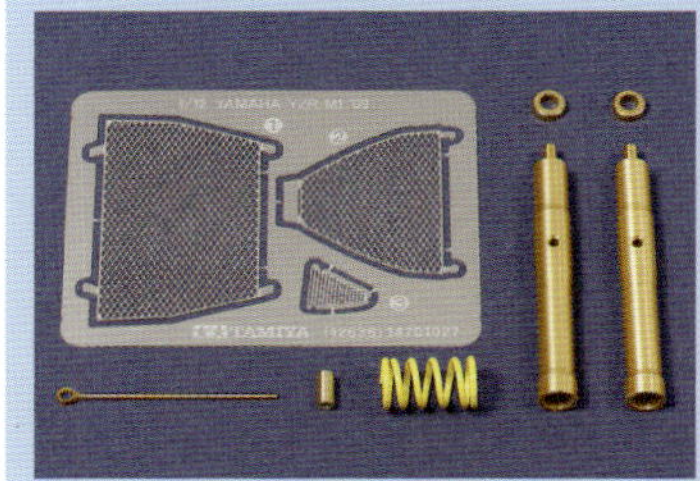

▲「ヤマハ YZR-M1 '09 フロントフォークセット」（発売中　税込1512円）アルミ製フォークアウターやエッチングパーツなどのセット

▶初回特典として「B5判カラー実車資料写真リーフレット」が付属する。実車の細部写真はパイピングや塗装のよい資料となる

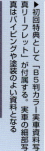

Honda RS250RW
"2009 WGP250 CHAMPION"

'09年をもって長い歴史に終止符を打った世界GP250ccクラス。その"最後の王者"となったのは日本人ライダー、青山博一である。3年前に開発が止まった非力なマシンをテクニックで補い、世界の頂点に立ったのだ。日本の模型メーカー、ハセガワが1/12バイク模型の世界に新規参入するにあたってモチーフに選んだのがこのチャンピオンマシン。参入第一弾モデルながら、ベテランバイクモデラーにこそよろこばれる内容を目指したという、ハセガワのこだわりをご覧あれ！

スコット レーシング チーム
Honda RS250RW
"2009 WGPチャンピオン"
ハセガワ 1/12
インジェクションプラスチックキット
2010年発売 税込3990円
製作・文／**西澤 浩**

Scot Racing Team
Honda RS250RW "2009 WGP250 CHAMPION"
HASEGAWA 1/12 Injection-plastic kit
Modeled and described by Hirosi NISHIZAWA.

Model Graphix
2011年2月号
掲載

最初の1/12バイクモデルは GP250最後のチャンピオンマシン

ハセガワが近年展開をはじめた1/20F1や1/350艦船は、過去に展開してきたフォーマットの延長ではなく、新規のコンセプトと設計思想でまとめられたニュースタンダードと呼ぶに相応しいモデルばかり。そして、このRS250RWも、そのコンセプトを踏襲していることは一目瞭然だ。既存の1/12スケールバイクでは省略されていたメーター周り裏のサーボやキャッチタンク、ストロークセンサーといったディテール、なんとなく行き先があいまいなまま済まされていたチューブやケーブル類がキチっと繋がっていたりと、非常に真摯な姿勢で実車を再現しているのだ。

もちろんいいところばかりとはいかない。細密再現ゆえに模型として剛性が低いという弱点も見受けられる。実車どおりであるがゆえに工作が難しい箇所もある。ディテールがこまかすぎてゲートによって損なわれるところもあったりもする。しかし、バイクモデルユーザーなら必ず「そうそう、これこれ♥」と、ニヤリとさせられる点が詰め込まれた本キット、シリーズ初作にして、「作っていてうれしくなる1/12バイクモデル」と断言できる逸品だ。

再現度が高い細密再現上級者向けモデル

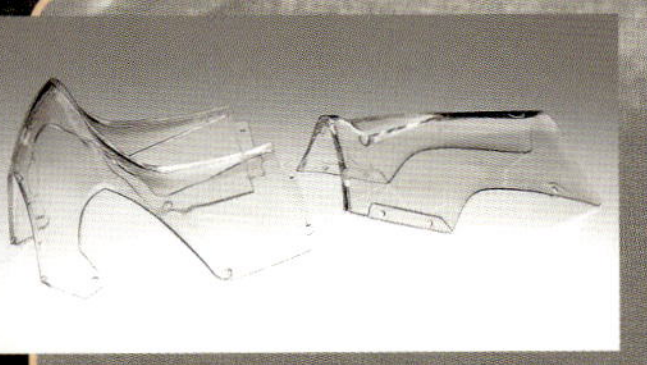

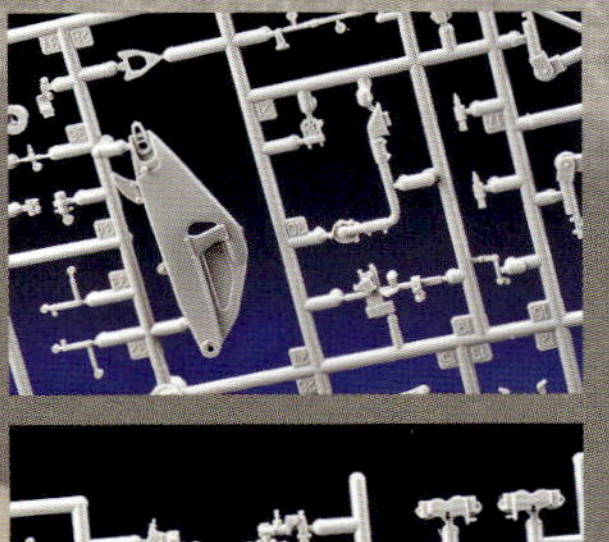

▲▶パーツはかなり細分化されており、ディテールも繊細。またスライド金型を使用して形状の再現と組み立てやすさの両立を図っている。いたずらに分割しているわけではなく、塗装工程を考慮した構成となっている点も見逃せない。なおクリアー成型のカウルパーツについては初回生産特典となっているので注意！

●ミドルクラスならではの細身のフォルムが、最高峰クラスMotoGPマシンの迫力とはまた違った魅力を放つ250cc。ハセガワならではの繊細な作りがこのマシンに非常にマッチしている
●燃料タンクを外すと内部もきちんと再現されたキャブボックスが現れる。突き出しピンの跡を修正するのに手間取る箇所もあるが、パイピングを施せばその部分は隠れてしまう。実車資料を参考にディテールアップに挑戦してみよう。乾式多板クラッチのクラッチ板の再現は、金型成型のプラスチックモデルの苦手とするところだった。しかしこのキットでは微細な段差として再現するという懲りようを見せている。この段差をガイドにきれいに塗り分ければ、ちゃんとプレートが重なっているように見えるのだ
●いままでのバイクモデルではけっこうすっきりと何もないことが多かったメーター裏の部分。しかし近年はこの部分の配線のごちゃごちゃっぷりが「レーシングマシンらしさ」を感じさせるのも事実。基本的にはカウルをかぶせてしまえば見えなくなる部分ではあるが、キットではサーボモーターやブリーザータンクなどのパーツ、つまりディテールアップするためのベースが用意されているので、ぜひそのハセガワの心意気に応えたい
●シートカウルの内部には、Hondaファン、もしくはHondaユーザーにはおなじみの点火系制御用コンピュータ、PGM-Ⅲが再現されている。シートカウルはふたつの小さな突起で固定されているだけなので、簡単に取り外すことができる。PGM-Ⅲのパーツの裏側の肉抜き穴をふさぐだけでなく、各種配線を追加してディテールアップするとよい。たとえば、組み立て説明書ではリアブレーキにはペダルとブレーキキャリパーをつなぐパイピング１組の取り付け指示しかないが、実際にはもう一組、センサーのコードがあり、シート下のボックスへとつながっている。こういった配線を実車資料を確認しつつ取り付けたい（キットのボックスアートもいい資料になる）
●タンクの裏側、カウルの内側も実車どおり再現されている。タンク上面からのベントチューブの接続先が用意されているのは、地味なれどもありがたい配慮だ

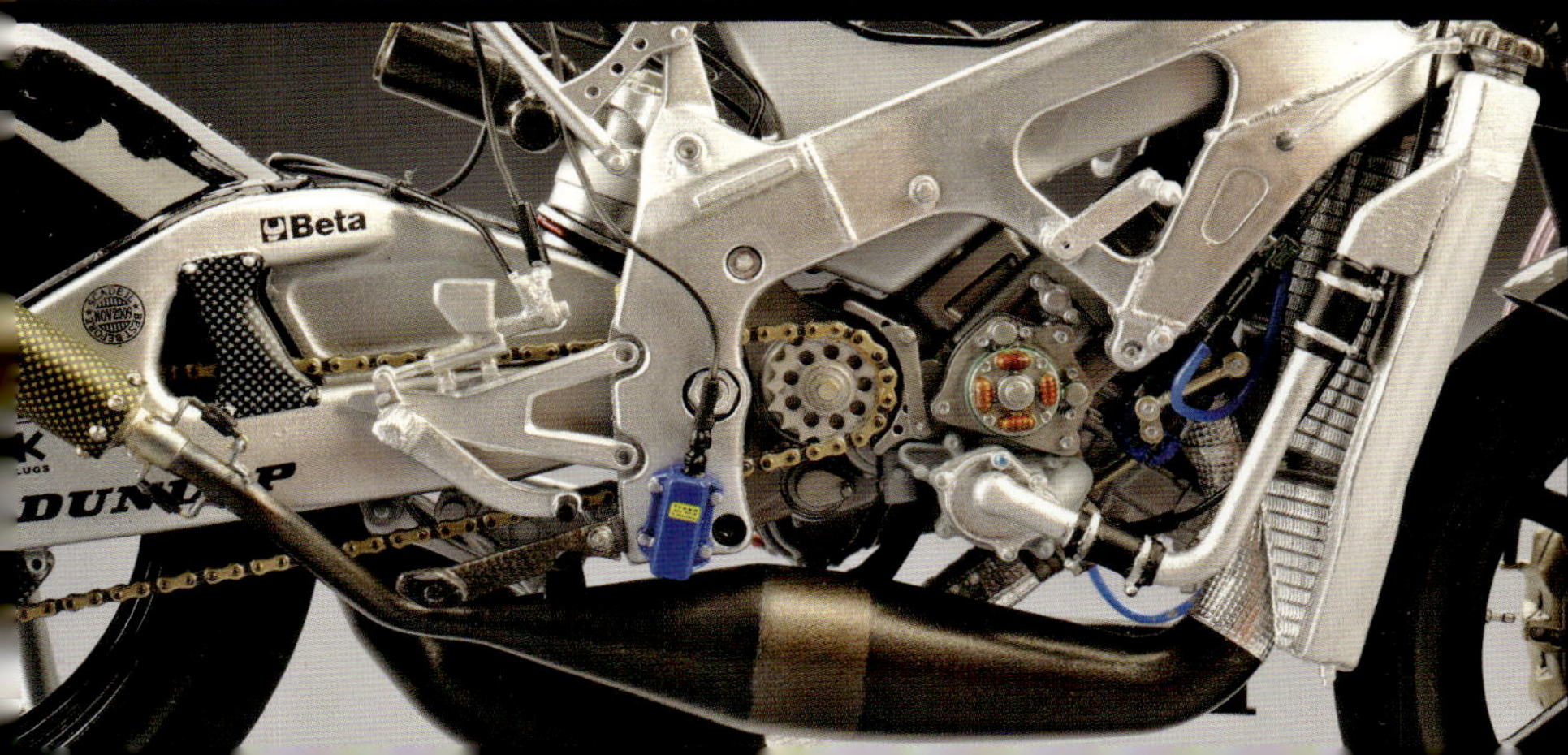

「1/12本格バイクモデル」という意味では"ハセガワ初"ですが

航空機や車、艦船模型のイメージが強いハセガワだが、じつは'80年代には1/10のバイクモデルを発売していた。車種的には尖がった選択ではなく、国内、また海外マーケットも視野に入れたと思しきヨーロピアンスタイルの車種がチョイスされていた。キット自体はバイクモデルとして標準的なパーツ構成で、実車でもクロームとなっているメーター周りやマフラー、スポークホイールなどのパーツはメッキ処理がなされている。またバリエーションとしてサイドカー付きのモデルも発売されていた。'98年には写真の３車種が限定再生産されているが現在はメーカー在庫はなく、また再生産の予定もないとのこと。

◀ヤマハ トレール250 DT1（左／初回発売'70年）ヤマハ スポーツ650 XS1（中／初回発売'71年）BMW R75/5（右／初回発売'71年）

▶'98年には1/24GPレーサーモデルも発売された。オニクス製の完成モデルをキット状態にしたもの。チェーン等はエッチングパーツ、デカールはカルトグラフ製だった

◀ドゥーハンと岡田、青木のNSR500、ノリックのYZR500の４種が発売された

Honda RS250RW
'2009 WGP 250 CHAMPION'

◆ハセガワ製RS250RW

今回は'09年世界グランプリ250ccクラスのマシン、2サイクル最後の年に青山博一選手によってワールドチャンピオンを獲得したHonda RS250RWです。

◆製作

まずはお約束、フレームの裏側、スイングアームの裏側を塞いでいきます。フレームのほうはポリエステルパテで、スイングアームは半分を0・14㎜のプラ板で塞ぎ、チェーンの通るほうはポリエステルパテで塞いで整形しました。通常ですとここでチェーンテンショナーの改修を行なうのですが、今回はいじっていません。製品そのままの状態でも充分な精密さを持っています（ブレーキディスクの放熱穴も開口済みなのですが、ありがたく思う反面、モデラーとしては「やりたかった」ような気も……）。

フレームのシートレールには点火系制御用コンピュータ、PGM-Ⅲが付きますが、シートカウルを外すとその裏側の肉抜き穴が見えてしまいますので、0・14㎜のプラ板で塞ぎます。バッテリーとレギュレーターのベース、シートカウルの下のコネクター類・配線等はレールより高くならないよう注意します。コネクター基部と各ボックス類をプラ棒から切り出して、そこを中心に各部分へ配線を行なってみました（フロントカウルだけでなく、タンクやシートカウルも簡単に外せますので、内部のディテールアップのしがいがあります）。

リアブレーキまわりはブレーキホースだけでなくセンサーの配線も施します。

エンジンまわりでは、キャブレターのファンネルを開口、今回はファンネルのメッキ感を出すのに、TAKUMI製の「AMCスーパーミラー」と「AMCクリヤー」を使用してみましたが、かなりいいカンジです。

サイレンサーのリベットに合わせて0・5㎜で開口しリベット部分は削り取り塗装後、フィニッシュシートのカーボンケブラー（平織）を貼り付けてからリベットを付け直しました。シリンダーの取り付け部から最初の曲がり周辺まで耐熱シートを巻き付けてあります。ラジエーターとエンジンをつなぐパイプのゴムジョイントにネジの留め部分が成型されていますので0・5㎜幅のプラ板を巻きつけバンド部分を追加。トランスポンダー（D18）にもコネクターの配線を追加しておきます。

フロント周りでは、各種センサーをディテールアップ、取り付け基部をプラ棒の削ったもので追加、フロントフォークのインナーチューブにはフィニッシュシートのゴールドミラーを貼り付けて組み立てます。

メーターの裏側にはRCバルブとつながるサーボモーターやキャッチタンクが付きますので、その他のコネクター類の追加と配線を行ないます。まずサーボモーターのワイヤーのモールドを切り取り、洋白線をワイヤーに見立て取り付けます。調整ナットを0・5㎜の六角プラ棒で作り、RCバルブからの配線のジョイントができるようにします。メーターの後側のボックス類はプラ板から作製しコネクターを取り付け、配線。このほか、線と線をつなぐジョイントタイプのコネクターも使用してみました。ここはあまり線類を多く引きまわしてしまうと最後にカウルがはまらなくなりそうなので、ほどほどにしてキャッチタンクの透明チューブをクリアーレッドで着色したものを取り付けてあります

◆塗装、デカール、仕上げ

まずGSIクレオス製のシルバーを吹き付け、フィニッシャーズ製のファンデーションホワイト。フィニッシャーズ製のピュアブラック、各色ごとにクリアーを吹いて乾燥を待ち、デカールを貼り付けます。付属のカルトグラフ製デカールは貼り付く力が強力で、あらかじめ貼り付ける位置に筆で水を多めに付け、少しずつ滑らせながら貼り付けていきました。

カウルの裏側はタミヤエナメルのカーキ。アンダーカウルの内側のツヤ消しブラックのところは塗装ではなく、今回多用しておりますフィニッシュシートのツヤ消しブラックを貼り付け、耐熱のシルバー部分には糊付きアルミ箔を貼り付けました。■

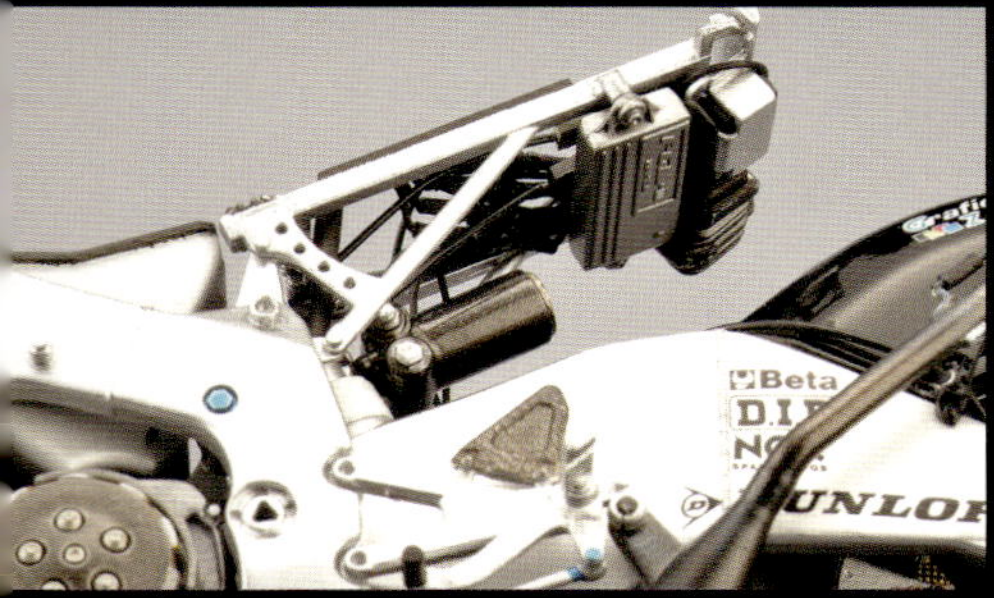

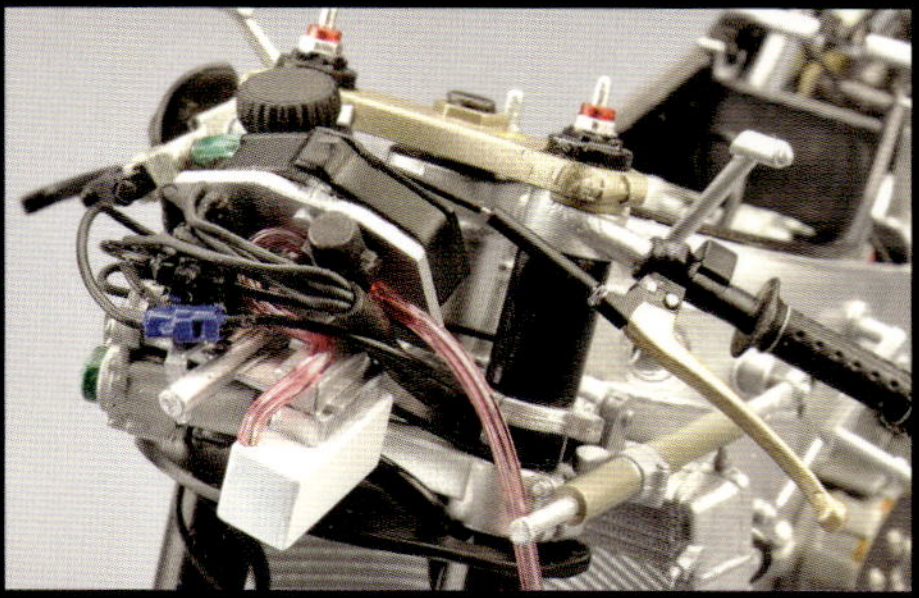

Model Graphix
2011年8月号
掲載

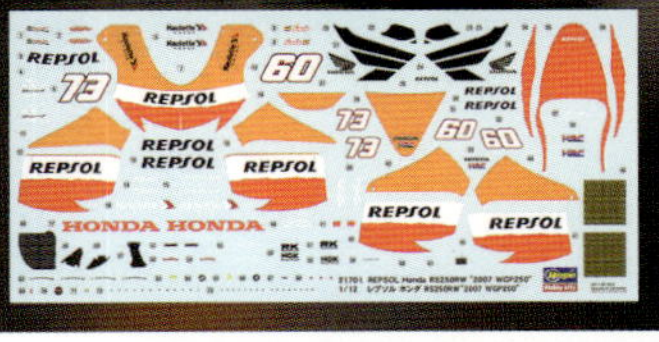

レプソル ホンダ RS250RW
“2007 WGP250”
ハセガワ　1/12
インジェクションプラスチックキット
2011年発売　税込3990円
製作・文／西澤 浩

ハセガワ 1/12 レプソル Honda RS250RW

パーツの差し替え／追加で'07年WGPの後期仕様を立体化

ハセガワ初の本格1/12バイクモデルとなったHonda RS250RWにバリエーションキットが加わりました！今回は前作から2年遡る'07年仕様。レプソルカラーはやっぱり格好いいよね!!

●'09年仕様のキットからの変更点は、シート用パッド、後輪左スイングアーム、後輪フェンダー、タンク用パッド部品。新規金型パーツでの再現となる
●デカールはカルトグラフ製
●'09年スコットチームのマシンは青山博一選手が乗ったものだったが、この'07年レプソルカラーのマシンはその弟である青山周平選手のマシンでもある。青山周平選手は現在ロードレースを引退、もうひとりのライダーであるフリアン・シモン選手はいまだ現役、現在もMoto2クラスでコンスタントに上位を走っている（先日転倒して脚を骨折してしまったが！）……ということで今回はフリアン・シモン選手仕様で製作した

ハセガワの1／12バイクシリーズ第一弾、スコットレーシングHonda RS250RW'09年チャンピオン仕様に続き、そのバリエーションであるレプソルカラーの'07年仕様が発売されました。リアフェンダーとスイングアームの形状が変更となり。シートストッパーのスポンジ（2種類）とタンクカバーのパーツも追加されています。

◆製作

今回の製作は大幅な追加工作はせず、ほぼストレートに組んでいきました。

チェーンの分割ラインをエッチングソーで彫り込み加工。サイレンサーのカーボンケブラー地の再現は今回もデカールを使用。クリアーで定着させたあと、リベットが書かれてる場所をガイドに0・5㎜で開口しリベットを差し込みました。同じく、アッパーカウルのスクリーンを止めるビスとカウルを止めるビスもリベットに置き換えました。アクセル側にも少々追加しました。

ほかにはスロットワイヤー基部とブレーキのマスターシリンダーからのホース基部の形状変更を行なっています。

◆塗装&デカール貼り

デカールにオレンジとレッドの塗り分けが印刷されていますので、基本色のホワイトを塗装後、タミヤ製のレプソル用のカラーを使用してダークマイカブルーを塗装しました。タンクのオレンジはGSIクレオスのMrカラー173番蛍光オレンジと172番蛍光イエローを混色しました。ここはオレンジの色味が強いので、オレンジにイエローを混ぜるのではなく、イエローに少しずつ様子を見ながらオレンジを足して行くといいカンジになります。ホイールのオレンジはちょっと黄色っぽく見えるので、フィニッシャーズ製のルミオレンジとカナリアイエローで調色しています。

塗装後、デカールを貼り貼りつけていきます。アッパーカウルの曲面は一枚ですと貼りづらいので、オレンジの部分と白の境目で切り離し分割してから貼り付けたほうがうまく貼れるでしょう。■

超高回転型DOHC4バルブエンジンで'66年のWGP250ccを席巻、世界を制したHonda6気筒の最終形

Model Graphix 2010年4月号 掲載

Honda RC16

'60年代､4ストロークレーサーの多気筒化を押し進めたHondaは、'64年にそれまで中排気量クラスでは類を見なかった6気筒エンジンのRC165を持ち込んだ。例を見ない挑戦だっただけにトラブルにも見舞われ、'64、'65年はヤマハ2スト勢の後塵を拝すこととなる。しかしその間にも熟成は進んでいた。そして、オイルクーラーを設けることで熱問題を解決し、マグネシウムやチタン等の軽金属を多用することによる大幅な軽量化を実現して'66年に投入されたのが、このRC166だ。パワーこそヤマハに劣っていたものの、非常にバランスの良いマシンとして仕上がったRC166は、開幕から8連勝という破竹の快進撃を見せる。最終的には、年間12戦中参戦した10戦を全勝して、ライダー・メーカー両タイトルを獲得｡RC166の圧倒的な強さもあって、この年のHondaは、WGP５階級制覇という偉業を成し遂げることとなった。

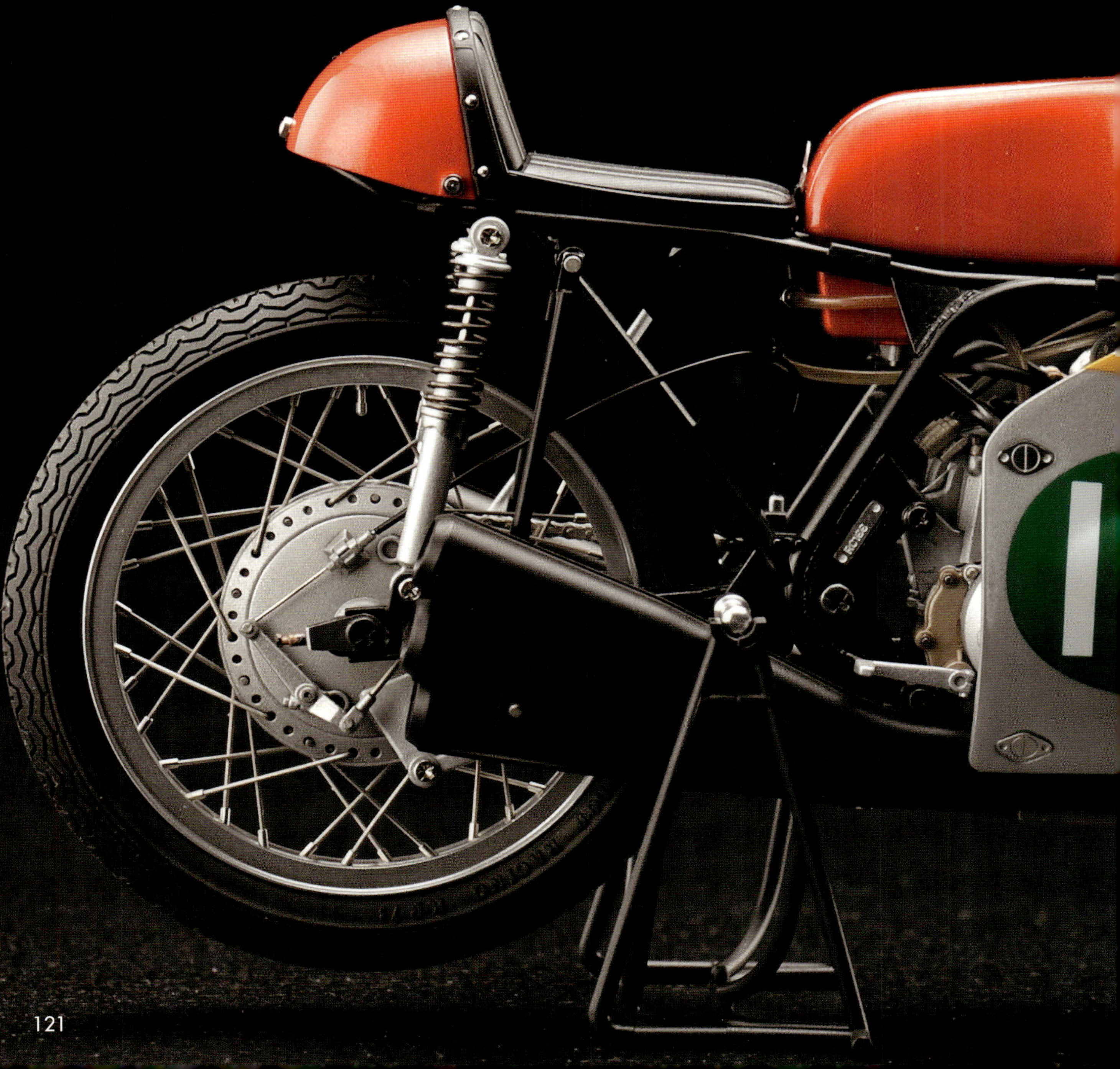

Honda RC166

44年の時を経て現代に蘇った タミヤ渾身のマルチマテリアルな スーパー1/12キットを愛でる。

タミヤ渾身の超意欲作「Honda RC166 GPレーサー」。
常に最新モデルを追いかけてきた同社1/12オートバイシリーズにあって、突然の'60年代クラシックGPレーサーのリリース。
しかもその製品内容は同社1/6シリーズをも凌駕し、専用ディテールアップパーツを４つすべて揃えれば
すばらしい再現度のRC166が手に入る。すべてが驚きに満ちたこの製品だが、
「模型を作ることの楽しさとはいったい何か？」というテーマを正面から見つめ直したタミヤによる、
この熱意あるプレゼンテーションに我々モデラーはいかに応えるべきか——。
全力で、というのは言うまでもないことかもしれないが、購入から完成まで、思う存分楽しみながら作りたいものである。

Honda RC166 GPレーサー
1966年ロードレース世界選手権 250ccチャンピオンマシン
タミヤ　1/12　オートバイシリーズNo.113
インジェクションプラスチックキット
2009年発売　税込5460円
製作・文／**今村忠弘**（精密屋）

◆キットインプレッション

精密屋の今村です。今回はタミヤのRC166、実車の活躍に思い入れがあるのは50代以上の方でしょうか。私はリアルタイムでこのバイクの活躍を知る世代ではないのですが、以前高橋国光さん（RC166が走る2年前までHondaのワークスライダーだった）に当時の話を聞いたこともあって、思い入れのあるバイクです。

キットは1／6スケールのパーツ構成ディテールを1／12に凝縮したような感のあるタミヤ渾身の作で、箱を開けるとパーツの多さだけでもワクワクしますね。最近は簡略化して作りやすさを追求しているキットが多いなかでときどき登場するフルディテールのキットは、商業ベースな思考ばかりでない、タミヤの模型愛を垣間見させてくれてとても好感が持てます。

キットの緻密さもさることながら、今回は純正のディティールアップパーツもこれ以上ないってほど用意されていて、ていねいに組み上げるだけでプラモデルとは思えない密度感で仕上がります。全部揃えるとそれなりの価格になりますが、せっかくのタミヤの思いを感じるにはフルセットで作ってみたいものです。

パーツ数が多いとはいうものの、実車そのものが'60年代の空冷エンジンのバイクですからキットの構成もシンプルです。こまかいパーツのモールドもかなりシャープで、スポークのホイールですらそのまま組んでも充分に実車の雰囲気が満喫できます。同じような形をしたパーツが多いのですが、間違わないように組合せのダボが工夫されていて最初にランナーからバラしても心配ありません。このあたりにも心くばりがいき届いています。

これだけていねいに考えられているキットですから、ほとんど手を入れるところはなさそうですが、今回はタミヤ純正のディティールアップパーツをフルに組み込んでいきますので、組み合わせたときのバランスで若干気になる点に手を入れるのと、現代のレストア車というよりも当時の雰囲気を意識して製作してみましょう。

◆6気筒GPレーサーを組み上げる

エンジンフィンは1枚1枚別パーツで、フィンの薄さには感動します。組んでしまうと見えなくなるシリンダーヘッド裏にあるバルブの逃げのモールドも再現。1枚ずつ塗装してから組むか、組んでから塗装するかで悩みますが、今回はフィンの奥まできちんと色が乗るように1枚ずつ塗装してから組んでいくことにしました。

手を入れる点はいくつかありますが、まずたくさんあるボルト類を頭の形に合わせて、さかつうの金属ピンに置き換えます。奥まったところまですべて置き換えるのは難しいので目立つところだけでも充分ですが、プラスチックパーツのモールドでもヘキサゴンレンチで締めるパターンのボルトは0・4㎜径のドリルで頭に軽く穴をあけましょう。これだけでもグッと精密感が高まります。フレームはちょっときれい過ぎるかなと感じたので、溶接跡の再現をすることにします。伸ばしランナーを流し込み系の接着剤で貼り付けて、柔らかくなったところへ細い金属のヘラ（アルミの1㎜径線の先端を削って作っています）を押しつけて溶接跡のモールドを刻んでいくと、均一な幅の跡が再現できます。

スポークホイールを金属線で組んでいくので、ドラムブレーキのリンクも太さが気になってしまいます。これも金属線に置き換えてバランスをとりました。

いちばん気になったのは製品付属のパイピング径が1種類なこと。プラグコードにはちょうどいいのですが、ブレーキやアクセルワイヤーには太すぎます。ここはモデラーズの0・56㎜径のコードに置き換えます。芯線を入れたままだと変な不自然なかたちが付くので、芯線は抜いて自然なカーブを描くように気をつけましょう。これでバランスがよくなり全体の雰囲気がグッと引き締まります。ここは必須でしょう。それからキット付属のチューブは肉厚が薄すぎて、急角度に曲げると潰れてしまいます。昔のキットはもっと肉厚なチューブを使っていたような気がするのですが、ここは変えてほしいところですね。今回はそのまま

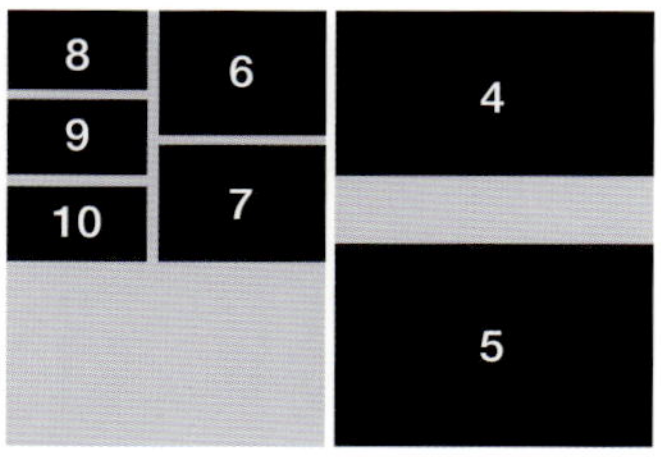

■P124、P125写真解説

❻別売のホイールセットを使うことで精密感は格段に向上する。ただし、逆にドラムブレーキの部分のダルさが目についてしまうように感じたので、ロッドを金属線に置き換えシャープさをアップさせている
❼この再現性と精密感！　別売ディテールアップパーツのメタルチェーンセットとホイールセットはマストだというのがおわかりいただけるだろう
❽塗装を施さなくても柔らかい雰囲気が得られるエラストマー樹脂製のシートだが、色味とツヤ、質感にこだわって塗装をしている
❾パイピングは実車資料を参考にしつつ、太さのメリハリをつける
❿アンダーカウル等の脱着は、磁石によって行なわれる。磁石の入る部分はプラスチックが極薄に成型され巧みに隠される。タミヤ1/32スピットファイア等でも見られた方式だ。オイルクーラーへの配管は脱着の便を考え軟質樹脂となっているが、ご覧のように問題なく塗装できる

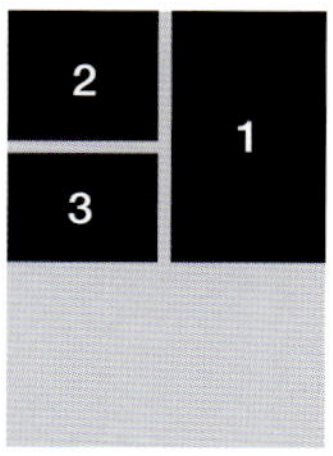

■P123写真解説

❶流麗なフォルムのなかに、どれだけ'60年代らしい無骨な手作り感を盛り込めるかがポイント
❷❸エンジン部分はウェザリングを施して'60年代風を演出している。実車ではどんな素材が使われ、どういう風に作られているか考えながら作ると説得力のある仕上がりとなるだろう。ひと口に銀色の部分といっても、金属の地肌なのかペイントなのか、鋳造か削り出しかで表現方法を変えている。各部には適宜省略されているボルトを追加し、６角ボルトのモールドは中央に0.4㎜径のドリルで軽く穴を開けて密度感をさらに高めた。地道な作業だが確実に完成度に差が出る

にしていますが、プラグ周りは急角度で曲げなければなりませんから、ほかからチューブを見繕ってくるといいかもしれません。

さて、今回のハイライトはディティールアップパーツのなかでも、スポークホイールとチェーンの組み立てです。パーツ段階ではあまりにこまかくて、きちんと組めるのか不安になりますが、実際に作業してみるとじつによく考えられていて、簡単にきれいにできあがります。スポーク張りは最初にハブに取り付けるとき、クラフトボンドを使って仮組みするのですがここでの向きを間違えなければあとは順を追ってはめ込んでいくだけ。あっけないほど簡単ですが、こまかいパーツが多いので先端が細くて固くて合わせのいいピンセットは必須品。ルーズなピンセットを使うと苦労して嫌になってしまうかもしれません。

チェーンも同様で、考えているより簡単です。これはひとコマずつ組むわけではありません。コマを治具に全部並べておいて、いくつかまとめてエッチングのパーツをはめ込んで連結していくタイプです。この治具がよく考えられていて、エッチングが気持ちよくはまり、あっというまにできてしまいます。抜けやすいピンはネジロック使用と書いてありますが、きちんとエッチングのはめ口をピンセットで挟んで締めれば必要ありません。ネジロックを使うと自然な弛みが出にくくなるので、なるべく使わない方がいいと思います。スプロケットに組んで後輪を取り付けるところは実車感覚、左右均等とチェーンの弛みを意識しながら車軸を絞めつけます。こういうところは楽しいですね。欲をいえばスプロケットの幅に対してチェーンの幅が少し広すぎて、チェーンを張ると斜めに傾いてしまいます。手で直せばいいのですがここまでがいいだけに最後になってちょっと気になります。いずれにしても、パーツ状態だとそのこまかさに圧倒されて組めるのか心配になりますが、初心者でもていねいに作業すれば意外に早く簡単に組めますし、その工程がとてもおもしろいので、ぜひ組んでみてもらいたいと思います。

◆〝’60年代風〟再現への挑戦

カウルの塗装は、’60年代っぽさを出そうと思いましたがちょっと失敗してしまいました。このころの塗装はあまりツヤもなくて、とくにシルバーは見る角度によって反射がムラになって見えたりします。シルバーの吹きっぱなしも考えたのですが、あまりにツヤがなさ過ぎるのとデカールの保護もできないので、下地を荒らすことによってムラっぽい雰囲気を出すことにしてみました。サーフェイサーを吹いたあとの段階でサンドペーパーで傷をつけて反射角をバラバラになるように試みたのですが、結果としてはまったくわからない部分や単なる傷に見える部分になってしまって思惑どおりにいきませんでした。もっと研究の余地ありですね。普通にシルバーを塗って、軽くラッカー系塗料のクリアーでカバーする程度がよかったかもしれません。エンジンや足周りは軽くウェザリングを施して調子を整えています。

カウルのリベットパーツもかなりこまかいですが、結構予備の数量が入っていますので少し安心です。ここもいいピンセットを使うのが大切、不安がある人はひとつついものを揃えるといいでしょう。ひとつひとつ乗せては瞬間接着剤をほんの少し付けて押し込むようにします。

◆製作を終えて

製作してみると全体的にかなりおもしろいキットです。こまかいパーツが多いのですが、どうすれば簡単に製作でき、しかも模型を作っているおもしろさを体験してもらえるかと、開発段階で相当に練って考えられたのだろうと思います。その思いは作ってみればわかります。組みにくいとか塗りにくいということがほとんどなくサクサク作れて、それでいてミニカー的なつまらなさはない。スケールモデル好きにとってはたまらない逸品ではないでしょうか。眺めてばかりで最近作っていないって人もぜひ作ってみましょう。完成すれば出来合いのミニチュアバイクモデルでは得られない満足感を得られると思います。■

Honda RC166

Honda RC166 GP RACER
1966 WORLDCHAMPIONSHIP WINNNER
TAMIYA 1/12 MOTORCYCLE SERIES No.113
injection-plastic kit
Modeled by Tadahiro IMAMURA(SEIMITSUYA)

onda RC166

あなたが「モデラー」であるならば……
Honda RC166のことを何も知らなかったとしても

バイクモデルに興味がなくても この傑作キットは買うべきだ!!

その製作工程は、まさに実車を作っていく感覚

あらゆる箇所が電子制御下にあって外形からは機能が推し量れない……そうした最新テクノロジーも興味深くはあるのだが、模型として作るとなると少々物足りない。メカの機構がむき出しで、金属の質感、複雑に這い回るパイピング、タイヤかすやオイルの汚れ……そういった〝人の手〟の存在を感じさせるマシン。それを模型で再現するのは頭も使うし技術も必要だが、完成すれば圧倒的に模型映えするものとなるはずだし、そして何より、機構を理解して作りあげていく工程は非常に楽しいものだ。

タミヤの1／12 RC166は、そういった模型ならではの楽しさを徹底的に追求した傑作キットだ。純正ディテールアップパーツセットを使えば、実車同様に一本一本スポークを張ってホイールを作ることもできるし、AFVモデルの連結可動履帯のような自然なチェーンのたるみも再現できる。実車の構造や歴史、開発に携わった人々の息吹をここまで身近に感じられる模型には滅多に巡り会えない。「このバイク知らないから」「バイク模型はあまり作らないし」と、このキットに手を出さないのはあまりにももったいないぞ!

“Honda RC166”とは?

'59年のマン島TT出場は、Hondaとして初めて世界に挑んだレースでもあった。この初挑戦はRC142を駆る谷口尚己の6位入賞をはじめとして、充分に大健闘と呼べるものであったが、MVアグスタやドゥカティ、MZなどの世界のトップクラスとはまだまだ大きな差があった。しかしHondaはわずか2年後には世界GP初優勝を遂げたばかりか、この年の125ccと250ccのタイトルも獲得。驚くべき短期間で世界の頂点へと駆け上ったのだった。

追われる立場となったHondaは、後発ライバルの2スト勢に対向すべく、4ストエンジンの多気筒高回転化を選択。'64年に並列6気筒エンジン搭載の250ccレーサー、RC165を投入する。'65年最終戦からHondaに加入した、“あの”マイク・ヘイルウッドにより開発は一気に加速し、'66年は開幕戦から第8戦までをRC165で、第10戦と第11戦を新型のRC166に乗り、出場した250ccクラスの全レースで優勝。ライダー、メーカー両タイトルを獲得したのだった。翌'67年も激闘の末に僅差で両タイトルを防衛するが、この年を最後のホンダは世界GPへの挑戦をいったん休止する。

戦績としても、あるいは超高回転並列6気筒エンジン搭載というメカニズム的観点においても、RC166はこのホンダの第一期世界GP挑戦を象徴する存在だと言え、40年以上を経たいまもなお人気を集めるGPレーサーなのである。

▲デビューから2年目、1967年のマン島TT(ツーリスト・トロフィー)レースを走るHonda RC166。ライダーはラルフ・ブライアンズ選手(写真:本田技研工業株式会社)

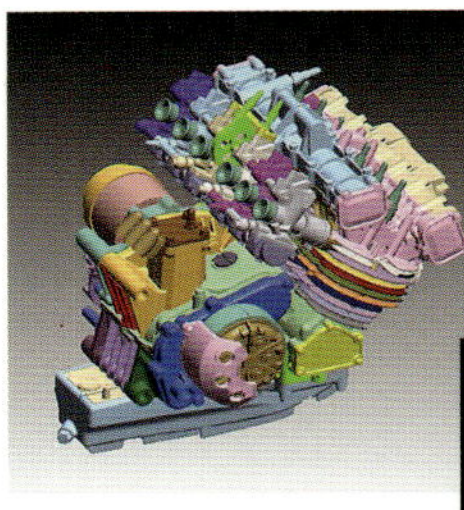

▲エンジン部分の3DCAD画像。色の違う部分がすべて別パーツとなっている。実車では砂型を使った複雑な形状の鋳物の部分を、多数のパーツに分割することによって正確に再現する

▼同じく第49回全日本模型ホビーショーより、全パーツ展開図。1/12のバイク模型としては破格のパーツ数。組み立てには相応の時間がかかるものの、考え抜かれたパーツ構成により、難易度はそう高くはない。バイク模型未経験者にもぜひ挑戦してみてほしい

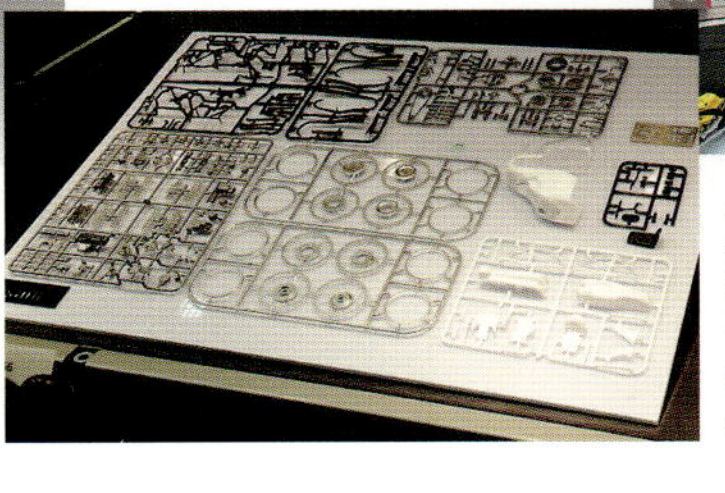

▲'09年秋に開催された第49回全日本模型ホビーショーにて、1/12 Honda RC166はタミヤの目玉アイテムとして発表された。このときに参考展示されたクリアーカウル仕様のフルビューキットもその後発売されている

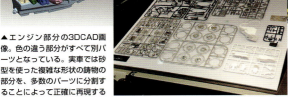

▲いつもながらのわかりやすい組立て説明書のほかに、実車の歴史やディテール写真が記載されたカラーのリーフレットが付属するスペシャル仕様

クラシックバイクならではのリアルさを徹底的に追求

過去のタミヤ製1／12バイクシリーズの製品と比較しても、このキットは突出した内容を持っている。作りやすさは追求しているものの、形状の正確性のためならばパーツ数が多くなることもいとわず、ABSや軟質樹脂、金属パーツも適宜採用されている。左はタミヤによる完成見本品の写真だが、下欄で紹介のディテールアップパーツセット群はいっさい使われていない。箱の中身のものだけでもここまでリアルに仕上がるのだ。

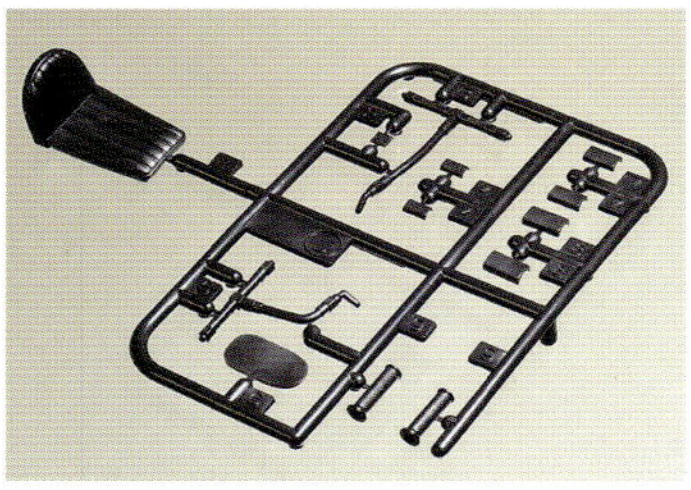

▲シートやハンドルグリップの柔らかい表現、あるいは曲げながら組み込む箇所等に、塗装も可能な軟質樹脂（エラストマー樹脂）が採用されている

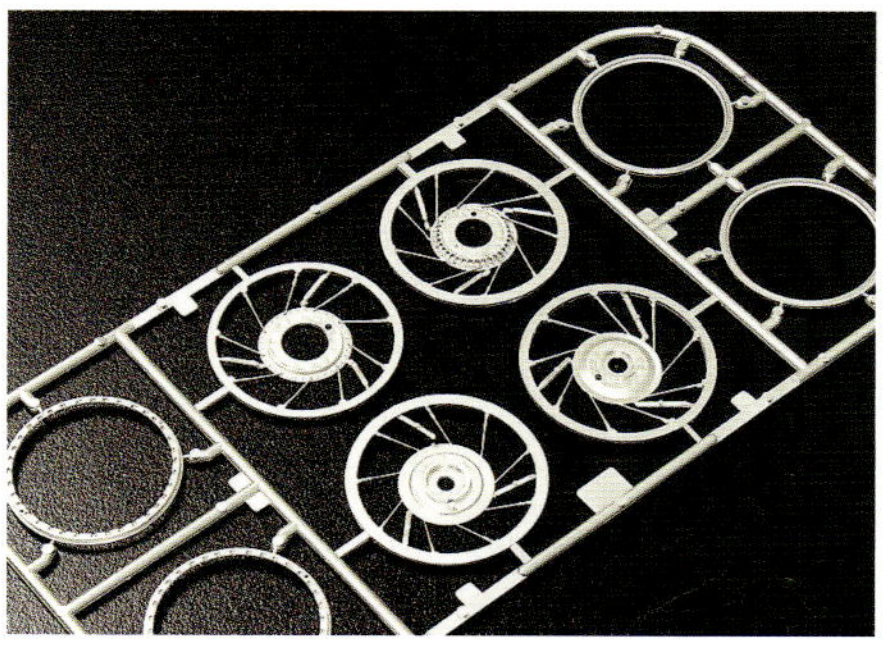

▶ホイールは巧みな設計で、1輪あたりわずか9パーツで構成されている。スポークは極細ながら折れにくいABS樹脂製。非常にメリハリのある表現で、スポーク1本1本が別パーツであるかのようにも見える

◀エッチングパーツやメタルインレット、アルミ削り出しのステップ、カウル脱着に使われる磁石などもキットに付属する。リアサスペンションのダンパーのロッド、スプリングなどにも金属パーツが用意されている

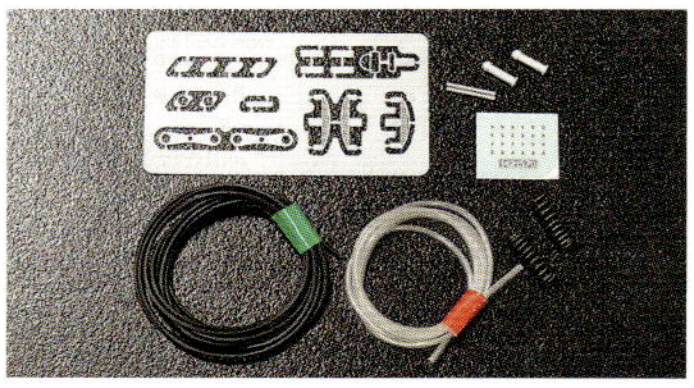

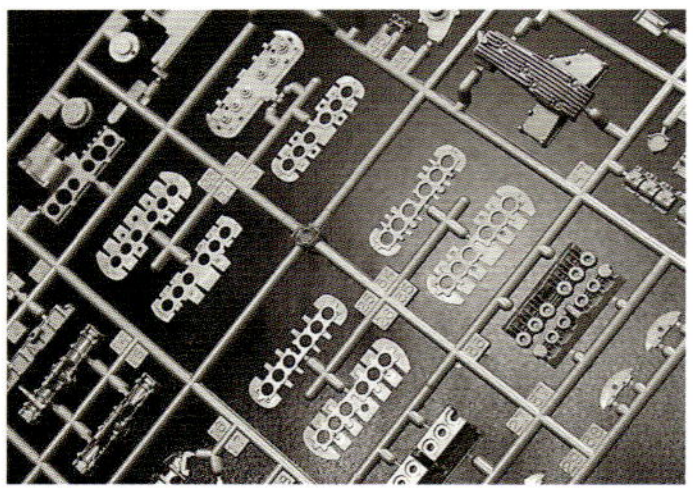

▲空冷フィンのあいだを深くシャープに、そして形状を正確に再現するために、実車の構造とは異なるものの、シリンダーブロックのフィンを1枚ずつ積み上げる設計となった（実車ではアッパークランクケースまでが一体になった砂型鋳造のアルミ合金製）。6気筒エンジンのシリンダーの穴や燃焼室の吸排気バルブのモールドは完成すると当然見えなくなるが、製作途中にも実車の構造を強く意識させる「心憎い演出」となっている

少々値は張るものの効果は満点!! 4種の純正ディテールアップパーツを組み込もう

タミヤ製RC166の目玉のひとつが、この純正ディテールアップパーツセット群である。キラリと光る金属パーツは精度と質感の向上をもたらし、完成品に精密感と高級感を与える。

作例製作を担当した今村氏が、完成直後の打ち合わせでまず口にしたのが、「ディテールアップパーツセットの組み立てが驚くほど簡単！」ということだった。これら金属製パーツはハイエンドモデルやアフターパーツでは従来からあるものだが、徹底的に考え抜かれて作られた治具と組み立て方法は〝タミヤの発明〟と言っていいほどのもの。「こまかなパーツ数がすごく多くて組み立て前には確かに躊躇するけれども、実際に手を動かしはじめてみれば驚くほど簡単にできあがっていくんですよ」と今村氏は語る。

ただし組立てには精度の高いピンセットは必須とのこと。安物のピンセットでは作業効率が著しく低下し、うまくいかなければ精神的にもまいってしまう。いいものを買えば作業の難易度も一気に下がるうえに、〝愛用の一品〟として長く使うこともできるだろう。

組立てのコツはタミヤのWebサイトを参考に

あまりのこまかさと膨大なパーツ数に「自分にはムリかも」と考えてしまう人もいるかもしれないが、ご心配なく。タミヤのWebサイトではディテールアップパーツの組立てのコツを紹介しているのだ。腕に自信のある人も、一度目を通しておくと効率的に作業が進められるようになりますよ！

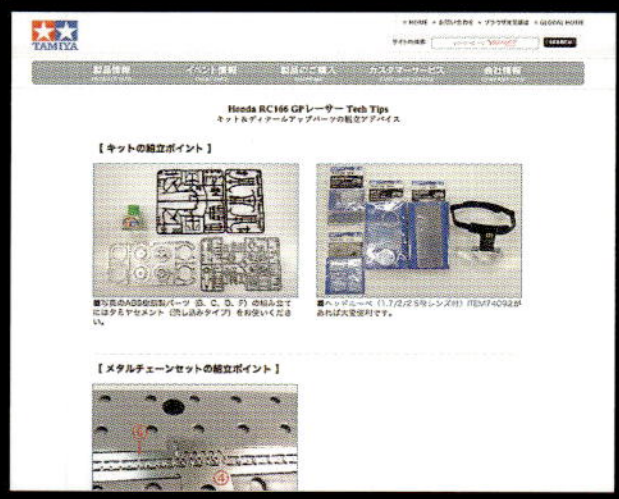

▲http://www.tamiya.com/japan/products/14113rc166/techtips/index.htm

実物と同じ構造の可動チェーン

■1/12 Honda RC166 メタルチェーンセット　税込3888円

ステンレス削り出し製のローラーとピン、エッチングパーツ製リンクプレートを組立てて、ほぼ実車同様の構造でチェーンを再現する。インジェクションプラスチック成型ではローラー部分をきれいに抜いて再現することはできなかったが、バイクモデラー長年の不満点もこれで解消されることになる。パーツ数はとんでもなく多いが、考え抜かれて設計された治具を使い、リンクプレートも枠についたまま一気に作っていくので、組立ては思ったよりも難しくはない。

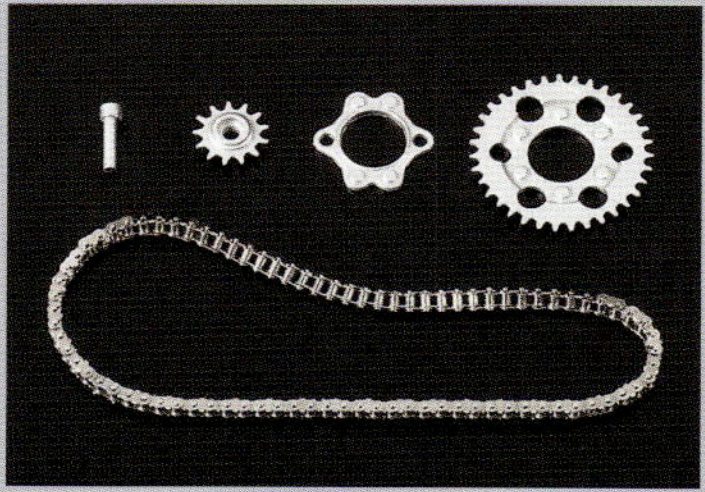

ドライブ／ドリブンスプロケットはプラスチック製。自然なたるみを演出するためのチェーンの張り調整は、後輪の車軸位置を微妙に前後に移動させて行なう設計となっている。

金属線を使ったスポークホイール

■1/12 Honda RC166 ホイールセット　税込6048円

キット付属のABS製スポークホイールもかなりハイクオリティーではあるが、金属特有の輝きを持ち、シャープで真円が出ている金属製のスポークとリムを使えば確実にワンランク上の仕上がりが約束される。

断面形状も正確なホイールリムはアルミ削り出しのパーツ、スポークはステンレス製ロッドの頭を潰しプレスで90度曲げたもの。さすがにニップルのねじだけは切っていないものの、全体の構造は実車と同じだ。

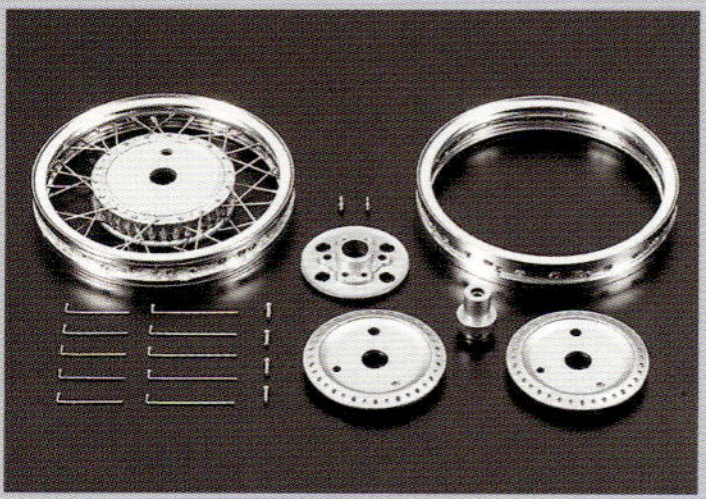

やはり削り出しパーツであるエアバルブの位置を基準点にリムを専用治具にセットし、説明書どおりに組立てていけば複雑な構造のスポークホイールが簡単にできあがる（と言ってもパーツがこまかいのでそれなりに時間はかかるが）。

キラリと光る金属製のリベット

■1/12 Honda RC166 リベットセット　税込1080円

カウルやシートを留めるリベットやボルト、ビスはキットでは「X-11 クロームシルバー」による塗装やメタルインレットを貼る指定となっているが、やはり金属製のものに置き換えると立体感と質感が向上し完成品がグッと引きしまる。

このセットではステンレス削り出しのリベットが4種類用意されており、全体では42箇所を置き換える。各ボルトの大きさは1㎜前後しかないが、がんばって挑戦してみよう。

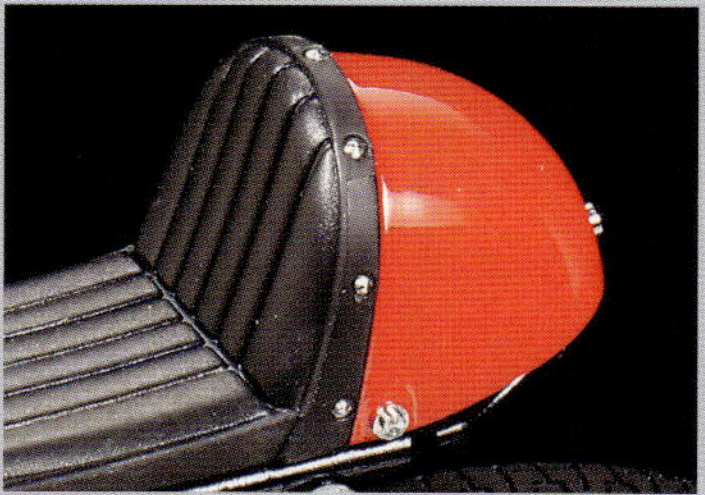

一部、モールドを削り落としたうえで置き換える箇所もあるが、RC166のキットそのものがこのセットの使用を前提とした設計となっている箇所が多く、ガイド用の穴にしたがってピンバイスで開口すれば簡単に取り付けられる。

微妙なテーパーも再現フロントフォーク

■1/12 Honda RC166 フロントフォーク・クラッチセット　税込1728円

実車ではチタン削り出しのフロントフォークのチューブを、ステンレスの削り出しパーツで再現。微妙についたテーパーも忠実に再現されている。内部にはスプリングも仕込まれ、ストロークも可能。フックレンチで締め上げながら立てていくという作業方法は、ライダー兼モデラーには感涙ものの演出だ。

乾式クラッチはアルミ削り出しのバスケットにエッチングパーツ製のクラッチプレートとフリクションプレートを重ねて収め、プレッシャープレートで押さえ込んでいく。インジェクションプラスチック成型では再現がほぼ不可能だった箇所なだけに、純正パーツで用意されるのはありがたい。なお、同梱のキャブレターのエアファンネルもアルミ削り出しパーツだ。

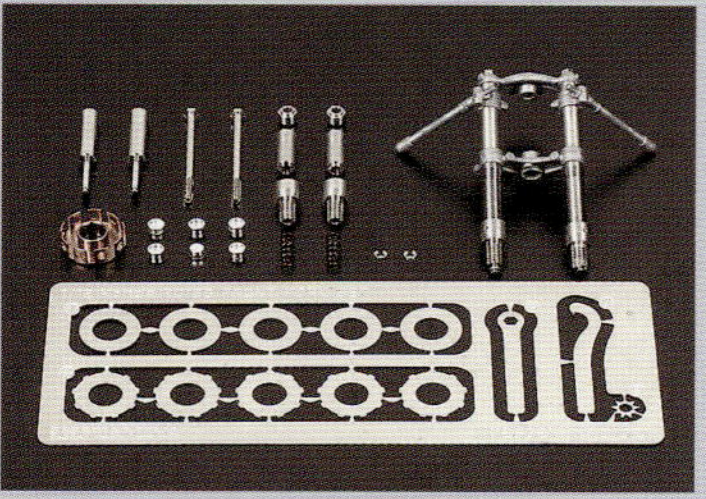

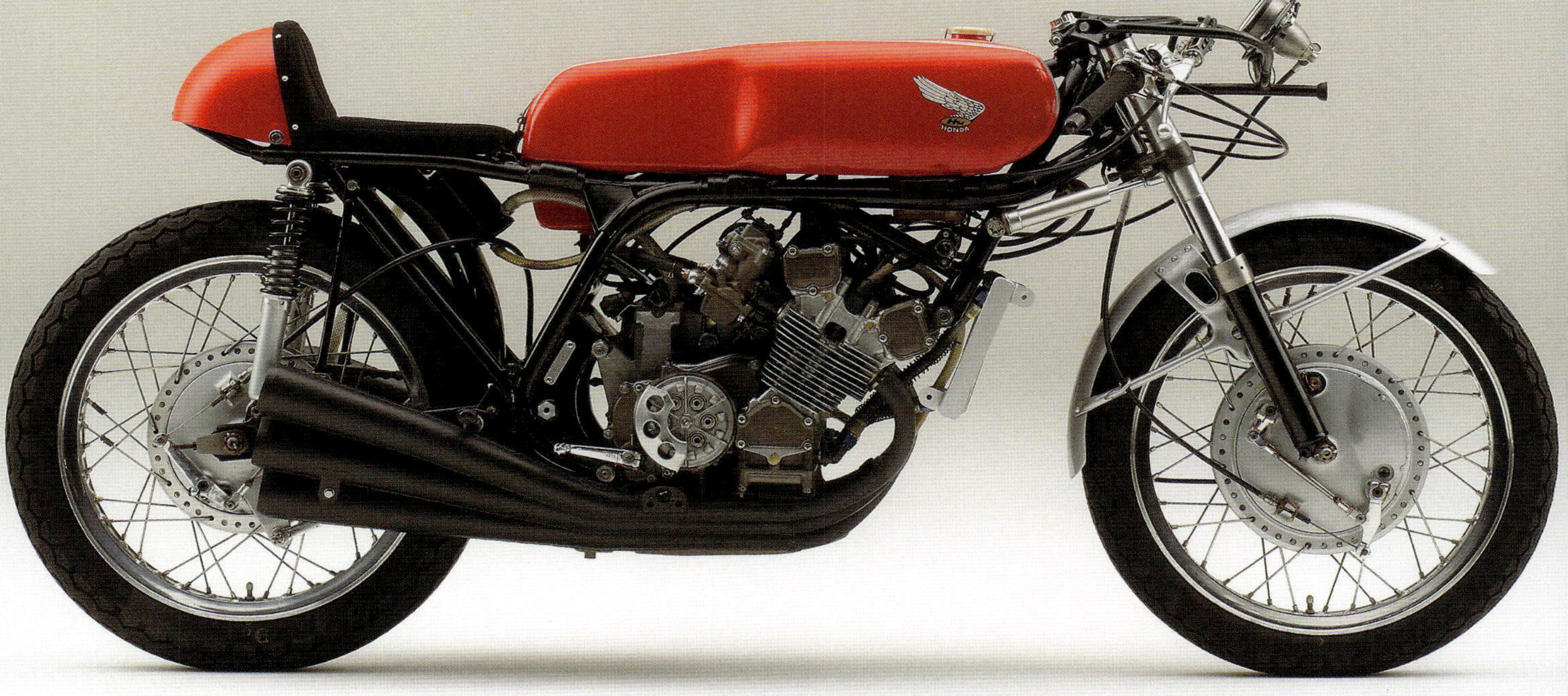

HONDA

That's "Honda RC166"

Honda RC166クローズアップ写真集

写真・写真協力：株式会社タミヤ（TA）、本田技研工業株式会社（HONDA）、星野一宏（インタニヤ）（HOS）、(有)アンビシャス／(有)GOOD ONE（A/G）、本誌編集部（MG）　協力：Honda Collection Hall

ここでは、タミヤがキット設計に際してHonda Collection Hallで撮影した資料写真を中心に、ホンダの広報写真を交えつつHonda RC166の「キットのディテールアップに役立つ」実車写真をたっぷりお見せしよう（右の走行写真は、'66年マン島TTにおけるRC166。ライダーはマイク・ヘイルウッド）。

HONDA

HONDA

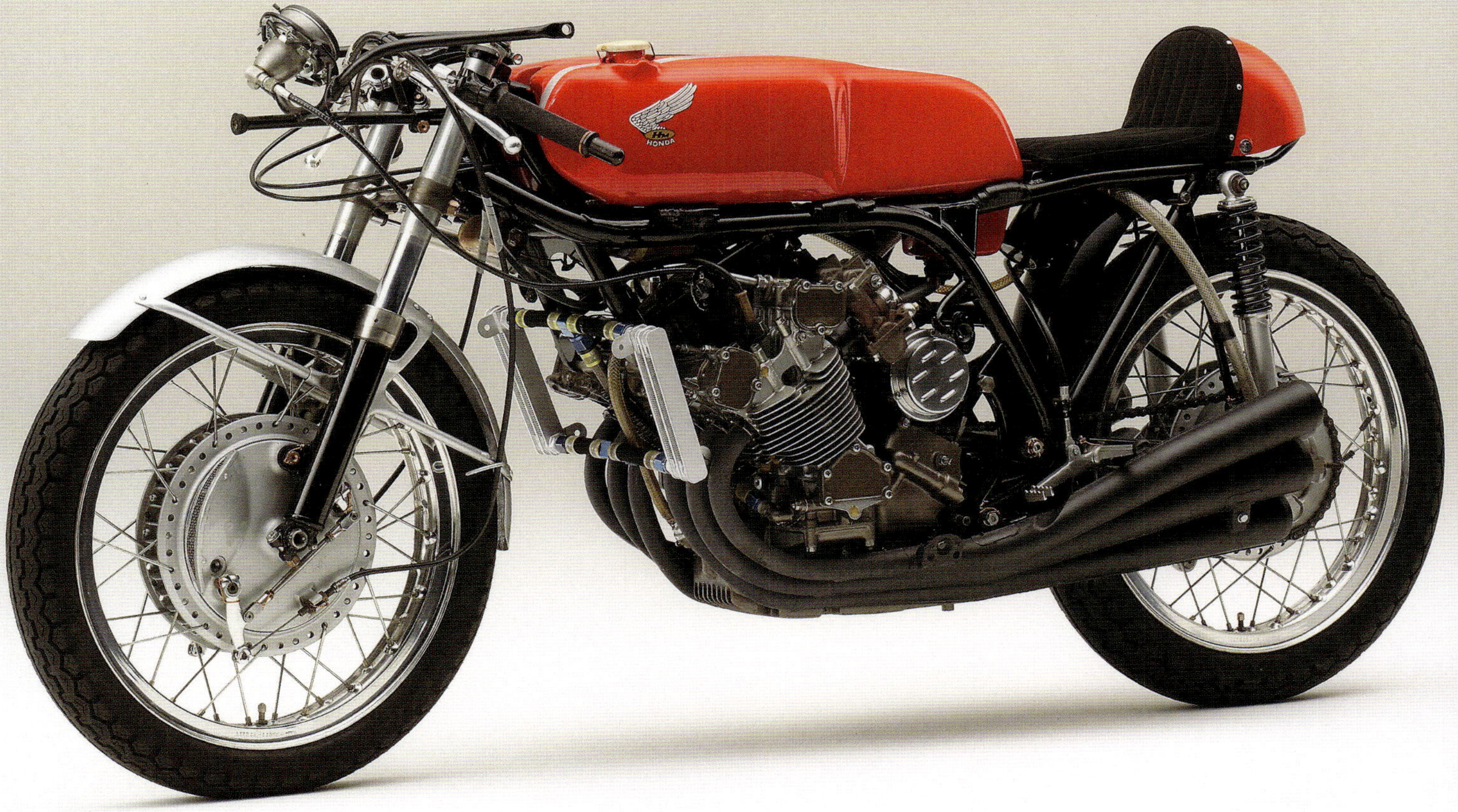

TA 3

2 TA

1 TA

HOS 4

HOS 5

TA 7

6 TA

TA 8

元Honda
ワークスライダー/
Honda Collection Hall
テストライダー

宮城光が答えます。

「このレストア済みRC166はどの程度参考にしていいものなの?」

Honda Collection Hall(ツインリンクもてぎ内に作られた博物館)では、Honda製のものを中心に多数のマシンを収蔵/展示しています。 RC166に関してはHonda自身が実走可能な状態で保管していました。数年前にそれをきれいにレストアしたというわけですね。

レストアにあたっては、使えるものはオーバーホールして極力オリジナルのパーツを使い、使えないもの、あるいはオリジナルと違ったパーツが付いてしまっている場合はそれを外し、当時の図面を使って再び作り直します。図面さえもなかったら、オリジナルパーツを計測して新たに図面を引き直しています。ただし当時マグネシウム合金を使用していたパーツについては酸化・腐食していることもあるので、腐食に強いアルミニウム合金で作り直すことも多いですね。モデラーの方は「素材感が変わってしまうのでは?」と思われるかもしれませんが、じつはマグネシウムの地肌がそのまま見えている箇所はないんですよ。酸化防止処理もしていますしペイントもしています。ですから中身の素材が変わっていても見え方は変わらないはずですよ。

こまかいパイピングなどに関しても、基本的には当時と同じものを使います。ステンメッシュホースだったところはステンメッシュを使いますし、ナイロンメッシュホースが使われていたらそうします。当時のモノクロのレース写真ではそのように見えない場合もありますが……考えられるのは、まずは経時変化による材質劣化でしょうか。最初は透明で柔らかいホースを使っていたとしても、シーズンを通して使い続ければ茶色く変色しますし、プラスチックのようにカチカチになったりもします。また、現代だと1レースごとに全部バラして消耗部品は全部新品にしたりもしますが、当時はそんなマネージメントはしていませんでした。地球の裏側に行くには24時間以上もかかり、電話さえも満足につながらなかった時代のことです。資材も人手も足りないなか、大変な思いをしてヨーロッパを転戦していたわけです。マフラーが凹めばたたいて直すし、使えるものはなんでも使っていたでしょう。だから「仕様の違い」というよりも、転戦していくなかで結果的にそうなったということでしょうね。あえて言えば、きれいな状態というのは新車時のみだったのではないでしょうか。

レストアした車両は、「レースをスタートする前の新車」と考えてもらうとわかりやすいでしょう。きれいに化粧直しはしましたが、各部のディテールについてはスタッフがものすごく研究して細部まで徹底的に調査したうえでの「正解」であり、これが「事実」です。タミヤの1/12モデルを作るにあたっては、この車両を信頼しておおいに参考にしてもらってよろしいかと思います。

Hondaとしては、むかしのマシンをレストアして実走可能な状態にして所蔵することによって、諸先輩方が作ったクルマを若いエンジニアたちが見て、走らせて、検証して、Hondaという企業であったり日本の工業技術がどのようにしてここまで来たかを学んでもらいたいと思っています。もちろんファンの方たちにも見てもらったりサウンドを楽しんでもらったりして、技術もインフラも充分ではなかった時代に果敢に世界に飛び出して戦った"Hondaマンの情熱"というものを感じてもらえるとうれしいですね。 ■

▶50年先や100年先、次の世代に先人の足跡を伝えるために、細心の注意を払ってオリジナルに忠実にレストアされたRC166

◀宮城氏により動態確認走行が行なわれる。 250cc6気筒エンジンのエキゾーストノートはとんでもなく官能的!

Photo:(有)アンビシャス/(有)GOOD ONE

1 2 かなり細身の車体であるが、うしろ側から見るとその全幅を決めているのは並列6気筒エンジンの幅だということがよくわかる。 Honda Collection Hall所蔵のこのRC166はオリジナルの姿を忠実に再現されているが、さすがにタイヤだけは当時のものを使うわけにはいかないので、現在も生産されているダンロップのTT100を履いている

3 4 5 各パイプの太さ、まとめ方、付け根の金具などに注目して見てみよう。タコメーター外周には手動で位置を変えられるレッドゾーンを示す赤い針が付く。ブレーキ、クラッチレバーの調整ダイヤルには軽め穴が開けられている

6 従来のバイク模型では弱点の多かったリア足周りだが、タミヤのRC166はキットのパーツと純正メタルチェーンセット、ホイールセットを使うだけで、実車と比較してもまったくひけをとらない再現性となる。チェーンプラーでさえもキットのなかにエッチングパーツがセットされているのだ!

7 タンクのキャップには可動軸とストッパーの金具が付く

8 フレームにはウレタンのパッドがビニールテープで固定され、この上に燃料タンクが乗る

9 エンジン各部の質感に注目。この状態では外されているが、キャブレターのボディはまた別の質感となっている

10 パイピングの付け根には固定用の金具を再現するといいアクセントになるだろう。キャブレターのエアファンネルに付くアルミ製の赤いキャップは、異物混入防止用にHonda Collection Hallのスタッフが新規に作り起こしたもので、もちろん'60年代には付いていなかったパーツだ

11 スイングアームピボット等に見られる茶色のボルトは真ちゅう製のもの。ワイヤリングに使われているのは銅線

12 FRP製のカウリング。裏側は黒く塗られている。この薄~いカンジを念頭に置きつつ作りたい

13 燃料タンクの固定ベルトの金具、シートの質感に注目

14 クルマ、バイクの模型を製作する際に、意外に困るのがブリーザーパイプの先端部分をどこに持っていくかということ。RC166の場合はこの部分。先端がななめにカットされたホースが、左側の真ん中のエキパイの上あたりにきている

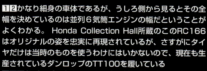

アルミ製バックボーンフレームの異形マシンで強烈な個性を見せた"鮮烈なるライムグリーン

'80年代初頭のWGPは、ケニー・ロバーツを筆頭とするヤマハYZR勢とバリー・シーンらのスズキ勢が真っ向から対決し、そこに一歩遅れるようにホンダのNR勢が後を追うという状況だった。そんな強豪がひしめくWGPにカワサキが投入したワークスマシンがこのKR500。このマシンで非常に特異かつ野心的だったのはそのフレームだ。軽量／低重心化と整備性の向上を狙って採用されたのは、アルミ板で作られた無骨なシルエットのバックボーン型モノコックフレーム。ワークスによる開発競争が急速に激化していくなかで結果こそ残せなかったが、「鮮烈なるライムグリーン」の挑戦は見る者に強い印象を与えた。

カワサキ KR500 グランプリレーサー
タミヤ　1/12
インジェクションプラスチックキット
2004年スポット生産　税込1728円
製作・文／**今村忠弘**
（精密屋）

KAWASAKI KR500 G.P.RACER
TAMIYA 1/12 Injection-plastic kit
Modeled and described by Tadahiro IMAMURA.

KAWASAKI KR500 G.P.500 RACER

LEGEND OF "LIMEGREEN" '82

Model Graphix
2007年11月号
掲載

LEGEND OF "LIMEGREEN" '82

KAWASAKI KR500 G.P.RACER

●'80年～'83年のあいだのわずか3年間だけWGP500ccに参戦したカワサキワークスだが、その際に投入された"異形"のマシンがKR500。通常タンクがあるべき場所に大きく張り出したアルミモノコックフレームは当初は軽量化を狙ったものだったが、技術的限界によりむしろ重量増を招き、250cc、350ccを制した巧手 コーク・バリントンをもってしても成績はふるわなかった。翌'81年には、パワーアップ／軽量化／アンチノーズダイブ機構の追加など、大幅な改良がなされ上位に絡むシーンも見られるようになったが、'82年、いよいよこれからというところでワークスの撤退が決定し開発もストップ。成績は低迷を続け、最終戦でのリタイアを最後にカワサキはWGP500を去った。

●本作例は、タミヤからスポット再生産されたキットを製作したもの。古い設計でパーツ数も少ないキットながら、独創的なアルミ製モノコックフレーム、498ccの水冷2サイクル・スクエア4エンジン、カワサキ独自のユニトラックサスペンションなどの特徴がしっかりと再現されている。キットを活かしつつも、パイピングの追加などのディテールアップを施し、とくに質感表現に気を配ることで、KR500のメカメカしい雰囲気を強調している

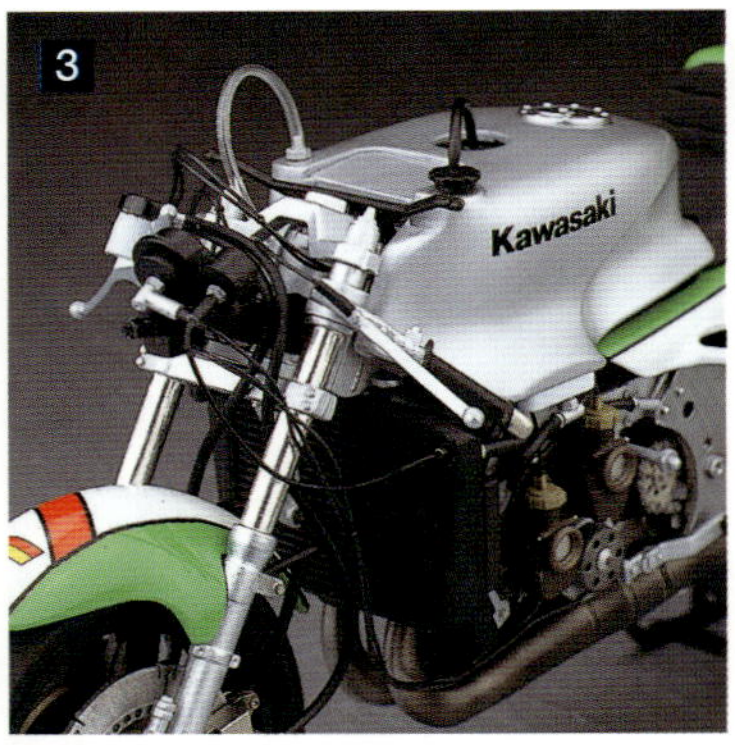

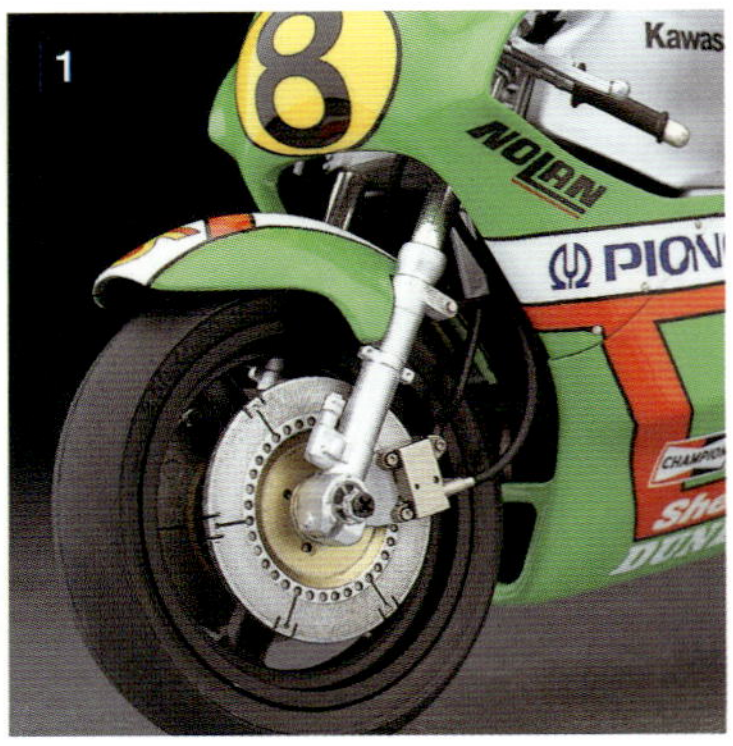

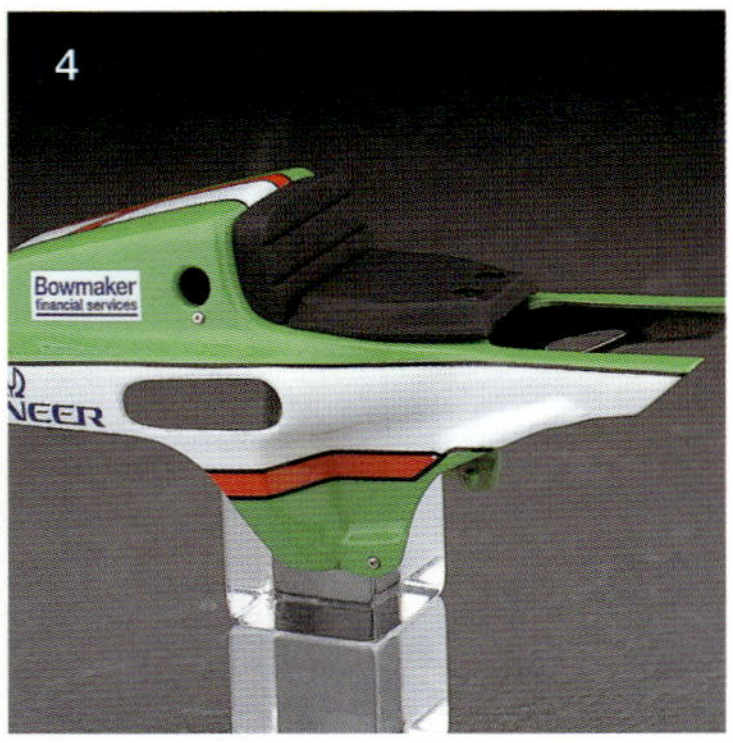

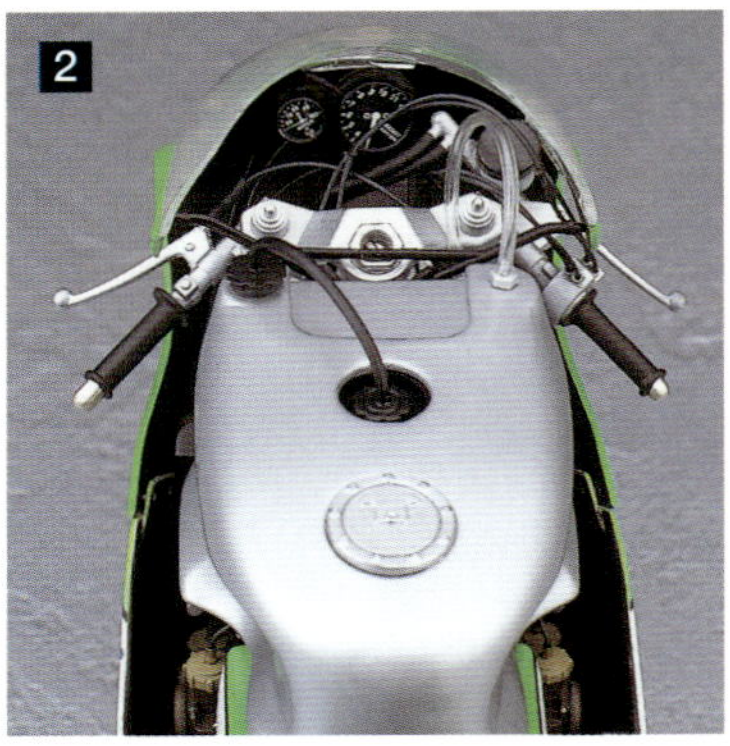

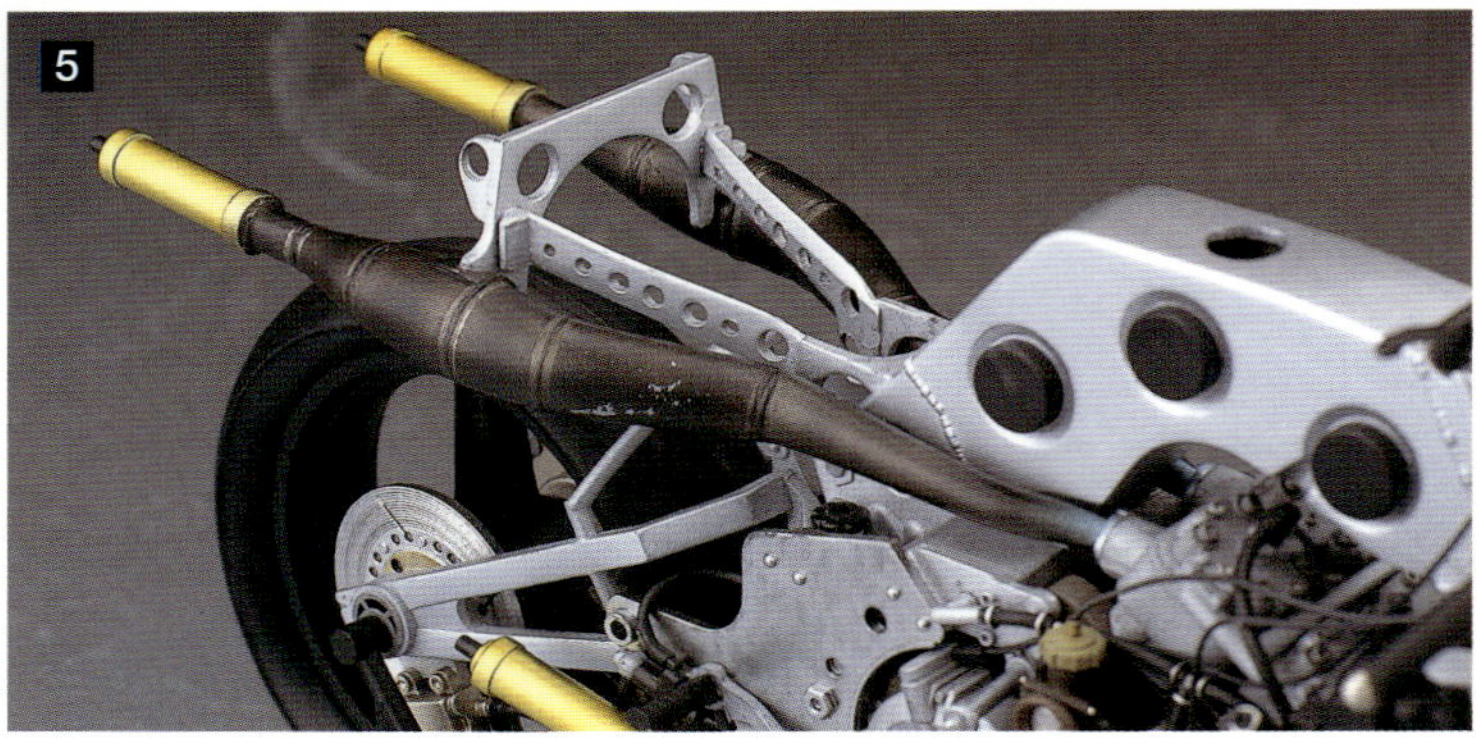

●古いキットなうえに資料に乏しいこのマシン。模型的には、特徴的なスクエア4のエンジン周りをどれだけディテールアップできるかがポイントとなる。またミッションケースのうしろにある遮熱板なども、エンジンの熱が加わって変色したり、金属加工の跡が出るところなので、汚しておくことでリアリティーが増し模型的なメリハリもつく
1ZX-RRのディテールアップパーツと比べるとさすがに見劣りするフロントフォークのパーツだが、インナーをシルバーに磨き上げ金属パーツと見まごう光沢を実現した
2タンクを外すときの、オイルキャッチタンクのチューブをキャブレターから抜く作業は、模型ながら、まさに実車そのもの
3メーター周りの配線を追加すると、模型的な密度感がグッと上がる。ポイントはタコメーターとラジエーターを結ぶ黒いコード
4グリーンはタミヤのライムグリーンを使用。リアカウルはボルトの金属パーツの追加やシートの塗装で質感にアクセントをつけた
5マフラーの塗装表現は各種あるが、ZX-RRと対の作例になることを意識し、チャンバーをセミグロスブラックで塗装した

懐かしのキット、1／12KR500。20年以上前に作ったものが手元に残っていたので、まず引っ張り出してみました。クリアーパーツが変色してひどい状態でしたが、当時資料を集めて作っただけに、配線系などとても参考になりました。

いかにタミヤといえど、古いキットにはヒケやズレがありますので、まずはここをていねいに仕上げていきます。また、このころのキットはカウルが分割されていません。タイヤを外さないとカウルの脱着ができないので、実車の分割ラインで切断し、ピン留めのためのフチを追加します。取り付けピンは、0・9㎜の洋白線をカットして、頭を磨いたものを使用します。

それから、カウルにホワイトで塗装する部分のガイドに細い凸モールドがあります。耐水性サンドペーパーでヤスって消してしまうと、塗装時に困ることになります。そこで、ラインに沿ってあらかじめケガキ針で浅くスジを彫っておきました。これで安心してヤスリがけができます。

下地処理はまだあります。チャンバーパーツの裏側が肉抜きしてありますのでここをポリエステルパテで埋め、さらに溶接跡を追加します。細めの伸ばしランナーを流し込みタイプの接着剤で接着し、耐水性サンドペーパーで薄く削ってあります。

このキットのディテールアップのポイントはキャブレターでしょう。電子制御になってしまった現在のマシンでは見られないメカニカルなディテールが魅力です。とくに、このころはエンジン形式がスクエア4なので、キャブレターが真横にあって非常に目立ちます。そのキャブのヘッドのダークイエローの部分にはリブがあるのですが、キットでは省略されていました。ここは目立つので、伸ばしランナーで再現します。また、燃料の配管も再現されていませんのでこれも作ります。フレーム側の取り付け部をプラ棒で作りパイピングを追加。分岐になっている部分は0・6㎜の洋白線をT字にハンダ付けして、それぞれパイプを差し込むようにします。パイプを留めている金具は0・3㎜の金属線を曲げて再現。タンクが脱着できるよう、タンク側の取り付け部のみ接着せずに仕上げてあります。

エンジンはシリンダーヘッドにボルトが多数あります。これもすべてボルトヘッドに凹面があるので、それぞれ適当なサイズのドリルで再現します。この工作だけでもエンジンの密度感がグッと高まります。

チャンバーの塗装はいくつかのパターンが考えられます。このころならシルバーの地金のままや、ツヤ消し黒に塗られている場合などいろいろですが、今回ZX-RRがシルバーに焼け表現なので、こちらは箱絵のようなシルバー地にセミグロスブラックのグラデーション表現をしてみました。

配線も現在のマシンとはずいぶん違います。まずアクセルワイヤが4本、すべて強制開閉式キャブに直結です。これは結構アクセルオープンにも力が要りそうです。メーターからもシンプルですが複数の配線が出ています。メーターから出ているケーブルを繋げる部分をプラ棒で再現し、そこから、水温／タコメーターケーブル等を配線していきます。配線を束ねる部分は0・1㎜の金属線（モーターのなかに巻かれているものが強度があり、かつ柔らかくて使いやすいです）で縛ってあります。

外装はタミヤのライムグリーンを塗装。先にケガいたラインを使ってマスキングしています。再販されたキットに付属するデカールはカルトグラフになっているので、白地のところも安心です。

最後に精密ウレタンクリアーで仕上げ。このころのマシンはウレタンで仕上げるほどツヤがあるわけではないのですが、完成品を長期間きれいなまま保存するために、やはりウレタンクリアーを選択しました。

新旧GPマシンを作り比べてみると、現在のマシンがいかにコンパクトになっているかが実感できます。タミヤなら各メーカーの最新マシンとともに初期のGPマシンを作り比べることも可能ですから、ぜひお気に入りのメーカーの新旧マシンを作ってみてほしいです。ここまでくるとあとはスズキのGPマシンもほしいなと思うのは私だけではないでしょうね。■

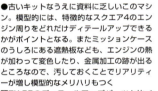

Ninja ZX-RR

LEGEND OF "LIMEGREEN" '06

'03年、20年の時を経てカワサキワークスが世界ロードレース選手権の舞台に戻ってきた。そしてついに、'06年仕様のZX-RRがタミヤ 1/12オートバイシリーズにラインナップされる日がやってきた！　しかも専用カラーとなるライムグリーン塗料（限定販売）と専用ディテールアップパーツもリリースされるという、うれしいオマケつき。これは作るしかないでしょ!!

カワサキ Ninja ZX-RR
タミヤ　1/12
インジェクションプラスチックキット
2007年発売　税込3675円
製作・文／**今村忠弘**
（精密屋）
KAWASAKI Ninja ZX-RR
TAMIYA 1/12 Injection-plastic kit
Modeled and described by Tadahiro IMAMURA.

●タミヤ1/12シリーズのフォーマットを踏襲しつつ、最新の設計らしい細密なディテール表現を楽しめるキットとなったZX-RR。作例では同時に発売となった純正ディテールアップパーツセット「1/12 カワサキ Ninja ZX-RR フロントフォークセット 」（税込1944円）を使用している。ゴールドアルマイトで仕上げられたアルミ削り出しフォークアウター、フォークトップ、リア・リザーブタンク、イエロー塗装済みの金属製リヤコイルスプリング、キットでは省略されているステアリングダンパーパーツなどがセットされており、模型的なポイントとなる各所の質感やディテールを一気にランクアップすることができる。コーポレートカラーであるライムグリーンは、同時発売の限定専用色を使用。実車を元に調色された缶スプレーなので、そのまま使えば実車の雰囲気をばっちり再現することができる

Ninja ZX-RR Moto G.P.RACER

ふたたび帰ってきたカワサキワークス 一発の速さを見せた'06年仕様ニンジャ

KAWASAKI Ninja ZX-RR
TAMIYA 1/12
Injection-plastic kit
Modeled and described
by Tadahiro IMAMURA.

●台形のインテーク形状を持つラムエアダクト、湾曲するフレーム幅いっぱいまで広げられた角張った形状の大型エアボックス、990cc並列4気筒エンジンなど、24年前のKR500とはまったく様変わりした姿を見せるZX-RR '06年仕様。このように並べてその構造をじっくりと間近に鑑賞できるのも模型ならではの愉しみ方だろう。ともにいかにもカワサキらしい個性を放ちつつも、似ても似つかない2台のワークスマシン。見れば見るほどに興味深いツーショットだ

●'02年から990cc4ストロークエンジンでの参戦が認められたことを受けて、スーパーバイク参戦車両を基に開発したマシンでのMotoGP参戦を決意したカワサキが、市販車Ninja ZX-7RRのエンジンを基として開発したのがこのNinja　ZX-RR。20年ぶりのWGPトップカテゴリーに復帰となった'02年、そして本格参戦を果たした翌年の'03年は苦戦を強いられたが、中野真矢が加入した'04年からは急速な進化を遂げる。'05年にはオリビエ・ジャックがその年の最高位の2位を獲得。設計から製造まで一貫してカワサキが行なうこととなり純レーサーとして設計された新エンジンと新車体を投入した'06年は、優勝こそできなかったものの、ポールポジション／トップ争いに絡む活躍を見せ着実なマシンの進化を印象づけた。

KAWASAKI KR500
G.P.RACER
TAMIYA 1/12
Injection-plastic kit
Modeled and described
by Tadahiro IMAMURA.

LEGEND OF "LIMEGREEN"

KAWASAKI

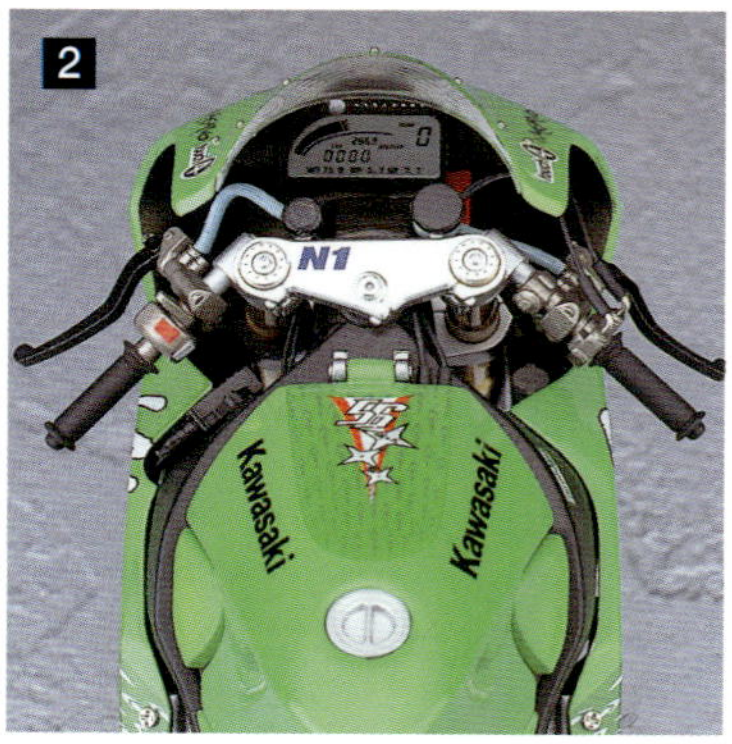

1作例では別売のフロントフォークセットを使用。フォークアウターやオーリンズのリザーブタンクは手を加えなくとも非常にリアルなため、ほぼストレートに組み込んである。交換したところだけ違和感が出ないように、ハンドル周りをシルバーで丹念に塗装するのがポイント
2シールドは削ってからコンパウンドで磨いてフチを薄くしている
3カウル下の赤いデータロガーはプラ板の箱組みで製作。実車の配線は何通りかパターンがあるようだが、密度感を感じさせるレイアウトを選んで再現
4フロントフォークセットに同梱されるリアサスペンションパーツももちろん使用している。黄色く塗られたスプリングや金色のリザーブタンクになってかなりリアリティーアップ。内側のショックアブソーバーは、実車の黒厚塗りの質感になるよう気を使って塗装するとよい
5キットではプラスチックパーツのラジエーターのラジエーターパイプやエンジン奥のオイルチューブなどは、可能な限りゴム素材に変更してパイピング
6各部ボルトのディテールはキットのままでも充分リアルなのだが、目立つ場所を選んでメタルパーツに交換し金属感を強調すると見映えがよくなる

精密屋の今村です。今回はひさびさのカワサキＧＰマシン、カワサキファンは待ちに待ったことでしょう。

キットはさすがにタミヤの最新キットだけあって、ディテールも組みやすさも非常に高いレベル。定番のフォーマットで、サクサクと作り進められると思います。そこで、作例ではわりと手軽にできるディテールアップに的を絞ってみました。おもにパイピングとカーボン塗装です。

エンジンはほぼ素組みですが、気になるのはボルト類の質感。金属ピンに置き換えると実感は格段に向上しますが、費用も格段に向上します。そこでキットをそのまま活かし、各ボルト類の頭に０・４㎜のピンバイスで凹面をつけてからチタンシルバーで塗装しました。これだけで随分イメージがよくなります。ほかにはオイルのレベルゲージ部分を透明パイプに置き換えました(こまかい……)。でもこれ結構いいです。

フレームとスイングアームは裏側を埋めるのが定番ですが、仮組みしてみるとのぞきこんで見なければほとんどわかりませんので、思い切ってやめにしていまいます。そのかわりあちこちにあるカーボン地部分を塗装で再現。ストッキングを使った塗装方法ですが、手軽にするために治具を作りました。といってもいたって簡単で、15㎝×15㎝の木枠を作り、そこにストッキングをカットして貼り込んだだけです。これに30㎝くらいの足を適当に付けて、塗装ブースのなかに固定します。これで準備は完了。

メタリックグレーを下塗りしたパーツをこのストッキングの下から押しつけ、エアブラシは絞り気味にして、セミグロスブラックで塗装します。ストッキングは伸びますから、多少湾曲した面もあっという間に、きれいなカーボン柄ができあがります。多面体はあせらずに1面ずつ押しつけてていねいに塗装します。マスキングはほとんど必要ありません。この治具を作ってしまったらいままで面倒と思っていたカーボン塗装がやみつきになりそう。お薦めです。仕上げにスモーククリアーで調子を整えます。

ホイールで注意したいのはリムのグリーンのデカールです。カルトグラフのデカールは透明ニスの余白が少ないので普通はあまりカットしないのですが、ここだけは別。リム幅がデカール幅一杯なので、面倒でもていねいに余白を切り取ります。これでピタッとフィットして貼りやすくなります。

フロントフォークは別売りのディテールアップパーツを使用。この金属の質感と完成時の重量感はプラスチックでは難しいのでうれしいセットですね。フロントフォークの下端を留めているボルトが2本分一体成型でちょっと悲しいので、ここは削り取り洋白線に置き換えます。ＺＸ-ＲＲはとくにボルトが長く突き出ているので、交換するといいアクセントになります。

目立たないところでは燃料タンク裏に溶接跡を追加しました。けっこう複雑で、組み上げたあとでもリアカウルの下から見えるので自己満足派にはお薦めです。

残りは配線の追加ですが、すべて行なおうとするとかなりの量になるので目立つ部分に絞り込みました。今回はエグゾーストパイプの空燃費センサー、メーター裏のデータロガーシステムをプラ板で作り、それに繋がる部分をほどほどに密度感が出る程度に配線しました。欲張ればまだまだ作り込めますが、手軽にできる範囲で行なっています。とくにデータロガーシステムは赤い箱なのでかなり目立ちます。

カウルにはタミヤの指定色を使用しました。昔のＫＲ５００もライムグリーンですが、20年前のＫＲ５００と今のＺＸ・ＲＲは同じ色なんでしょうか? 疑問もありますが素直に従いました。それにしてもいい色ですね、カワサキはこういう色でなくては。今年の仕様はメタリック系の色に変わってしまってちょっと残念です。カウルの黒い部分は独特のカーボン地パターンで、隙間ができるとタッチアップがききません。リアカウルは少し隙間ができやすいので、タッチアップ用の余分を付けておいてくれるとうれしいです。

仕上げはいつもどおり、精密屋の精密ウレタンクリアーでコートして、研ぎ出してフィニッシュとします。■

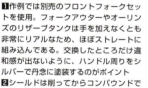

'06年にMotoGPクラスにデビューしたダニ・ペドロサは、中国／イギリスGPで2勝し年間ランキング5位で新人賞を獲得。その躍進を支えたHonda RC211Vには、彼の小柄な体格に合わせて数多くのモディファイが施されていた。タミヤのキットもその変更を再現すべくカウル、フューエルタンクカバーを新規設計しているが、「小さな巨人」ペドロサ用RC211Vの変更点は、じつはそれだけに留まらない。今回は実車取材時に判明したそれらのディテールの徹底再現に挑戦してみた。

レプソル Honda RC211V '06
タミヤ　1/12　インジェクションプラスチックキット
2006年発売　税込3240円
製作・文／**田中賢二**
製作協力／M.S Models 、スタジオ27、上村アキヒロ

REPSOL Honda RC211V '06
TAMIYA 1/12 Injection-plastic kit
Modeled and described by Kenji TANAKA.

REPSOL Honda RC211V '06

最速のリアルなディテールを追求する

Model Graphix
2007年6月号
掲載

作例

作例

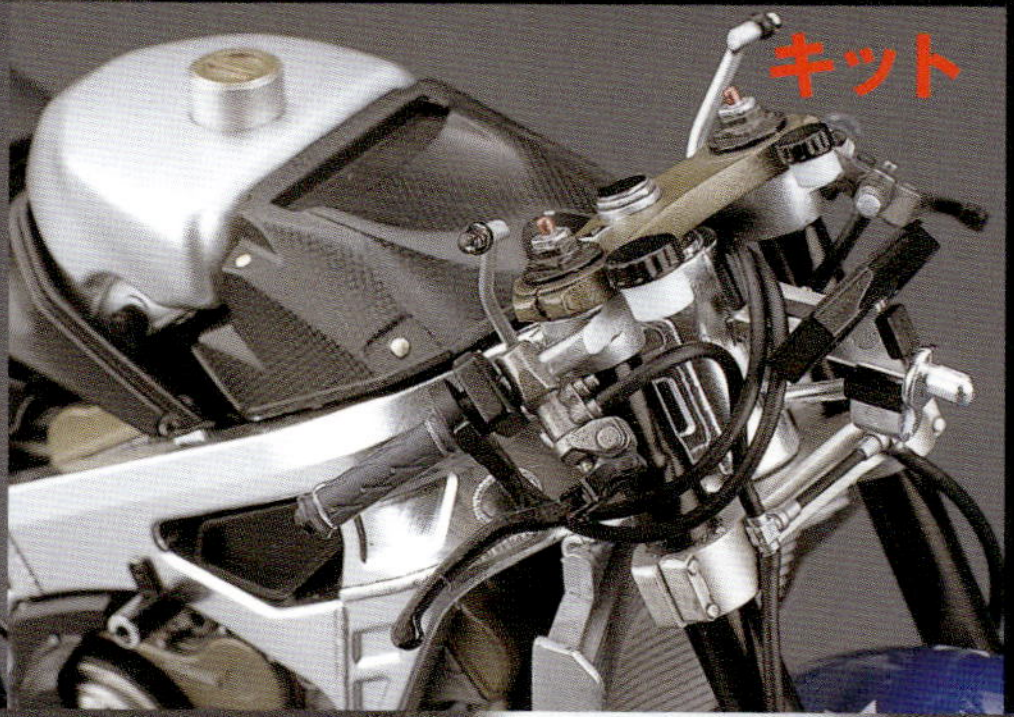

キット

比較で見る徹底ディテールアップの効果

●キットの出来が良いうえにディテールアップ工作の精度が非常に高いため、作例だけ見ても工作箇所がわかりづらいかもしれない。そこでまずはストレート組みと比較しながら徹底ディテールアップの効果をじっくりとご覧いただこう

●キットでは省略されているラップタイム計測器（青い箱状のもの）をはじめとする補器類の追加はもちろんのこと、パイピングの基部やボルト類の形状に至るまで徹底的にこだわって作り込まれている。ディテールの再現だけでなく、マフラーの焼けなどの塗装による質感表現にも拘ることにより立体としての奥行き感とリアリティーに溢れる模型となった

●パーツではエアボックスとフューエルタンクが一体になっているので、切り離してから上面の形状をパテとプラ板で修正している。変更した給油口形状、追加した溶接跡にも注目

キット

■1カウル固定ビスを受ける部分は写真の位置に移動している。クランクケースカバーのディテールも実車に即した形状に改修したのでキットのパーツ状態とは別物になっている。下側のマフラーで独立した短いものは、内側にある折り返しのディテールを再現した
■2フロントフォーク、ボトムケース背面にある圧側減衰力の調整ダイヤルの形状と位置を実車の形状に近くなるよう修正
■3クラッチレバーの握り具合をモニターするセンサーをレバー基部に追加した。その上にある黒いパイピングはフロントブレーキの遊びを調整するダイヤルに繋がっている。各ボルトは中心をピンバイスで一段彫り込んでいる。パイピングに使用したビニールパイプは、径や色を変えることによりディテールにメリハリを付けた。金属パーツやビニールパイプの材質をそのまま活かしたり、キットの指定以上に細かく塗り分けていくことで、全体の質感表現に幅を出している
■4シートカウル内のマフラーはとぐろを巻いた部分を支えるジョイントや、シートカウル前部と後部をつなぐところの上部ディテールを自作して追加してある。ペドロサ号はフューエルタンク後部が張り出して独特な形状をしているのでそこも再現。車載カメラ送信機部分を外した状態として、ディテールが見えるようにしてある
■5スイングアームや各部の溶接跡は、キットのモールドを削り取りエポキシパテで再現した。転倒時にライダーの手足がチェーンとスプロケットに挟まれないようにするチェーンガードは、コの字から箱状に変更して裏板を追加している。スタンドをかける部分はキットパーツのモールドを削り落としプラ棒で自作したボルト形状にしたものへと変更。シフトロッドは金属線／パイプ／プラ棒を組み合わせディテールアップした

身長158㎝というダニ・ペドロサの体格に合わせた数々のモディファイとワークスチームならではのパーツが奢られた'06年仕様のレプソル Honda RC211V。カラーリングは昨年までと同じ見慣れたものですが、そこに隠されたディテールアップポイントを徹底的に工作したのが今回の作例です。

◆ディテールアップ

まずはアッパーカウルの先端部分を横から見たときに鼻先がツンと尖って見えるように少し削りました。フューエルタンクカバーは上面のコブが省略されているので、0・3㎜厚のプラ板を、直径3㎜の円形に切り出して貼り付けて整形してます。

サイドカウルは、フレームと併せて固定ビスの位置を変更。この工作は過去の作例でも行なっていますが、毎回位置合わせに苦労します。手順は、まずカウルのほうにビス穴を新しく設けます。このとき使用するドリル刃はなるべく細いものを使用すると誤差が出ないです。次にサイドカウルを元々あるビス穴でフレームに固定し（アッパーカウル、アンダーカウルも装着したほうが作業しやすい）、いきなり開口しないで、新しく開けた穴からドリルを通しフレームに対し垂直にアタリを付けます。カウルを外しアタリの位置を確認し、フレームの幅のほぼ中央にアタリがついていれば問題ありません。中央よりズレている場合はズレている寸法分補正してフレーム、カウルともに穴を開け直します。

アタリの位置に問題がなければフレームに埋め込む受け軸と同径のドリルで穴を広げ、カウルはビスが通る径のドリルで穴を広げます。最後に新しく設けたビス穴と元々あるビス穴両方でカウルを固定してみてズレがなければ元々ある軸を削り落とします。

フレームのエンジンハンガーなどにある凹部はパテで埋め、全体の形状を実車に近くなるように変更しています。ステップホルダーは、一度切り離して短く削り直してステップバーの位置を前進させました。

シートカウルは、テールカウル上面に車載カメラの台座を追加工しました。

カウル各所の固定ネジのモールドは、パッションモデルの黄銅製、0・9㎜スクリューヘッドに、上村アキヒロ氏がメッキ加工を施してくれました。パッションモデルのスクリューヘッドは、1／35のドイツⅢ、Ⅳ号戦車のターレットルーフにあるマイナススリットの入ったリベットを再現するディテールアップパーツなのですが、試しに使ってみました。いかがでしょうか？

エンジンは、かなり手を加えてあります。右側クランクケースカバーは表面のモールドをすべて削り落し平らに仕上げてから、プラ板とプラ棒を貼りつけてディテールを再現していきました。オイルパンも実車資料写真を元にパーツ状態から形状を変えています。

◆塗装

カウルの塗り分けはデカールを使用しないですべて塗装としました。オレンジはGSIクレオスMrカラーの黄橙色＋蛍光オレンジ＋蛍光イエロー、レッドはシャインレッド＋蛍光レッド、ブルーはタミヤ指定色のダークマイカブルーをエアーブラシで塗装。塗り分けは、デカールをガイドにマスキングテープを切り出しました。

フレーム、スイングアームはGSIクレオスのスーパーファインシルバーです。

エキゾーストパイプやクラッチ、そのほかの金属色にスタジオ27のモトクロームを使用してみました。その質感はとても塗装とは思えないくらいすばらしい仕上がり。ただ、付属の塗装ガイドにも記載されてるとおり、気温、塗装環境、塗装機器などにより仕上がりが大きく左右され、従来の塗料と比べると取り扱いが難しく感じました。とくに専用のクリアーの塗装が難しく、あまり厚く吹いてしまうと白く曇った感じになってしまいます。また専用のクリアー以外のクリアーを吹くと（今回エキゾーストパイプの焼け表現にラッカー系塗料のクリアーを使用しました）、本来の質感が損なわれてしまうようです。

『MotoGPレーサーズ アーカイヴ2006』の写真を編集部から借りました。これを見るとほかのマシンもディテールアップしたくなるのですが……皆さんもディテールアップ地獄（笑）、いかがですか？ ■

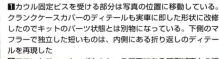

Model Graphix ARCHIVES

One-twelfth Racers

"Racer Motorcycles"

1/12 レーサーズ

「レーサーバイク編」

編集●モデルグラフィックス編集部
森 慎二
撮影●ENTANIYA
装丁●横川 隆（九六式艦上デザイン）
レイアウト●横川 隆（九六式艦上デザイン）
丹羽和夫（九六式艦上デザイン）
SPECIAL THANKS●スズキ株式会社
本田技研工業株式会社
株式会社ツインリンクもてぎ
ヤマハ発動機株式会社
あさのまさひこ
(STUDIO CUBICS)

発行日／2016年1月3日　初版第１刷

発行人／小川光二
発行所／株式会社 大日本絵画
〒101-0054　東京都千代田区神田錦町１丁目７番地
Tel：03-3294-7861（代表）　Fax：03-3294-7865
http://www.kaiga.co.jp

編集人／市村 弘
企画・編集／株式会社 アートボックス
〒101-0054　東京都千代田区神田錦町１丁目７番地　錦町一丁目ビル4階
Tel：03-6820-7000　Fax：03-5281-8467
http://www.modelkasten.com

印刷／図書印刷株式会社
製本／株式会社ブロケード

Publisher; Dainippon Kaiga Co., Ltd.
Kanda Nishiki-cho 1-7, Chiyoda-ku, Tokyo 101-0054 Japan
Phone 81-3-3294-7861
Dainippon Kaiga URL. http://www.kaiga.co.jp.

Editor; ARTBOX Co.,Ltd.
Nishikicho 1-chome bldg., 4th Floor, Kanda Nishiki-cho 1-7, Chiyoda-ku, Tokyo 101-0054 Japan
Phone 81-3-6820-7000
ARTBOX URL; http;//www.modelkasten.com/

内容に関するお問い合わせ先：03(6820)7000 ㈱アートボックス
販売に関するお問い合わせ先：03(3294)7861 ㈱大日本絵画

ISBN978-4-499-23169-5